HISTOIRE
DE LA
LITTÉRATURE LATINE
PAR
CLOVIS LAMARRE
DOCTEUR ÈS LETTRES
MEMBRE CORRESPONDANT DE L'ACADÉMIE DES SCIENCES DE LISBONNE

PREMIÈRE PARTIE
DEPUIS LA FONDATION DE ROME
JUSQU'A LA FIN DU GOUVERNEMENT RÉPUBLICAIN

TOME QUATRIÈME
APPENDICE

PARIS
LIBRAIRIE CH. DELAGRAVE
15, RUE SOUFFLOT, 15

1900

Couverture inférieure manquante

HISTOIRE
DE LA
LITTÉRATURE LATINE

Paris. — Imprimerie A. Reiff, 3, rue du Four.

HISTOIRE
DE LA
LITTÉRATURE LATINE

PAR

CLOVIS LAMARRE
DOCTEUR ÈS LETTRES
MEMBRE CORRESPONDANT DE L'ACADÉMIE DES SCIENCES DE LISBONNE

PREMIÈRE PARTIE
DEPUIS LA FONDATION DE ROME
JUSQU'A LA FIN DU GOUVERNEMENT RÉPUBLICAIN

TOME QUATRIÈME
APPENDICE

PARIS
LIBRAIRIE CH. DELAGRAVE
15, RUE SOUFFLOT, 15

1900

AVIS

Pour les motifs que nous avons expliqués dans la préface du premier volume (p. X), nous nous sommes abstenu autant que possible d'introduire au milieu des développements de notre histoire de la littérature latine de longs passages des auteurs : nous n'y avons usé que de très brèves citations pouvant aider à l'analyse et à l'appréciation de leurs œuvres. Reconnaissant toutefois qu'il ne serait pas inutile de placer sous les yeux du lecteur, à l'appui de notre critique, un certain nombre d'extraits plus étendus de chaque écrivain, nous nous sommes promis de fournir, à la suite des trois volumes de la première partie, un recueil ordonné de morceaux, dont chacun, dans l'ouvrage, a toujours été annoncé à l'endroit précis auquel il se rapporte.

Au bas des pages de cet *Appendice* on ne trouvera pas beaucoup de notes[1]. Ayant dit ce que nous avions à dire de la vie et des œuvres de chaque auteur, nous n'avons pas à nous répéter. Et puis, bien que traduire un si grand nombre d'extraits importants d'écrivains différents exige un travail considérable, nous avons cru devoir nous l'imposer, et une traduction, à laquelle nous avons apporté le plus grand soin, accompagne tous les textes.

L'ordre même dans lequel se présentent ces textes donne au lecteur l'avantage de pouvoir facilement et rapidement passer en revue les évolutions successives de la langue et de la littérature latines.

Et à ce propos qu'une observation nous soit permise. De notre manière de procéder ne peut-il pas résulter pour les professeurs des classes supérieures de l'enseignement secondaire l'indication d'un moyen commode de donner à leurs élèves des séries de devoirs et d'explications alliant méthodiquement le travail habituel de la version au soin moins ordinaire de l'étude littéraire? Il arrive trop souvent que des jeunes gens qui ont traduit du latin durant plusieurs années ne se rendent aucun compte de l'ensemble de la littérature latine. Cela tient à ce que, si on leur demande, chaque année, la traduction d'une quarantaine de pages d'écrivains divers, on les leur présente isolément, sans coordination, et avec le seul souci de varier la difficulté de cet excellent exercice. Mais si chacune de ces quarante versions était accompagnée d'une courte analyse de l'œuvre dont elle est tirée, et si toutes étaient choisies, dans un ordre chronologique, de manière à permettre des explications les reliant entre elles, le résultat ne serait-il pas tout autre? Sans nuire en rien à l'effort des jeunes traducteurs, ne les munirait-on pas des notions littéraires que seul un enseignement méthodique et continu peut fournir? Il nous semble que, dans les classes supérieures tout au moins, rien ne serait plus logique et plus aisé que de mener ainsi de front l'étude de la traduction et celle de l'histoire de la littérature se corroborant l'une l'autre.

---

(1) Pour faciliter la mise en pages, les notes du texte latin ne sont pas toujours placées toutes au bas de ce texte, elles sont parfois reportées au bas de la traduction qui est en regard; elles sont d'ailleurs numérotées.

I

Plaintes et prédictions de Cassandre.

HECUBA

Sed quid oculis rabere visa es derepente ardentibus?
Ubi illa tua paulo ante sapiens virginali'modestia?

CASSANDRA

Mater, optumarum multo mulier melior mulierum,
Missa sum superstitiosis ariolationibus :
Namque Apollo fatis fandis dementem invitam ciet.
Virgines æquales vereor, patris mei meum factum pudet
Optumi viri. Mea mater, tui me miseret, mei piget :
Optumam progeniem Priamo peperisti extra me : hoc dolet;
Men obesse, illos prodesse, me obstare, illos obsequi!.....
Adest, adest fax obvoluta sanguine atque incendio!
Multos annos latuit : cives, ferte opem et restinguite.....
. . . . Eheu, videte!
Judicabit inclytum judicium inter deas tres aliquis :
Quo judicio Lacedæmonia mulier, furiarum una, adveniet...

    Jamque mari magno classis cita
    Texitur : exitium examen rapit;
    Advenit, et fera velivolantibus
    Navibu'complevit manu littora.....
    O lux Trojæ, germane Hector!
    ... Quid te ita contuo lacerato corpore,
    Miser, aut qui te sic tractavere nobis respectan-
                           tibus?.....
Nam maximo saltu'superabit gravidus armatis equus
..... Qui suo partu ardua perdat Pergama [1].

Ennius, Alexander.

---

(1) En suivant le texte établi par O. Ribbeck (*Tragic. latin. reliquiæ*, 1852, in-8), je n'observe pas complètement son classement des divers fragments de la prédiction; car, bien qu'on puisse dire que les transports d'une prophétesse excusent le désordre des idées, il vaut mieux, me semble-

I

(Tom. I, p. 233).

HÉCUBE

Pourquoi voit-on la fureur en tes yeux subitement enflammés ? Qu'as-tu fait depuis peu de ta si sage retenue virginale ?

CASSANDRE

O mère ! O femme, de beaucoup la meilleure entre les meilleures des femmes, je suis réduite au rôle prophétique des devins ; Apollon, s'emparant de mon esprit, me fait dire, malgré moi, ses oracles. Sur les jeunes filles, mes compagnes, j'ose à peine lever les yeux, et devant mon père, lui, le plus digne des hommes, je rougis de ce que je fais. Ma mère, je vous plains, je me fais honte à moi-même : tous les enfants que vous avez donnés à Priam sont excellents, sauf moi ; quelle douleur d'être pour vous une charge, un embarras, quand ils sont votre appui et votre félicité.....

Le voici ! Le voici ! Le brandon qu'enveloppent le sang et le feu ! Beaucoup d'années il est resté caché ; citoyens, au secours ! éteignez-le..... Voyez donc ! Un grand jugement entre trois déesses est prononcé par un homme ; par suite une femme de Sparte, une des furies, nous arrive..... Et déjà sur l'immensité de la mer une flotte rapide s'ordonne ; c'est notre perte que veut cette bourdonnante multitude ; la voilà venue, et par ses navires ailés elle a couvert d'une armée nos rivages... O lumière de Troie, Hector, ô mon frère, pourquoi ton corps ainsi déchiré, malheureux, et qui t'a mis en cet état sous nos yeux ?... D'un bond considérable il a franchi l'enceinte le cheval, gros de guerriers, dont l'enfantement doit causer la perte de la haute Pergame !

t-il, et c'est l'avis qu'a exprimé M. Patin dans ses *Études sur la poésie latine* (2ᵉ éd. tom. II, p. 127), donner à toutes les parties du morceau la suite même qu'indique naturellement la chronologie des faits.

II

*Une scène de l'*Achilles, *d'Ennius, analysée par Cicéron.*

Videmus ex acie efferri sæpe saucios; et quidem rudem illum et inexercitatum, quamvis levi ictu, ploratus turpissimos edere. At vero ille exercitatus, et vetus, ob eamque rem fortior, medicum modo requirens, a quo obligetur,

> O Patrocle, ad vos adveniens, auxilium et vestras manus peto,
> Priusquam oppetam malam pestem, mandatam hostili manu.
> Neque sanguis ullo potis est pacto profluens consistere :
> Si qua sapientia magis vestra devitari mors potest.
> Namque Æsclapii liberorum saucii opplent porticus;
> Non potest accedi.

Certe Eurypylus hic quidem est. Hominem exercitatum! Ubi tantum luctus continuatur ? Vide, quam non flebiliter respondeat; rationem etiam afferat, cur æquo animo sibi ferendum sit :

> Qui alteri exitium parat,
> Eum scire oportet sibi paratam pestem, ut participet parem.

Abducet Patrocles, credo, ut collocet in cubili, ut vulnus obliget, si quidem homo esset. Sed nihil vidi minus. Quærit enim, quid actum sit.

> Eloquere, eloquere : res Argivum prælio ut se sustinet?
> — Non potis ecfari tantum dictis, quantum factis suppetit
> Laboris. — Quiesce igitur tu, et vulnus alliga.

Etiam si Eurypylus posset, non posset Æsopus[1].

> Ubi fortuna Hectoris
> Nostram acrem aciem inclinatam....

et cetera explicat in dolore. Sic est enim intemperans militaris in forti viro gloria.

Ennius, *Achil.*, fragm. 2; Cic., *Tuscul.*, II, 16-17.

---

(1) Réflexion par laquelle Cicéron associe l'ardeur de l'acteur à celle du guerrier dont il remplissait le rôle.

II
(Tom. I, p. 237).

Nous voyons souvent rapporter du champ de bataille des soldats blessés : quelque novice, qui n'a encore subi aucune épreuve, se laisse aller, même pour une atteinte légère, à de honteuses lamentations; mais le vieux soldat, accoutumé à la douleur et au courage, demande seulement un médecin qui lui bande sa plaie.

« Patrocle, en venant à vous je réclame le secours de vos mains avant de succomber au mal que m'a fait une main ennemie. Je n'ai en mon pouvoir aucun moyen d'arrêter la perte de mon sang; si l'habileté de quelqu'un doit me préserver de la mort, c'est la vôtre, car les enfants d'Esculape ont leur tente encombrée de blessés, on ne peut y accéder. »

Voilà bien Eurypyle. Un homme aguerri! Pas une plainte. Voyez combien il est loin de se lamenter, puisque, en répondant à Patrocle, il lui explique même la raison pour laquelle il doit supporter patiemment sa souffrance :

« Qui poursuit la mort d'autrui, doit savoir qu'un même sort peut être son partage. »

Patrocle, j'imagine, va l'emmener, le mettre au lit, bander sa plaie? Oui, si Patrocle était un homme ordinaire. Mais que non pas; il lui demande des nouvelles de l'action :

« Parle, parle; pour les Grecs comment va le combat? — Mes paroles ne sauraient suffire au récit de tant d'efforts. — Repose-toi donc et soigne ta blessure. »

Quand Eurypyle le pourrait, Æsopus ne le pourrait pas.

« La fortune d'Hector a fait fléchir notre vaillante armée... »

et il raconte le tout malgré sa douleur, tant un brave s'oublie dans la passion de la gloire militaire!

Texte de O. Ribbeck en grande partie.

III
Romulus et Rémus prennent les auspices pour décider qui nommera et gouvernera la ville nouvelle.

Curantes magna cum cura, tum cupientes
Regni, dant operam simul auspicio augurioque.
...[1] Remus auspicio se devovet atque secundam
Solus avem servat. At Romulu' pulcher in alto
Quærit Aventino, servat genus altivolantum.
Certabant urbem Romam Remoram ne vocarent
Omnibu' cura viris uter esset induperator.
Expectant veluti, consul cum mittere signum
Volt, omnes avidi spectant ad carceris oras,
Quam mox emittat pictis e faucibu' currus :
Sic expectabat populus atque ora tenebat
Rebus, utri magni victoria sit data regni.
Interea sol albu' recessit in infera noctis.
Exin candida se radiis dedit icta foras lux ;
Et simul ex alto longe pulcherruma præpes
Læva volavit avis : simul aureus exoritur sol.
Cedunt de cælo ter quattuor corpora sancta
Avium, præpetibus[2] sese pulcrisque locis dant.
Conspicit inde sibi data Romulus esse priora,
Auspicio regni stabilita scamna solumque.

Ennius, *Annal.*, I.

IV
Plaintes de Sosie, envoyé, dans la nuit, vers Alcmène par Amphitryon.

Qui[3] me alter est audacior homo, aut qui confidentior,
Juventutis mores qui sciam, qui hoc noctis solus ambulem ?

---

(1) Plusieurs commentateurs remplissent cette petite lacune par le mot *hinc*.
(2) Dans les ouvrages qui traitaient chez les Romains de la science augurale, l'*avis præpes* (l'oiseau dont le vol est élevé) était opposé à l'*avis*

III

(Tom. I, p. 247.)

Animés l'un et l'autre du vif désir de régner, ils s'occupent du soin de prendre tous deux à la fois les auspices. Là-bas Rémus fixe son poste d'augure et, séparé de la foule, attend un signe des oiseaux. De son côté, sur le haut Aventin, Romulus, à la noble prestance, interrogeant l'espace, attend aussi leur vol. La ville s'appellerait-elle Rome ou Remora, telle était la question à trancher. Tous leurs hommes attentifs, se demandaient qui des deux commanderait. De même que, dans une course, au moment où le consul va donner le signal, tous les spectateurs impatients portent leurs regards sur l'enclos dont les barrières colorées ouvriront carrière aux chars, ce peuple suivait, curieux, immobile, l'épreuve qui devait, avec la victoire, donner à l'un ou à l'autre le grand pouvoir de la royauté. Cependant le soleil argenté de la nuit s'est retiré dans les ténèbres; le jour à la brillante lumière a frappé le ciel de ses rayons; et du haut des airs, au loin porté par un vol propice, arrive, sur la gauche, le message divin, à l'instant même où se lève le soleil d'or. Du ciel descendent trois fois quatre oiseaux dont la troupe sacrée se pose en des conditions favorables à des endroits propices. Romulus comprend alors qu'il l'emporte et que les auspices lui assurent le trône et la possession du pays.

IV

(Tom. I, p. 290.)

Est-il un homme plus audacieux, plus téméraire que moi, qui sais comment se comporte la jeunesse d'au-

---

infera (l'oiseau qui vole en bas), et comme celui-ci était de mauvais augure, le mot *praepes* signifiait *de bon augure* et s'appliquait avec ce sens même aux lieux. V. Aul. Gel., *Noct. Att.*, VI, 6.

(3) Je suis le texte adopté par M. E. Benoist, éd. in-16, 1883.

Quid faciam, si nunc tresviri[1] me in carcerem compe-
gerint,
Inde cras e promptuaria cella depromar ad flagrum,
Nec causam liceat dicere mihi, neque in hero quidquam
auxili
Siet, nec quisquam sit, quin me omnes esse dignum
deputent.
Ita quasi incudem me miserum homines
Octo validi
Cædant : ita peregre huc adveniens
Publicitus ego ego hospitio accipiar.
Hæc heri immodestia
Coegit qui hoc noctis
A portu med ingratiis excitavit.
Idem nonne me mittere hoc luci potuit?
Opulento homini hoc servitus dura est;
Hoc magis miser est divitis servos :
Noctesque diesque adsiduo
Satis superque est,
Quo facto aut dicto adeo est opus, quietus ne sis.
Ipse dominus, dives operis[2] et laboris expers,
Quodcumque homini accidit lubere, posse retur;
Æquom esse putat; non reputat
Laboris quid sit;
Neque, æquom anne iniquom imperet, cogitabit.
Ergo in servitute expetunt multa iniqua;
Habendum et ferundum hoc onu'st cum labore.

Plaut., *Amph.*, Act. I, Sc. 1.

V

*Mercure vient de donner à Sosie des preuves qu'il est lui-même
Sosie et finit de le convaincre.*

MERCURIUS.

Quid nunc? vincone argumentis, te non esse Sosiam?

---

(1) Magistrats chargés de la police des rues et qui sous leurs ordres avaient des licteurs.

(2) Gronovius et Holtze expliquent *dives operis* par *qui multum operis*

jourd'hui et qui, la nuit, à l'heure qu'il est, chemine tout seul! Et que deviendrais-je, si les triumvirs me mettaient en prison? Demain on me tirerait de ma cage pour me livrer aux étrivières, et nul moyen de plaider ma cause, nul aide de mon maître, personne pour prendre pitié de moi, pendant que huit solides gaillards frapperaient sur mon pauvre dos comme sur une enclume. Voilà comment à mon retour, la république me ferait réception. La faute en serait à mon maître qui, dans sa dureté, m'envoie du port ici, bon gré mal gré, à cette heure de la nuit. Ne pouvait-il pas pour cela attendre jusqu'au jour ? O le dur service que celui des riches et que l'esclave d'un grand est à plaindre! Nuit et jour, à chaque instant, mille choses à dire ou à faire : jamais de repos. Le maître, lui, distribue largement la besogne et ne fait rien ; tout ce qui lui passe par la tête lui semble possible, lui parait juste. Il ne s'inquiète pas du mal qu'il donne, et que ses ordres soient raisonnables ou non, peu lui importe. Aussi que d'injustices à souffrir quand on sert! Il faut pourtant garder, supporter ce fardeau avec tous ses ennuis.

V

(Tom. I, p. 290.)

MERCURE.

Eh bien! à toutes ces preuves reconnais-tu que tu n'es pas Sosie?

habet faciundi; d'autres avant eux voyaient dans *operis* un ablatif équivalent à *servis*.

SOSIA.

Tun negas med esse?

MERCURIUS.

Quid ego ni negem, qui egomet siem?

SOSIA.

Per Jovem juro, med esse, neque me falsum dicere.

MERCURIUS.

At ego per Mercurium juro, tibi Jovem non credere.
Nam injurato, scio, plus credet mihi, quam jurato tibi.

SOSIA.

Quis ego sum saltem, si non sum Sosia? Te interrogo.

MERCURIUS.

Ubi ego Sosia nolim esse, tu esto sane Sosia.
Nunc, quando ego sum, vapulabis, ni hinc abis ignobilis.

SOSIA.

Certe edepol, quom illum contemplo et forman cognosco meam,
Quemadmodum ego sum (sæpe in speculum inspexi) nimis simili'st mei ;
Itidem habet petasum ac vestitum, tam consimili'st atque ego :
Sura, pes, statura, tonsus, oculi, nasum, vel labra,
Malæ, mentum, barba, collum, totus... quid verbis opu'st ?
Si tergum cicatricosum, nihil hoc simili est similius.
Sed quom cogito, equidem certo idem sum, qui semper fui :
Novi herum, novi ædes nostras : sane sapio et sentio.
Non ego illi obtempero, quod loquitur : pultabo fores.

MERCURIUS.

Quo agis te?

SOSIA.

Domum.

SOSIE.

Tu affirmes que je ne le suis pas?

MERCURE.

Certes, puisque c'est moi qui le suis.

SOSIE.

Je jure par Jupiter que c'est moi et que je ne mens pas.

MERCURE.

Et moi, je jure par Mercure que Jupiter ne te croit pas. Sans aucun serment mon assertion, j'en suis sûr, aura plus de crédit auprès de lui que tout ce que tu jureras.

SOSIE.

Que suis-je donc, au moins, si je ne suis pas Sosie. Je te le demande?

MERCURE.

Quand je ne voudrai plus être Sosie, sois-le, à la bonne heure : mais à présent que je le suis, tu seras roué de coups, si tu ne t'en vas pas d'ici sans chercher à être reconnu.

SOSIE.

Assurément, quand je l'examine, et que je me rappelle ma figure, telle que je l'ai vue souvent dans un miroir, il me ressemble tout à fait. Il a même chapeau, même habit; il est comme moi-même. La jambe, le pied, la taille, les cheveux, les yeux, le nez, les lèvres, les joues, le menton, la barbe, le cou, tout en un mot. Si son dos est couvert de cicatrices, il n'y a rien de plus exact que cette ressemblance. Cependant quand j'y pense, je suis bien certainement ce que j'ai toujours été. Je connais mon maître, je connais notre maison ; j'ai ma raison et l'usage de mes sens. Bah ! Je n'écoute plus ce qu'il peut dire, je vais frapper à la porte.

MERCURE.

Où vas-tu ?

SOSIE.

Chez nous.

MERCURIUS.

Quadrigas si nunc inscendas Jovis,
Atque hinc fugias, ita vix poteris effugere infortunium.

SOSIA.

Nonne heræ meæ nuntiare; quod herus meus jussit, licet?

MERCURIUS.

Tuæ si quid vis nuntia ; te hanc nostram adire non sinam.
Nam si me irritassis, hodie lumbifragium hinc auferes.

SOSIA.

Abeo potius. Di immortales, obsecro vostram fidem,
Ubi ego perii? ubi immutatus sum? ubi ego forman perdidi?
An egomet me illic reliqui, si forte oblitus fui?
Nam hic quidem omnem imaginem meam, quæ antehac fuerat, possidet.
Vivo fit, quod numquam quisquam mortuo faciet mihi[1].
Ibo ad portum, atque, hæc uti sunt facta, hero dicam meo;
Nisi etiam is quoque me ignorabit: quod ille faxit Juppiter;
Uti ego hocedie raso capite calvos capiam pileum.

Plaut., *Amphit.*, act. 1, sc. 1.

VI

L'avare Euclion, obligé de quitter un moment sa maison, adresse ses recommandations à sa vieille servante Staphyla et exprime ses appréhensions.

EUCLIO.

Redi nunc iam intro atque intus serva.

STAPHYLA

Quippini?
Ego intus servem? An, ne quis ædes auferat?

---

[1] Allusion aux images des morts, qu'on faisait figurer aux funérailles.

MERCURE

Quand tu monterais maintenant sur le char de Jupiter pour t'enfuir au plus vite, à peine encore éviterais-tu la correction qui te menace.

SOSIE

Ne m'est-il pas permis de porter à ma maîtresse le message de mon maître.

MERCURE

A ta maîtresse, oui, porte le message que tu voudras ; mais quant à la nôtre, je ne te permettrai pas d'entrer chez elle. Et si tu m'irrites, tu n'emporteras d'ici tout à l'heure que les débris de tes reins.

SOSIE

Je m'en vais plutôt. O dieux immortels, accordez-moi votre protection ! Où me suis-je perdu ? Où ai-je été changé ? Où ai-je égaré ma figure ? Me suis-je laissé là-bas par mégarde ? Car c'est bien toute mon image, celle qui fut mienne jusqu'aujourd'hui, que cet homme possède. On fait pour moi de mon vivant ce qu'on ne fera certainement pas après ma mort. Mais je retourne au port; je raconterai à mon maître ce qui vient de se passer, à moins que lui aussi ne me méconnaisse[1]. Que telle soit la volonté de Jupiter; et puissé-je aujourd'hui, tout chauve, sur ma tête rasée poser le bonnet d'affranchi.

VI

(Tom. I, p. 303.)

EUCLION

Rentre à l'instant et dans la maison fais bonne garde.

STAPHYLA

Oui, vraiment ! Que je fasse bonne garde ! Est-ce de peur qu'on emporte les murs ? Car chez nous il n'y a rien autre

---

[1] Si son maître ne le reconnaissait pas, Sosie pourrait se considérer comme affranchi de la servitude et porter le signe de l'affranchissement.

Nam hic apud nos nihil est aliud quæsti furibus ;
Ita inaniis sunt oppletæ atque araneis.

EUCLIO

Mirum, quin tua me causa faciat Juppiter
Philippum regem aut Darium[1], trivenefica !
Araneas mihi ego illas servari volo.
Pauper sum, fateor : patior. Quod di dant, fero.
Abi intro ! occlude januam ! Jam ego hic ero.
Cave quemquam alienum in ædes intromiseris.
Quod quispiam ignem quærat : exstingui volo,
Ne causæ quid sit, quod te quisquam quæritet.
Nam si ignis vivet, tu exstinguere extempulo.
Tum aquam aufugisse dicito, si quis petet.
Cultrum, securim, pistillum, mortarium,
Quæ utenda vasa semper vicini rogant,
Fures venisse, atque abstulisse dicito.
Profecto in ædes meas me absente neminem
Volo intromitti ; atque etiam hoc prædico tibi :
Si Bona Fortuna veniat, ne intromiseris.

STAPHYLA

Pol ea ipsa, credo, ne intromittatur, cavet :
Nam ad ædes nostras numquam adiit quaquam prope.

EUCLIO

Tace atque abi intro.

STAPHYLA

Taceo atque abeo.

EUCLIO

Occludesis
Fores ambobus pessulis. Jam ego hic ero.
Discrucior animi, quia ab domo abeundum est mihi.
Nimis hercle invitus abeo ; sed, quid agam, scio :

---

(1) Darius et les rois de Perse en général étaient renommés pour leur opulence. Quant à Philippe, le père d'Alexandre-le-Grand, il s'était tellement

chose pour les voleurs; des vides et des toiles d'araignée, voilà ce dont la maison est pleine.

EUCLION

Il est étonnant sans doute que, pour te faire plaisir, Jupiter ne m'ait pas fait riche comme le roi Philippe ou comme Darius, triple empoisonneuse. Ces toiles d'araignée, je veux, moi, qu'on les garde. Je suis pauvre, c'est vrai, mais je m'y résigne, et ce que les dieux m'attribuent, je le supporte. Rentre ! Ferme la porte ! Je reviens tout de suite. Prends garde de laisser pénétrer quelque étranger. Eteins le feu, pour qu'on ne t'en demande pas; personne n'aura de prétexte pour venir en chercher; s'il brûle encore à mon retour, je t'étouffe aussitôt. A ceux qui voudraient de l'eau, dis qu'elle s'est enfuie. Et si l'on veut un couteau, une hache, un pilon, un mortier, quelqu'un de ces ustensiles que les voisins se plaisent à emprunter, réponds que les voleurs sont venus et ont tout emporté. Bref, j'entends qu'en mon absence personne ne s'introduise chez moi; je l'interdis absolument; quand ce serait la Bonne-Fortune elle-même, n'ouvre pas.

STAPHYLA

Ah ! Celle-là, je crois, n'a garde de vouloir entrer; jamais elle ne s'est approchée de chez nous.

EUCLION

Tais-toi et rentre.

STAPHYLA

Je me tais et je rentre.

EUCLION

Ferme la porte aux deux verroux, je serai ici dans un moment..... (*seul*) Je suis désolé de m'absenter. C'est bien malgré moi. Mais je sais ce que je fais. Le chef de notre

---

enrichi à exploiter les mines du mont Pangée, que la majeure partie de la monnaie d'or en circulation était frappée à son effigie et qu'on parlait couramment des pièces appelées *philippes*, *aurum philippeum*.

Nam nobis nostræ qui est magister curiæ,
Dividere argenti dixit nummos in viros;
Id si relinquo ac non peto, omnes illico
Me suspicentur (credo) habere aurum domi :
Nam non est veri simile, hominem pauperem
Pauxillum parvi facere, quin nummum petat.
Nam nunc, quom celo sedulo omnes, ne sciant,
Omnes videntur scire, et me benignius
Omnes salutant, quam salutabant prius :
Adeunt, consistunt, copulantur dexteras;
Rogitant me, ut valeam, quid agam, quid rerum geram.
Nunc, quo profectus sum, ibo; postidem domum
Me rursum, quantum potero, tantum recipiam.

Plaut., *Aulul.*, Act. I.

VII

L'avare Euclion surprend l'esclave Strobile près du temple où il a caché son trésor; il le fouille et veut lui faire rendre ce qu'il n'a pas encore pris.

EUCLIO

Foras, foras, lumbrice, qui sub terra erepsisti modo,
Qui modo nusquam comparebas : nunc quom compares,
peris.
Ego edepol te, præstigiator, miseris jam accipiam modis.

STROBILUS

Quæ te mala crux agitat? quid tibi mecum est commerci,
senex ?
Quid me adflictas? quid me raptas? qua me causa verberas?

EUCLIO

Verberabilissume, etiam rogitas, non fur, sed trifur ?

STROBILUS

Quid tibi subripui?

EUCLIO

Redde huc, sis.

curie a fait annoncer une distribution d'argent, et si je néglige d'aller réclamer ma part, tout le monde me soupçonnera d'avoir de l'or chez moi; car il n'est pas vraisemblable qu'un pauvre homme fasse si peu de cas d'une pièce d'argent, si minime soit-elle, qu'il ne la réclame pas. Déjà même, malgré les précautions que je prends pour cacher mon secret à tous, tous semblent le connaître; on me salue avec plus de politesse qu'autrefois; on m'aborde, on me serre la main, on me demande et comment je vais, et ce que je deviens et si je suis content des affaires. Mais allons là-bas et aussi vite que possible revenons à la maison.

VII

(Tom. I, p. 305.)

EUCLION

Hors d'ici, méchant ver, qui viens de sortir de dessous terre; on ne te voyait pas tout à l'heure, maintenant que tu te montres, il t'en cuira ; je vais, vil escamoteur, t'arranger de la belle façon.

STROBILE

Quel démon vous agite? qu'ai-je à démêler avec vous, vieillard? Pourquoi me bousculer? pourquoi me tirer ainsi? pourquoi vos coups?

EUCLION

Vaurien si digne des étrivières, tu oses le demander, toi qui es non pas voleur, mais triple voleur?

STROBILE

Que vous ai-je dérobé?

EUCLION

Rends-le, s'il te plaît.

STROBILUS

Quid tibi vis reddam?

EUCLIO

Rogas?

STROBILUS

Nil equidem tibi abstuli.

EUCLIO

At illud, quod tibi abstuleras, cedo!
Ecquid agis?

STROBILUS

Quid agam?

EUCLIO

Hoc auferre non potes.

STROBILUS

Quid vis tibi?[1]

EUCLIO

Pone hoc, sis; aufer cavillam; non ego nunc nugas ago.

STROBILUS

Quid ego ponam? Quin tu eloquere, quidquid est, suo nomine.
Non hercle equidem quidquam sumpsi nec tetigi.

EUCLIO

Ostende huc manus.

STROBILUS

Em tibi.

EUCLIO

Ostende.

STROBILUS

Eccas.

---

(1) Ici les éditions classiques passent un vers qui est obscène.

STROBILE

Que voulez-vous que je vous rende?

EUCLION

Tu l'ignores.

STROBILE

Je n'ai rien pris qui soit à vous.

EUCLION

Mais ce qui est à toi parce que tu l'as volé, rends-le. Eh bien?

STROBILE

Eh bien?

EUCLION

Tu ne pourras pas l'emporter.

STROBILE

Que vous faut-il donc?

EUCLION

Remets-le moi, te dis-je. Trêve de plaisanterie. Je ne badine pas, moi.

STROBILE

Que vous remettrai-je? Désignez la chose, quelle qu'elle soit, par son nom. Quant à moi, je le jure, je n'ai rien pris, je n'ai touché à rien.

EUCLION

Montre-moi tes mains.

STROBILE

Tenez.

EUCLION

Montre.

STROBILE

Les voici.

EUCLIO

Video. Age, ostende etiam tertiam. (1)

STROBILUS

Laruæ hunc atque intemperiæ insaniæque agitant senem.
Facisne injuriam mihi an non?

EUCLIO

Quia non pendes, maxumam,
Atque id quoque jam fiet, nisi fatere.

STROBILUS

Quid fatear tibi?

EUCLIO

Quid abstulisti hinc?

STROBILUS

Di me perdant, si ego tui quidquam
abstuli.

EUCLIO

Nive adeo abstulisse vellem. Agedum, excutedum pallium.

STROBILUS

Tuo arbitratu.

EUCLIO

Ne inter tunicas habeas.

STROBILUS

Tenta, qua lubet.

EUCLIO

Vah, scelestus quam benigne, ut ne abstulisse intellegam!
Novi sycophantias. Age, rursum ostende huc dexteram.

---

(1) Molière a imité Plaute :

Viens çà que je voie. Montre-moi tes mains. — Les voilà. — Les autres.
— Les autres? — Oui. — Les voilà.

EUCLION

Je vois. Allons, montre maintenant la troisième.

STROBILE

Les génies malfaisants, la passion et la folie troublent la cervelle de ce vieillard. Me faites-vous injure, oui ou non?

EUCLION

Oui certes, et grandement; car tu devrais déjà être pendu. Mais tu le seras bientôt, si tu n'avoues.

STROBILE

Qu'ai-je à vous avouer?

EUCLION

Qu'emportes-tu d'ici?

STROBILE

Que les dieux m'exterminent, si je vous ai pris quelque chose!

EUCLION

Et même, si je n'ai pas voulu prendre, n'est-ce pas? Allons, secoue ton manteau.

STROBILE

Tant que vous voudrez.

EUCLION

Ne l'aurais-tu pas sous ta tunique?

STROBILE

Tâtez partout.

EUCLION

Ah! le coquin, comme il est complaisant, pour m'empêcher de voir en lui un voleur. Mais je connais ces tours-là. Voyons, montre-moi de nouveau ta main droite.

et Chappuzeau, dans le *Riche vilain* :

      Çà, montre-moi ta main.
— Tenez. — L'autre. — Tenez, voyez jusqu'à demain.
— L'autre. — Allez la chercher; en ai-je une douzaine?

STROBILUS

Em tibi.

EUCLIO

Nunc lævam ostende.

STROBILUS

Quin equidem ambas profero.

EUCLIO

Jam scrutari mitto. Redde huc!

STROBILUS

Quid reddam?

EUCLIO

Ah, nugas agis.
Certe habes.

STROBILUS

Habeo, ego? quid habeo?

EUCLIO

Non dico; audire expetis.
Id meum quidquid habes, redde.

STROBILUS

Insanis : perscrutatus es
Tuo arbitratu. Neque tui me quidquam invenisti penes.

EUCLIO

Mane, mane : quis ille est, qui hic intus alter erat tecum simul?
Perii hercle : ille nunc intus turbat; hunc si amitto, hic abierit
Postremo hunc jam perscrutavi; hic nihil habet. Abi, quo lubet.
Juppiter te dique perdant!

STROBILUS

Haud male agit gratias.

STROBILE

La voici.

EUCLION

La gauche maintenant.

STROBILE

Tenez, regardez les deux.

EUCLION

Je ne veux plus chercher; rends-le-moi.

STROBILE

Mais quoi?

EUCLION

Ah! tu me bernes, tu l'as certainement.

STROBILE

Je l'ai, moi? Qu'est-ce que j'ai?

EUCLION

Je ne le dis pas; tu es trop désireux de me l'entendre dire. Mais, quoi que ce soit, rends-moi mon bien.

STROBILE

Vous déraisonnez: vous m'avez fouillé autant que vous avez voulu et vous n'avez rien trouvé sur moi qui vous appartienne.

EUCLION

Attends, attends. Quel est cet autre qui se trouvait en même temps que toi dans ce temple. Je suis perdu, grands dieux! L'autre maintenant y bouleverse tout.... Si je lâche celui-ci, il s'en ira; après tout, je l'ai bien fouillé, il n'a rien... Va-t-en où tu voudras. Que Jupiter et tous les dieux t'exterminent!

STROBILE

Le remerciement n'est pas mal tourné.

EUCLIO

Ibo intro atque illi socienno tuo jam interstringam gulam.
Fugin hinc ab oculis? abin, an non?

STROBILUS

Abeo.

EUCLIO

Cave, sis, revideam.

Plaut., *Aulul.*, act. IV.

VIII

Plaintes de l'avare Euclion à qui on a volé la marmite dans laquelle était caché son trésor.

Perii! interii! occidi! Quo curram? quo non curram?
 Tene, tene! Quem? quis?
Nescio : nil video : cæcus eo, atque equidem, quo eam, aut
 ubi sim, aut qui sim,
Nequeo cum animo certum investigare. Obsecro vos ego,
 mi auxilio.
Oro, obtestor, sitis et hominem demonstretis, qui eam
 abstulerit.
Quid est quod ridetis? Novi omnes : scio, fures esse hic
 complures,
Qui vestitu et creta [1] occultant sese atque sedent, quasi
 sint frugi.
Quid ais tu? Tibi credere certum est; nam esse bonum e
 voltu cognosco.
Hem, nemo habet horum? — Occidisti! Dic igitur quis
 habet. Nescis?
Heu me misero miserum! perii! male perditus, pessume
 ornatus eo :
Tantum gemiti et malæ mæstitiæ hic dies mihi obtulit,
Famem et pauperiem. Perditissumus ego sum omnium senum
In terra. Nam quid mihi opu'st vita, qui tantum auri perdidi,
Quod custodivi sedulo ? Egomet me defraudavi
Animumque meum geniumque meum. Hunc alii lætificantur
Meo malo et damno. Pati nequeo.

Plaut., *Aulul.*, act. IV.

EUCLION

J'entre là et j'étrangle ton complice. Fuis-tu de ma présence? T'en vas-tu, oui ou non?

SRTOBILE

Je m'en vais.

EUCLION

Que je ne te revoie plus s'il te plait. Prends-y garde.

VIII

(Tom. I, p. 305.)

Je suis perdu ! Je suis mort ! Je suis assassiné ! Où courir ? Où ne pas courir ? Arrête ! Arrête ! Qui ? Lequel ? Je ne sais, je ne vois rien, je marche en aveugle; mon esprit égaré ne reconnaît plus où je vais, où je suis, qui je suis. Je m'adresse à vous, secourez-moi, je vous en prie, je vous en conjure, montrez-moi celui qui me l'a prise..... Qu'est-ce ? Pourquoi riez-vous ? Je vous connais tous : je sais qu'il y a plus d'un voleur ici parmi ceux qui se cachent sous leurs robes blanchies et se tiennent assis comme des honnêtes gens..... Que dis-tu, toi ? Je veux t'en croire; à ta figure je vois que tu es un homme de bien. Eh quoi ! personne ici ne l'a prise ? Tu me tues. Allons, dis-moi donc qui l'a. Tu l'ignores ? Ah ! malheureux, malheureux ! Je suis mort, perdu sans ressource, complètement dépouillé. Déplorable et funeste journée qui m'apporte la misère et la faim ! Il n'y a pas sur terre un vieillard plus misérable que moi. Et qu'ai-je affaire de la vie, maintenant que j'ai perdu tant d'or que je gardais si soigneusement ? Je me privais du nécessaire, je me refusais tout plaisir; d'autres maintenant se réjouissent de mon malheur et de ma ruine. Non, je n'y puis résister.

(1) Pour *cretato vestitu*, comme, dans Virgile, *patera libamus et auro* au lieu de *patera aurea*; c'est ce qu'on appelle, en termes de rhétorique, hendyadis.

IX

Scène entre Hégion et Tyndare qui s'est fait passer pour Philocrate, son maître, afin que celui-ci pût partir à sa place.

HEGIO

Adstringite isti, sultis, vehementer manus !

TYNDARUS

Tuos sum : tu has quidem vel præcidi jube.
Sed quid negoti est, quamobrem succenses mihi ?

HEGIO

Quia me meamque rem, quod in te uno fuit,
Tuis scelestis falcidicis fallaciis
Delaceravisti deartuavistique opes.
Confecisti omnes res ac rationes meas :
Ita mi exemisti Philocratem fallaciis.
Illum esse servom credidi, te liberum :
Ita vosmet aiebatis, itaque nomina
Inter vos permutastis.

TYNDARUS

    Fateor, omnia
Facta esse ita, ut tu dicis, et fallaciis
Abisse eum abs te mea opera atque astutia.
An, obsecro hercle te, id nunc succenses mihi ?

HEGIO

At cum cruciatu maxumo id factum est tuo.

TYNDARUS

Dum ne ob malefacta peream, parvi æstumo.
Si ego hic peribo, si ille, ut dixit, non redit :
At erit mi hoc factum mortuo memorabile,
Me meum herum captum ex servitute atque hostibus
Reducem fecisse liberum in patriam ad patrem,
Meumque potius me caput periculo
Præoptavisse, quam is periret, ponere.

IX

(Tom. I, p. 311.)

HÉGION
Serrez-lui, s'il vous plaît, les mains très durement.

TYNDARE
Je vous appartiens; vous pouvez même ordonner qu'on les coupe. Mais qu'est-ce? Pourquoi vous irritez-vous contre moi?

HÉGION
Parce que tout ce qui dépendait de toi, tu l'as fait, scélérat, par tes impostures et tes mensonges, pour réduire à rien moi et mes biens, pour démembrer ma fortune. Tu m'as dérobé Philocrate par tes fourberies. J'ai vu en lui un esclave et en toi un homme libre, ainsi que vous le disiez, après avoir fait échange de vos noms.

TYNDARE
Je l'avoue, tout s'est passé comme vous le dites, et si nos mensonges lui ont permis de vous quitter, c'est grâce à mon plan et à mon habileté. Mais est-ce donc pour cela, je vous prie, que vous êtes courroucé contre moi?

HÉGION
Oui, et les plus grands supplices suivront de près ton action.

TYNDARE
Du moment que je ne mérite pas la mort, peu m'importe. Si je perds ici la vie et qu'il ne revienne pas ainsi qu'il l'a promis, après ma mort on rappellera à mon honneur que j'ai tiré mon maître captif de la servitude et des mains de l'ennemi, que je l'ai fait rentrer libre dans sa patrie, chez son père et que j'ai exposé ma tête aux périls plutôt que de le voir périr.

HEGIO

Facito ergo, ut Acherunti clueas gloria!

TYNDARUS

Qui per virtutem perit, at non is interit.

HEGIO

Quando ego te exemplis pessumis cruciavero
Atque ob sutelas tuas te morti misero,
Vel te interisse vel perisse prædicent :
Dum pereas, nihil interduo aiant vivere.

TYNDARUS

Pol si istuc faxis, haud sine pæna feceris,
Si ille huc rebitet, sicut confido adfore....[1]

HEGIO

Vetuin te quidquam mi hodie falsum proloqui?

TYNDARUS

Vetuisti.

HEGIO

Cur es ausus mentiri mihi?

TYNDARUS

Quia vera obessent illi, quoi operam dabam ;
Nunc falsa prosunt.

HEGIO

At tibi oberunt.

TYNDARUS

Optume est.
At herum servavi, quem servatum gaudeo,
Quoi me custodem addiderat herus major meus.
Sed malene id factum arbitrare?

HEGIO

Pessume.

---

(1) Ici l'ami de Philocrate, Aristophonte, exprime le regret d'avoir involontairement causé la découverte de la fraude de Tyndare. Je passe ses

HÉGION

Va donc jouir de ta gloire sur les bords de l'Achéron...

TYNDARE

Qui périt pour la vertu ne meurt pas.

HÉGION

Quand je t'aurai fait subir les plus cruels tourments, et que, pour tes perfidies je t'aurai mis à mort, qu'on dise que tu as péri ou que tu es mort, cela m'est indifférent : pourvu que tu périsses, je veux bien qu'on dise que tu vis encore.

TYNDARE

Ah! si vous faites cela, vous vous en repentirez. Le jour où, comme je n'en doute pas, Philocrate reviendra.....

HÉGION

T'avais-je défendu tout mensonge?

TYNDARE

Oui.

HÉGION

Pourquoi as-tu osé me mentir?

TYNDARE

Parce que la vérité était nuisible à celui que je devais servir; mes mensonges lui sont utiles maintenant.

HÉGION

Ils te seront nuisibles à toi.

TYNDARE

A merveille. Mais j'ai sauvé mon maître et j'en suis heureux, puisque son père m'avait attaché à lui pour être son gardien. Pensez-vous que j'aie mal agi?

HÉGION

Très mal.

paroles pour ne pas allonger cette citation du dialogue entre Hégion et Tyndare.

TYNDARUS

At ego aio recte, qui abs te seorsum sentio.
Nam cogitato : si quis hoc gnato tuo
Tuos servos faxet, qualem haberes gratiam?
Emitteresne, necne, cum servom manu?
Essetne apud te is servos acaptissumus?
Responde.

HEGIO

Opinor.

TYNDARUS

Cur ergo iratus mihi es?

HEGIO

Quia illi fuisti, quam mihi, fidelior.

TYNDARUS

Quid ? tu una nocte postulavisti et die
Recens captum hominem, nuperum et novicium,
Te perdocere, ut melius consulerem tibi,
Quam illi, quicum una a puero ætatem exegeram ?

HEGIO

Ergo ab eo petito gratiam istam. — Ducite,
Ubi ponderosas, crassas capiat compedes !

Plaut., *Captio*., act. III.

X

Plaintes du parasite Ergasile qui n'a trouvé aucune invitation à dîner.

Miser homo est, qui ipsus sibi, quod edit, quærit, et id ægre
   invenit;
Sed ille est miserior, qui et ægre quærit, et nihil invenit :
Ille miserrumu'st, qui, quom esse cupit, id quod edit, non
   habet.
Nam hercle ego huic die, si liceat, oculos effodiam lubens :

TYNDARE

Moi je dis que j'ai bien fait et mon sentiment diffère du vôtre. Réfléchissez donc : si un de vos esclaves agissait de même pour votre fils, quel gré ne lui sauriez-vous pas? Celui-là l'affranchiriez-vous, oui ou non? Ne serait-il pas chez vous le plus aimé de vos serviteurs? Répondez.

HÉGION

Sans doute.

TYNDARE

Pourquoi alors m'en voulez-vous?

HÉGION

Parce que tu lui as été plus fidèle qu'à moi.

TYNDARE

Quoi ! vous prétendiez qu'au bout d'un jour et d'une nuit seulement, un prisonnier à peine en votre possession, tout nouveau, sans vous connaître, vous écoutât au point de préférer vos intérêts à ceux de l'homme avec qui, depuis l'enfance, il avait passé toute sa vie.

HÉGION

Va donc lui demander le témoignage de sa reconnaissance. (*Aux esclaves*) Emmenez-le. Qu'on lui mette de lourdes et grosses chaînes.

X

(Tom. I, p. 312)

Malheureux est l'homme qui cherche sa nourriture et la trouve à grand'peine ; plus malheureux celui qui se donne de la peine pour la chercher, mais ne la trouve pas ; est malheureux par dessus tous celui qui, ayant faim, n'a rien à manger. Quelle journée que celle-ci ! Si je pouvais, je lui arracherais les yeux volontiers, tant elle a chargé de mauvais vouloir à mon égard le cœur de tous. Je n'en ai jamais

Ita malignitate oneravit omnes mortales mihi,
Neque jejuniosiorem nec magis effertum fame [1]
Vidi, nec quoi minus procedat, quidquid facere occeperit;
Ita venter gutturque resident esuriales ferias.
Ilicet parasiticæ arti maxumam malam crucem :
Ita juventus jam ridiculos inoposque ab se segregat.
Nil morantur jam Lacones, imi subselli viros,
Plagipatidas, quibus sunt verba sine penu et pecunia;
Eos requirunt, qui lubenter quom ederint, reddant domi.
Ipsi obsonant, quæ parasitorum ante erat provincia,
Ipsi de foro tam aperto capite ad lenones eunt,
In tribu quam aperto capite sontes condemnant reos.
Neque ridiculos jam terunci [2] faciunt; sese omnes amant.
Nam ego ut dudum hinc abii, accessi ad adulescentes in foro;
« Salvete, inquam : quo imus una ad prandium ? » Atque illi tacent.
« Quis ait, Hoc, aut quis profitetur ? » inquam. Quasi muti silent,
Neque me rident. « Ubi coenamus ? » inquam. Atque illi abnuont.
Dico unum ridiculum dictum de dictis melioribus,
Quibus solebam menstruales epulas ante adipiscier.
Nemo ridet. Scivi extemplo, rem de compecto geri.
Ne canem quidem irritatam voluit quisquam imitarier,
Saltem, si non arriderent, dentes ut restringerent.
Abeo ab illis, postquam video me sic ludificarier,
Pergo ad alios, venio ad alios, deinde ad alios : una re'st;
Omnes de compecto rem agunt, quasi in Velabro olearii.
Nunc redeo inde, quoniam me ibi video ludificarier.
Item alii parasiti frustra obambulabant in foro.
Nunc barbarica lege [3] certum est jus meum omne persequi :

(1) Nous avons vu, à l'*App.* VI, une expression du même genre, *ædes inaniis oppletæ*.

(2) Ce mot est pris souvent au figuré et a le sens de *peu de chose, un rien;* en réalité, le *teruncius* était une monnaie de cuivre qui valait le quart de l'as romain, puisque l'as contenait douze onces.

(3) Ici, *lex barbara* signifie *la loi romaine*, le personnage qui parle

vu de plus famélique, de plus bourrée d'appétit, de moins chanceuse dans ses entreprises. Mon ventre et mon gosier chôment la fête de la famine. Peste soit du métier de parasite ! La jeunesse aujourd'hui s'éloigne des plaisants dans la misère. On ne se soucie plus des Spartiates du bas bout de la table, ces souffre-douleur, riches en bons mots, mais qui ne possèdent ni garde-manger ni argent ; on recherche les gens qui, après s'être régalés chez les autres, peuvent rendre le régal chez eux. On fait soi-même ses emplettes au marché, soin confié jadis aux parasites. On se rend soi-même au forum chez les marchands de courtisanes, la tête haute et découverte, comme on se rend à l'assemblée du peuple pour juger les accusés. On ne fait pas plus de cas d'un plaisant que d'une obole. Tous sont égoïstes. En sortant d'ici tout à l'heure, j'abordai des jeunes gens sur le forum : « Bonjour, leur dis-je, où allons-nous dîner ensemble ? » Ils se taisent. « Qui répond : Chez moi ? Qui s'avance ? » Ils ne parlent pas plus que des muets, ils gardent devant moi leur sérieux. « Où soupons-nous ? » dis-je encore. Ils répondent par un signe négatif. Je lance un bon mot, un de mes meilleurs, un de ceux qui me valaient autrefois bonne table pour un mois. Personne ne rit. Je comprends dès lors que c'est un complot. Pas un ne veut seulement imiter le chien en colère : sans sourire tout-à-fait, du moins pouvaient-ils montrer les dents. Je les laisse, quand je vois qu'ils se jouaient ainsi de moi. Je m'adresse à d'autres, puis je passe à d'autres et encore à d'autres. C'est tout un. Tous se sont donné le mot, comme les marchands d'huile au Vélabre. Et je m'en reviens honteux d'être leur jouet. Il y avait aussi d'autres parasites qui sans plus de succès que moi se promenaient sur le forum. Mais j'y suis décidé, je ferai valoir mon droit conformément à la loi romaine. Puisque de leur part il y a un complot pour nous ôter les vivres et la vie, je les assignerai, je réclamerai une

étant grec. La loi romaine, en effet, punissait les accaparements, les associations pouvant amener la famine.

Qui consilium iniere, quo nos victu et vita prohibeant,
Is diem dicam ; irrogabo multam, ut mihi cœnas decem
Meo arbitratu dent, quom cara annona sit. Sic egero.
Nunc ibo ad portum hinc : est illic mi una spes cœnatica ;
Si ea decolabit, redibo huc ad senem ad cœnam asperam.

Plaut., Captio., act. III.

XI

Le jeune débauché Philolaclès, faisant un retour sur lui-même, compare l'homme à un bâtiment qu'il ne suffit pas d'avoir bien construit. Après avoir dit comment, faute d'entretien, de précautions contre l'humidité, de réparations immédiates après les orages, un bâtiment, quelque bon qu'il soit, tombe en ruine et s'écroule, il établit l'analogie.

     Nunc etiam volo
Dicere, ut hominis ego ædium esse similis arbitrem.
 Primumdum, parentes fabri liberum sunt :
 Ei fundamentum substruont liberorum,
 Extollunt, parant sedulo in firmitatem,
  Et, ut et in usum boni et in speciem
 Poplo sint sibique, haud materiæ reparcunt,
 Nec sumptus sibi sumptui ducunt esse.
 (Expoliunt, docent litteras, jura, leges
  Sumptu suo et labore.)
Nituntur, ut alii sibi esse illorum similis expetant.
 Ad legionem, in comitia, adminiclum eis danunt :
 Tum iam aliquem . . . . cognatum suom.
 Eatenus . . . . abeunt a fabris
 . . . . . . unum ubi emeritumst stipendium.
Igitur tum specimen cernitur, quo eveniat ædificatio.
 Nam ego ad illud fui frugi usque et probus,
 In fabrorum potestate dum fui.
 Postea, quom immigravi ingenium in meum,

---

(1) Je suis, pour ce morceau, le texte de M. F. Ritschl, tom. IV, fasc. 4. Leipzig, 1893.

amende, dix soupers à ma discrétion, vu la cherté des denrées. Voilà ce que je ferai. Maintenant je vais voir au port ; là est mon dernier espoir de trouver une invitation pour ce soir ; si elle m'échappe, je reviendrai chez le vieillard souper maigrement.

XI

(Tom. I, p. 339)

Maintenant je vais vous expliquer comment les hommes ressemblent aux édifices. D'abord, les parents font leurs œuvres de leurs enfants, ils jettent les fondements de leur éducation, les élèvent, travaillent soigneusement à les rendre solides de façon qu'ils puissent fournir au peuple utilité pratique et satisfaction des yeux. Ils n'épargnent ni les soins ni la matière et ne considèrent nullement comme perdu ce qu'ils dépensent ainsi. Ils les polissent, leur apprennent les lettres, le droit, les lois ; à grands frais, à grand travail ils cherchent à les rendre tels que les autres parents puissent en désirer de semblables. A l'armée, dans les comices, ils leur donnent un soutien, quelqu'un de la famille. Mais alors les jeunes gens sortent des mains qui les ont façonnés. Dès la première campagne, on voit à l'épreuve ce qui adviendra de l'édifice. Moi, par exemple, j'ai été excellent et irréprochable tant que je suis resté en la puissance de ceux qui m'avaient formé. A peine ai-je été livré à moi-même, j'ai détruit leur ouvrage. Est venue la paresse : ce fut pour moi comme la tempête apportant avec elle la grêle et l'eau : elle m'a ôté toute pudeur, toute vertu ; après m'avoir couvert, elle m'a laissé tout à coup sans couverture. Et puis je négligeai de me recouvrir. A l'instant

— Perdidi operam fabrorum ilico oppido.
Venit ignavia : ea mi tempestas fuit,
Mi adventu suo grandinem imbremque attulit.
Hæc verecundiam mi et virtutis modum
Deturbavit extudit detexitque a me ilico.
Postilla optigere ea neglegens fui :
Continuo pro imbre amor advenit . . . .
Is usque in pectus permanavit, permadefecit cor meum.
Nunc simul res, fides, fama, virtus, decus
Deseruerunt : ego sum in usu factus nimio nequior.
Atque edepol ita hæc umore tigna putent : non videor mihi
Sarcire posse ædis meas, quin totæ perpetuæ ruant,
Cum fundamento perierint, nec quisquam esse auxilio queat.
Cor dolet, quom scio ut nunc sum atque ut fui :
Quo neque industrior de iuventute erat
. . . . . . disco, hastis, pila,
. . . . . . cursu, armis, equo :
Victitabam volup . . . . .
Parsimonia et duritia discipulinæ aliis eram :
Optumi quique expetebant a me doctrinam sibi.
Nunc, postquam nihili sum, id vero meopte ingenio repperi.

Plaut., *Mostell.*, Act. I.

XII

Ménechme-Sosiclès se trouve en présence de la femme et du beau-père de l'autre Ménechme ; ils le prennent pour son frère et il finit par simuler la folie pour se débarrasser d'eux.

SENEX

Dic mi istuc, Menæchme, quid vos discertatis, ut sciam.
Quid tu tristis es ? quid illa autem abs te irata destitit ?

MENÆCHMUS

Quisquis es, quidquid tibi nomen est, senex : summum Jovem
Deosque do testes....

l'amour est tombé comme la pluie sur mon cœur, a pénétré jusqu'au fond de mon être, a noyé ma raison; et maintenant fortune, crédit, vertu, honneur, tout à la fois s'en est allé; je ne suis plus bon à rien; à cette humidité la charpente qui me soutenait s'est tellement pourrie que mon édifice semble ne pouvoir être réparé; c'est un écroulement général et continu, les fondements eux-mêmes disparaissent sans que personne puisse y remédier. Je souffre quand je songe à ce que je suis aujourd'hui et à ce que je fus. Parmi les jeunes gens, nul n'était plus habile que moi aux exercices du disque, du javelot, de la balle, de la course, de l'escrime et de l'équitation : je vivais heureux ; pour la frugalité et pour le courage à supporter les fatigues, je servais de modèle aux autres, les meilleurs mêmes prenaient exemple sur moi. A présent je ne vaux plus rien et c'est par ma faute que je suis arrivé là.

XII

(Tom. I, p. 346.)

LE VIEILLARD

Dis-moi, Ménechme, quel est le sujet de votre dispute? Je désire le savoir. Qu'est-ce qui te fâche? Qu'est-ce qui t'irrite et pourquoi t'éloignes-tu d'elle.

MÉNECHME-SOSICLÈS

Qui que vous soyez, quel que soit votre nom, vieillard, je jure par le grand Jupiter et par tous les dieux....

SENEX

Qua de re aut quojus rei rerum omnium?

MENÆCHMUS

Me non isti male fecisse mulieri, quæ me arguit,
Hanc[1] domo ab se subripuisse atque abstulisse dejerat.
Si ego intra ædes hujus umquam, ubi habitat, penetravi
pedem :
Omnium hominum exopto ut flam miserorum miserrumus.

SENEX

Sanun es, qui istuc exoptes, aut neges te umquam pedem
In eas ædes intulisse, ubi habitas, insanissume?

MENÆCHMUS

Tun, senex, ais habitare, med in illisce ædibus?

SENEX

Tu negas?

MENÆCHMUS

Nego hercle vero.

SENEX

Imo hercle ridicule negas,
Nisi quo nocte hac emigrasti. Concede huc, sis, filia.
Quid tu ais? num hinc emigrastis?

MULIER

Quem in locum, aut
quam ob rem, obsecro?

SENEX

Non edepol scio.

MULIER

Profecto ludit te hic.

---

(1) *Hanc* sous-ent. *pallam*, ce manteau. Il vient d'en être question dans les vers précédents; c'est celui que le premier Ménechme a réellement

LE VIEILLARD

A quel propos et que veux-tu jurer?

MÉNECHME-SOSICLÈS

Que je n'ai fait aucun tort à cette femme qui m'accuse faussement d'avoir dérobé ce manteau chez elle et prétend que je le lui ai enlevé. Si de ma vie j'ai jamais mis le pied dans la maison qu'elle habite, je veux être réduit à la plus affreuse des misères.

LE VIEILLARD

As-tu perdu le sens pour prononcer un tel vœu et pour nier que tu aies jamais mis le pied dans la maison que tu habites, grand fou?

MÉNECHME-SOSICLÈS

Vous dites, vieillard, que moi, j'habite cette maison?

LE VIEILLARD

Le nies-tu?

MÉNECHME-SOSICLÈS

Oui, par Hercule, je le nie.

LE VIEILLARD

Et par Hercule, tu es plaisant de le nier, à moins que tu n'aies déménagé cette nuit. (*A sa fille.*) Éloigne-toi par là, ma fille. (*A Ménechme.*) Voyons. Vous avez déménagé tous deux?

LA FEMME

Pour aller où? Et pour quel motif, je vous prie?

LE VIEILLARD

Ma foi, je l'ignore.

LA FEMME

Vraiment il se moque de vous.

dérobé à sa femme, mais qui, par suite des péripéties de la pièce, se trouve en possession de Ménechme-Sosiclès.

SENEX

Non te tenes ?
Jam vero, Menæchme, satis jocâtu's : nunc hanc rem gere.

MENÆCHMUS

Quæso, quid mihi tecum est ? Unde aut quis tu homo es ?
Sanan tibi
Mens est aut adeo isti, quæ molesta est mihi quoque modo ?

MULIER

Viden tu illic oculos livere ? Ut viridis exoritur colos
Ex temporibus atque fronte ! Ut oculi scintillant, vide !

MENÆCHMUS

Hei mihi, insanire me aiunt, ultro quom ipsi insaniunt !

MULIER

Ut pandiculans oscitatur ! Quid nunc faciam, mi pater ?

SENEX

Concede huc, mea gnata, ab istoc quam potest longissume.

MENÆCHMUS

Quid mihi meliu'st, quam quando illi me insanire prædicant,
Ego me adsimulem insanire, ut illos a me absterream ?
Evoe Bacche ; heu, Bromie ! quo me in silvam venatum
vocas ?
Audio ; sed non abire possum ab his regionibus ;
Ita illa me ab læva rabiosa femina adservat canis ;
Post autem illic hircus calvos, qui sæpe ætate in sua
Perdidit civem innocentem falso testimonio.

SENEX

Væ capiti tuo.

MENÆCHMUS

Ecce, Apollo mi ex oraclo imperat,
Ut ego illic oculos exuram lampadibus ardentibus !

LE VIEILLARD

(*A sa fille*) Ne peux-tu te taire? (*A Ménechme*) Allons, Ménechme, c'est assez plaisanter; maintenant parle sérieusement.

MÉNECHME-SOSICLÈS

Qu'ai-je affaire à vous, je vous prie? D'où venez-vous? Qui êtes-vous? Avez-vous votre bon sens et a-t-elle le sien cette femme qui m'importune de toutes les façons.

LA FEMME

Ne voyez-vous pas la teinte verte que prennent ses yeux? Comme ses joues et son front deviennent livides! Comme son regard brille! Voyez.

MÉNECHME-SOSICLÈS

Hélas! ils disent que je perds la raison quand ce sont eux les premiers qui la perdent.

LA FEMME

Comme il bâille et se détire? que dois-je faire à présent, mon père?

LE VIEILLARD

Viens par ici, ma fille, loin de lui le plus que tu peux.

MÉNECHME-SOSICLÈS

Le meilleur parti pour moi, puisqu'ils me disent fou, n'est-il pas de simuler la folie pour les éloigner en les effrayant?.. Évoé! Bacchus! ô Bromius! Où m'appelles-tu à chasser en forêt? Je t'entends, mais je ne puis sortir de ces lieux, tant que cette chienne enragée qui est à ma gauche fait bonne garde; et puis, de l'autre côté, ce vieux bouc, qui, plus d'une fois dans sa vie, a fait condamner un citoyen innocent par un faux témoignage.

LE VIEILLARD

Malheur à toi!

MÉNECHME-SOSICLÈS

Voici qu'Apollon par un oracle m'ordonne de lui brûler les yeux avec des torches ardentes.

MULIER

Perii, mi pater! Minatur mihi oculos exurere.

SENEX

Filia, heus.

MULIER

Quid est? quid agimus?

SENEX

Quid, si ego huc servos cito?
Ibo, adducam, qui hunc hinc tollant, et domi devinciant,
Priusquam turbarum quid faciat amplius.

MENÆCHMUS

Hem, jam reor,
Ni occupo aliquod mihi consilium, hi domum me ad se
auferent.

Plaut., *Menæch.*, Act. V.

XIII

L'étoile Arcture s'adresse aux spectateurs.

Qui gentes omnes mariaque et terras movet,
Ejus sum civis civitate cælitum.
Ita sum, ut videtis, splendens stella candida,
Signum quod semper tempore exoritur suo
Hic atque in cælo. Nomen Arcturo est mihi.
Noctu sum in cælo clarus atque inter deos :
Inter mortales ambulo interdius.
Et alia signa de cælo ad terram accidunt.
Qui est imperator divom atque hominum, Juppiter,
Is nos per gentes alia alium disparat,
Hominum, qui facta, mores, pietatem et fidem
Noscamus, ut quemque adjuvet opulentia.
Qui falsas lites falsis testimoniis
Petunt, quique in jure abjurant pecuniam,

LA FEMME

Je suis perdue, mon père. Il menace de me brûler les yeux.

LE VIEILLARD

Hé! ma fille!

LA FEMME

Qu'est-ce? Que faisons-nous?

LE VIEILLARD

Si j'appelais ici tout de suite des esclaves? Je vais les chercher pour qu'ils l'emportent et le lient à la maison, avant qu'il fasse plus de tapage.

MÉNECHME-SOSICLÈS

Ma foi, si je n'emploie au plus vite quelque expédient, ils vont m'emporter chez eux.

(*Les menaces de Ménechme-Sosiclès deviennent alors plus pressantes; la femme se sauve chez elle; le vieillard prend le parti d'aller chercher un médecin, de sorte que, débarrassé d'eux, lui même s'empresse de s'en aller.*)

XIII

(Tom. I, p. 372.)

De celui qui mène toutes les nations, les mers et les terres, je suis le concitoyen dans la cité céleste. Je suis comme vous le voyez une brillante et blanche étoile, une constellation qui toujours se lève à son heure, ici et là-haut : mon nom est l'Arcture. La nuit, je brille dans le ciel parmi les dieux; le jour, je me promène au milieu des mortels. Et d'autres astres aussi descendent des cieux sur la terre. Celui qui commande aux hommes, Jupiter, nous répartit chez les différents peuples pour connaître les actions, les mœurs, l'honnêteté, la bonne foi de chacun et les moyens employés par chacun pour obtenir les faveurs de la fortune. Ceux qui, par de faux témoignages, intentent des procès frauduleux, ceux qui, devant les tribunaux, nient leurs dettes avec serment, ont leurs noms inscrits par nous et portés à

Eorum referimus nomina exscripta[1] ad Jovem.
Cotidie ille scit quis hic quærat malum.
Qui hic litem apisci postulant, perjurio
Mali, res falsas qui impetrant apud judicem :
Iterum ille eam rem judicatam judicat;
Majore multa multat, quam litem auferunt.
Bonos in aliis tabulis exscriptos habet.
Atque hoc scelesti si in animum inducunt suom,
Jovem se placare posse donis, hostiis,
Et operam et sumptum perdunt : id eo fit, quia
Nihil ei acceptum est a perjuris supplici.
Facilius, si qui pius est, a dis supplicans,
Quam qui scelestu'st, inveniet veniam sibi.
Idcirco moneo vos ego hæc, qui estis boni,
Quique ætatem agitis cum pietate et cum fide ;
Retinete porro, post factum ut lætemini.

Plaut., *Rud.*, Prol.

XIV

Plaintes de Mégaronide contre les bavards qui l'ont induit à douter un moment de la bonne foi de son vieil ami Calliclès.

Nihil est profecto stultius, neque stolidius,
Neque mendaciloquius, neque adeo argutius,
Neque confidentiloquius, neque perjurius,
Quam urbani adsidui cives, quos scurras vocant.
Atque egomet me adeo cum illis una ibidem traho,
Qui illorum verbis falsis acceptor fui,
Qui omnia se simulant scire, nec quidquam sciunt ;
Quod quisque in animo habet aut habituru'st, sciunt;
Sciunt quid in aurem rex reginæ dixerit ;
Sciunt quod Juno fabulata est cum Jove ;
Quæ neque futura, neque sunt, tamen illi sciunt ;

---

(1) A propos de ce vers, Madame Dacier fait remarquer que ce fut le sentiment de toute l'antiquité païenne, qu'il y avait des divinités qui écrivaient les bonnes et les mauvaises actions : ainsi Callimaque, après avoir décrit la manière insolente dont Érésichthon parle à Cérès, ajoute :

Νέμεσις δὲ κακὰν ἐγράψατο φωνάν.

Jupiter. Chaque jour il sait qui sur terre mérite un châtiment. Que les méchants, ici-bas, cherchent par l'imposture à gagner leur cause, qu'ils fassent triompher leurs mensonges auprès du juge, Jupiter examine à nouveau la cause jugée et les punit d'une amende plus forte que le gain obtenu. Sur d'autres listes il y a les noms des gens de bien que nous y avons inscrits. Les scélérats s'imaginent aussi pouvoir apaiser Jupiter par des offrandes et des sacrifices; ils perdent leur peine et leur argent, puisque jamais prière de parjure n'est accueillie par lui. Bien plus facilement que le méchant, l'homme vertueux qui implore les dieux trouvera pour ses vœux un bienveillant accueil. Je vous le conseille donc, à vous, hommes de bien, qui dans la vie pratiquez le devoir et la vertu, persévérez: plus tard vous vous en féliciterez.

XIV

(Tom., I, p. 386.)

Non, il n'est rien de plus sot, de plus bête, de plus menteur, de plus bavard, de plus impudent en parole, de plus perfide que ces citadins qui ne sortent jamais de la ville et qu'on appelle de beaux esprits. Et je dois me mettre aussi de la même catégorie, moi qui ai accueilli leurs mensonges. Ils feignent de tout savoir sans rien savoir. Ce que chacun pense ou va penser, ils le savent. Ils savent ce que le roi a dit à l'oreille de la reine; ils savent ce dont Junon s'est entretenu avec Jupiter. Ce qui ne sera jamais comme ce qui n'a jamais été, ils le savent quand même. Qu'à tort ou à raison ils louent, ils incriminent n'importe qui, ce n'est rien pour eux, pourvu qu'ils sachent ce qui convient à leur fantaisie. Tout le monde disait que Calliclès se comportait d'une manière indigne de lui et de la cité pour avoir dépouillé ce jeune homme de son bien, et moi, sur les propos de ces colporteurs de bruits, sans rien savoir, je suis

Falsone an vero laudent, culpent, quem velint,
Non flocci faciunt, dum illud, quod lubeat, sciant.
Omnes mortales hunc aiebant Calliclem
Indignum civitate ac sese vivere,
Bonis qui hunc adulescentem evortisset suis :
Ego de eorum verbis famigeratorum, insciens,
Prosilui amicum castigatum innoxium.
Quodsi exquiratur usque ab stirpe auctoritas,
Unde quidque auditum dicant ; nisi id appareat,
Famigeratori res sit cum damno et malo :
Hoc ita si fiat, publico fiat bono.
Pauci sint faxim, qui sciant quod nesciunt
Occlusioremque habeant stultiloquentiam.

Plaut., *Trinumm.*, Act. I.

XV

Philton vient d'appeler son fils Lysitélès. — Entretien du père et du fils.

LYSITELES

Pater, adsum : impera quidvis, neque ero in mora tibi,
Nec latebrose me abs tuo conspectu occultabo.

PHILTO

Feceris par tuis ceteris factis,
Si patrem percoles, parque pietati.
Nolo ego cum improbis te viris, gnate mi,
Neque in via neque in foro ullum sermonem exsequi.
Novi ego hoc seculum moribus quibus siet.
Malus bonum malum esse volt, ut sit sui similis.
Turbant, miscent mores mali, rapax, avarus, invidus.
Sacrum profanum, publicum privatum habent, hiulca gens.
Hæc ego doleo ; hæc sunt, quæ excruciant ; hæc dies noctesque canto
Tibi uti caveas.....

accouru gourmander mon ami innocent. Si l'on recherchait en remontant jusqu'à leur source la valeur des on dit et si, chaque fois que ces colporteurs ne pourraient prouver de qui ils les tiennent, on les punissait sévèrement, certes par là on rendrait service au public. Peu de gens, croyez-moi, sauraient encore ce qu'ils ne savent pas et les sots bavards tiendraient la bouche plus fermée.

XV

(Tom. I, p. 386.)

LYSITÉLÈS

Me voici, mon père. Ordonnez-moi ce que vous voulez ; je ne vous ferai pas attendre et je ne me cacherai pas pour me dérober à vos regards.

PHILTON

En honorant ton père, tu restes fidèle à ton passé et à tes bons sentiments. O mon cher fils, évite, je t'en prie, de lier jamais conversation, soit dans la rue, soit sur le forum, avec les malhonnêtes gens. Je sais quelles sont les mœurs d'aujourd'hui. Le méchant veut corrompre l'homme de bien pour le rendre semblable à lui. Le trouble, le désordre général provient de la dépravation des mœurs, de la rapacité, de la cupidité, de l'envie. On tient le sacré pour profane, le bien public pour chose privée ; c'est une race insatiable. Voilà ce dont je gémis, ce qui me tourmente, ce à quoi, jour et nuit, je te répète de prendre garde.....

LYSITELES

Semper ego usque ad hanc ætatem ab ineunte adulescentia·
Tuis servivi servitutem imperiis, præceptis, pater.
Pro ingenio ego me liberum esse ratus sum; pro imperio tuo
Meum animum tibi servitutem servire æquom censui.

PHILTO

Qui homo cum animo inde ab ineunte ætate depugnat suo,
Utrum itane esse mavelit, ut eum animus æquom censeat,
An ita potius, ut parentes eum esse et cognati velint;
Si animus hominem pepulit, actum est : animo servit, non sibi;
Si ipse animum pepulit, dum vivit, victor victorum cluet.
Tu si animum vicisti, potius quam animus te : est, quod gaudeas.
Nimio satius est, ut opu'st, te ita esse, quam ut animo lubet.
Qui animum vincunt, quam quos animus, semper probiores cluent.

LYSITELES

Istæc ego mi semper habui ætati integumentum meæ,
Ne penetrarem me usquam, ubi esset damni conciliabulum,
Neu noctu irem obambulatum, neu suom adimerem alteri,
Ne tibi ægritudinem, pater, parerem, parsi sedulo.
Sarta tecta tua præcepta usque habui mea modestia.

PHILTO

Quid exprobras bene quod fecisti? tibi fecisti, non mihi.
Mihi quidem ætas acta est fermo; tua istuc refert maxume.
Benefacta benefactis aliis pertegito, ne perpluant.
Is probus est, quem pænitet, quam probus sit et frugi bonæ;

LYSITÉLÈS

Depuis que je suis entré dans l'adolescence jusqu'à l'âge où je suis, toujours j'ai montré une soumission absolue à vos ordres, à vos conseils, mon père. Naturellement je me suis considéré comme libre ; mais par devoir je me suis fait une loi d'asservir ma volonté à la vôtre.

PHILTON

Quand, au début de la vie, on lutte avec soi-même pour décider si l'on se gouvernera selon ses appétits ou selon les vœux de ses parents, de sa famille, que la passion l'emporte, tout est perdu, on en devient l'esclave, on ne se possède plus ; mais, au contraire, qu'on l'emporte sur elle, et pour la vie on a la gloire d'être le vainqueur des vainqueurs. Si tu as subjugué tes passions au lieu d'être subjugué par elles, tu peux avec raison t'en réjouir. Il vaut mieux que tu sois ce que tu dois être que ce que veut la passion. Ceux qui la domptent jouissent toujours de plus d'estime que ceux qui se laissent dompter par elle.

LYSITÉLÈS

Aussi vos leçons m'ont-elles toujours abrité contre les dangers de la vie : jamais je ne me suis aventuré en société ruineuse, jamais je n'ai rôdé la nuit, ni ravi le bien de personne, ni cessé de m'abstenir soigneusement de ce qui pourrait vous causer quelque chagrin, mon père. J'ai gardé en moi vos préceptes bien intacts grâce à ma sagesse.

PHILTON

Réclamerais-tu de moi des remerciements pour ta bonne conduite ? C'est à toi qu'elle profite, pas à moi. Pour moi, je touche au terme de la vie ; c'est toi que cela intéresse au plus haut point. Revêts tes vertus de vertus nouvelles pour ne laisser place à aucune infiltration du mal. L'homme vertueux est celui qui se reproche de n'avoir jamais assez

Qui ipsus sibi satis placet, nec probus est nec frugi bonæ.
Qui ipsus se contemnit, in eo est indoles industriæ.

Plaut., Trinumm., act. II

XVI

Simon raconte à Sosie comment, après la mort de la courtisane Chrysis, il s'est aperçu de l'amour de son fils pour Glycérie et comment Chrémès a rétracté la promesse qu'il avait faite de donner à ce jeune homme sa fille en mariage.

SIMO

Ibi tum filius
Cum illis, qui amabant Chrysidem, una aderat frequens.
Curabat una funus; tristis interim ;
Nonnumquam conlacrumabat. Placuit tum id mihi.
Sic cogitabam : « Hic parvæ consuetudinis
Causa hujus mortem tam fert familiariter !
Quid si ipse amasset? quid hic mihi faciet patri? »
Hæc ego putabam esse omnia humani ingenii
Mansuetique animi officia. Quid multis moror?
Egomet quoque ejus causa in funus prodeo,
Nihil suspicans etiam mali.

SOSIA

Hem, quid id est?

SIMO

Scies.
Ecfertur. Imus. Interea inter mulieres,
Quæ ibi aderant, forte unam aspicio adulescentulam,
Forma....

SOSIA

Bona fortasse.

SIMO

...et voltu, Sosia,
Adeo modesto, adeo venusto, ut nil supra.
Quia tum mihi lamentari præter ceteras
Visa est, et quia erat forma præter ceteras

de vertu et de sagesse. Quiconque se trouve parfait, n'est ni vertueux ni sage. Être mécontent de soi est le caractère de l'homme vraiment fort.

XVI

(Tom. II, p. 34.)

SIMON

En ce moment mon fils, avec ceux qui aimaient Chrysis, ne quittait plus cette maison, il prenait soin avec eux des funérailles, il était triste et parfois il versait des larmes. Cela me plut. Je me disais : « Si, pour une faible liaison, cette mort lui est si pénible, que serait-ce si lui-même l'avait aimée? Et que fera-t-il pour moi, son père? » Je ne voyais dans toutes les démonstrations de sa douleur que l'effet d'un bon naturel et d'un excellent cœur. Bref, en sa considération, moi aussi je vais au convoi, sans soupçonner aucun mal.

SOSIE

Eh quoi! qu'y a-t-il?

SIMON

Tu vas le savoir. On lève le corps; nous marchons. Cependant, parmi les femmes qui se trouvaient là, je remarque par hasard une très jeune personne d'une figure...

SOSIE

Agréable, sans doute.

SIMON

Et d'un air, Sosie, si modeste, si gracieux qu'il n'y a rien au-delà. Comme elle me semblait plus affligée que les autres, plus belle aussi et de maintien plus distingué, je m'approche de ses suivantes, je demande qui elle est. La

Honesta ac liberali, accedo ad pedisequas:
Quæ sit, rogo. Sororem esse aiunt Chrysidis.
Percussit ilico animum. Attat hóc illud est,
Hinc illæ lacrumæ, hæc illa'st misericordia.

SOSIA

Quam timeo quorsum evadas!

SIMO

Funus interim
Procedit. Sequimur, ad sepulcrum venimus:
In ignem imposita'st, fletur. Interea hæc soror,
Quam dixi, ad flammam accessit imprudentius
Satis cum periclo. Ibi tum exanimatus Pamphilus
Bene dissimulatum amorem et celatum indicat:
Adcurrit: mediam mulierem complectitur:
« Mea Glycerium, inquit, quid agis? cur te is perditum? »
Tum illa, ut consuetum facile amorem cerneres,
Rejecit se in eum flens quam familiariter.

SOSIA

Quid ais?

SIMO

Redeo inde iratus atque ægre ferens.
Nec satis ad objurgandum causæ. Diceret:
« Quid feci? quid commerui aut peccavi, pater?
Quæ sese in ignem injicere voluit, prohibui:
Servavi. » Honesta oratio est.

SOSIA

Recte putas:
Nam si illum objurges, vitæ qui auxilium tulit:
Quid facias illi, qui dederit damnum aut malum?

SIMO

Venit Chremes postridie ad me, clamitans
Indignum facinus: comperisse, Pamphilum

sœur de Chrysis, me répond-on. Ce fut un trait de lumière; eh! mais, voilà la chose; je m'explique les larmes, la pitié de mon fils.

SOSIE

Que je crains le dénouement!

SIMON

Le convoi s'avance toujours; nous suivons; nous arrivons au bûcher; on y place le corps; on y met le feu; on pleure. Alors cette sœur, dont je viens de parler, s'approche des flammes avec imprudence et non sans danger. Aussitôt Pamphile, hors de lui, laisse éclater l'amour qu'il avait dissimulé avec tant de mystère; il s'élance, saisit la jeune fille entre ses bras: « Ma Glycérie, s'écrie-t-il, que fais-tu? Pourquoi vouloir te perdre? » Et elle, en donnant la preuve d'un amour déjà familier, avec abandon se penche sur lui tout en larmes.

SOSIE

Que dites-vous?

SIMON

Je reviens chez moi fort en colère et très ennuyé de tout cela. Je n'avais pourtant encore aucun sujet de reproche. Il pouvait me répondre: « Qu'ai-je fait? Où sont mes torts et quelle est ma faute, mon père? Une femme voulait se jeter dans les flammes, je l'en ai empêchée, je l'ai sauvée. » L'excuse est légitime.

SOSIE

Vous avez raison. Car si vous adressez des reproches à un homme pour avoir sauvé la vie d'un autre, comment vous comporterez-vous envers celui qui cause à autrui du dommage ou du mal?

SIMON

Le lendemain, Chrémès vint me trouver, criant à l'indignité. Il avait appris, disait-il, que Pamphile avait con-

Pro uxore habere hanc peregrinam. Ego illud sedulo
Negare factum. Ille instat factum. Denique
Ita tum discedo ab illo, ut qui se filiam
Neget daturum.

Terent., *Andr.*, Act. I, sc. 1.

XVII

Simon menace Dave de l'envoyer au moulin s'il cherche par quelque tour de sa façon à empêcher le mariage de Pamphile avec la fille de Chrémès.

SIMO

Dave !

DAVUS

Hem ! quid est ?

SIMO

Ehodum, ad me !

DAVUS

Quid hic volt ?

SIMO

Quid ais ?

DAVUS

Qua de re ?

SIMO

Rogas ?
Meum gnatum rumor est amare.

DAVUS

Id populus curat silicet.

SIMO

Hoccine agis, an non ?

DAVUS

Ego vero istuc.

SIMO

Sed nunc ea me exquirere,
Iniqui patris est : nam quod antehac fecit, nihil ad me adtinet.

tracté mariage avec cette étrangère. Je nie énergiquement le fait; il maintient son affirmation. Enfin, quand je le laisse, il me déclare qu'il ne nous donnera plus sa fille.

XVII

(Tom. 2, p. 35.)

SIMON

Dave!

DAVE

Hem! Qu'est-ce?

SIMON

Approche.

DAVE

Que veut-il?

SIMON

Que dis-tu?

DAVE

De quoi est-il question?

SIMON

Tu le demandes. Le bruit court que mon fils a une maîtresse.

DAVE

Le public, ma foi, se soucie bien de cela!

SIMON

M'écoutes-tu, oui ou non?

DAVE

Oui, vraiment.

SIMON

Poursuivre une enquête à ce sujet serait d'un père trop rigoureux et je ne m'occupe pas de ce qu'il a fait jusqu'ici;

Dum tempus ad eam rem tulit, sivi animum ut expleret
suum :
Nunc hic dies aliam vitam adfert, alios mores postulat.
Dehinc postulo, sive æquum'st, te oro, Dave, ut redeat
jam in viam.

DAVUS

Hoc quid sit?

SIMO

Omnes qui amant, graviter sibi dari uxorem ferunt.

DAVUS

Ita aiunt.

SIMO

Tum si quis magistrum cepit ad eam rem improbum,
Ipsum animum ægrotum ad deteriorem partem plerumque
adplicat

DAVUS

Non hercle intellego.

SIMO

Non? Hem!

DAVUS

Non : Davus sum, non Œdipus.

SIMO

Nempe ergo aperte vis, quæ restant, me loqui?

DAVUS

Sane quidem.

SIMO

Si sensero hodie quicquam in his te nuptiis
Fallaciæ conari, quo fiant minus,
Aut velle in ea re ostendi, quam sis callidus :
Verberibus cæsum te, Dave, in pistrinum dedam usque ad
necem,
Ea lege atque omine, ut, si te inde exemerim, ego pro te
molam.
Quid, hoc intellextin ? an nondum etiam ne hoc quidem?

tant que son âge l'a permis, je l'ai laissé agir à sa fantaisie; mais, à dater d'aujourd'hui, c'est pour lui une autre vie, il faut d'autres mœurs. Je réclame donc de toi, ou mieux, je te prie, Dave, de faire en sorte qu'il rentre dans la bonne voie.

DAVE

Que voulez-vous dire?

SIMON

Ceux qui ont une maîtresse n'aiment jamais qu'on leur parle de mariage.

DAVE

On le dit.

SIMON

Surtout s'ils ont pris pour guide quelque coquin, qui porte d'ordinaire leur esprit déjà malade du mauvais coté.

DAVE

En vérité je ne comprends pas..

SIMON

Ah! tu ne comprends pas!

DAVE

Non, je suis Dave et non pas Œdipe.

SIMON

Tu veux donc que je m'explique clairement jusqu'au bout.

DAVE

Sans doute.

SIMON

Si je vois que tu cherches aujourd'hui par quelque rouerie à empêcher ce mariage et que tu veux profiter de la circonstance pour montrer ton habileté, je te fais rouer de coups, Dave, et je te condamne ensuite au moulin jusqu'à la mort, avec serment, si je t'en tire jamais, de tourner la meule à ta place. Eh bien! as-tu compris? N'est-ce pas maintenant assez net?

DAVUS

Immo callide;
Ita aperte ipsam rem modo locutus; nihil circuitione
usus es.

SIMO

Ubivis facilius passus sim, quam in hac re, me deludier.

DAVUS

Bona verba, quæso.

SIMO

Inrides ; nihil me falli, Edico tibi,
Ne temere facias. Neque tu haud dicas tibi non prædic-
tum. Cave.

Terent., Andr., Act. I, sc. 1.

XVIII

Pamphile dit à Mysis, servante de Glycérie, combien il est résolu à rester fidèle à celle qu'il aime.

PAMPHILUS

Quis hic loquitur? Mysis, salve.

MYSIS

O salve, Pamphile.

PAMPHILUS

Quid agit?

MYSIS

Rogas?
Laborat e dolore; atque ex hoc misera sollicita est, diem
Quia olim in hunc sunt constitutæ nuptiæ. Tum autem
hoc timet
Ne deseras se.

PAMPHILUS

Hem, egone istuc conari queam?
Ego propter me illam decipi miseram sinam?
Quæ mihi suum animum atque omnem vitam credidit,
Quam ego animo egregie caram pro uxore habuerim,

DAVE

Oh! parfaitement. Vous avez dit la chose clairement et sans user de circonlocutions.

SIMON

En toute affaire plutôt qu'en celle-ci je souffrirais d'être joué.

DAVE

Soyez plus calme, je vous prie.

SIMON

Tu veux rire, mais tu ne m'abuses pas. Ce que je t'en dis, c'est pour t'empêcher d'agir avec témérité et pour que tu ne dises pas ensuite qu'on ne t'a pas averti. Prends garde à toi.

XVIII

(Tom II, p. 36.)

PAMPHILE

Qui parle ici ? Mysis, bonjour.

MYSIS

Bonjour, Pamphile.

PAMPHILE

Comment va-t-elle ?

MYSIS

Vous le demandez ? Elle est dans les douleurs ; et de plus la malheureuse s'inquiète parce que ce jour est celui qu'on avait naguère fixé pour votre mariage. Elle craint que vous ne la délaissiez.

PAMPHILE

Moi ? Pourrais-je y penser ? Souffrirais-je que pour moi elle devînt la victime d'une misérable déception ? elle qui m'a donné son cœur et sa vie, elle que j'ai tendrement aimée comme une épouse ! Permettrais-je qu'une âme si

Bene et pudice ejus doctum atque eductum sinam
Coactum egestate ingenium immutarier?
Non faciam.

MYSIS

Haud vereor, si in te solo sit situm :
Sed vim ut queas ferre.

PAMPHILUS

Adeon' me ignavum putas,
Adeon' porro ingratum aut inhumanum aut ferum,
Ut neque me consuetudo, neque amor, neque pudor
Commoveat, neque commoneat, ut servem fidem?

MYSIS

Unum hoc scio, hanc meritam esse, ut memor esses sui.

PAMPHILUS

Memor essem? O Mysis, Mysis, etiam nunc mihi
Scripta illa dicta sunt in animo Chrysidis
De Glycerio. Jam ferme moriens me vocat :
Accessi : vos semotæ : nos soli : incipit :
« Mi Pamphile, hujus formam atque ætatem vides :
Nec clam te est, quam illi nunc utræque inutiles
Et ad pudicitiam et ad rem tutandam sient.
Ego te per hanc dextram oro et ingenium tuum,
Per tuam fidem, perque hujus solitudinem
Te obtestor, ne abs te hanc segreges, neu deseras :
Si te in germani fratris dilexi loco,
Sive hæc te solum semper fecit maxumi,
Seu tibi morigera fuit in rebus omnibus;
Te isti virum do, amicum, tutorem, patrem.
Bona nostra hæc tibi permitto, et tuæ mando fidei.
Hanc mi in manum dat : mors continuo ipsam occupat.
Accepi : acceptam servabo.

MYSIS

Ita spero quidem.

Ter., *Andr.*, Act. I, sc. 6.

bien formée à l'honneur, à la vertu, fût réduite par l'indigence à changer un jour. Non, je n'agirai pas ainsi.

MYSIS

Je ne le craindrais pas, si cela ne dépendait que de vous; mais comment résisterez-vous, si l'on vous fait violence?

PAMPHILE

Me crois-tu donc assez lâche, assez ingrat, inhumain et barbare pour que ni l'amitié, ni l'amour, ni l'honneur n'aient d'action sur moi et ne me disent de garder ma foi.

MYSIS

Ce que seulement je sais bien; c'est qu'elle mérite que vous ne l'oubliiez pas.

PAMPHILE

L'oublier! O Mysis, Mysis. Elles sont encore gravées dans mon cœur les paroles de Chrysis à propos de Glycérie. Au moment de mourir, elle m'appelle; je m'approche; vous vous étiez éloignées, nous restions seuls. « Cher Pamphile, me dit-elle, vous voyez sa beauté, sa jeunesse, et vous n'ignorez pas combien ces deux avantages lui seront inutiles pour garder son honneur et son bien. Je vous en conjure, par cette main, par votre caractère, par votre probité, et aussi par la solitude où elle va se trouver, ne vous séparez pas d'elle, ne la délaissez pas. Si je vous ai aimé comme un véritable frère, si son tendre amour s'est toujours porté sur vous seul et a cherché à vous complaire en tout; soyez pour celle que je vous donne un époux, un ami, un tuteur, un père; je vous abandonne tous nos biens et les confie à votre bonne foi. » Elle met la main de Glycérie dans la mienne, et à l'instant elle expire. J'ai reçu ce dépôt sacré, je saurai le garder.

MYSIS

Je l'espère bien.

XIX

Entretien de Simon et de Dave après que Pamphile a accepté avec une feinte soumission l'avis de son père.

SIMO

Quid, Dave, narrat?

DAVUS

Æque quicquam nunc quidem.

SIMO

Nihilne? Hem.

DAVUS

Nihil prorsus.

SIMO

Atqui expectabam quidem

DAVUS

Præter spem evenit: sentio: hoc male habet virum.

SIMO

Potines mihi verum dicere?

DAVUS

Nihil facilius.

SIMO

Num illi molestæ quippiam hæ sunt nuptiæ,
Hujusce propter consuetudinem hospitæ?

DAVUS

Nihil hercle; aut, si adeo, bidui est aut tridui
Hæc sollicitudo; nosti: deinde desinet.
Etenim ipsus secum rem recta reputavit via.

SIMO

Laudo.

DAVUS

Dum licitum est ei, dumque ætas tulit,
Amavit: tum id clam; cavit ne umquam infamiæ

XIX

[*Tom. II, p. 37.*]

SIMON

Eh bien, Dave, que dit-il?

DAVE

Ma foi, rien pour le moment.

SIMON

Rien? vraiment.

DAVE

Absolument rien.

SIMON

Je m'attendais pourtant....

DAVE (*à part*)

Son attente est déçue, je le vois : cela fâche notre homme.

SIMON

Es-tu capable de me dire la vérité?

DAVE

Rien de plus facile.

SIMON

Est-ce que ce mariage ne lui cause pas quelque peine, vu sa liaison avec cette étrangère.

DAVE

Pas du tout: ou, s'il en a un peu, ce sera l'affaire de deux ou trois jours; vous le connaissez; ensuite il n'y pensera plus. Il a fait là-dessus de sages réflexions.

SIMON

Je l'approuve.

DAVE

Tant qu'il lui a été permis et que l'âge l'a comporté, il a eu quelque amourette, mais en secret, sans jamais se com-

Ea res sibi esset, ut virum fortem decet.
Nunc uxore opus est: animum ad uxorem adpulit.

SIMO [1].

Subtristis visu'st esse aliquantulum mihi.

DAVUS

Nihil propter hanc rem: sed est, quod succenset tibi.

SIMO

Quidnam'st.

DAVUS

Puerile'st.

SIMO

Quid id est?

DAVUS

Nihil.

SIM

Quin dic, quid est?

DAVUS

Ait nimium parce facere sumptum.

SIMO

Mene?

DAVUS

Te.
Vix, inquit, drachmis est obsonatus decem:
Num filio videtur uxorem dare?
Quem, inquit, vocabo, ad cenam meorum æqualium
Potissumum nunc? Et, quod dicendum hic siet,
Tu quoque perparce nimium. Non laudo.

SIMO

Tace.

DAVUS

Commovi.

promettre, comme il convient à un homme qui sait se tenir. Maintenant qu'il faut se marier, c'est au mariage qu'il pense.

SIMON

Il m'a semblé pourtant qu'il était un peu triste.

DAVE

Ce n'est pas pour cela ; mais il a un motif de mécontentement contre vous.

SIMON

Quoi donc?

DAVE

Un enfantillage.

SIMON

Mais encore.

DAVE

Rien.

SIMON

Pourquoi ne le dis-tu pas?

DAVE

Il se plaint de la parcimonie que vous montrez dans les préparatifs.

SIMON

Moi?

DAVE

Vous. « C'est à peine, dit-il, si mon père a dépensé dix drachmes; se douterait-on qu'il marie son fils; quel ami oserai-je inviter à mon repas de noces?» Et, pour vous parler franchement, vous y mettez aussi trop d'économie. Je ne vous approuve pas.

SIMON

Tais-toi.

DAVE (*à part*)

J'ai frappé juste.

SIMO

Ego istæc, recte ut fiant, videro.
Quidnam hoc est rei? Quid hic volt veterator sibi?
Nam si hic mali'st quicquam, hem illic est huic rei caput.

Ter., And., Act. II, sc. 7.

XX

Le parasite Gnathon.

Di immortales! homini homo quid præstat? stulto intelle-
gens
Quid interest! Hoc adeo ex hac re venit in mentem mihi.
Conveni hodie adveniens quemdam mei loci hinc atque
ordinis,
Hominem haud impurum, itidem patria qui abligurrierat
bona.
Video sentum, squalidum, ægrum, pannis annisque obsitum.
Quid istuc, inquam, ornati est? « Quoniam miser, quod
habui, perdidi. Hem,
Quo redactus sum! Omnes noti me atque amici deserunt. »
Hic ego illum contempsi præ me. Quid homo, inquam,
ignavissume?
Itan parasti te, ut spes nulla reliqua in te sit tibi?
Simul consilium cum re amisti? Viden me ex eodem ortum
loco?
Qui color, nitor, vestitus, quæ habitudo est corporis!
Omnia habeo, neque quicquam habeo. Nihil cum est,
nihil defit[1] tamen.
« At ego infelix neque ridiculus esse neque plagas pati
Possum. » Quid? Tu his rebus credis fieri? Tota erras via.
Olim isti fuit generi quondam quæstus apud sæclum prius;
Hoc novum est aucupium : ego adeo hanc primus inveni
viam.
Est genus hominum, qui esse primos se omnium rerum
volunt,

---

(1) *Defit* arch. pour *deficit*.

SIMON

Je veillerai à ce que tout soit fait comme il convient. (*A part.*) Qu'est-ce que cela veut dire? Que prépare ce vieux renard? Car s'il se fait quelque chose de mal ici, sans nul doute c'est lui qui en sera l'auteur.

XX

(Tom. II, p. 48.)

Dieux immortels! Quelle distance d'un homme à un autre homme! Quelle différence d'un sot à un homme d'esprit! Voici à propos de quoi je fais cette réflexion. Aujourd'hui, en arrivant, je rencontre un individu de mon pays et de ma classe, un bon vivant, qui, comme moi, a mangé tout son patrimoine. Je le vois crasseux, malpropre, défait, en haillons et tout vieilli. « Que signifie, lui dis-je, cet équipage? — Que j'ai perdu, hélas! tout ce que j'avais. Voilà où j'en suis réduit. Amis et connaissances, tous me tournent le dos. — Alors le toisant du haut de ma grandeur, eh quoi! repris-je, lâche que tu es! tu t'es donc arrangé de manière à ne trouver en toi nul espoir? As-tu perdu l'esprit avec ton bien? Regarde-moi; ma condition est la tienne; et quel coloris, quel teint, quelle mise, quel embonpoint! J'ai tout sans avoir une obole à moi; je n'ai rien et rien ne me manque. — Mais j'ai un malheur, moi : je ne puis faire le bouffon, ni endurer les coups. — Comment? Tu crois qu'il en est ainsi? Erreur complète. On gagnait comme cela sa vie jadis, dans l'autre siècle; mais il y a maintenant une autre méthode, et j'en suis l'inventeur. Il est de par le monde une certaine classe d'hommes qui veulent être les premiers en tout et qui ne le sont pas : je m'attache à eux; je ne travaille pas à leur servir de risée, mais je leur ris avec complaisance et j'admire leur génie. Quoi qu'ils disent, j'applaudis, et s'ils se contredisent, j'applaudis encore. Dit-on non? je dis non. Dit-on oui? je dis oui. En un mot je me suis fait une loi de tout approuver. C'est aujourd'hui le commerce qui rapporte le

Nec sunt; hos consector; hisce ego non paro me, ut rideant,
Sed eis ultro arrideo, et eorum ingenia admiror simul.
Quidquid dicunt, laudo; id rursum si negant, laudo id quoque.
Negat quis? nego; ait? Aio. Postremo imperavi egomet mihi
Omnia adsentari. Is quæstus nunc est multo uberrimus...
Dum hæc loquimur, interea loci ad macellum ubi adventamus;
Concurrunt læti mihi obviam cuppedinarii omnes :
Cetarii, lanii, coqui, fartores, piscatores,
Quibus et re salva et perdita profueram, et prosum sæpe,
Salutant, ad cenam vocant, adventum gratulantur.
Ille ubi miser famelicus videt me esse in tanto honore,
Tam facile victum quærere; ibi homo cœpit me obsecrare,
Ut sibi liceret discere id de me : sectari jussi,
Si potis est, tanquam philosophorum habent disciplinæ ex ipsis
Vocabula, parasiti ita ut Gnathonici vocentur.

Ter., *Eunuch.*, Act. II, sc. 3.

XXI

Voyant son voisin Ménédème se soumettre, malgré son grand âge, aux plus durs travaux des champs, Chrémès lui témoigne de l'intérêt et le questionne avec sympathie.

CHREMES

Quamquam hæc inter nos nuper notitia admodum est,
Inde adeo quom agrum in proxumo hic mercatus es,
Nec rei fere sane amplius quicquam fuit;
Tamen vel virtus tua me, vel vicinitas,
Quod ego esse in aliqua parte amicitiæ puto,
Facit, ut te audacter moneam et familiariter,
Quod mihi videre præter ætatem tuam
Facere, et præter quam res te adhortatur tua.
Nam, pro deum atque hominum fidem! quid vis tibi?
Quid quæris? Annos sexaginta natus es,

plus. »... Tout en causant de la sorte, nous arrivons au marché. Aussitôt accourent à moi, très empressés, les fournisseurs de cuisine, marchands de marée, bouchers, traiteurs, rôtisseurs, pêcheurs, gens à qui je faisais gagner de l'argent quand j'en avais et à qui souvent j'en fais gagner encore. Il me saluent, m'invitent à dîner, me félicitent de ma bienvenue. Mon pauvre affamé, voyant combien on me fait fête et avec quelle facilité je trouve à vivre, se met à me supplier de lui donner des leçons de mon art. Je lui ai ordonné de me suivre : je veux voir si, à l'exemple des sectes de philosophes qui prennent les noms de leurs chefs, il ne serait pas possible que les parasites s'appelassent un jour les Gnathoniciens.

XXI

(Tom. II, p. 64).

CHRÉMÈS

Notre connaissance ne date pas de loin, puisqu'elle ne remonte qu'à l'époque où vous avez acheté une propriété près de la mienne, et nous n'avons guère eu d'autres rapports. Cependant votre mérite ou le voisinage, qui à mon avis tient de très près à l'amitié, m'engagent à vous parler avec la franchise d'un ami et à vous dire que vous me paraissez vous traiter |plus durement que ne le comporte votre âge et ne l'exige votre position. Car, au nom des dieux et des hommes ! que voulez-vous ? que cherchez-vous ? Vous avez soixante ans au moins, si je ne me

Aut plus eo, ut conicio, in his regionibus
Meliorem agrum neque preti majoris nemo habet;
Servos nec plures : proinde, quasi nemo siet,
Ita attente tute illorum officia fungere.
Numquam tam mane egredior, neque tam vesperi
Domum revortor, quin te in fundo conspicer
Fodere, aut arare, aut aliquid ferre; denique
Nullum remittis tempus, neque te respicis.
Hæc non voluptati tibi esse, satis certo scio.
« At enim me : quantum hic operis fiat, pœnitet. »
Quod in opere faciundo operæ consumis tuæ,
Si sumas in illis exercendis, plus agas.

MENEDEMUS

Chremes, tantumne ab re tua est oti tibi,
Aliena ut cures, eaque, nihil quæ ad te adtinent?

CHREMES

Homo sum : humani nihil a me alienum puto.
Vel me monere hoc vel percontari puta :
Rectum'st, ego ut faciam : non est, te ut deterream.

MENEDEMUS

Mihi sic est usus : tibi ut opus facto'st, face.

CHREMES

An cuiquam est usus homini, se ut cruciet?

MENEDEMUS

       Mihi.

CHREMES

Siquid laboris est, nollem : sed quid istuc mali est,
Quæso, quid de te tantum meruisti?

MENEDEMUS

     Eheu!

trompe. Il n'y a pas dans le pays de terre meilleure et plus appréciée que la vôtre; personne n'a plus d'esclaves, et l'on croirait que vous n'en avez aucun, tant vous mettez de scrupule à vous imposer leur tâche. Si matin que je sorte, si tard que je rentre chez moi, je vous vois sur votre champ toujours bêchant, labourant, portant des fardeaux. Bref, vous ne vous accordez aucun répit, aucune pitié. Et ce n'est pas que vous y preniez du plaisir, j'en suis bien sûr. Mais, me direz-vous, l'ouvrage fait par d'autres ne me satisfait pas. La peine que vous vous donnez à travailler vous-même, prenez-la à les faire travailler, et vous ferez meilleure besogne.

MÉNÉDÈME

Chrémès, vos affaires vous laissent donc bien de loisir que vous vous occupez de celles des autres et de ce qui vous est étranger.

CHRÉMÈS

Je suis homme et rien de ce qui intéresse l'homme ne peut m'être étranger. Au reste, pensez que je vous donne un conseil ou que j'en cherche un. Avez-vous raison, je vous imiterai; avez-vous tort, je tâcherai de vous corriger.

MÉNÉDÈME

Je me trouve bien ainsi; faites, de votre côté, comme il vous plaît.

CHRÉMÈS

Quel est l'homme qui se trouve bien de se torturer.

MÉNÉDÈME

Moi !

CHRÉMÈS

Si c'était par désespoir, je n'aurais rien à dire. Mais qu'avez-vous fait de mal, je vous le demande, pour vous infliger un pareil traitement?

MÉNÉDÈME

Hélas !

CHREMES

Ne lacruma : atque istuc, quicquid est, fac me ut sciam.
Ne retice : ne verere : crede inquam mihi.
Aut consolando aut consilio aut re juvero.

MENEDEMUS

Scire hoc vis ?

CHREMES

Hac quidem causa, qua dixi tibi.

MENEDEMUS

Dicetur.

> Ter., *Heaut.*, Act. I, sc. 1.

XXII

Ménédème explique les motifs de sa conduite à Chrémès qui s'efforce de le réconforter par quelques paroles d'espoir.

MENEDEMUS

Clam me profectus, mensis tris abest....
Ubi comperi ex eis, qui ei fuere conscii,
Domum revortor mæstus, atque animo fere
Conturbato atque incerto præ ægritudine.
Adsido : adcurrunt servi : soccos detrahunt :
Video alios festinare, lectos sternere,
Cenam adparare : pro se quisque sedulo
Faciebat, quo illam mihi lenirent miseriam.
Ubi video hæc, cœpi cogitare : « hem, tot mea
Solius sollīciti sint causa, ut me unum expleant ?
Ancillæ tot me vestiant ? Sumptus domi
Tantos ego solus faciam ? Sed gnatum unicum,
Quem pariter uti his decuit aut etiam amplius,
Quod illa ætas magis ad hæc utenda idonea est,
Eum ego hinc ejeci miserum injustitia mea ?
Malo quidem me quovis dignum deputem,
Si id faciam. Nam usque dum ille vitam illam colet
Inopem, carens patria ob meas injurias,

CHRÉMÈS

Ne pleurez pas, et quoi que ce soit, confiez-le-moi, sans réticence, sans crainte. Fiez-vous à moi, je vous le répète. De mes consolations, de mes conseils, de ma bourse je vous aiderai.

MÉNÉDÈME

Vous voulez le savoir.

CHRÉMÈS

Oui, et par la raison que je viens de vous dire.

MÉNÉDÈME

Je vous le dirai.

XXII

(Tom. II, p. 64.)

MÉNÉDÈME

Il est parti sans m'en prévenir, depuis trois mois il est absent... Quand ceux qu'il avait mis dans sa confidence m'apprirent son départ, je rentrai chez moi, triste, troublé, ne sachant que faire dans ma douleur. Je tombe sur un siège. Mes esclaves accourent; les uns me déchaussent; les autres devant moi s'empressent, dressent des lits, préparent le repas; c'est à qui cherchera le mieux à adoucir ma peine. En voyant cela, je me dis à moi-même : « Eh quoi ! tant de gens occupés de ma personne, pour satisfaire uniquement mes désirs ! tant de servantes pour mes vêtements ! tant de dépenses pour moi seul ! Et mon fils unique, qui devait jouir de tous ces avantages autant que moi et même davantage, puisqu'il est dans l'âge où l'on en profite le plus, moi-même je l'ai chassé d'ici, le malheureux, par mes mauvais traitements ! Ah ! je me jugerais digne de tous les maux, si j'agissais ainsi. Oui, tant qu'il mènera cette vie de misère, privé de sa patrie par ma cruauté, je me punirai moi-même pour le venger, je travaillerai, j'amasserai,

Interea usque illi de me supplicium dabo,
Laborans, quærens, parcens, illi serviens.
Ita facio prorsus : nihil relinquo in ædibus,
Nec mihi vas, nec vestimentum : conrasi omnia.
Ancillas, servos, nisi eos qui opere rustico
Faciundo facile sumptum exercirent[1] suum,
Omnes produxi ac vendidi. Inscripsi ilico
Ædis mercede. Quasi talenta ad quindecim
Coegi : **agrum** hunc mercatus sum : hic me exerceo.
Decrevi **tantisper** me minus injuriæ,
Chremes, meo **gnato facere,** dum fiam miser :
Nec fas esse, ulla me **voluptate** hic frui,
Nisi ubi ille huc salvos **redierit** meus particeps.

CHREMES

Ingenio te esse in liberos leni puto,
Et illum obsequentem, siquis recte aut **commode**
Tractaret. Verum nec tu illum satis **noveras,**
Nec te ille ; atque ut fit ubi non vere vivitur.
Tu illum numquam ostendisti quanti penderes,
Nec tibi ille credere ausu'st quæ est æquom patri.
Quod si esset factum, hæc numquam evenissent tibi.

MENEDEMUS

Ita res est, fateor : peccatum a me maxum'est.

CHREMES

Menedeme, at porro recte spero, et illum tibi
Salvum adfuturum esse hic confido propediem.

MENEDEMUS

Utinam ita di faxint.

Ter., *Heaut.*, Act. I, sc. 1.

---

(1) Comme *exsarcirent*.

j'épargnerai, je serai tout à lui. » Et ce que je dis, je l'exécute absolument : je ne laisse rien chez moi, ni meuble, ni étoffe, je fais table rase. Servantes, esclaves, à l'exception de ceux qui, par leur travail aux champs, pouvaient couvrir leur dépense, je les ai mis à l'encan et les ai vendus ; j'ai affiché aussi maison à vendre ; tout cela m'a produit environ quinze talents ; j'en ai acheté ce domaine et j'y travaille. J'ai jugé, Chrémès, que j'amoindrirais quelque peu mes torts envers mon fils, si je me rendais malheureux, et que je ne devais me permettre aucune jouissance tant que celui qui doit y prendre part avec moi ne sera pas revenu sain et sauf.

CHRÉMÈS

Je crois que vous êtes naturellement bon père et que votre fils eût été docile s'il avait été traité avec justice et douceur. Mais vous ne vous connaissiez bien ni l'un ni l'autre, ce qui arrive souvent, lorsqu'on vit à faux. Vous ne lui avez jamais montré combien vous l'aimiez, et lui n'a pas osé vous témoigner la confiance qu'un fils doit à son père. Autrement, tout ceci ne vous serait pas arrivé.

MÉNÉDÈME

C'est vrai ; je l'avoue, les plus grands torts sont de mon côté.

CHRÉMÈS

Toutefois, Ménédème, j'ai bon espoir et je crois que vous le reverrez en bonne santé près de vous au premier jour.

MÉNÉDÈME

Que les dieux vous entendent !

XXIII

A l'annonce du retour de son père, dont il a encouru la colère, Antiphon montre si peu de courage que son ami Phédria et l'esclave Géta, pour lui faire honte, feignent de l'abandonner ; il s'efforce alors de prendre plus d'assurance; mais, dès que le vieillard paraît au loin, il se sauve. Géta et Phédria n'en persévèrent pas moins dans la résolution de le défendre.

ANTIPHO

Nam quod ego huic nunc subito exitio remedium inveniam miser?
Quod si eo meæ fortunæ redeunt, Phanium, abs te ut distrahar,
Nulla'st mihi vita expetenda.

GETA

Ergo istæc cum ita sint, Antipho,
Tanto magis te advigilare æquum'st : fortis] fortuna adjuvat.

ANTIPHO

Non sum apud me.

GETA

Atqui opus est nunc cummaxume ut sis, Antipho :]
Nam si senserit te timidum pater esse, arbitrabitur
Commeruisse culpam.

PHÆDRIA

Hoc verum'st.

ANTIPHO

Non possum immutarier.

GETA

Quid faceres, si aliud quid gravius tibi [nunc faciundum foret?

ANTIPHO

Cum hoc non possum, illud minus possem.

XXIII

(Tom II, p. 77.)

ANTIPHON

Quel remède, hélas! trouver à ce malheur imprévu? Si la rigueur de mon sort, Phanium, fait qu'on m'arrache à ta tendresse, la vie n'est plus rien pour moi.

GÉTA

Raison de plus, Antiphon, pour t'évertuer: la fortune est pour les gens de cœur.

ANTIPHON

Je n'ai plus la tête à moi.

GÉTA

C'est le moment, au contraire, de l'avoir plus que jamais, Antiphon. Car si votre père vous voit craintif, il vous croira coupable.

PHEDRIA

C'est vrai.

ANTIPHON

Je ne saurai me changer.

GÉTA

Que feriez-vous donc, si la difficulté était plus grande encore.

ANTIPHON

Qui ne peut le moins ne peut le plus.

GETA

Hoc nihil est, Phædria ; ilicet.
Quid hic conterimus operam frustra ? Quin abeo.

PHÆDRIA

Et quidem ego.

ANTIPHO

Obsecro,
Quid si adsimulo. Satin est ?

GETA

Garris.

ANTIPHO

Voltum contemplamini : hem,
Satine sic est ?

GETA

Non.

ANTIPHO

Quid si sic ?

GETA

Propemodum.

ANTIPHO

Quid sic ?

GETA

Sat est :
Hem, istuc serva : et verbum verbo, par pari ut
respondeas :
Ne te iratus suis sævidicis dictis protelet.

ANTIPHO

Scio.

GETA

Vi coactum te esse, invitum, lege, judicio ? Tenes ?
Sed hic quis est senex, quem video in ultima platea ?

GÉTA

Il n'y a rien à tirer de lui, Phédria; c'en est fait. Pourquoi perdre ici notre temps. Je m'en vais.

PHÉDRIA

Et moi aussi.

ANTIPHON

Je vous en prie, écoutez-moi. Si je simulais l'assurance? Est-ce bien ainsi?

GÉTA

Vous voulez rire.

ANTIPHON

Voyez mon air. Hem! Est-ce cela?

GÉTA

Non.

ANTIPHON

Et ceci?

GÉTA

A peu près.

ANTIPHON

Et maintenant?

GÉTA

C'est cela. Bien! Restez ainsi. Et à présent ferme sur la réplique, que votre ton réponde au sien et que la dureté des paroles dictées par sa colère ne vous trouble pas.

ANTIPHON

J'entends.

GÉTA

Vous avez été contraint, forcé; la loi, l'arrêt du juge; vous comprenez? Mais quel est ce vieillard que j'aperçois à l'extrémité de la place?

ANTIPHO

Ipsus est.
Non possum adesse.

GETA

Ah ! Quid agis ? Quo abis, Antipho ?
Mane, inquam.

ANTIPHO

Egomet me novi et peccatum meum :
Vobis commendo Phanium et vitam meam.

PHÆDRIA

Geta, quid nunc fiet ?

GETA

Tu jam lites audies :
Ego plectar pendens, nisi quid me fefellerit.
Sed quod modo hic nos Antiphonem monuimus,
Id nosmet ipsos facere oportet, Phædria.

PHÆDRIA

Aufer mi oportet : quin tu, quid faciam, impera.

GETA

Memistin, olim ut fuerit vostra oratio.
In re incipiunda ad defendendam noxiam :
Justam illam causam, facilem, vincibilem, optumam ?

PHÆDRIA

Memini.

GETA

Hem, nunc ipsa'st opus ea ; aut, siquid potest,
Meliore et callidiore.

PHÆDRIA

Fiet sedulo,

GETA

Nunc prior adito tu, ego in insidiis hic ero

ANTIPHON

C'est lui. Je ne puis soutenir sa présence.

GÉTA

Eh! que faites-vous? Où allez-vous, Antiphon? Restez, restez, vous dis-je.

ANTIPHON (*s'enfuyant*)

Je me connais et je sais ce que j'ai fait. Sauvez Phanium, sauvez mes jours.

PHÉDRIA

Géta, que va-t-il arriver?

GÉTA

Vous allez recevoir une semonce et moi les étrivières, ou je serais bien trompé. Mais le conseil qu'à l'instant nous donnions à Antiphon, nous devrions le suivre nous-mêmes, Phédria.

PHÉDRIA

Laisse là ton « nous devrions » et dis-moi ce qu'il faut que je fasse.

GÉTA

Vous souvenez-vous de ce beau discours qu'au début de l'affaire vous teniez tout prêt pour votre défense. La cause de la jeune fille était juste, claire, facile à gagner, excellente.

PHÉDRIA

Je m'en souviens.

GÉTA

Eh bien, c'est le moment d'user de ce discours, ou même, s'il se peut, d'un meilleur et d'un plus habile encore.

PHÉDRIA

J'y tâcherai.

GÉTA

Maintenant engagez l'attaque; moi, je vais me tenir là

Succenturiatus, siquid deficias.

PHÆDRIA

Age.

Ter., *Phormio*, Act. I, sc. 4.

XXIV

Chrémès rencontre la nourrice de Phanium et apprend comment sa fille se trouve mariée avec celui qu'il lui destinait.

SOPHRONA

Quis hic loquitur?

CHREMES

Sophrona!

SOPHRONA

Et meum nomen nominat?

CHREMES

Respice ad me.

SOPHRONA

Di, obsecro vos, estne hic Stilpo?

CHREMES

Non.

SOPHRONA

Negas?

CHREMES

Concede hinc a foribus paulum istorsum sodes, Sophrona.
Ne me istoc posthac nomine appellassis.

SOPHRONA

Quid? Non, obsecro, es
Quem semper te esse dictitasti?

CHREMES

St!

SOPHRONA

Quid has metuis fores?

en réserve pour vous soutenir dans le cas où vous faibliriez.

PHÉDRIA

Allons.

XXIV

(Tom. II, p. 79).

SOPHRONA

Qui est-ce qui parle là ?

CHRÉMÈS

Sophrona !

SOPHRONA

Et qui m'appelle par mon nom ?

CHRÉMÈS

Regarde-moi.

SOPHRONA

Ah ! dieu ! N'est-ce pas Stilpon ?

CHRÉMÈS

Non.

SOPHRONA

Comment, non ?

CHRÉMÈS

Viens ici, plus loin de cette porte, Sophrona, et désormais ne m'appelle plus de ce nom.

SOPHRONA

Eh quoi ? N'êtes-vous donc pas, je vous prie, celui que vous avez toujours dit être.

CHRÉMÈS

Chut !

SOPHRONA

Que redoutez-vous de cette porte ?

CHREMES

Conclusam hic habeo uxorem sævam. Verum istoc de
nomine,
Eo perperam olim dixi, ne vos forte imprudentes foris
Effuttiretis, atque id porro aliqua uxor mea resciceret.

SOPHRONA

Istoc pol nos te hic invenire miseræ numquam potuimus.

CHREMES

Eho dic mihi, quid rei tibi est cum familia hac, unde exis ?
Ut illæ sunt ?

SOPHRONA

Miseram me.

CHREMES

Hem, quid est ? Vivuntne ?

SOPHRONA

Vivit gnata.
Matrem ipsam ex ægritudine hac miseram mors consecuta
est.

CHREMES

Male factum !

SOPHRONA

Ego autem quæ essem anus deserta, egens, ignota,
Ut potui, nuptum virginem locavi huic adulescenti,
Harum qui est dominus ædium.

CHREMES

Antiphonin' ?

SOPHRONA

Hem, isti ipsi.

CHREMES

Quid ? Duasne is uxores habet ?

SOPHRONA

Au, obsecro, unam ille quidem hanc solam.

CHRÉMÈS

Là-dedans est ma peste de femme. J'ai pris jadis ce faux nom par crainte de vos imprudences, de vos bavardages inconsidérés, et pour que ma femme ne pût rien apprendre de mon aventure.

SOPHRONA

C'est donc pour cela que nous n'avons pu vous trouver ici.

CHRÉMÈS

Mais, dis-moi, quelle affaire as-tu donc dans cette maison d'où tu sors ? Où sont-elles ?

SOPHRONA

Hélas !

CHRÉMÈS

Voyons, qu'y a-t-il ? Elles sont en vie, n'est-ce pas ?

SOPHRONA

Votre fille, oui ; mais sa pauvre mère, le chagrin l'a tuée.

CHRÉMÈS

Quel malheur !

SOPHRONA

Et moi, vieille, sans appui, sans argent, ne connaissant personne, j'ai fait pour le mieux et j'ai marié votre fille au jeune maître de cette maison.

CHRÉMÈS

A Antiphon ?

SOPHRONA

A lui-même.

CHRÉMÈS

Comment ! Il a donc deux femmes ?

SOPHRONA

Aux dieux ne plaise, il n'a que celle-là toute seule.

CHREMES

Quid illam alteram quæ dicitur cognata?

SOPHRONA

Hæc ergo'st.

CHREMES

Quid ais?

SOPHRONA

Composito factum'st, quo modo hanc amans habere posset
Sine dote.

CHREMES

Di vestram fidem, quam sæpe forte temere
Eveniunt quæ non audeas optare? Offendi adveniens,
Quocum volebam atque ut volebam, conlocatam gnatam.
Quod nos ambo opere maximo dabamus operam ut fieret,
Sine nostra cura maxima, sua cura hæc sola fecit.

SOPHRONA

Nunc quid opus facto sit vide. Pater adulescentis venit :
Eumque iniquo animo hoc oppido ferre aiunt.

CHREMES

Nihil pericli'st.
Sed per deos atque homines, meam esse hanc cave resciscat
quisquam.

SOPHRONA

Nemo ex me scibit.

CHREMES

Sequere me : intus cetera audiemus.

Ter., *Phormio*, act. IV, sc. 6.

XXV

Ctésiphon remercie avec effusion son frère Eschinus qui, pour lui épargner une funeste résolution, n'a pas craint d'accomplir en sa faveur le rapt de Callidia.

CTESIPHO

Abs quivis homine, quom est opus, beneficium accipere
gaudeas:

CHRÉMÈS
Qu'est-ce donc que l'autre qu'on dit sa parente?
SOPHRONA
La même.
CHRÉMÈS
Que dis-tu?
SOPHRONA
C'était une invention pour permettre à celui qui l'aimait de l'épouser sans dot.
CHRÉMÈS
Bonté divine! Que le hasard produit souvent ce que nous n'oserions pas espérer. Je trouve, en arrivant, ma fille mariée à qui je voulais et comme je voulais. Et tandis que nous nous évertuions, mon frère et moi, à obtenir ce résultat, cette bonne femme, sans que nous nous en mêlions, y est arrivée par elle-même et toute seule.
SOPHRONA
Vous avez pourtant à voir ce qu'il reste à faire : car le père du jeune homme est revenu et l'on dit qu'il est tout à fait opposé à ce mariage.
CHRÉMÈS
De ce côté nul danger. Mais, au nom des dieux et des hommes, fais en sorte que personne ne sache qu'elle est ma fille.
SOPHRONA
Personne ne le saura par moi.
CHRÉMÈS
Suis-moi : là-dedans nous dirons le reste.

XXV

(Tom. II, p. 91).

CTÉSIPHON
De quelque part qu'on le reçoive, un service, s'il vient à propos, nous est toujours agréable; mais quel plaisir il

Verum enimvero id demum juvat, si, quem æquom'st facere,
is bene facit.
O frater, frater, quid ego nunc te laudem? Satis certo scio,
Numquam ita magnifice quicquam dicam, id virtus quin
superet tua:
Itaque unam hanc rem me habere præter alios præcipuam
arbitror,
Fratrem homini nemini esse primarum artium magis
principem.

SYRUS

O Ctesipho.

CTESIPHO

O Syre, Æschinus ubi est?

SYRUS

Ellum, te exspectat domi.

CTESIPHO

Hem.

SYRUS

Quid est?

CTESIPHO

Quid sit? Illius opera, Syre, nunc vivo: festivom
caput,
Quin omnia sibi post putavit esse præ meo commodo:
Maledicta, famam, meum laborem, et peccatum in se
transtulit.
Nil pote supra. Quidnam foris crepuit?

SYRUS

Mane, mane! ipse exit foras.

. . . .

ÆSCHINUS

....Ehem, opportune! te ipsum quæro. Quid fit, Ctesipho?
In tuto est omnis res: omitte vero tristitiem tuam.

CTESIPHO

Ego illam hercle vero omitto, qui quidem te habeam
fratrem. O mi Æschine,

nous fait, rendu par celui de qui l'on avait le droit de l'attendre ! O mon frère, mon frère ! A quoi bon faire ton éloge ? Je ne le sais que trop, jamais je ne trouverai de termes si pompeux qui ne soient au-dessous de ton mérite. Aussi, je considère comme un bonheur unique entre tous d'avoir un frère doué des plus éminentes qualités.

SYRUS

Ctésiphon !

CTÉSIPHON

Syrus ! Où est Eschinus ?

SYRUS

Là, au logis, il vous attend.

CTÉSIPHON

Ah !

SYRUS

Qu'y a-t-il ?

CTÉSIPHON

Ce qu'il y a ? Que c'est à lui, Syrus, que je dois la vie ; le brave garçon, qui a tout sacrifié pour me servir. Bruits injurieux, mauvaise réputation, ma peine et ma faute, il a tout pris sur lui. Peut-on faire plus ?... Mais qui vient ? La porte a crié.

SYRUS

Restez, restez : c'est lui qui sort.

. . . .

ESCHINUS

Ah ! te voilà fort à propos ; c'est toi que je cherchais. Eh bien, Ctésiphon, tout va pour le mieux, loin de toi la tristesse.

CTÉSIPHON

Oui, loin de moi la tristesse, puisque j'ai un frère tel que toi. O mon cher Eschinus, ô mon frère ! Je n'ose devant toi

O mi germane ! ah ! vereor coram in os te laudare amplius,
Ne id adsentandi magis, quam quo habeam gratum, facere
existumes.

ÆSCHINUS

Age inepte, quasi nunc non norimus nos inter nos,
Ctesipho.
Hoc mihi dolet, nos pæne sero scisse, et pæne in eum locum
Redisse, ut, si omnes cuperent, tibi nil possent auxiliarier.

CTESIPHO

Pudebat.

ÆSCHINUS

Ah, stultitia'st istæc, non pudor. Eam ob parvolam
Rem pæne e patria? Turpe dictu ! Deos quæso ut istæc
prohibeant.

CTESIPHO

Peccavi.

Ter., *Adelph.*, Act. II, sc. 4-5.

XXVI

Micion, après avoir, un instant, inspiré à Eschinus la crainte du mariage de sa chère Pamphile avec Hégion, lui fait connaître la décision qui assure son bonheur. Eschinus lui témoigne sa reconnaissance et sa tendresse filiale.

MICIO

Sed quid ista, Æschine,
Nostra ? aut quid nobis cum illis ? Abeamus. Quid est ?
Quid lacrumas ?

ÆSCHINUS

Pater, obsecro, ausculta.

MICIO

Æschine, audivi omnia,
Et scio : nam te amo : quo magis, quæ agis, curæ sunt mihi.

te louer davantage, dans la crainte que tu ne prennes pour le langage de la flatterie l'expression de la reconnaissance.

ESCHINUS

Allons donc, quelle folie ! Comme si nous ne nous connaissions que d'aujourd'hui, Ctésiphon. Je n'ai qu'un regret, c'est d'avoir appris l'affaire presque trop tard et dans le moment où, avec la meilleure volonté, il allait devenir impossible de te venir en aide.

CTÉSIPHON

C'était la honte qui...

ESCHINUS

Dis la sottise et non la honte. Et quoi ! Pour une pareille bagatelle être sur le point de quitter sa patrie... J'en rougis. Nous préservent à jamais les dieux d'un tel malheur !

CTÉSIPHON

J'ai eu tort.

XXVI

(Tom. II, p. 62).

MICION

Mais en quoi tout cela nous regarde-t-il, Eschinus. Qu'avons-nous de commun avec ces gens-là ? Allons-nous-en... Qu'est-ce donc ? Vous pleurez ?

ESCHINUS

O mon père, je vous en prie, écoutez-moi.

MICION

J'ai tout appris, Eschinus, je sais tout : car je vous aime trop pour ne pas me préoccuper de vos actions.

ÆSCHINUS

Ita velim me promerentem ames, dum vivas, mi pater,
Ut me hoc delictum admisisse in me, id mihi vehementer
dolet,
Et me tui pudet.

MICIO

Credo hercle : nam ingenium novi tuom
Liberale ; sed vereor ne indiligens nimium sies.
In qua civitate tandem te arbitrare vivere ?
Virginem vitiasti, quam te non jus fuerat tangere.
Jam id peccatum primum magnum, magnum, at humanum
tamen.
Fecere alii sæpe item boni. At postquam id evenit, cedo
Numquid circumspexti ? Aut numquid tute prospexti tibi,
Quid fieret, qua fieret ? Si te mihi ipsum puduit proloqui,
Qua resciscerem ? Hæc dum dubitas, menses abierunt decem.
Prodidisti et te, et illam miseram, et gnatum, quod quidem
in te fuit.
Quid credebas ? Dormienti hæc tibi confecturos deos,
Et illam sine tua opera in cubiculum iri deductum domum ?
Nolim ceterarum rerum te socordem eodem modo.
Bono animo es, duces uxorem.

ÆSCHINUS

Hem.

MICIO

Bono animo es, inquam.

ÆSCHINUS

Pater,
Obsecro num ludis tu nunc me ?

MICIO

Ego te ? quam ob rem ?

ESCHINUS

Puissé-je mériter votre tendresse pendant toute votre vie, mon père, comme il est vrai que cette faute commise par moi m'accable de regrets et me fait rougir à cause de vous.

MICION

Je le crois sans peine ; je connais votre bon naturel ; mais je crains qu'il n'y ait chez vous un peu trop de légèreté. Dans quelle ville croyez-vous donc vivre ? Vous déshonorez une jeune fille qu'il ne vous était pas même permis d'approcher. Voilà déjà une faute grave, très grave, qu'explique la faiblesse humaine cependant et que bien d'autres ont commise, qui étaient des gens de bien. Mais, le malheur arrivé, dites-moi, avez-vous cherché à le réparer ? Avez-vous songé à ce qu'il fallait faire, comment il fallait le faire et de quelle manière ? Si vous aviez honte de m'en parler vous-même, je pouvais en être averti. Au milieu de vos irrésolutions dix mois se sont écoulés. Vous avez compromis et vous-même, et cette malheureuse femme, et votre enfant, autant qu'il était en vous. Quoi ! Vous imaginiez-vous que, pendant votre sommeil, les dieux feraient vos affaires, et que, sans vous occuper de rien, vous auriez un jour votre femme amenée à domicile dans votre chambre ? Je ne voudrais pas vous voir pour tout le reste la même indifférence... Allons, rassurez-vous ; vous l'épouserez.

ESCHINUS

Comment !

MICION

Rassurez-vous, vous dis-je.

ESCHINUS

Pardon, mon père ; ne vous jouez-vous pas de moi ?

MICION

Me jouer de vous ? pourquoi ?

ÆSCHINUS

. Nescio.
Quia tam misere hoc esse cupio verum, eo vereor magis.

MICIO

Abi domum, ac deos comprecare, ut uxorem accersas : abi.

ÆSCHINUS

Quid ? jam uxorem ?

MICIO

Jam.

ÆSCHINUS

Jam ?

MICIO

Jam, quantum potest.

ÆSCHINUS

Di me, pater,
Omnes oderint, ni magis te, quam oculos nunc amo meos.

MICIO

Quid ? Quam illam ?

ÆSCHINUS

Æque.

MICIO

Perbenigne.

ÆSCHINUS

Quid ? Illo ubi est Milesius ?

MICIO

Abiit, periit, navem ascendit. Sed cur cessas ?

ÆSCHINUS

Abi, pater,
Tu potius deos comprecare : nam tibi eos certo scio,
Quo vir melior multo es quam ego, obtemperaturos magis.

ESCHINUS

Je ne sais; mais plus je désire ardemment que vous disiez vrai, plus je crains.

MICION

Rentrez à la maison et priez les dieux pour que vous trouviez ensuite votre femme, allez.

ESCHINUS

Quoi? ma femme, maintenant?

MICION

A l'instant.

ESCHINUS

A l'instant?

MICION

Oui, aussitôt que possible.

ESCHINUS

Que les dieux, mon père, m'accablent tous de leur colère, si je ne vous aime plus que mes yeux.

MICION

Comment! plus qu'elle?

ESCHINUS

Tout autant.

MICION

A la bonne heure.

ESCHINUS

Mais l'homme de Milet où est-il?

MICION

Parti, disparu, embarqué, mais que tardez-vous?

ESCHINUS

Allez plutôt vous-même prier les dieux, mon père; je suis sûr que, valant cent fois mieux que moi, vous seriez bien plus favorablement écouté d'eux.

MICIO

Ego eo intro, ut, quæ opus sunt, parentur; tu fac ut dixi,
si sapis.

Ter., *Adelph.*, IV, 4.

XXVII

Second prologue de l'Hécyre, prononcé par le chef de troupe Ambivius lors de la troisième présentation de cette pièce.

Orator ad vos venio ornatu prologi :
Sinite exorator sim : eodem ut jure uti senem
Liceat, quo jure sum usus adulescentior;
Novas qui exactas feci ut inveterascerent,
Ne cum poeta scriptura evanesceret.
In eis, quas primum Cæcili didici novas,
Partim sum earum exactus : partim vix steti.
Quia scibam dubiam fortunam esse scænicam,
Spe incerta certum mihi laborem sustuli.
Easdem agere cœpi, ut ab eodem alias discerem
Novas, studiose : ne illum ab studio abducerem.
Perfeci ut spectarentur. Ubi sunt cognitæ,
Placitæ sunt. Ita poetam restitui in locum,
Prope jam remotum injuria advorsarium
Ab studio atque ab labore atque arte musica.
Quodsi scripturam sprevissem in præsentia,
Et in deterrendo voluissem operam sumere,
Ut in otio esset, potius quam in negotio,
Deterruissem facile, ne alias scriberet.
Nunc quid petam, mea causa æquo animo attendite.
Hecyram ad vos refero, quam mihi per silentium
Numquam agere licitum est; ita eam oppressit calamitas.
Eam calamitatem vestra intellegentia
Sedabit, si erit adiutrix nostræ industriæ.
Cum primum eam agere cœpi, pugilum gloria,
Funambuli eodem accessit expectatio,
Comitum conventus, strepitus, clamor mulierum
Fecere, ut ante tempus exirem foras.
Vetere in nova cœpi uti consuetudine,

MICION

Je rentre pour m'occuper des préparatifs; et vous, suivez mon bon avis, faites comme je vous ai dit.

XXVII

(Tom. II, p. 102).

Orateur de la troupe, je viens à vous sous le costume de prologue; laissez-moi vous adresser une requête; permettez que j'use dans ma vieillesse de la faveur dont j'ai joui dans mon jeune temps en conservant sur la scène des pièces proscrites à leur naissance et en sauvant ainsi de l'oubli l'auteur et son ouvrage. Des pièces de Cæcilius, présentées par moi pour la première fois, les unes eurent un échec immédiat, les autres allèrent à grand'peine jusqu'au bout. Mais je savais combien sont hasardeuses les chances du succès au théâtre, et, malgré l'incertitude du résultat, je n'ai pas reculé devant la certitude du labeur. Je remontai ces mêmes pièces avec un soin qui encouragea l'auteur à m'en confier d'autres et qui l'empêcha de renoncer au travail. Je parvins à les faire écouter : une fois connues, elles furent goûtées. Je remis ainsi en bonne posture un poète que l'injustice de ses ennemis avait presque rebuté de l'étude, du travail et de l'art dramatique. Si, dans le moment, j'avais fait fi de ses écrits, si j'avais eu l'idée de le détourner de tout effort en lui conseillant le repos au lieu de l'action, je ne l'aurais que trop facilement empêché pour toujours d'écrire.

Cela dit, j'en viens à ce qui me touche, veuillez m'écouter avec indulgence. Je vous offre de nouveau l'*Hécyre*, qu'il ne m'a pas encore été possible de vous présenter tranquillement; tant la fatalité l'a poursuivie. Cette fatalité, votre attention intelligente, en secondant nos efforts, la vaincra. A la première représentation, dès le début, des athlètes renommés dans le pugilat, et en même temps l'annonce d'un funambule, l'affluence des curieux, le bruit

In experiundo ut essem : refero denuo.
Primo actu placeo, cum interea rumor venit
Datum iri gladiatores : populus convolat :
Tumultuantur, clamant, pugnant de loco :
Ego interea meum non potui tutari locum.
Nunc turba non est : otium et silentium est :
Agendi tempus mihi datum est : vobis datur
Potestas condecorandi ludos scœnicos.
Nolite sinere per vos artem musicam
Recidere ad paucos : facite, ut vostra auctoritas
Meæ auctoritati fautrix adjutrixque sit.
Si numquam avare pretium statui arti meæ,
Et eum esse quæstum in animum induxi maxumum,
Quam maxume servire vostris commodis ;
Sinite impetrare me, qui in tutelam meam
Studium suom, et se in vostram commisit fidem,
Ne eum circumventum inique iniqui inrideant.
Mea causa causam accipite, et date silentium,
Ut lubeat scribere alias[1], mihique ut discere
Novas expediat, posthac pretio emptas meo.

Ter., Hecyra, Alt. prol.

XXVIII

Sostrata déclare à son fils que, pour ne pas mettre obstacle à son bonheur, elle a résolu de se retirer à la campagne.

SOSTRATA

Non clam me est, gnate mi, tibi me esse suspectam, uxorem tuam
Propter meos mores hinc abisse : etsi ea dissimulas sedulo :
Verum ita me di ament, itaque obtingant ex te quæ exopto mihi,
Ut nunquam sciens commerui, merito ut caperet odium illam mei :

(1) Var. : *aliis*.

de la foule, les cris des femmes me forcèrent à quitter la scène avant la fin. Fidèle à mes anciennes habitudes, je tente une seconde représentation. Le premier acte réussit, lorsque soudain le bruit se répand qu'on va donner des gladiateurs : le peuple se précipite ; on se pousse, on crie, on se bat pour être placé, et force me fut, au milieu de tout cela, de quitter la place. Aujourd'hui, point de désordre ; partout calme et silence ; j'ai le temps de jouer à mon aise, et vous, le pouvoir de relever la scène comique. Ne souffrez pas que l'art dramatique devienne le privilège exclusif de quelques-uns, faites que votre jugement soit la confirmation et la garantie du mien. Si jamais je n'ai fait de mon art une sordide affaire de spéculation, si je n'ai jamais ambitionné comme le plus haut prix de mes efforts que la satisfaction de servir le mieux possible vos plaisirs, accordez-moi la grâce que je vous demande : qu'un auteur qui a mis son talent sous ma protection et qui s'est confié lui-même à votre équité, ne se voie pas, à la suite des manœuvres iniques de ses ennemis, devenir leur victime et leur risée. A cause de moi, prenez sa cause en main ; écoutez avec attention, pour qu'on se plaise à écrire encore de nouvelles pièces et que moi je trouve intérêt à les monter en les achetant de mon argent.

XXVIII

(Tom. II, p. 107).

SOSTRATA

Je le sais bien, mon fils, vous me soupçonnez d'avoir, par mon caractère, fait partir d'ici votre femme ; c'est en vain que vous cherchez à me le dissimuler. Cependant, que les dieux me protègent et remplissent tous mes vœux en ce qui vous concerne, comme il est vrai que je n'ai jamais rien fait sciemment pour mériter son aversion. Je ne doutais pas d'ailleurs de votre affection et vous venez de me la prouver encore : car, à l'instant, votre père me

Teque apte quod me amare rebar, ei rei firmasti fidem ;
Nam mi intus tuos pater narravit modo, quo pacto me habueris
Præpositam amori tuo. Nunc tibi me certum est contra gratiam
Referre, ut apud me præmium esse positum pietati scias.
Mi Pamphile, hoc et vobis et meæ commodum famæ arbitror :
Ego rus abituram hinc cum tuo me esse certo decrevi patre ;
Ne mea præsentia obstet, neu causa ulla re. let relicua
Quin tua Philumena ad te redeat.

PAMPHILUS

Quæso, quid istuc consili est ?
Illius stultitia victa, ex urbe tu rus habitatum migres ?
Haud facies : neque sinam, ut, qui nobis, mater, maledictum velit,
Mea pertinacia esse dicat factum, haud tua modestia.
Tum tuas amicas te et cognatas deserere et festos dies
Mea causa nolo.

SOSTRATA

Nihil pol jam istæ mihi res voluptatis ferunt.
Dum ætatis tempus tulit, perfuncta satis sum : Satias jam tenet
Studiorum istorum : hæc mihi nunc cura est maxuma, ut ne cui mea
Longinquitas ætatis obstet mortemve expectet meam.
Hic video me esse invisam immerito : tempus est concedere.
Sic optume, ut ego opinor, omnis causas præcidam omnibus :
Et me hac suspicione exsolvam, et illis morem gessero.
Sine me, obsecro, hoc ecfugere, volgus quod male audit mulierum.

PAMPHILUS

Quam fortunatus ceteris sim rebus, absque una hac foret,
Hanc matrem habens talem, illam autem uxorem.

contait le sacrifice que vous me faisiez de votre amour. Eh bien ! je veux répondre à votre générosité et vous montrer qu'avec moi la piété d'un fils ne reste pas sans récompense. Mon cher Pamphile, j'ai trouvé le moyen de concilier votre bonheur et ma réputation ; c'est de me retirer à la campagne avec votre père, et j'y suis résolue. Ma présence ne sera plus un obstacle et rien ne s'opposera désormais au retour de Philumène auprès de vous.

PAMPHILE

Quel projet est-ce cela, je vous le demande ? Cédant à son caprice, vous quitteriez la ville pour habiter la campagne ? Vous n'en ferez rien ; je ne le souffrirai pas, les médisants attribueraient une telle conduite à mes exigences et non à votre discrétion. Et puis, que vous renonciez à vos amies, à vos parents, à nos fêtes, uniquement pour moi, non, je n'y consens pas.

SOSTRATA

Mais tout cela n'est plus du plaisir pour moi. Tant que l'âge me l'a permis, j'y ai trouvé goût, je n'en éprouve plus que la satiété. Maintenant mon grand souci, c'est que la prolongation de ma vie ne soit à charge à personne et qu'on ne souhaite pas ma mort. Je m'aperçois que je déplais ici, sans l'avoir mérité ; le moment est venu de me retirer. Par là, je couperai court, je crois, aux vains prétextes, je m'abrite contre les soupçons, je vais au devant de tous les désirs. Laissez-moi, je vous en conjure, me soustraire à la médisance qui n'épargne généralement pas les femmes.

PAMPHILE (*à part*)

Quel bonheur serait le mien, sans cette triste circonstance, avec une telle mère et une telle femme !

SOSTRATA

Obsecro, mi Pamphile,
Non tu te incommodam rem, ut quæque est, in animum
 induces pati?
Si cetera ita sunt ut vis, itaque uti esse ego illa existumo :
Mi gnate, da veniam hanc mihi, redduc illam.

PAMPHILUS

Væ misero mihi.

SOSTRATA

Et mihi quidem : nam hæc res non minus me male habet
 quam te, gnate mi.

Ter., *Hecyra*, Act. IV, sc. 1.[1]

XXIX

Analyse faite par Cicéron de la scène où Pacuvius, à la fin de la tragédie intitulée Niptra, *représentait la mort d'Ulysse* [2].

Non nimis in Niptris ille sapientissimus Græciæ saucius lamentatur vel modice potius :

Pedetentius ac sedato nisu
Ne succussu arripiat major
Dolor.

Pacuvius hæc melius, quam Sophocles : apud illum enim perquam flebiliter Ulysses lamentatur in vulnere. Tamen huic leviter gementi, illi ipsi, qui ferunt saucium, personæ gravitatem intuentes, non dubitarunt dicere :

Tu quoque, Ulixes, quamquam graviter
Cernimus ictum, nimis pæne animo es
Molli, qui consuetu's in armis
Ævum agere.

---

(1) Voir, pour quelques-uns des morceaux de Térence : G. Ramain, *Théâtre latin*, Paris, 1897, in-16 ; E. Benoist et J. Psichari, *les Adelphes*, id., 1900, in-16 ; et, pour tous, les éditions complètes de : Eug. Talbot, Paris, 1869, in-12 ; F. Umpfenbach, *Terenti Comœdiæ*, Berlin, 1870, in-8. C'est ce dernier que je suis le plus souvent. Je n'ai pas besoin de rappeler ici combien, dans les ouvrages classiques, afin de faciliter aux élèves la lecture et l'intelligence des poètes les plus anciens, tels que Plaute et Térence, on a coutume de débarrasser l'orthographe de ces auteurs des formes archaïques

SOSTRATA

Je vous en prie, mon cher Pamphile, ne vous figurez pas la chose désespérée, quelle qu'elle soit. Si le reste est comme vous le désirez, et si Philumène est telle que je la crois, accordez-moi la grâce que je vous demande, mon cher enfant, reprenez-la chez vous.

PAMPHILE

Que je suis malheureux !

SOSTRATA

Et moi donc ? Tout ceci ne m'afflige pas moins que vous, mon pauvre enfant.

XXIX

(Tom. II, p. 201).

Dans la tragédie *Niptra*, le plus sage des Grecs, tout blessé qu'il est, ne se plaint pas outre mesure, mais plutôt modérément :

« Lentement, dit-il, pas d'effort précipité ; qu'une secousse n'irrite pas ma souffrance. »

Et en cela Pacuvius l'emporte sur Sophocle, chez qui Ulysse se lamente tristement sur sa blessure. Quelque faible pourtant que soit cette plainte, ceux qui le portent, vu la dignité du personnage, n'hésitent pas à lui dire :

« Vous aussi, Ulysse, malgré la gravité de la blessure dont nous vous voyons frappé, vous nous semblez montrer trop de faiblesse pour un homme habitué à la vie guerrière. »

---

qui s'éloignent le plus du latin moins ancien ; il est d'usage de ne conserver de ces formes que celles qui suffisent à laisser aux textes un certain air de vétusté sans troubler par une orthographe trop insolite les yeux et l'esprit du lecteur.

(2) Cicéron donne cette analyse à l'appui de cette pensée que, chez l'homme qui veut être vraiment un homme, il faut que la raison ait pleine autorité sur l'autre partie de l'âme, dont le devoir est d'obéir.

Intelligit poeta prudens, ferendi doloris consuetudinem esse non contemnendam magistram. Atque ille non immoderate magno in dolore,

> Retinete, tenete ! Opprimit ulcus ;
> Nudate ! Heu miserum me, excrucior !

Incipit labi ; deinde illico desinit,

> Operite, abscedite jamjam,
> Mittite : nam attrectatu et quassu
> Sævum amplificatis dolorem.

Videsne, ut obmutuerit non sedatus corporis, sed castigatus animi dolor ? Itaque in extremis Niptris alios quoque objurgat, idque moriens :

> Conqueri fortunam adversam, non lamentari decet :
> Id viri est officium, fletus muliebri ingenio additus.

Hujus animi pars illa mollior rationi sic paruit, ut severo imperatori miles pudens.

Pacuvius, *Niptra*, fragm. 1; Cic. *Tuscul*, II, 21.

XXX.

Tarquin le Superbe consulte des devins sur un songe prophétique dont son âme est troublée et les devins lui donnent l'explication de ce songe.

Quum jam quieti corpus nocturno impetu
Dedi, sopore placans artus languidos,
Visum est in somnis, pastorem ad me adpellere
Pecus lanigerum eximia pulchritudine ;
Duos consanguineos arietes inde eligi [2],
Præclarioremque alterum immolare me ;
Deinde ejus germanum cornibus connitier,

---

(1) Texte de O. Ribbeck.
(2) Dans la Vulgate ce vers se trouve avant le précédent, de sorte que l'éloge que contient celui-ci ne se rapporterait plus qu'aux deux béliers.

Le poète avisé n'ignore pas que, pour apprendre à souffrir, ce n'est pas une maîtresse à dédaigner que l'habitude. Du reste, le langage d'Ulysse n'a rien d'outré pour une douleur si forte :

« Soutenez-moi, tenez-moi ! ma blessure me fait mourir. Découvrez-la. Ah ! malheureux ! que je souffre ! »

Il se laissait aller ; mais aussitôt il s'arrête [1] :

« Découvrez-la ; retirez-vous et laissez-moi. Car, en me touchant, en me remuant, vous ne faites qu'augmenter mes cruelles douleurs. »

Voyez-vous comme est réduite au silence, non pas la douleur du corps qui n'est pas calmée, mais celle de l'âme qu'il a maîtrisée ? Aussi, à la fin de la tragédie, fait-il la leçon aux autres, quand il dit en mourant :

« On peut se plaindre dans le malheur, mais non se lamenter. Pour l'homme, tel est le devoir : pleurer est le propre des femmes. »

Chez lui, la partie faible de l'âme s'est soumise à la raison comme à un général sévère obéit un soldat docile.

XXX

(Tom. II, p. 230.)

(*Récit de Tarquin.*) — « La nuit venue, je livrais mon corps au repos pour délasser par le sommeil mes membres fatigués. Je vis en songe un pâtre qui amenait vers moi un troupeau d'une rare beauté ; j'y choisis deux béliers

---

(1) Plusieurs traducteurs, croyant que Cicéron représente ici ce qui se passait sur la scène, traduisent : « *Il se laisse ensuite tomber et ne dit plus que ces mots* » ; ils expliquent par une note qu'il devait y avoir sur le théâtre un petit lit ou un siège mis là tout exprès pour recevoir le blessé. Mais au lieu d'appliquer les mots latins au fait matériel d'un jeu de théâtre, rapportons-les à l'impression morale qu'éprouve le héros ; cette explication, qu'a préférée Patin, s'accorde bien mieux avec le raisonnement philosophique de Cicéron.

In me arietare, eoque ictu me ad casum dari;
Exin prostratum terra, graviter saucium,
Resupinum, in cælo contueri maximum ac
Mirificum facinus : dextrorsum orbem flammeum
Radiatum solis liquier cursu novo.

. . . .

Rex., quæ in vita usurpant homines, cogitant, curant, vident,
Quæque agunt vigilantes agitantque, ea si cui in somno accidant,
Minus mirum est; sed in re tanta[1] haud temere improviso offerunt.
Proin vide ne, quem tu esse hebetem deputes æque ac pecus,
Is sapientia munitum pectus egregium gerat,
Teque regno expellat. Nam id quod de sole ostentum est tibi,
Populo commutationem rerum portendit fore
Perpropinquam. Hæc bene verruncent populo : nam quod ad dexteram
Cœpit cursum ab læva signum præpotens, pulcherrime
Auguratum est rem romanam summam fore.

Attius, *Brutus*, frag.

XXXI

Le flamine de Jupiter

Propagines e vitibus altius prætentas non succidet. Pedes lecti, in quo cubat, luto tenui circumlitos esse oportet; et de eo lecto trinoctium continuum non decubat, neque in eo lecto cubare alium fas; neque apud ejus lecti fulcrum capsulam esse cum strue atque ferto oportet. Unguium Dialis et capilli segmina subter arborem felicem terra operiuntur. Dialis cotidie feriatus est. Sine apice sub divo esse licitum non est; sub tecto uti liceret, non pridem a pontificibus constitutum...

Farinam fermento imbutam attingere ei fas non est.

---

(1) Neukirch est d'avis de lire : *Sed di rem tantam.*

jumeaux et j'immolai le plus beau ; alors son frère de toute la force de ses cornes m'attaqua et du coup me renversa. Étendu sur le sol, grièvement blessé, comme j'avais les yeux tournés vers le ciel, j'y vis une grande et merveilleuse chose : le globe enflammé du soleil qui abandonnait sa voie et en prenait une nouvelle, vers la droite. »

(*Interprétation des devins.*) — « O roi, ce qui se passe dans la vie des hommes, ce qu'ils pensent, ce dont ils s'inquiètent, ce qu'ils voient, ce qu'ils entreprennent et accomplissent dans le jour, tout cela peut bien leur revenir en songe, sans qu'il y ait à s'en étonner. Mais, pour une chose si grande, ce n'est point par hasard et sans dessein que le rêve se produit. Prenez donc garde que celui-là même qui vous semble stupide à l'égal de la brute ne porte une grande âme fortifiée par la sagesse et ne vous chasse de votre royaume. Car la vision que vous avez eue par rapport au soleil indique pour le peuple une révolution complète et très prochaine. Puisse-t-elle lui profiter ! En prenant sa course de gauche à droite, ce signe puissant très favorablement présage que la fortune de Rome atteindra le plus haut degré. »

XXXI
(Tom. II, p. 280).

Il ne doit pas tailler les provins de vigne s'élevant trop haut. Les pieds du lit dans lequel il couche doivent être légèrement enduits de limon ; il n'en découche jamais trois nuits de suite, et nul autre que lui n'a le droit d'y coucher. Auprès du montant de ce lit il ne faut pas qu'il y ait de coffre renfermant des gâteaux sacrés de quelque sorte que ce soit. Les rognures des ongles et des cheveux du flamine sont cachées dans la terre au pied d'un arbre heureux. Pour le flamine tous les jours sont jours de fête. Il lui est interdit d'aller en plein air sans son bonnet ; dans sa maison il peut rester nu-tête, d'après une décision récente des pontifes...

Tunicam intimam, nisi in locis tectis non exuit, ne sub
cælo, tanquam sub oculis Jovis, nudus sit. Super flaminem
Dialem in convivio, nisi rex saqrificulus, haud quisquam
alius accumbit. Uxorem si amisit, flaminio decedit. Matrimonium flaminis nisi morte dirimi non est jus. Locum in
quo bustum est, nunquam ingreditur. Mortuum nunquam
attingit. Funus tamen exsequi non est religio. Eædem ferme
cerimoniæ sunt, quas flaminicas Dialis seorsum aiunt
observitare. Veluti est; quod venenato opertur, et quod in
rica surculum de arbore felici habet, et quod scalas, nisi
quæ græce κλίμακες appellantur, escendere ei plus tribus
gradibus religiosum est; atque etiam quum it ad Argeos [1]
quod neque comit caput neque capillum depectit.

Q. Fabius Pictor, *fragm.*

XXXII

*Fragment du plaidoyer de Caton sur ses dépenses. Accusé, il
prononce son propre éloge, en portant, à chaque phrase, un
coup droit à ses adversaires.*

Jussi caudicem proferri, ubi mea oratio scripta erat. De
ea re quod sponsionem feceram cum M. Cornelio, tabulæ
prolatæ : majorum bene facta perlecta : deinde quæ ego
pro republica fecissem, leguntur. Ubi id utrumque perlectum est, deinde scriptum erat in oratione : « Nunquam ego
pecuniam neque meam neque sociorum per ambitionem largitus sum. » Atat noli, noli scribere, inquam : istud nolunt
audire. Deinde recitavit : « Num quos præfectos per sociorum vestrorum oppida imposivi, qui eorum bona, liberos
diriperent ? » Istud quoque dele : nolunt audire. Recita
porro : « Nunquam ego prædam, neque quod de hostibus
captum esset, neque manubias inter pauculos amicos meos

---

(1) Sur l'institution de la procession des Argées, voir *tom.* I, *p.* 64.

Il ne lui est pas permis de toucher une farine mêlée de ferment. Il ne quitte sa tunique de dessous que dans un lieu couvert, afin que sous le ciel, pour ainsi dire sous les yeux de Jupiter, il ne soit jamais nu. Sur le flamine, dans un repas, personne, si ce n'est le roi des sacrifices, n'a la préséance. S'il perd sa femme, il abdique sa dignité de flamine. Le mariage du flamine ne peut être dissous que par la mort. Jamais il n'entre dans un lieu où se trouve un tombeau. Jamais il ne touche un mort. Cependant il ne lui est pas interdit de suivre un convoi funèbre. Ce sont à peu près les mêmes cérémonies qu'observe, dit-on, de son côté, la femme du flamine. Ainsi, elle se couvre d'un voile coloré; elle a dans le vêtement qui lui tombe sur les épaules une petite branche d'un arbre heureux; à tout escalier, qui n'est pas de ceux que les Grecs appellent κλίμακες, il lui est interdit de monter plus de trois marches; et quand elle se rend aux Argées, elle ne doit ni parer sa tête ni peigner sa chevelure.

XXXII

(Tom. II, p. 311.)

Je fis apporter les tablettes où mon discours était écrit. Celles qui relataient mon affaire avec M. Cornélius sont produites : puis on lit les services de mes ancêtres et ensuite ceux que j'ai rendus moi-même à la république. Ces deux lectures achevées, le discours continuait ainsi : « Jamais je n'ai dépensé dans des brigues ni mon argent ni celui des alliés. » Eh! non, n'écris point ceci, m'écriai-je; ils ne veulent pas l'entendre. Il lut ensuite : « Ai-je établi dans les villes de vos alliés des gouverneurs qui aient ravi leurs biens, leurs enfants? » Cela aussi efface-le, ils ne veulent pas l'entendre. Lis toujours : « Jamais le butin, ni les prises faites sur l'ennemi, ni le produit des ventes n'ont été partagés par moi entre quelques amis pour en dépouiller ceux qui par conquête y avaient droit. » Efface encore

divisi: ut illis eriperem qui cepissent. » Istuc quoque dele. Nihilominus volunt dici : non opus est. Recitato : « Nunquam ego evectionem datavi, quo amici mei per symbolos pecunias magnas caperent. » Perge istuc quoque uti quam maxime dolere. « Nunquam ego argentum pro vino congiario[1] inter apparitores atque amicos meos disdidi, neque eos malo publico divites feci. » Enimvero usque istuc ad lignum dele. Vide, sis, quo loco respublica siet, uti quod reipublicæ bene fecissem, unde gratiam capiebam, nunc idem illud memorare non audeo, ne invidiæ siet. Ita inductum est male facere, impœne; bene facere non impœne licere.

Cato, *fragm.*

XXXIII

Achat du domaine

Prædium quom parare cogitabis, sic in animo habeto, uti ne cupide emas, neve opera tua parcas visere, et ne satis habeas semel circumire. Quotiens ibis, totiens magis placebit, quod bonum erit. Vicini quo pacto niteant, id animum advertito : in bona regione bene nitere oportebit : et uti eo introeas et circumspicias, uti inde exiri possit : uti bonum cælum habeat, ne calamitosum siet; solo bono, sua virtute valeat. Si poteris, sub radice montis siet, in meridiem spectet, loco salubri, operariorum copia siet, bonumque aquarium, oppidum validum prope siet, aut mare, aut amnis, qua naves ambulant, aut via bona celebrisque. Siet in iis agris, qui non sæpe dominos mutant : qui in his agris prædia vendiderint, eos pigeat vendidisse :

---

(1) On appelait alors *congiarium vinum* une distribution de vin faite gracieusement aux soldats en dehors des distributions officielles ou faite de la même manière au peuple de Rome. On remplaça plus tard le don en nature par le don en argent et les *congiaria* devinrent, sous l'Empire, une lourde charge pour le fisc. *Dict. des Antiq. gr. et rom.*, de MM. Daremberg et Saglio, 10ᵉ fascic., pp. 1442 et suiv.

cela; il n'est rien dont ils veuillent moins qu'on parle; c'est inutile. Lis : « Jamais je n'ai accordé de ces voyages gratuits dont la concession marquée de mon sceau eût fourni à mes amis le moyen de s'approprier des sommes considérables. » Continue d'effacer, et au plus vite. « Jamais, sous le nom de distribution de vin, je n'ai alloué d'argent à mes appariteurs et à mes amis; je ne les ai pas enrichis au détriment de l'État. » Ah! pour ceci, efface-le jusqu'au bois! Voyez, je vous prie, où en est la république; des services que je lui ai rendus et dont je me promettais de la reconnaissance, je n'ose plus aujourd'hui faire mention, par crainte d'exciter la haine. Tant il est reçu maintenant que mal faire reste impuni et qu'on ne peut faire bien impunément.

XXXIII

(Tom. II, p. 335-340).

Lorsque vous voudrez vous procurer un domaine, ayez soin de ne pas mettre trop d'empressement à l'acheter, n'épargnez pas les visites et ne vous contentez pas d'une seule inspection. Plus vous irez le voir, plus il vous plaira, s'il est bon. Portez votre attention sur l'état de prospérité du voisinage; car, dans une bonne région, tout doit avoir une brillante apparence; et, en y entrant, considérez bien si vous aurez les moyens d'en sortir. Voyez si le climat est favorable et n'expose pas aux dégâts, si le sol est riche et par lui-même fécond. Autant que possible, choisissez-le au pied d'une montagne, regardant le midi, dans un endroit salubre, où les ouvriers ne manquent pas, où l'eau soit bonne, dans le voisinage d'une ville importante, ou de la mer, ou d'un fleuve navigable, ou d'une route en parfait état et fréquentée. Qu'il soit de ces propriétés qui ne changent pas souvent de maîtres, que regrettent ceux qui les ont vendues, et dont les bâtiments sont bien construits. Gardez-vous de ne tenir aucun compte de la manière de faire du vendeur : achetez de préférence à un propriétaire qui sait

uti bene ædificatum siet. Caveto alienam disciplinam temere contemnas. De domino bono colono, bonoque ædificatore melius emetur. Ad villam cum venies, videto vasa torcula et dolia multane sient. Ubi non erunt, scito pro ratione fructum esse. Instrumenti ne magni siet, loco bono siet. Videto quam minimi instrumenti, sumptuosusque ager ne siet. Scito idem agrum quod hominem, quamvis quæstuosus siet, si sumptuosus erit, relinquere non multum.

Cato [1], *De re rust.*, 1.

XXXIV

Devoirs du père de famille.

Pater familias ubi ad villam venit, ubi larem familiarem salutavit, fundum eodem die, si potest, circumeat : si non eo die, at postridie. Ubi cognovit quo modo fundus cultus siet, operaque quæ facta infectaque sient, postridie ejus diei vilicum vocet, roget quid operis siet factum, quid restet, satisne tempori opera sient confecta, possitne quæ reliqua sient conficere, et quid factum vini, frumenti, aliarumque rerum omnium. Ubi ea cognovit, rationem inire oportet operarum, dierum. Si ei opus non apparet, dicit vilicus sedulo se fecisse, servos non valuisse, tempestates malas fuisse, servos aufugisse, opus publicum effecisse. Ubi eas aliasque causas multas dixerit, ad rationem operum operarumque vilicum revoca. Cum tempestates pluviæ fuerint, videto quot dies, quæve opera per imbrem fieri potuerint, dolia lavari, picari, villam purgari, frumentum transferri, stercus foras efferri, sterquilinium fieri, semen purgari, funes veteres sarciri, novosque fieri : centones, cuculiones familiam oportuisse sibi sarcire. Per ferias potuisse fossas veteres tergeri, viam publicam muniri, vepres recidi, hortum fodiri, pratum purgari, virgas vinciri, spinas runcari, expinsi far, mundicias fieri. Cum servi ægro-

---

(1) Je suis presque toujours, pour Caton, le texte donné par H. Keil, Lips., 1882, in-8.

cultiver et sait construire. Quand vous ferez vos visites, considérez le nombre des pressoirs et des récipients ; là où il y en a peu, soyez sûr que les produits sont dans la même proportion. Que la quantité des instruments ne soit pas considérable, mais que l'aménagement soit convenable. Sans faire défaut, que les instruments de culture n'entraînent pas à un excès de dépense. Rappelez-vous que, de même que l'homme, la terre, alors même qu'elle produit beaucoup, est ruineuse, si les dépenses en sont excessives.

XXXIV

(Tom. II, p. 335-340.)

Le père de famille, dès qu'il est arrivé à sa propriété, après avoir salué ses lares domestiques, doit, le jour même, s'il le peut, ou sinon le lendemain, en faire l'inspection complète. Lorsqu'il aura vu en quel état est la culture des terres, quels travaux sont ou ne sont pas achevés, il appellera, le jour suivant, son métayer et lui demandera ce qui a été fait, ce qui reste à faire ; si les travaux terminés l'ont été à temps, s'il est possible de terminer le reste ; ce qui a été récolté de vin, de blé et d'autres productions. Ces renseignements reçus, il se fera détailler le compte des travaux et des journées. Si le résultat ne semble pas suffisant, le métayer allègue alors les maladies des esclaves, leurs désertions, les mauvais temps, les corvées publiques. Mais quand il a donné ces raisons et beaucoup d'autres semblables, qu'on le ramène au compte des journées et des travaux. Y a-t-il eu des pluies, voyez combien de jours elles ont duré, et si on ne les a pas employés comme on aurait pu le faire, par le lavage et le goudronnage des futailles, le nettoyage des bâtiments, la ventilation du blé, la sortie et la mise en fosse du fumier, l'épuration des semences, le raccommodage des vieilles cordes et la confection des neuves : les gens devaient réparer leurs capuches et leurs hardes. Pendant les jours fériés, on pouvait curer les anciens fossés, mettre en état la voie publique,

tarint, cibaria tanta dari non oportuisse. Ubi ea cognita, æquo animo sunt, quæ reliqua opera sient, curare uti perficiantur : rationes putare argentariam, frumentariam, pabuli causa quæ parata sunt; rationem vinariam, olcariam, quid venierit, quid exactum siet, quid reliquum siet, quid siet quod veneat¹....

Cato, *De re rust.*, 2.

XXXV
Devoirs du métayer.

Hæc erunt vilici officia. Disciplina bona utatur. Feriæ serventur. Alieno manum abstineat, sua servet diligenter. Litibus familia supersedeat. Siquis quid deliquerit, pro noxa bono modo vindicet. Familiæ male ne sit, ne algeat, ne esuriat; opere bene exerceat : facilius malo et alieno prohibebit. Vilicus si nolet male facere, non faciet. Si passus erit, dominus impune ne sinat esse. Pro beneficio gratiam referat, ut aliis recte facere libeat. Vilicus ne sit ambulator, sobrius siet semper, ad cenam nequo eat. Familiam exerceat : consideret, quæ dominus imperaverit, fiant. Ne plus censeat sapere se quam dominum. Amicos domini, eos habeat sibi amicos. Cui iussus siet, auscultet. Rem divinam nisi Compitalibus ni conpito aut in foco ne faciat. Iniussu domini credat nemini. Quod dominus crediderit, exigat. Satui semen, cibaria, far, vinum, oleum mutuum dederit nemini. Duas aut tres familias habeat, unde utenda roget et quibus det, præterea nemini. Rationem cum domino crebro putet. Operarium, mercenarium politorem diutius eundem ne habeat die. Nequid emisse

---

(1) C'est à la fin de ce chapitre, où Caton conseille, avons-nous dit, de vendre tout ce qui est hors d'usage, choses, bêtes et gens, que se trouve le precepte économique : « *Patrem familias vendacem, non emacem, esse oportet.* » V. tom. II, p. 337.

tailler les haies, bêcher le jardin, nettoyer la prairie, fagoter les branches tombées, extirper les épines, piler le froment, approprier la maison. Si les esclaves étaient malades, il ne fallait pas leur donner tant de nourriture. Après un sage examen de tous ces points, on réglera l'achèvement des travaux qui restent à terminer; on fera le compte de la caisse, du grain en magasin, de l'approvisionnement des fourrages, du vin, de l'huile, en notant ce qui a été vendu, ce qui a été payé, ce qui reste à percevoir, ce qu'il y a encore à vendre.

XXXV
(Tome II, p. 335-340.)

Voici les devoirs du métayer. Il aura une conduite bien réglée. Il observera les jours de fête. Il respectera le bien d'autrui et gardera le sien avec soin. Il arrêtera toute dispute entre les gens de la maison. Si quelqu'un est fautif, selon la faute, il infligera avec équité la punition. Il veillera à ce que tous soient bien entretenus, à ce qu'ils ne souffrent ni du froid, ni de la faim; il les tiendra très occupés, ce qui l'aidera à les empêcher de mal faire et de voler. S'il s'y oppose fermement, le mal ne se fera pas; mais s'il le supporte, le maître ne doit pas laisser son indifférence impunie. Pour tout service il témoignera sa satisfaction, afin d'encourager les autres à bien faire. Le métayer doit être sédentaire, toujours sobre, ne pas aller festiner dehors. Qu'il tienne ses gens en haleine et fasse exécuter les ordres du maître; qu'il ne se croie pas plus habile que lui; qu'il considère les amis du maître comme les siens propres et se réfère aux conseillers qui lui ont été désignés. En fait de pratique religieuse, il s'en tiendra aux fêtes compitales, dans le carrefour voisin, ou près de son foyer. Il ne prêtera rien sans un ordre du maître; il fera rentrer ce que le maître aura prêté. Il n'avancera donc à personne ni graine à ensemencer, ni aliments, ni froment, ni vin, ni huile, il aura des relations avec deux ou trois métairies,

velit insciente domino, neuquid dominum celavisse velit. Parasitum nequem habeat. Haruspicem, augurem, hariolum, chaldæum nequem consuluisse velit. Segetem ne defrudet : nam id infelix est. Opus rusticum omne curet uti sciat facere, et id faciat sæpe, dum ne lassus fiat. Si fecerit, scibit in mente familiæ quid siet, et illi animo æquiore facient. Si hoc faciet, minus libebit ambulare, et valebit rectius, et dormibit libentius. Primus cubitu surgat, postremus cubitum eat. Prius villam videat clausa uti siet, et uti suo quisque loco cubet, et uti iumenta pabulum habeant.

Cato, De re rust., 5.

XXXVI

Duel de Manlius Torquatus et d'un Gaulois.

Cum interim Gallus quidam, nudus præter scutum et gladios duos, torque atque armillis decoratus, processit; qui et viribus, et magnitudine, et adolescentia, simulque virtute ceteris antistabat. Is, maximo prœlio commoto, atque utrisque summo studio pugnantibus, manu significare cœpit, utrique ut quiescerent pugnare. Pugnæ facta pausa est. Extemplo, silentio facto, cum voce maxima conclamat, si quis secum depugnare vellet, uti prodiret. Nemo audebat propter magnitudinem atque immanitatem faciei. Deinde Gallus irridere atque linguam exertare. Id subito perdolitum est cuidam E. Manlio, summo genere nato, tantum flagitium civitati accidere, ex tanto exercitu neminem prodire. Is, ut dico, processit, neque passus est virtutem romanam ab Gallo turpiter spoliari. Scuto pedestri, et gladio hispanico cinctus, contra Gallum constitit. Metu magno, ea congressio in ipso ponte, utroque exercitu inspectante, facta est. Ita, ut ante dixi, constiterunt : Gallus,

pour échanger avec elles les choses dont on a besoin; en dehors de cela, rien. Il comptera souvent avec le maître. Il ne retiendra jamais ouvrier, journalier, vigneron au delà du temps convenu. Il ne fera aucun achat à l'insu du maître et il ne lui cachera rien. Il n'aura point de parasite Il ne consultera ni aruspice, ni astrologue, ni devin, ni charlatan. Il n'économisera pas sur la semence; car la récolte serait mauvaise. Il sera au fait de tous les travaux rustiques et s'y mêlera souvent, sans toutefois se harasser. Ce faisant, il connaîtra l'esprit de ses gens et ceux-ci travailleront plus volontiers; de plus, il désirera moins se promener, se portera mieux et dormira plus paisiblement. Qu'il soit le premier levé, le dernier couché; et qu'il s'assure, avant de se reposer, si les portes de la métairie sont closes, si chacun est couché à son poste, si les bestiaux ont leur fourrage.

XXXVI

(Tom. ii, p. 362).

Cependant, un Gaulois, le corps nu, n'ayant qu'un bouclier et deux glaives, paré de bracelets et d'un collier, s'avance : par sa force, sa haute taille, sa jeunesse, son courage, il surpassait tous les autres. Au plus fort de la mêlée, lorsque des deux côtés on luttait avec le plus d'acharnement, de la main il fait signe que de part et d'autre on suspende le combat. On s'arrête. Aussitôt, dans le silence qui s'est fait, d'une voix retentissante il crie que, si quelqu'un veut se battre avec lui, il se présente. Nul n'osait à cause de la taille et de l'aspect terrible du Gaulois. Alors, celui-ci se moque et par dérision tire la langue. A cette vue, T. Manlius, de noble race, rougit de la honte immense que subirait son pays si, dans une si grande armée, personne ne se présentait. Ainsi donc il s'avança, sans souffrir que la vertu romaine fût indignement déshonorée par un Gaulois. Muni d'un bouclier de fantassin et d'une épée espagnole, il alla se placer en face de l'ennemi. Le duel

sua disciplina scuto projecto contabundus [1]; Manlius, animo magis quam arte confisus, scutum scuto percussit, atque statum Galli conturbavit. Dum se Gallus iterum eodem pacto constituere studet, Manlius iterum scutum scuto percutit, atque de loco hominem iterum dejecit : eo pacto ei sub gallicum gladium successit, ne Gallus impetum icti haberet [2], atque hispanico pectus hausit; dein continuo humerum dexterum eodem concæsu, incidit, neque recessit usquam donec subvertit. Ubi eum evertit, caput præcædit, torquem detraxit, eamque sanguinolentam sibi in collum imponit. Quo ex facto ipse posterique ejus Torquati sunt cognominati.

Claudius Quadrigarius.

XXXVII

Le dévouement à la patrie.

Sapiens nullum pro republica periculum vitabit; ideo quoque sæpe fit, ut, quum pro republica noluerit, necessario cum republica pereat. Et quoniam sunt omnia commoda a patria accepta, nullum incommodum pro patria grave putandum est. Ergo qui fugiunt id periculum, quod pro republica subeundum est, stulte faciunt. Nam neque effugere incommoda possunt, et ingrati in civitatem reperiuntur. At, qui patriæ pericula suo periculo expetunt, hi sapientes putandi sunt, quum et eum, quem debent, honorem reipublicæ reddunt, et pro multis perire malunt, quam cum multis. Etenim vehementer est iniquum, vitam, quam a natura acceptam propter patriam conservaveris, naturæ, quum cogat, reddere; patriæ, quum roget, non dare; et

---

(1) D'autres lisent « *cunctabundus*, attendant son adversaire. »

(2). Une autre version rejette ces mots « *ne Gallus impetum icti haberet* », deux lignes plus loin, après « *donec subvertit.* »

eut lieu sur le pont même, sous le regard des deux armées, au milieu de la plus vive émotion. Les voilà, comme je l'ai dit, en présence : le Gaulois, selon sa manière de combattre, tient le bouclier en avant et chante; Manlius, qui compte sur son courage plus que sur son adresse, frappe de son bouclier celui de son adversaire et le fait chanceler. Le Gaulois cherche à reprendre sa première position, Manlius de nouveau frappe de son bouclier le bouclier de l'ennemi et de nouveau lui fait perdre l'équilibre; de cette manière il se glisse sous le glaive du Gaulois sans lui laisser le temps d'attaquer, et de son épée espagnole il le blesse à la poitrine; puis, sans discontinuer, dans la même passe il l'atteint au côté droit, et il ne s'arrête qu'après l'avoir renversé. Dès qu'il l'a terrassé, il lui coupe la tête, lui arrache son collier et se le passe tout ensanglanté autour du cou. C'est ce qui valut à lui et à ses descendants le surnom de Torquatus.

XXXVII

(Tom. II, p. 383.)

Le sage, quand il s'agit de son pays, ne se soustrait à aucun danger, sachant bien que souvent on a vu celui qui a refusé de périr pour la république, périr fatalement avec elle. Et puisque tous nos biens nous viennent de la patrie, aucun sacrifice fait pour elle ne doit nous sembler pénible. Ceux-là donc qui fuient le danger, quand la république les réclame, commettent une folie; car ils ne peuvent échapper au malheur public et leur ingratitude envers le pays les déshonore. Au contraire, ceux qui sur eux-mêmes cherchent à détourner les dangers de la patrie, sont véritablement sages, puisqu'ils rendent à la république le culte qu'ils lui doivent et qu'ils aiment mieux périr pour tous que périr avec tous. Ne serait-ce pas une criante injustice, si cette vie, que nous a conservée la patrie, après que nous l'a donnée la nature, était rendue à la nature, dès qu'elle l'exige, et refusée à la patrie, quand elle la demande?

quum possis cum summa virtute et honore pro patria interire, malle per dedecus et ignaviam vivere; et, quum pro amicis et parentibus et ceteris necessariis adire periculum velis, pro republica, in qua et hæc, et illud sanctissimum nomen patriæ continentur, nolle in discrimen venire. Itaque uti contemnendus est, qui in navigando se, quam navim, mavult incolumem : ita vituperandus, qui in reipublicæ discrimine, suæ plus, quam communi saluti, consulit. Nave enim fracta, multi incolumes evaserunt ; ex naufragio patriæ salvus nemo potest enatare. Quod mihi bene videtur Decius intellexisse, qui se devovisse dicitur, et pro legionibus in hostes immisisse medios : unde amisit vitam; at non perdidit : re enim vilissima certam, et parva maximam redemit. Dedit vitam, accepit patriam : amisit animam, potitus est gloria, quæ cum summa laude prodita vetustate quotidie magis enitescit. Quod si, pro republica debere accedere ad periculum, et ratione demonstratum est, et exemplo comprobatum, ii sapientes sunt existimandi, qui nullum pro salute patriæ periculum vitant.

Cornificius, *Rhet. ad Herenn.*, IV, 44.

XXXVIII

Le faux riche ou le glorieux.

Iste, judices, qui, se dici divitem, putat esse præclarum, primum nunc videte, quo vultu nos intueatur. Nonne vobis videtur dicere : Darem, si mihi molesti non essetis? Quum vero sinistra mentum sublevat, existimat se gemmæ nitore et auri splendore aspectus omnium præstringere. Quum puerum respicit hunc unum, quem ego novi (vos non arbitror novisse), alio nomine appellat, deinde alio atque alio. « Heus tu, inquit, veni, Sannio, ne quid isti barbari turbent »; ut ignoti, qui audiunt, unum putent eligi

Alors que vous pouvez mourir pour votre pays avec courage et avec gloire, aimez-vous mieux vivre en lâches dans l'opprobre? Et quand vous êtes prêt à affronter le danger pour vos amis, vos parents, vos alliés, s'il s'agit de la république, qui les contient tous en elle-même avec ce nom sacré de la patrie, refusez-vous de vous exposer? Autant est méprisable celui qui, dans une navigation, aimerait mieux sauver sa personne que le vaisseau, autant est condamnable celui qui, dans le danger du pays, préfère son salut au salut commun. Encore a-t-on vu assez souvent des passagers échapper à un naufrage; mais dans le naufrage de la patrie, personne ne peut se sauver. Voilà, ce me semble, ce qu'a bien compris Décius, lui qui, dit-on, se dévoua et, pour sauver les légions, s'élança au milieu des ennemis; il y laissa la vie, mais elle ne fut pas perdue; d'une chose sans valeur et de courte durée, il en retira une solide et impérissable; il fit don de sa vie, et reçut Rome en échange; il sacrifia ses jours et entra en possession d'une gloire qui, célébrée de siècle en siècle, brille d'un éclat toujours plus vif en vieillissant. S'il est prouvé par le raisonnement et confirmé par des exemples que pour la patrie nous devons nous exposer à tout, il faut regarder comme sages ceux qui, pour la sauver, ne reculent devant aucun danger.

XXXVIII

(Tom. II, p. 383).

Le voici, juges, cet homme qui croit qu'il est très beau de passer pour riche, voyez d'abord de quel air il nous regarde. Ne semble-t-il pas vous dire : « Je vous donnerais volontiers, si vous ne m'étiez pas importuns. » Lorsque de la main gauche il soutient son menton, il croit éblouir tous les yeux par l'éclat du diamant et la splendeur de l'or qu'il porte au doigt. En se retournant vers son esclave unique, que je connais et que vous ne connaissez pas, je pense, il l'appelle par un nom, puis par un autre et par d'autres encore. « Hé, toi, dit-il, viens ici, Sannion, que ces exoti-

de multis. Ei dicit in aurem, aut ut domi lectuli sternantur, aut ab avunculo rogetur Æthiops, qui ad balneas veniat, aut asturconi locus ante ostium suum detur, aut aliquod fragile falsæ choragium gloriæ comparetur. Deinde exclamat, ut omnes audiant : « Videto, ut diligenter numeretur, si potest, ante noctem ». Puer, qui jam bene hominis **naturam novit**, « Tu illo plures mittas oportet, inquit, si hodie vis transnumerari. » — « **Age**, inquit, duc tecum Libanum et Sosiam. » — « Sane. » **Deinde casu** veniunt hospites homini, qui istum splendide, dum peregrinaretur, receperant. Ex ea re homo hercle sane conturbatur : sed tamen a vitio naturæ non recedit. « Bene, inquit, facitis, quum venitis : sed rectius fecissetis, si ad me domum recta abiissetis. » — « Id fecissemus, inquiunt illi, si domum novissemus. » — « At istud quidem facile fuit undelibet invenire. Verum ite mecum. » Sequuntur illi. Sermo interea hujus consumitur omnis in ostentatione.... Dum hæc loquitur, venit in ædes quasdam in quibus sodalitium erat eodem die futurum : quo iste pro notitia domini ædium ingreditur cum hospitibus. « Hic, inquit, habito. » Perspicit argentum, quod erat expositum, triclinium stratum : probat. Accedit servulus ; dicit homini clam dominum jam venturum, si velit exire. « Itane ? inquit, eamus, hospites ; frater venit ex Salerno : ego illi obviam pergam : vos huc decuma venitote. » Hospites discedunt. Iste se raptim domum suam conjicit : illi decuma, quo jusserat, veniunt. Quærunt hunc. Reperiunt, domus cuja sit : in diversorium derisi conferunt sese. Vident hominem postera die : narrant ; expostulant, accusant. Ait iste, eos, similitudine loci deceptos, angiporto toto deerrasse : se contra valetudinem suam ad noctem multam exspectasse. Sannioni puero negotium dederat, ut vasa, vestimenta, pueros corrogaret. Servulus non inurbanus satis strenue et concinne comparat : iste hospites domum deducit. Ait se ædes maximas cuidam amico ad nuptias commodasse. Nunciat puer argentum repeti (pertimuerat enim, qui commodarat). « Apagete, inquit, ædes commodavi, familiam dedi : argentum quoque vult?

ques ne fassent pas tout de travers. » Il veut faire croire ainsi à ceux qui ne le connaissent pas qu'il choisit Sannion parmi beaucoup d'autres. Il lui dit à l'oreille ou de dresser les lits à la maison, ou d'aller demander à son oncle un Éthiopien qui puisse l'accompagner aux bains, ou de placer un cheval d'Asturie devant sa porte, ou de préparer quelque autre vain décor de sa fausse gloire. Ensuite il crie, pour que tout le monde l'entende : « Fais que la somme soit exactement comptée, s'il se peut, avant la nuit. » Sannion, qui depuis longtemps connaît le faible de l'homme, répond : « Il vous faut envoyer plusieurs esclaves, si vous voulez que tout soit chez vous et compté aujourd'hui. » — « Va donc, réplique-t-il, emmène avec toi Libanus et Sosie. — « Ce sera fait », ajoute l'autre. Peu après, le hasard lui fait rencontrer des étrangers qui, pendant qu'il voyageait, lui avaient offert une splendide hospitalité. La chose le trouble bien quelque peu, cependant il ne renonce pas à sa vanité naturelle. « Vous êtes les bienvenus, dit-il, mais vous eussiez mieux fait encore d'aller directement chez moi. — Nous l'aurions fait, répondent-ils, si nous avions connu votre demeure. — C'était facile, n'importe qui vous l'aurait indiquée. Mais venez avec moi. » Ils le suivent. Tout ce qu'il dit en chemin n'est que pure ostentation.....

Ce disant, il arrive à une maison où, ce jour même, devait avoir lieu un banquet d'amis. Connaissant le propriétaire, il y entre avec les étrangers. « C'est ici, leur dit-il, que j'habite. » Il voit l'argenterie étalée, les lits dressés ; il n'y trouve rien à redire. Mais un petit esclave s'approche, qui lui dit tout bas que le maître arrive et qu'il fera bien de se retirer. « Est-il vrai ? s'écrie-t-il ; sortons, mes hôtes, mon frère arrive de Salerno, il faut que j'aille au devant de lui ; vous, revenez ici à la dixième heure. » Les étrangers s'éloignent et lui se dérobe aussitôt en son logis. A la dixième heure, comme il le leur avait dit, ils reviennent. Ils le cherchent. Ils apprennent à qui appartient la maison, et c'est dans un hôtel qu'ils se rendent tout confus. Le len-

Tametsi hospites habeo, tamen utatur licet, nos samiis
delectabimur.

Cornificius, *Rhet. ad Herenn.*, IV, 50-51.

XXXIX

Le vainqueur et le vaincu.

Quum militibus urbs redundaret, et omnes timore oppressi
domi continerentur, venit iste cum sago, gladio succinctus,
tenens jaculum : quinque adolescentes hominem simili
ornatu subsequuntur. Irrumpit in aedes subito, deinde
magna voce : « Ubi est iste beatus, inquit, aedium dominus? Quin mihi praesto fit? Quid tacetis ? » Hic alii omnes
stupidi timore obmutuerunt. Uxor illius infelicissimi cum
maximo fletu ad istius pedes abjecit sese. « Parce, inquit,
et per ea quae tibi dulcissima sunt in vita, miserere nostri :
noli exstinguere exstinctos. Fer mansuete fortunam ; nos
quoque fuimus beati : nosce te esse hominem. » At ille :
« Quin illum mihi datis, ac vos auribus meis opplorare
desinitis ? non abibit. » Illi nuntiatur interea venisse istum,
et clamore maximo mortem minari. Quod simul ut audivit,
« Heus, inquit, Gorgia, pedisece puerorum, absconde
pueros : defende : fac, ut incolumes ad adolescentiam per-

demain, ils retrouvent notre homme, lui racontent la chose, réclament vivement une explication et l'accusent. Il leur explique que la ressemblance des lieux a causé leur erreur, qu'ils se sont trompés de rue et que, quant à lui, au risque de se rendre malade, il les a attendus une grande partie de la nuit. Il avait d'ailleurs chargé Sannion d'emprunter de la vaisselle, des tapis, des esclaves. Comme le petit esclave, qui n'est pas malhabile, a en hâte et fort convenablement tout préparé, il conduit ses hôtes chez lui. Il leur raconte qu'il a prêté sa splendide habitation à un ami pour y célébrer ses noces. Mais Sannion l'avertit qu'on vient réclamer l'argenterie (le prêteur avait conçu quelque inquiétude). « Peste ! s'écrie le faux riche, j'ai prêté mon palais, j'ai cédé mes esclaves et il veut encore mon argenterie? Bien que j'aie des hôtes, cependant je consens à la mettre à sa disposition ; nous nous contenterons de vaisselle de Samos ».

XXXIX
(Tom. II, p 283.)

Pendant que la ville entière était envahie par les soldats et que tous les habitants terrorisés se tenaient enfermés chez eux, cet homme arrive en habit de guerre, l'épée au côté, et tenant en main un javelot : cinq jeunes gens, équipés de même, marchent sur ses pas. Il s'élance aussitôt dans la maison et d'une voix terrible il s'écrie : « Où est l'heureux citoyen qui possède cette demeure? Pourquoi n'est-il pas là devant moi? Que signifie ce silence? » Glacés d'effroi, tous les autres ont perdu la parole. Seule, l'épouse de l'infortuné, tout en larmes, se jette aux pieds du barbare. « Grâce, dit-elle, au nom de ce que vous avez de plus cher sur la terre, ayez pitié de nous; n'anéantissez pas une famille qui déjà n'est plus; soyez modéré dans la fortune; nous aussi nous fûmes heureux; songez que vous êtes homme. » Mais lui : « Que tardez-vous à me le livrer? Pourquoi me fatiguer les oreilles de vos gémissements? Il

ducas ! » Vix hæc dixerat, quum ecce iste præsto, « Sedes, inquit, audax ? Non vox mea tibi vitam ademit ? Exple inimicitias meas, et iracundiam satura tuo sanguine ! » Ille cum magno spiritu, « Metuebam, inquit, ne plane victus essem. Nunc video : in judicio mecum contendere non vis, ubi superari turpissimum, et superare pulcherrimum est : interficere me vis. Occidas equidem, sed victus non peribo.» At iste, « In extremo vitæ tempore etiam sententiose loqueris? Neque ei, quem vides dominari, vis supplicare ? » Tum mulier, « Imo quidem ille rogat et supplicat. Sed tu, quæso, commovere; et tu, per deos, inquit, hunc examplexare. Dominus est; vicit hic te, vince tu nunc animum. » — « Cur non desinis, inquit, uxor, loqui, quæ me digna non sunt? Tace, et quæ curanda sunt, cura. Tu cessas mihi vitam, tibi omnem bene vivendi spem mea morte eripere ? » Iste mulierem repulit ab se lamentantem : illi, nescio quid incipienti dicere, quod dignum videlicet illius virtute esset, gladium in latere defixit.

Cornificius, *Rhet. ad Herenn.*, IV, 52.

XL

Assassinat de Tib. Gracchus.

Quod simul atque Gracchus prospexit, fluctuare populum, verentem, ne ipse auctoritate senatus commotus a sententia desisteret, jubet advocari concionem. Iste interea scelere et malis cogitationibus redundans, evolat ex templo Jovis, et sudans, oculis ardentibus, erecto capillo, contorta toga, cum pluribus aliis ire celerius cœpit. Illi præco

n'échappera pas. » Cependant on annonce au maître de la maison que son ennemi est là et profère à grands cris des menaces de mort. « Gorgias, dit-il, fidèle gouverneur de mes enfants, cache-les, protège-les; fais qu'ils arrivent heureusement à l'adolescence. » A peine avait-il dit ces mots, voici l'autre, qui l'apostrophe : « Tu ne viens donc pas tout de suite, téméraire ? Rien qu'à m'entendre tu n'es pas mort ? Tu vas satisfaire ma haine, et ma colère s'assouvira dans ton sang. » Le père de famille avec une grande fermeté lui répond : « Je craignais d'être réellement vaincu; mais, je le vois, tu ne veux pas te mesurer avec moi devant un tribunal, où la défaite est honteuse et le triomphe glorieux; tu veux me tuer. Je périrai donc assassiné, mais non vaincu. » — « Quoi! s'écrie l'ennemi, même à ton dernier moment, tu parles par sentences! Et tu ne veux pas supplier celui que tu vois tout-puissant ? » — « Mais si, s'écrie la femme, il vous prie, il vous supplie; mais vous, de grâce, soyez compatissant; et toi, au nom des dieux, embrasse-le comme il convient; c'est ton maître; il t'a vaincu, sache te vaincre toi-même. » — « Cesse, ô ma femme, de m'adresser des paroles indignes de moi. Garde le silence et songe à tes devoirs. Et toi, qu'hésites-tu à m'enlever la vie, à t'enlever à toi-même par ma mort tout espoir de vivre honnête homme? » Le barbare alors repousse la femme en pleurs; et comme le mari allait encore prononcer je ne sais quelles paroles dignes de son courage, il lui enfonce son épée dans le sein.

XL

(Tom. II, p. 383).

Dès que Gracchus s'aperçoit que le peuple flotte dans l'incertitude et craint de le voir lui-même entraîné par l'autorité du Sénat à se désister de ses projets, il convoque l'assemblée. Cependant ce misérable, l'âme bondée d'idées de crime et de cruauté, s'élance du temple de Jupiter, et tout en nage, l'œil en feu, les cheveux hérissés, la toge

faciebat audientiam : hic subsellium quoddam calce premens, dextra pedem defringit, et alios hoc idem jubet facere. Quum Gracchus deos inciperet precari, cursim isti impetum faciunt; ex aliis aliisque partibus convolant; atque e populo unus, « Fuge, inquit, Tiberi, fuge. Non vides? respice, inquam. » Deinde vaga multitudo, subito timore perterrita, fugere cœpit. At iste spumans ex ore scelus, anhelans ex intimo pectore crudelitatem, contorquet brachium : et dubitanti Graccho, quid esset, neque tamen locum, in quo constiterat, relinquenti, percutit tempus. Ille, nulla voce delibans insitam virtutem, concidit tacitus. Iste viri fortissimi miserando sanguine adspersus, quasi facinus præclarissimum fecisset, circumspectans, et hilaris sceleratam gratulantibus manum porrigens, in templum Jovis contulit sese[1].

Cornificius, *Rhet. ad Heren.*, IV, 55.

XLI

*La mère de C. Gracchus le supplie de ne pas briguer
le tribunat.*

Verbis conceptis dejerare ausim, præterquam qui Tib. Gracchum necarunt, neminem inimicum tantum molestiæ, tantumque laboris, quantum te ob has res, mihi tradidisse : quem oportebat omnium eorum quos antehac habuerim liberos, partes eorum tolerare atque curare, ut quam minimum sollicitudinis in senecta haberem,

---

[1] L'auteur de la *Rhétorique à Hérennius*, dans le premier des quatre morceaux que nous en citons, entend donner un exemple d'*amplification brillante*, composée d'un grand nombre de figures de mots et de pensées. Le second est un modèle d'*éthopée*, développement qui dépeint un caractère; le troisième un modèle de *dialogisme*, récit où l'on donne à chaque personnage le langage qui convient à son caractère; et le quatrième, un exemple de la *démonstration*, qui met une action en scène en l'exposant d'une manière sensible.

retroussée, il accourt au plus vite avec de nombreux complices. Le héraut commandait le silence pour Gracchus; lui frappe du talon un des sièges, en brise le pied avec la main et dit aux autres de faire de même. Comme Gracchus commençait à invoquer les dieux, ces forcenés se précipitent sur lui; de toutes parts, on vole, on s'attroupe; et un homme du peuple lui crie : « Fuis, Tibérius, fuis. Ne vois-tu pas? Regarde, te dis-je! » Mais la multitude ondoyante, que frappe une terreur subite, prend la fuite. Le scélérat, dont le crime écume sur la bouche et qui du fond de sa poitrine n'exhale que cruauté, raidit le bras; et tandis que Gracchus doute encore de ce qui se passe, mais ne recule pas cependant, il le frappe à la tempe. Gracchus, par aucune plainte ne démentant sa vertu, tombe en silence. Et le misérable, arrosé du sang à jamais déplorable de ce grand homme, comme s'il eût accompli un glorieux exploit, promène fièrement ses regards autour de lui, tend gaîment sa main sacrilège à ceux qui le félicitent, et se rend au temple de Jupiter.

XLI

(Tom. II, p. 407).

J'oserais avec les formules consacrées jurer qu'à l'exception des assassins de Tib. Gracchus, aucun ennemi ne m'a causé autant de chagrin, autant de mal que toi pour tout cela; toi qui devais me tenir lieu de tous les enfants que je n'ai plus, et t'efforcer de m'épargner le plus possible tout souci dans ma vieillesse, de ne rien faire qui pût me déplaire, d'éviter, à l'égal d'un crime, tout acte important conçu malgré moi. Même, à la fin de mes jours, cette considération du peu de temps qui me reste à vivre ne peut m'être d'aucun secours pour t'empêcher de t'opposer à moi et de désoler la république! Quand donc y aura-t-il un moment de repos? Quand cessera la folie de notre famille? Quand tout cela pourra-t-il avoir un terme?

utique, quæcumque ageres, ea velles maxime mihi placere;
atque uti nefas haberes, rerum majorum adversum meam
sententiam quidquam facere; præsertim mihi, cui parva
pars vitæ superest, ne id quidem tam breve spatium potest
opitulari, quin et mihi adverseris, et rempublicam profliges?
Denique quæ pausa erit? Ecquando desinet familia nostra
insanire? Ecquando modus ei rei haberi poterit? Ecquando
desinemus et absentes et præsentes molestiis desistere?
Ecquando perpudescet miscenda atque perturbanda republica? Sed si omnino id fieri non potest, ubi ego mortua
ero, petito tribunatum; per me facito, quod lubebit, quum
ego non sentiam. Ubi mortua ero, parentabis mihi, et
invocabis deum parentem. In eo tempore non pudet te
eorum deum preces expetere, quos, vivos atque præsentes,
relictos atque desertos habueris? Ne ille sinat Jupiter, te
ea perseverare, nec tibi tantam dementiam venire in
animum! Et, si perseveras, vereor, ne in omnem vitam
tantum laboris culpa tua recipias, uti in nullo tempore
tute tibi placere possis.

Cornelia.

XLII

*Fragment du discours prononcé par C. Gracchus
contre la loi Auféia.*

Nam vos, Quirites, si volitis sapientia atque virtute uti,
et si quæritis, neminem nostrum invenietis sine pretio huc
prodire. Omnes nos qui verba facimus, aliquid petimus:
neque ullius rei causa quisquam ad vos prodit, nisi ut aliquid auferat. Ego ipse, qui apud vos verba facio uti vectigalia vestra augeatis, quo facilius vestra commoda et rempublicam administrare possitis, non gratis prodeo: verum
peto a vobis non pecuniam, sed bonam existimationem atque honorem. Qui prodeunt dissuasuri ne hanc legem accipiatis, petunt non honorem a vobis, sed a Nicomede pecuniam. Qui suadent ut accipiatis, ii quoque non petunt a
vobis bonam existimationem, verum a Mithridate rei fami-

Quand finirons-nous, absents et présents, de nous créer des chagrins ? Quand aurons-nous honte de troubler et de bouleverser l'État ? Mais, si la chose est absolument impossible, remets au moment de ma mort ta brigue du tribunat; en m'invoquant alors fais tout ce qui te plaira, quand je ne sentirai plus rien. Dès que je serai morte, tu sacrifieras en mon honneur et ta piété filiale invoquera ma divinité. En ce moment-là ne rougirais-tu pas d'adresser tes prières à des divinités que tu aurais, dans leur vie et en leur présence, négligées et délaissées ? Puisse Jupiter tout-puissant t'empêcher de persévérer dans ton projet et éloigner de ton esprit une si grande folie ! Car, si tu persévères, je crains que, pour toute ta vie, tu ne recueilles de ta faute tant de souffrance qu'en aucun temps tu ne puisses être en repos et content de toi-même.

XLII

(Tom. II, p. 409.)

Citoyens, faites usage de votre sagesse et de votre discernement habituel, cherchez, et vous verrez qu'aucun de nous ne vient ici sans être guidé par l'intérêt. Nous tous qui faisons des discours, nous demandons quelque chose, et personne ne se présente devant vous sans l'espoir d'y trouver un profit. Moi-même qui vous parle pour que vos revenus s'accroissent et que vous puissiez plus facilement pourvoir à vos intérêts et à ceux de la république, je ne le fais pas pour rien. Ce n'est pas de l'argent, il est vrai, que je vous demande, mais de l'estime et de la considération. Ceux qui parlent contre la loi ne recherchent pas votre considération, mais l'argent de Nicomède. Ceux qui vous

liaris suæ pretium et præmium. Qui autem ex eodem loco atque ordine tacent, hi vel acerrimi sunt: nam ab omnibus pretium accipiunt et omnes fallunt. Vos, cum putatis eos ab his rebus remotos esse, impertitis bonam existimationem. Legationes autem a regibus, cum putant eos sua causa reticere, sumptus atque pecunias maximas præbent: uti in terra Græcia, quo in tempore tragœdus quidam gloriæ suæ ducebat, talentum magnum ob unam fabulam datum esse, homo eloquentissimus civitatis suæ Demades ei respondisse dicitur: « Mirum tibi videtur, si tu loquendo talentum acquisivisti? Ego, ut tacerem, decem talenta a rege accepi. » Item, nunc isti pretia maxima ob tacendum accipiunt.

Caius Gracchus.

XLIII

Apostrophe de Crassus à M. Brutus au moment où par hasard passa le convoi de Junia pendant qu'il plaidait contre M. Brutus pour Cn. Plancus.

Brute, quid sedes? quid illam anum patri nuntiare vis tuo? quid illis omnibus, quorum imagines duci vides? quid majoribus tuis? quid L. Bruto, qui hunc populum dominatu regio liberavit? quid te facere? cui rei, cui gloriæ, cui virtuti studere? Patrimonione augendo? At id non est nobilitatis; sed fac esse : nihil superest; libidines totum dissipaverunt. An juri civili? est paternum; sed dicet, te, quum ædes venderes, ne in rutis quidem et cæsis solium tibi paternum recepisse. An rei militari? qui nunquam castra videris. An eloquentiæ? quæ nulla est in te; et, quidquid est vocis ac linguæ, omne in istum turpissimum calumniæ quæstum contulisti. Tu lucem aspicere audes? tu hos intueri? tu in foro, tu in urbe, tu in civium esse conspectu? tu illam mortuam, tu imagines ipsas non

conseillent de la voter ne vous demandent pas non plus votre estime, mais ils veulent s'enrichir aux dépens de Mithridate. Et quant aux hommes du même ordre et du même rang qui se taisent, ils sont les plus âpres de tous : car ils reçoivent de tout le monde et ils trompent tout le monde. Vous, avec la conviction qu'ils restent étrangers à ces agissements, vous leur accordez votre estime. Et d'autre part les ambassadeurs des rois, persuadés que chacun d'eux se tait dans l'intérêt de la cause qu'ils défendent, leur prodiguent les présents et l'argent. C'est ainsi qu'en Grèce, un jour qu'un tragédien se glorifiait d'avoir reçu un talent pour une seule représentation, Démade, l'orateur le plus éloquent de son pays, lui fit, dit-on, cette réponse: « Tu trouves prodigieux d'avoir reçu un talent pour parler, et moi, pour me taire, j'en ai reçu dix du grand roi. » Voilà précisément comment ici ces gens-là se font donner de grosses sommes pour garder le silence.

XLIII

(Tom. II, p 447).

Eh bien, Brutus, vous restez immobile ? Que voulez-vous, dites-moi, que cette femme vénérable aille annoncer à votre père ? à tous ces hommes illustres dont vous voyez porter les images ? à vos ancêtres ? à L. Brutus, qui affranchit ce peuple de la domination des rois ? Pourra-t-elle dire ce que vous faites ? quelle occupation, quelle gloire, quelle vertu vous recherchez ? Dira-t-elle que vous travaillez à augmenter votre patrimoine ? ce soin peut-être n'est point digne de votre naissance, mais supposons qu'il le soit ; il ne vous reste rien ; vos excès ont tout dissipé. Dira-t-elle que vous vous appliquez au droit civil ? C'était la science de votre père ; mais elle dira que vous, en vendant la maison paternelle, de tout le mobilier vous n'avez même pas conservé le siège du jurisconsulte. L'art mili-

perhorrescis ? quibus non modo imitandis, sed ne collocandis quidem tibi ullum locum reliquisti.

Crassus, *fragm.*

XLIV
Invocation à Vénus.

Æneadum genetrix, hominum divomque voluptas,
Alma Venus, cæli subter labentia signa
Quæ mare navigerum, quæ terras frugiferentes
Concelebras; per te quoniam genus omne animantum
Concipitur, visitque exortum lumina solis :
Te, Dea, te fugiunt venti, te nubila cæli,
Adventumque tuum ; tibi suaves dædala tellus
Summittit flores ; tibi rident æquora ponti,
Placatumque nitet diffuso lumine cælum.
Nam simul ac species patefacta'st verna diei,
Et reserata viget genitabilis aura Favoni;
Aeriæ primum volucres te, Diva, tuumque
Significant initum, perculsæ corda tua vi :
Inde feræ pecudes persultant pabula læta,
Et rapidos tranant amnes; ita capta lepore
Illecebrisque tuis, omnis natura animantum [1]
Te sequitur cupide, quo quamque inducere pergis :
Denique per maria ac montes, fluviosque rapaces,
Frondiferasque domos avium camposque virentes,
Omnibus incutiens blandum per pectora amorem,
Efficis ut cupide generatim sæcla propagent.

---

(1) Ce vers n'est pas dans toutes les éditions.

taire ? Vous n'avez jamais vu un camp. L'éloquence? Vous n'en avez pas la moindre notion ; et ce que vous possédiez de poumons et de langue, vous l'avez prostitué à cet infâme métier de calomniateur. Et vous osez voir la lumière du jour ! vous osez regarder en face ce tribunal ! vous osez vous montrer au forum, dans cette ville, aux yeux de vos concitoyens ! vous ne frémissez pas de honte et d'horreur à la vue de cette morte et de toutes ces images de vos ancêtres ? vous qui, loin de pouvoir imiter vos aïeux, ne vous êtes même pas réservé le moindre endroit pour y placer leurs portraits !

XLIV

(Tom. II, p. 468.)

Mère d'Énée et de sa race, charme des hommes et des dieux, vivifiante Vénus, sous la voûte des cieux et les astres errants, tu peuples les mers que sillonnent les vaisseaux et les terres que revêtent les moissons; car c'est par toi que tous les êtres animés, de quelque espèce qu'ils soient, sont conçus et voient à leur naissance la lumière du soleil. Devant toi, ô déesse, à ton approche, les vents prennent la fuite et les nuages se dissipent; la terre artistement parée met sous tes pas ses délicieux tapis de fleurs; les flots de la mer te sourient; et le ciel, dont rien ne trouble plus l'azur, s'épanouit dans toute l'expansion de son éclat.

Quand s'est manifestée la première apparence de la saison printanière, et que, sortie de son assoupissement, se ranime l'haleine féconde du zéphyr, dans l'air aussitôt les oiseaux, ô déesse, annoncent ta présence, frappés au cœur par ta puissance; puis les troupeaux emportés bondissent par les gras pâturages et traversent les fleuves rapides; éprise de ton charme et de tes attraits, toute la nature animée te suit ardemment où tu l'entraines; au fond des mers, sur les montagnes, dans les fleuves impétueux, sous les feuillages qu'habite la gent ailée et dans la plaine ver-

Quæ quoniam rerum naturam sola gubernas,
Nec sine te quicquam dias in luminis oras
Exoritur, neque fit lætum, nec amabile quidquam;
Te sociam studeo scribendis versibus esse,
Quos ego de rerum natura pangere conor
Memmiadæ nostro, quem tu, Dea, tempore in omni
Omnibus ornatum voluisti excellere rebus :
Quo magis æternum da dictis, Diva, leporem.

Lucret.[1], *De nat. rer.*, I, 1-29.

XLV
Bonheur du sage

Suave, mari magno turbantibus æquora ventis,
E terra magnum alterius spectare laborem;
Non quia vexari quemquam'st jucunda voluptas,
Sed, quibus ipse malis careas, quia cernere suave est.
Suave etiam belli certamina magna tueri
Per campos instructa, tua sine parte pericli.
Sed nil dulcius est, bene quam munita tenere
Edita doctrina sapientum templa serena,
Despicere unde queas alios, passimque videre
Errare atque viam palantes quærere vitæ;
Certare ingenio, contendere nobilitate,
Noctes atque dies niti præstante labore,
Ad summas emergere opes, rerumque potiri.
O miseras hominum mentes! o pectora cæca!
Qualibus in tenebris vitæ quantisque periclis
Degitur hoc ævi, quod cumqu'st! Nonne videre
Nil aliud sibi naturam latrare, nisi utqui
Corpore sejunctus dolor absit, mente fruatur
Jucundo sensu, cura semota metuque?

---

(1) Généralement je suis, pour Lucrèce, le texte donné par H. A. J. Munro, 4ᵉ éd., 2 vol. in-8, Cambridge, 1886.

doyante, partout, en suscitant dans les cœurs le doux amour, tu portes chaque espèce à la passion qui la perpétue.

Et puisque toi seule gouvernes la nature, puisque sans toi rien ne s'élève aux régions divines de la lumière, rien ne se produit de beau et d'aimable, associe-toi, je t'en prie, au travail de ces vers où je m'efforce d'expliquer la nature à notre cher Memmius; par toi, ô déesse, en tout temps il fut comblé des dons les plus précieux en toutes choses; raison de plus, ô déesse, pour que tu veuilles bien prêter à mes paroles un charme éternel.

XLV

(Tom. II, p. 472).

Il est doux, lorsque, sur l'immensité de la mer, les vents agitent les flots avec fureur, de contempler du rivage la détresse des autres; non que leur infortune soit une jouissance pour nous, mais il est doux de voir de quels maux on est soi-même exempt. Il est doux aussi d'observer, sans avoir part au péril, les grandes luttes des armées rangées en bataille dans la plaine. Mais rien n'est plus doux que de rester bien abrité en ces hauteurs sereines des temples élevés par la science des sages, d'où l'on regarde le reste des hommes qui s'égarent en bas et qui cherchent, en courant de tous côtés, leur chemin dans la vie; qui luttent de génie, se disputent les honneurs et font, jour et nuit, les plus grands efforts pour s'élever à l'opulence et s'emparer du pouvoir.

O misérables sentiments des hommes! cœurs aveuglés! En quelles ténèbres et parmi quels dangers se consume ce peu de temps qui est la vie! Quoi! ne pas comprendre le cri de la nature qui ne réclame rien de plus qu'un corps exempt de souffrance, une âme ayant le joyeux sentiment de son bon état, sans souci et sans crainte !

En ce qui concerne le corps, bien peu de chose, semble-t-il, suffit pour le garantir de la douleur et pour lui fournir

Ergo corpoream ad naturam pauca videmus
Esse opus omnino, quæ demant cumque dolorem,
Delicias quoque uti multas substernere possint ;
Gratius interdum, neque natura ipsa requirit.
Si non aurea sunt juvenum simulacra per ædes
Lampadas igniferas manibus retinentia dextris,
Lumina nocturnis epulis ut suppeditentur ;
Nec domus argento fulget, auroque renidet ;
Nec citharæ reboant laqueata aurataque templa :
Cum tamen inter se prostrati in gramine molli,
Propter aquæ rivum, sub ramis arboris altæ,
Non magnis opibus ; jucunde corpora curant :
Præsertim cum tempestas adridet, et anni
Tempora conspergunt viridantes floribus herbas.
Nec calidæ citius decedunt corpore febres,
Textilibus si in picturis ostroque rubenti
Jacteris, quam si in plebeia veste cubandum est.
  Quapropter, quoniam nil nostro in corpore gazæ
Proficiunt neque nobilitas nec gloria regni,
Quod superest, animo quoque nil prodesse putandum.

Lucret., *De nat. rer.*, II, 1-39.

XLVI

L'homme doit accepter la mort sans crainte.

Denique, si vocem rerum Natura repente
Mittat, et hoc alicui nostrum sic increpet ipsa :
« Quid tibi tanto operest, mortalis, quod nimis ægris
Luctibus indulges ? quid mortem congemis ac fles ?
Nam si grata fuit tibi vita anteacta priorque [1],
Et non omnia, pertusum congesta quasi in vas,
Commoda perfluxere, atque ingrata interiere ;
Cur non, ut plenus vitæ conviva, recedis
Æquo animoque capis securam, stulte, quietem ?
Sin ea, quæ fructus cunque es, periere profusa,
Vitaque in offensu'st ; cur amplius addere quæris,

---

(1) Var. : **Nam gratis anteacta fuit tibi vita priorque.**

aussi mille délices ; et souvent la nature ne demande pas davantage. Si vous n'avez pas chez vous des statues d'or portant en leurs mains des flambeaux ardents pour éclairer des festins nocturnes ; si votre demeure ne resplendit pas de l'éclat de l'argent et de l'or; si le son des cithares n'y retentit pas sous des voûtes et des lambris dorés; du moins pouvez-vous, couchés ensemble sur l'herbe tendre, au bord d'un ruisseau, sous le feuillage des grands arbres, à peu de frais, pourvoir agréablement au besoin du corps ; surtout quand la riante saison du printemps émaille de fleurs la prairie qui verdoie. La fièvre brûlante d'ailleurs ne vous laissera pas plus, si vous vous débattez sur une couche aux riches broderies, à la pourpre éclatante, que s'il vous faut rester étendus sous la couverture du plébéien.

Alors donc que ni les richesses, ni la noblesse, ni la gloire du diadème ne servent au bonheur du corps, on doit penser aussi qu'elles ne sont d'aucune utilité pour la félicité de l'âme.

XLVI

(Tom. II, p. 479.)

Je suppose enfin que la nature élève tout à coup la voix et qu'elle gourmande ainsi quelqu'un de nous : « Qu'as-tu donc, mortel, pour te livrer à des lamentations si amères ? Pourquoi la mort te cause-t-elle tant de gémissements et de larmes ? Si la vie t'a été douce jusqu'ici, si tous les avantages qui te furent prodigués, n'ont pas été comme versés à profusion dans un vase sans fond et perdus pour toi, que ne t'en vas-tu en convive rassasié du festin, et que n'acceptes-tu de bonne grâce, insensé, un repos assuré ? Si, au contraire, les biens mis à ta disposition s'en sont allés en pure perte, et si la vie t'est mauvaise, pourquoi veux-tu encore un supplément de jours qui se passeront tout aussi mal et qui se dissiperont sans te donner

Rursum quod pereat male, et ingratum occidat omne :
Non potius vitæ finem facis atque laboris?
Nam tibi præterea quod machiner inveniamque,
Quod placeat, nil est; eadem sunt omnia semper.
Sic tibi non annis corpus jam marcet, et artus
Confecti languent, eadem tamen omnia restant,
Omnia si pergas vivendo vincere sæcla,
Atque etiam potius, si nunquam sis moriturus. »
 Quid respondeamus, nisi justam intendere litem
Naturam, et veram verbis exponere causam?
At qui obitum lamentetur miser amplius æquo,
Non merito inclamet magis, et voce increpet acri?
« Aufer abhinc lacrymas, balatro, et compesce querelas. »
Grandior hic vero si jam seniorque queratur;
« Omnia perfunctus vitai præmia, marces;
Sed quia semper aves quod abest, præsentia temnis,
Imperfecta tibi elapsa'st ingrataque vita,
Et nec opinanti mors ad caput adstitit ante
Quam satur ac plenus possis discedere rerum.
Nunc aliena tua tamen ætate omnia mitte;
Æquo animoque, agedum, magnis¹ concede : necesse est. »
 Jure, ut opinor, agat, jure increpet inciletque.
Cedit enim rerum novitate extrusa vetustas
Semper, et ex aliis aliud reparare necesse'st;
Nec quidquam² in barathrum nec Tartara decidit atra.
Materies opus est ut crescant postera sæcla;
Quæ tamen omnia te, vita perfuncta, sequentur.
Nec minus ergo ante hæc, quam nunc, cecidere cadentque.
Sic alid ex alio nunquam desistet oriri;
Vitaque mancipio nulli datur, omnibus usu.
      Lucret., *De nat. rer.*, III, 944-984.

(1) Var.: *magnus.*
(2) Var.: *quisquam.*

aucune satisfaction? pourquoi plutôt ne rejettes-tu pas avec la vie toutes tes peines? Car je ne puis désormais rien imaginer, rien inventer de nouveau pour te plaire : l'ordre des choses ne varie pas; que les années n'usent point ton corps, n'enlèvent point à tes membres leurs forces, leur activité, eh bien! tu verras toujours les mêmes choses, ton existence dût-elle, en se prolongeant, triompher de plusieurs siècles et même échapper pour toujours à la mort. »

Que répondrons-nous à cela, sinon que la nature nous fait le procès avec raison et qu'elle plaide la cause de la vérité? Mais, si c'est quelque misérable qui devant la mort pousse des lamentations excessives, n'aurait-elle pas encore bien plus le droit de le gourmander et de lui crier d'une voix sévère : « Débarrasse-nous de tes larmes, fol insatiable, étouffe tes plaintes. » Et si c'est un vieillard chargé d'années qui se plaint : « N'as-tu pas pu, dirat-elle, jouir de tous les avantages de la vie avant de vieillir; mais parce que tu désirais toujours ce qui était loin de toi, tu dédaignais ce qui se trouvait sous ta main, tu n'eus que d'une manière incomplète cette vie qui t'échappait sans charme, et inopinément la mort s'est dressée devant toi, avant que tu fusses rassasié, repu et prêt au départ. Maintenant renonce à tous ces biens qui ne sont plus de ton âge : allons, de bonne grâce cède la place à qui grandit derrière toi. Il le faut. »

Paroles pleines d'équité, selon moi; blâmes et reproches bien mérités! Devant ce qui est jeune ce qui a vieilli est obligé de partir, l'ordre est immuable, et les choses se renouvellent les unes par les autres fatalement; rien ne tombe au néant, ni dans le sombre Tartare; il faut que la même matière donne naissance aux générations à venir, qui, à leur tour, après avoir achevé leur vie, nous suivront. Comme ont passé celles qui nous ont précédés, elles passeront. En se reproduisant l'une par l'autre, sans cesse et à jamais elles se succéderont; car de la vie nul n'a la propriété, tous n'ont que l'usufruit.

XLVII

Explication du Tartare. Les récits des poètes sont mensongers c'est sur la terre et en nous-mêmes qu'est l'enfer.

    Atque ea nimirum, quæcumque Acherunte profundo
Prodita sunt esse, in vita sunt omnia nobis.
Nec miser inpendens magnum timet aere saxum
Tantalus, ut fama'st; cassa formidine torpens;
Sed magis in vita divom metus urget inanis
Mortales, casumque timent, quem cuique ferat fors.
    Nec Tityon volucres ineunt Acherunte jacentem :
Nec, quod sub magno scrutentur pectore, quicquam
Perpetuam ætatem possunt reperire profecto,
Quamlibet immani projectu corporis exstet,
Qui non sola novem dispessis jugera membris
Optineat, sed qui terrai totius orbem :
Non tamen æternum poterit perferre dolorem ;
Nec præbere cibum proprio de corpore semper.
Sed Tityos nobis hic est, in amore jacentem
Quem volucres lacerant, atque exest anxius angor,
Aut alia quavis scindunt cuppedine curæ.
    Sisyphus in vita quoque nobis ante oculos est,
Qui petere a populo fasces, sævasque secures
Imbibit, et semper victus tristisque recedit.
Nam petere imperium, quod inane'st, nec datur umquam,
Atque in eo semper durum sufferre laborem ;
Hoc est adverso nixantem trudere monte
Saxum ; quod tamen e summo jam vertice rursum
Volvitur, et plani raptim petit æquora campi.
    Deinde animi ingratam naturam pascere semper,
Atque explere bonis rebus, satiareque numquam ;
Quod faciunt nobis annorum tempora, circum
Cum redeunt, fetusque ferunt, variosque lepores ;
Nec tamen explemur vitai fructibus umquam :
Hoc, ut opinor, id est, ævo florente puellas,
Quod memorant, laticem pertusum congerere in vas,
Quod tamen expleri nulla ratione potestur.

XLVII

(Tom. II, p. 480.)

Tous ces tourments qu'on dit exister au fond de l'Achéron nous les trouvons dans cette vie. Il n'y a pas, comme on le croit, un Tantale qui, sous la menace sans effet d'un immense rocher suspendu sur sa tête, tremble toujours et reste glacé d'effroi ; mais plutôt il y a dans cette vie tous les hommes qu'oppresse une vaine peur des dieux et qui redoutent ce que le hasard peut faire tomber sur eux.

Il n'y a pas non plus de Tytius étendu sur le bord de l'Achéron pour servir de pâture aux oiseaux. Ils auraient beau fouiller dans sa vaste poitrine, ils ne pourraient y trouver de quoi se nourrir toujours ; quand son corps, en s'étendant prodigieusement, couvrirait de ses membres alanguis non seulement neuf arpents mais le globe entier de la terre, de même qu'il serait incapable de supporter cette douleur sans fin, il lui serait impossible de suffire par ce corps à cet aliment éternel. Mais Tityus est chez nous : c'est l'homme qui, en proie à l'amour, se sent dévorer aussi par des vautours, torturer par des angoisses, ou dont l'âme par quelque autre passion violente est déchirée de soucis.

Sisyphe aussi dans la vie se présente à nos yeux : c'est lui qui s'obstine à aller demander au peuple les faisceaux et les haches du commandement et qui s'en revient toujours vaincu et pénétré de tristesse. Car rechercher le pouvoir, qui est une chose vaine et que l'on n'obtient pas, et, dans cette recherche, supporter constamment un dur travail, c'est bien pousser avec effort vers le haut d'un mont une énorme pierre, qui, lorsqu'elle touche au faîte, retombe et roule à toute vitesse jusque dans la plaine.

De même, enfin, fournir sans relâche l'aliment que réclame une âme toujours mécontente, lui donner des biens en profusion et ne jamais la rassasier, comme font pour nous les saisons qui, ramenées par le cercle des années, nous apportent leurs productions et leurs agréments si

Cerberus et Furiæ jam vero et lucis egenus
Tartarus, horriferos eructans faucibus æstus,
Hæc neque sunt usquam, neque possunt esse profecto.
Sed metus in vita pœnarum pro male factis
Est insignibus insignis, scelerisque luella
Carcer, et horribilis de saxo jactu' deorsum,
Verbera, carnifices, robur, pix, lammina, tædæ.
Quæ tamen, etsi absunt, at mens sibi conscia factis
Præmetuens, adhibet stimulos, torretque flagellis :
Nec videt interea, qui terminus esse malorum
Possit, nec quæ sit pœnarum denique finis;
Atque eadem metuit magis hæc ne in morte gravescant;
Hic Acherusia fit stultorum denique vita.

Lucret., De nat. rer., III, 991-1036.

XLVIII
Inquiétude de l'homme.

Si possent homines, proinde ac sentire videntur
Pondus inesse animo, quod se gravitate fatiget,
Et quibus id fiat causis quoque noscere, et unde
Tanta mali tamquam moles in pectore constet;
Haud ita vitam agerent, ut nunc plerumque videmus,
Quid sibi quisque velit nescire, et quærere semper,
Commutare locum, quasi onus deponere possit.

Exit sæpe foras magnis ex ædibus ille,
Esse domi quem pertæsum'st, subitoque revertit:
Quippe foris nilo melius qui sentiat esse.
Currit agens mannos ad villam hic præcipitanter,
Auxilium tectis quasi ferre ardentibus instans:
Oscitat extemplo, tetigit quum limina villæ:
Aut abit in somnum gravis, atque oblivia quærit;
Aut etiam properans urbem petit atque revisit.

Hoc se quisque modo fugit (at, quem scilicet, ut fit,

variés, sans que nous trouvions jamais suffisants tous ces fruits de la vie, c'est bien, me semble-t-il, ce que l'on raconte de ces jeunes filles qui ne cessent de verser de l'eau dans un vase sans fond, que rien ne saurait remplir.

Bref, Cerbère, les Furies, le sombre Tartare qui de ses gorges vomit un horrible bouillonnement de feu, tout cela n'existe nulle part, bien certainement ne peut exister. Mais, dans cette vie, il y a pour des méfaits insignes une insigne crainte du châtiment. Le crime est puni par la prison, l'horrible saut du haut de la roche, les verges, la torture, le cachot souterrain, la poix, les lames rougies au feu, les torches; même à défaut de toutes ces peines, il y a toujours la conscience qui terrorise le coupable, le tourmente de ses aiguillons, lui fait sentir la brûlure de son fouet. Et lui cependant ne voit point le terme de ses souffrances, la fin de ses supplices; une crainte plus grande encore l'envahit, c'est que la mort ne les aggrave. Voilà comment les insensés se font un enfer de la vie même.

XLVIII
(Tom. II, p. 481.)

Si les hommes savaient, de même qu'ils se montrent sensibles au poids qui charge leur esprit, reconnaître la cause de cet accablement et l'origine de ce mal énorme dont la masse pour ainsi dire pèse sur eux, ils ne vivraient pas comme nous les voyons vivre pour la plupart, ne sachant ce qu'ils veulent, le cherchant toujours et passant constamment d'un lieu dans un autre comme si ce mouvement pouvait les débarrasser de leur fardeau.

Tel souvent s'enfuit d'une vaste demeure d'où le chasse l'ennui, et tout aussitôt y revient : car il ne trouve rien de mieux au dehors. Il attelle ses chevaux et court à sa ferme au grand galop, comme si le feu y était et réclamait son secours à l'instant; mais il bâille déjà, à peine en a-t-il touché le seuil; et alors, ou, tout ennuyé, il se livre au sommeil et y cherche l'oubli, ou même, avec la même hâte, il s'en retourne vers la ville et y rentre.

Effugere haud potis est, ingratis hæret) et angit[1],
Proptorea, morbi quia causam non tenet æger :
Quam bene si videat, jam rebus quisque relictis
Naturam primum studeat cognoscere rerum ;
Temporis æterni quoniam, non unius horæ,
Ambigitur status, in quo sit mortalibus omnis
Ætas, post mortem quæ restat cumque manenda.

Lucret., *De nat. rer.*, III, 1066—1091.

XLIX
Les songes

Et quo quisque fere studio devinctus adhæret,
Aut quibus in rebus multum sumus ante morati,
Atque in ea ratione fuit contenta magis mens ;
In somnis eadem plerumque videmur obire :
Causidici causas agere, et componere leges ;
Induperatores pugnare, ac prœlia obire ;
Nautæ contractum cum ventis degere bellum ;
Nos agere hoc autem, et naturam quærere rerum
Semper, et inventam patriis exponere chartis.
Cetera sic studia atque artes plerumque videntur
In somnis animos hominum frustrata tenere.....
Usque adeo magni refert studium atque voluptas[2],
Et quibus in rebus consuerint esse operati
Non homines solum, sed vere animalia cuncta.
Quippe videbis equos fortes, quum membra jacebunt
In somnis, sudare tamen spirareque semper,
Et quasi de palma summas contendere vires,
Aut quasi carceribus patefactis sæpe quiete.
Venantumque canes, in molli sæpe quiete,
Jactant crura tamen subito, vocesque repente
Mittunt et crebras redducunt naribus auras,
Ut vestigia si teneant inventa ferarum :
Expergefactique secuntur inania sæpe

(1) Var: *odit.*
(2) Var. *Voluntas.*

Voilà comment l'homme se fuit; mais le fait est qu'il ne peut s'éviter; il se retrouve malgré lui, et il souffre, d'autant plus que c'est un malade qui ne saisit pas la cause de son mal. S'il y voyait clair, toute affaire cessante, il s'appliquerait à connaître la nature; car c'est sur l'éternité, non sur une heure, que porte la question, c'est sur l'état que nous réserve à nous mortels tout le temps qui après la mort doit s'écouler à jamais.

XLIX
(Tom. II, p. 485).

Les choses auxquelles notre pensée s'attache même après que nous les avons terminées, les occupations qui nous ont retenus longtemps et qui ont réclamé de nous le plus de contention d'esprit, sont aussi celles qui le plus souvent s'imposent à nous dans le sommeil. L'avocat plaide et explique les lois; le général fait la guerre et affronte les combats; le marin soutient la lutte que les vents engagent contre lui; à moi même chose arrive : j'explore la nature constamment et telle qu'elle est je l'expose dans la langue de nos pères. Chaque penchant, chaque art ne cesse d'occuper chacun de nous dans l'illusion de nos rêves. Tel est le pouvoir qu'exercent et l'attrait et le plaisir et l'habitude d'un travail particulier non seulement sur les hommes, mais sur tous les animaux en général.

Voyez le coursier généreux, pendant qu'il est entièrement plongé dans le sommeil; il est en nage, il souffle de toutes ses narines, on dirait qu'il s'efforce de disputer la palme, que les barrières lui sont ouvertes, et pourtant il repose.

Le chien du chasseur bien souvent, au milieu d'un doux assoupissement, agite tout à coup ses membres, pousse des cris, et hume l'air à plusieurs reprises, comme pour garder la piste des bêtes : souvent même, réveillé par son rêve, il se met à poursuivre le fantôme du cerf qu'il croit voir en fuite, jusqu'à ce qu'il revienne à lui désabusé.

Il n'est pas rare non plus que le jeune chien, de race

Cervorum simulacra, fugæ quasi dedita cernant;
Donec discussis redeant erroribus ad se.

    At consueta domi catulorum blanda propago
Discutere, et corpus de terra corripere instant,
Proinde quasi ignotas facies atque ora tuantur.
Et quo quæque magis sunt aspera seminiorum,
Tam magis in somnis eadem sævire necessu'st [1].

    At variæ fugiunt volucres, pennisque repente
Sollicitant Divom, nocturno tempore, lucos,
Accipitres somno in leni si prœlia pugnas
Edere sunt persectantes, visæque volantes.

Lucret., De nat. rer., IV, 959-970; 981-1004

L
Éloge d'Épicure.

Quis potis est dignum pollenti pectore carmen
Condere, pro rerum majestate hisque repertis?
Quisve valet verbis tantum, qui fingere laudes
Pro meritis ejus possit, qui talia nobis
Pectore parta suo quæsitaque præmia liquit?
Nemo, ut opinor, erit mortali corpore cretus :
Nam si, ut ipsa petit majestas cognita rerum,
Dicendum est : deus ille fuit, deus, inclyte Memmi,
Qui princeps vitæ rationem invenit eam, quæ
Nunc appellatur sapientia, quique per artem
Fluctibus e tantis vitam, tantisque tenebris,
In tam tranquillo et tam clara luce locavit.

    Confer enim divina aliorum antiqua reperta :
Namque Ceres fertur fruges, Liberque liquoris
Vitigeni laticem mortalibus instituisse;
Quum tamen his posset sine rebus vita manere,
Ut fama est, aliquas etiam nunc vivere gentes;
At bene non poterat sine puro pectore vivi :
Quo magis hic merito deus esse videtur,

---

(1) Ces deux vers se rapportent à la théorie des simulacres et des émanations des corps exposée dans tout le développement philosophique dont fait partie cette peinture des songes.

caressante, qui vit d'ordinaire au logis, se secoue tout à coup, se relève vivement et se dresse comme si une forme et un visage inconnus étaient devant lui. Plus les éléments des simulacres sont rudes, plus leur action doit se faire sentir dans le sommeil.

Les oiseaux aux mille couleurs prennent subitement la fuite et de leurs ailes agitent en pleine nuit les bois divins, lorsque, mollement endormis, ils ont cru voir les vautours leur apporter la guerre, les batailles, et voler à leur poursuite.

L
(Tom. II, p. 466.)

Qui pourrait de son sein puissant faire jaillir un poème digne de la majesté d'un tel sujet et de la grandeur de ces découvertes ? Quel est celui dont la grandeur aurait assez de force pour célébrer, selon ses mérites, le sage qui, grâce à ses recherches, aux conquêtes de son intelligence, nous a légué de tels biens? Nul, je pense, de tous les enfants des hommes : car s'il faut parler comme le demande la majesté du sujet, ce fut un dieu, oui, un dieu, illustre Memmius, celui qui le premier trouva cette science de la vie qu'on appelle de nos jours la sagesse, celui dont l'art tira notre vie de flots si orageux et de si épaisses ténèbres pour l'établir en un port si tranquille, au sein d'une lumière si éclatante.

Compare, en effet, les divines inventions attribuées à d'autres dieux dans l'antiquité : Cérès, dit-on, révéla aux hommes les céréales, et Bacchus la boisson du jus de la vigne, choses qui ne sont pas indispensables à l'existence et sans lesquelles, à ce qu'on rapporte, vivent plusieurs peuples maintenant encore. Mais on ne pouvait sans un cœur purifié vivre heureux, et c'est à bien plus juste titre que nous paraît un dieu celui dont aujourd'hui même les instructions répandues chez les peuples de la terre char-

Ex quo nunc etiam per magnas didita gentes
Dulcia permulcent animos solacia vitæ.

Herculis antistare autem si facta putabis,
Longius a vera multo ratione ferere :
Quid Nemeæus enim nobis nunc magnus hiatus
Ille leonis obesset, et horrens Arcadius sus ?
Denique quid Cretæ taurus, Lernæaque pestis
Hydra venenatis posset vallata colubris ?
Quidve tripectora tergemini vis Geryonai ?... [1]
Cetera de genere hoc quæ sunt portenta perempta,
Seinon victa forent, quid tandem viva nocerent ?
Nil, ut opinor; ita ad satiatem terra ferarum
Nunc etiam scatit, et trepido terrore repleta est
Per nemora ac montes magnos silvasque profundas;
Quæ loca vitandi plerumque est nostra potestas.

At nisi purgatum'st pectus, quæ prœlia nobis,
Atque pericula tunc ingratis insinuandum ?
Quantæ tum scindunt hominem cuppedinis acres
Sollicitum curæ ? Quantique perinde timores ?
Quidve superbia, spurcitia, ac petulantia ? quantas
Efficiunt clades ? quid luxus desidiæque ?
Hæc igitur qui cuncta subegerit, ex animoque
Expulerit dictis, non armis, nonne decebit
Hunc hominem numero divom dignarier esse ?
Cum bene præsertim multa, ac divinitus ipsis
Immortalibu' de divis dare dicta suërit,
Atque omnem rerum naturam pandere dictis.

Lucret., De nat. rer., V, 1-28; 38-55.

LI

Tableau du mal physique dans la nature, preuve qu'il n'y a pas là une œuvre des dieux faite en vue de l'homme.

Quod si jam rerum ignorem primordia quæ sint,
Hoc tamen ex ipsis cæli rationibus ausim

---

[1] Je passe ici neuf autres vers qui forment une série d'interrogations du même genre au sujet de tous les monstres vaincus par Hercule.

ment nos âmes et sont les douces consolations de la vie.

Si vous pensez que les travaux d'Hercule sont préférables, bien plus loin de la vérité vous vous égarez. Quel mal nous feraient maintenant le lion de Némée à la gueule béante et le sanglier d'Arcadie à la soie hérissée ? Que pourraient contre nous le taureau de Crète et l'hydre fléau de Lerne, avec ses replis de serpents venimeux ? Que nous feraient les trois poitrines du triple Géryon ?... Et tous les monstres de cette sorte qu'on a détruits, quand ils n'auraient pas été vaincus, en quoi leur vie nous menacerait-elle ? En rien, je pense ; la terre aujourd'hui encore est couverte de bêtes féroces qui remplissent de grande terreur les bois, les hautes montagnes, les profondes forêts : mais ces lieux, il est presque toujours en notre pouvoir de les éviter.

Si notre cœur n'est pas purifié, en quels combats, en quels périls ne faut-il pas, au contraire, nous engager malgré nous ? De quels soucis cuisants nous trouble alors et nous déchire la passion ! Que de craintes aussi ! Et que de maux causés par l'orgueil, la débauche, l'insolence ! que de maux per l'intempérance et la paresse ! Celui-là donc qui a dompté tous ces fléaux, qui les a chassés de l'âme par la force de sa parole, non par les armes, ne mérite-t-il pas d'être mis au nombre des dieux ? alors surtout qu'il a toujours émis de belles et divines paroles sur le compte des dieux immortels et que son enseignement a dévoilé à nos yeux toute la nature.

LI

(Tome II, p. 488.)

Quand j'ignorerais encore quels sont les éléments des choses, la manière d'être du ciel et bien d'autres phénomènes me feraient affirmer sans crainte qu'il n'y a pas eu à notre intention œuvre des dieux dans la nature, tant l'ensemble en est défectueux.

Confirmare, aliisque ex rebus reddere multis,
Nequaquam nobis divinitus esse paratam
Naturam rerum; tanta stat prædita culpa.

Principio, quantum cæli tegit impetus ingens,
Inde avidei partem montes silvæque ferarum
Possedere, tenent rupes, vastæque paludes,
Et mare, quod late terrarum distinet oras;
Inde duas porro prope partes fervidus ardor,
Assiduusque geli casus mortalibus aufert.
Quod superest arvi, tamen id natura sua vi
Sentibus obducat, ni vis humana resistat,
Vitai causa valido consueta bidenti
Ingemere, et terram pressis proscindere aratris;
Si non fecundas vertentes vomere glebas,
Terraique solum subigentes cimus ad ortus,
Sponte sua nequeant liquidas existere in auras.
Et tamen interdum magno quæsita labore,
Cum jam per terras frondent, atque omnia florent;
Aut nimiis torret fervoribus ætherius sol,
Aut subiti peremunt imbres, gelidæque pruinæ,
Flabraque ventorum violento turbine vexant.

Præterea, genus horriferum natura ferarum,
Humanæ genti infestum, terraque marique,
Cur alit atque auget? cur anni tempora morbos
Adportant? quare mors immatura vagatur?

Tum porro puer, ut sævis projectus ab undis
Navita, nudus humi jacet, infans, indignus omni
Vitali auxilio, cum primum in luminis oras
Nixibus ex alvo matris natura profudit;
Vagituque locum lugubri complet, ut æcum'st,
Cui tantum in vita restet transire malorum.
At variæ crescunt pecudes, armenta feræque.

Lucret., *De nat. rer.*, V, 201—229.

D'abord considérons tout l'espace que recouvre l'immense voûte des cieux : il en est une partie qu'ont avidement envahie les monts et les forêts des bêtes sauvages, ou qu'occupent les rocs, les marais stériles, et la mer qui tient si éloignés les uns des autres les rivages des continents; il en est encore deux autres parties qu'enlèvent aux hommes les climats brûlants et les neiges éternelles. Ce qui reste, la nature par elle-même le couvrirait de ronces, si l'homme, pour vivre, n'y mettait vigoureusement obstacle en s'astreignant à gémir sur les rudes instruments de labour, à marquer dans la terre les profondes coupures de la charrue; sans nous, qui avec le soc retournons les glèbes fécondes et, domptant un sol ingrat, y suscitons les productions, spontanément elles ne sortiraient point de terre pour s'élever dans l'air limpide. Encore souvent le fruit de nos pénibles travaux, alors que déjà toute la campagne s'orne de feuilles et de fleurs, est-il brûlé par l'ardeur trop vive des feux du soleil, ou détruit par les pluies subites et les frimas glacés, ou ravagé par la fureur du vent qui souffle en tempête.

Et puis la race horrible des bêtes sauvages, fléau de l'espèce humaine, pourquoi la nature l'entretient-elle, la propage-t-elle et sur la terre et dans la mer? Pourquoi les saisons nous apportent-elles leurs maladies? Pourquoi la mort va-t-elle frappant çà et là ce qui n'est pas mûr pour elle ?

Comme un marin qu'a rejeté la colère des flots, l'enfant gît sur la terre tout nu, sans parole, dénué de tout ce qui aide à vivre, dans le moment où sur les rivages de la lumière la nature avec effort le vomit des entrailles de sa mère; il remplit l'endroit de ses lugubres vagissements, avec raison en vérité, lui qui a tant de maux encore à traverser dans la vie. Les animaux, au contraire, menu et gros bétail, bêtes sauvages, tous croissent heureusement.

LII

Rien d'étonnant que l'homme ait su exprimer ses pensées par le langage quand les animaux ont des cris variés pour interpréter leurs sentiments divers.

..... Quid in hac mirabile tantoper'st re,
Si genus humanum, cui vox et lingua vigeret,
Pro vario sensu varias res voce notaret,
Quum pecudes mutæ, quum denique sæcla ferarum
Dissimiles soleant voces variasque ciere,
Cum metus aut dolor est, et cum jam gaudia gliscunt?
Quippe etenim id licet e rebus cognoscere apertis.

Inritata canum cum primum magna Molossum
Mollia ricta fremunt, duros nudantia dentes,
Longe alio sonitu rabie distracta minantur,
Et cum jam latrant, et vocibus omnia complent :
Et catulos blande cum lingua lambere temptant,
Aut ubi eos jactant pedibus, morsuque petentes,
Suspensis teneros imitantur dentibus haustus ;
Longe alio pacto gannitu vocis adulant,
Et cum deserti baubantur in ædibus, aut cum
Plorantes fugiunt summisso corpore plagas.

Denique non hinnitus item differre videtur,
Inter equas ubi equus florenti ætate juvencus
Pinnigeri sævit calcaribus ictus amoris,
Et fremitum patulis sub naribus edit ad arma;
Ac cum sic alias concussis artubus hinnit ?

Postremo, genus alituum, variæque volucres,
Accipitres, atque ossifragæ, mergique marinis
Fluctibus in salso victum vitamque petentes,
Longe alias alio jaciunt in tempore voces,
Et quom de victu certant, prædaque repugnant.

Et partim mutant cum tempestatibus una
Raucisonos cantus ; cornicum ut sæcla vetusta
Corvorumque greges, ubi aquam dicuntur et imbres
Poscere, et interdum ventos aurasque vocare.
Ergo si varii sensus animalia cogunt,

LII

(Tom. II, p, 493).

Est-il donc si merveilleux que l'homme, qui était muni d'une voix et d'une langue, ait trouvé pour marquer ses diverses impressions des mots divers appropriés aux choses ? Tout muets qu'ils sont, les animaux domestiques, les animaux sauvages eux-mêmes n'ont-ils pas recours à des cris, à des accents divers pour exprimer la crainte, la douleur ou la joie ? Il est facile de s'en convaincre d'après les preuves que nous en avons sous les yeux.

Lorsque s'irrite la chienne des molosses et que sous ses lèvres frémissantes elle découvre ses dents redoutables, les sons hachés que fait entendre sa rage menaçante sont bien différents des aboiements ordinaires dont les éclats remplissent tout le voisinage ; et quand de la langue elle se met à caresser tendrement ses petits, qu'en se jouant elle les foule aux pieds, porte sur eux des dents inoffensives et simule d'innocentes morsures, l'accent caressant de sa voix ne ressemble en rien non plus ni aux hurlements plaintifs qu'elle exhale quand elle est laissée seule au logis, ni aux gémissements qu'elle pousse lorsqu'elle cherche à se dérober aux coups du maître en rampant à ses pieds.

De même, n'entendez-vous pas que le hennissement du cheval est tout différent, lorsque, dans la fleur de l'âge, au milieu des cavales, il bondit plein d'ardeur sous les aiguillons acérés de l'amour ; lorsque ses larges naseaux frémissent au bruit des armes ; ou lorsque ses membres sont agités par quelque autre motif.

Enfin, la race ailée, les oiseaux de toute espèce, l'épervier, l'orfraie, le plongeon qui dans les flots salés cherche son aliment et sa vie, ont à certains moments des accents tout autres que lorsqu'ils combattent pour la nourriture et défendent leur proie. Il en est dont le chant rauque

Muta tamen cum sint, varias emittere voces ;
Quanto mortales magis cum'st tum potuisse
Dissimiles alia atque alia res voce notare ?

Lucret., *De nat. rer.*, V, 1055-1089.

LIII

La piété, toujours calme, oppose une âme libre aux chocs des événements ; mais la crainte des dieux est naturelle à l'homme.

Non pietas ulla'st velatum sæpe videri
Vertier ad lapidem, atque omnes accedere ad aras,
Nec procumbere humi prostratum, et pandere palmas
Ante deum delubra, nec aras sanguine multo
Spargere quadrupedum, nec votis nectere vota ;
Sed mage pacata posse omnia mente tueri :
Nam cum suspicimus magni cælestia mundi
Templa, super stellisque micantibus æthera fixum,
Et venit in mentem solis lunæque viarum ;
Tunc aliis oppressa malis in pectore cura
Illa quoque expergefactum caput erigere infit
Ne quæ forte deum nobis immensa potestas
Sit, vario motu quæ candida sidera verset.
Temptat enim dubiam mentem rationis egestas,
Ecquænam fuerit mundi genitalis origo,
Et simul ecquæ sit finis, quoad mœnia mundi
Solliciti motus hunc possint ferre laborem ;
An divinitus æterna donata salute,
Perpetuo possint ævi labentia tractu,
Immensi validas ævi contemnere vires.
 Præterea, cui non animus formidine divum
Contrahitur ? cui non correpunt membra pavore,
Fulminis horribili cum plaga torrida tellus

change avec le temps ; ainsi, les corneilles vivaces et les corbeaux, qui vivent en troupes, ont, dit-on, une manière de demander l'eau et les averses, une manière aussi d'appeler les vents et les tempêtes.

Si donc, des sensations différentes font que les animaux, quelque muets qu'ils soient, émettent différents cris, combien n'est-il pas plus naturel que l'homme ait pu trouver une infinité de mots pour marquer la diversité des choses.

LIII

(Tom. II, p. 493).

Non, être pieux, ce n'est pas se montrer sans cesse la tête voilée, se tourner vers une pierre, s'approcher de tous les autels ; ce n'est pas abattre sur la terre son corps prosterné, tendre ses mains vers les sanctuaires des dieux, arroser abondamment les autels du sang des animaux, accumuler vœux sur vœux ; c'est bien plutôt savoir avec tranquillité considérer toutes choses. Lorsque en effet nous élevons les yeux vers la voûte céleste qui recouvre l'immensité du monde, vers la plaine éthérée où brillent les étoiles, et qu'il nous vient à l'esprit de songer aux chemins que suivent dans leur course le soleil et la lune, alors, malgré tous nos autres maux, au fond de notre âme tout à coup s'éveille et se lève un souci nouveau : n'y aurait-il pas un immense pouvoir des dieux qui imprime aux astres brillants leurs diverses révolutions ? Notre peu de science nous livre au doute : nous nous demandons si le monde a eu une naissance, un commencement, et, par suite, s'il est un terme au delà duquel l'activité continue des cieux, qui sont ses remparts, ne pourrait plus supporter un pareil labeur ; ou bien si, divinement doué d'une éternelle durée, il pourra avec eux franchir à jamais les âges et braver le puissant effort de leur cours indéfini.

Du reste, quel est l'homme dont le cœur ne se serre,

Contremit, et magnum percurrunt murmura cælum ?
Non populi gentesque tremunt? regesque superbi
Corripiunt divum pelcussi membra timore,
Nequid ob admissum fœde, dictumve superbe,
Pœnarum grave sit solvendi tempus adultum ?
Summa etiam cum vis violenti per mare venti
Induperatorem classis super æquora verrit,
Cum validis pariter legionibus atque elephantis,
Non divom pacem votis adit, ac prece quæsit
Ventorum pavidus paces animasque secundas ?
Nequiquam, quoniam violento turbine sæpe
Correptus nilo fertur minus ad vada leti.
Usque adeo res humanas vis abdita quædam
Opterit, et pulchros fasces sævasque secures
Proculcare, ac ludibrio sibi habere videtur.
Denique sub pedibus tellus quum tota vacillat,
Concussæque cadunt urbes, dubiæque minantur,
Quid mirum si se temnunt mortalia sæcla,
Atque potestates magnas, mirasque relinquunt
In rebus vires divum, quæ cuncta gubernent ?

Lucret., *De nat rer.*, V, 1197-1239.

LIV

La peste d'Athènes.

Illud in his rebus miserandum magnopere unum
Ærumnabile erat, quod, ubi se quisque videbat
Implicitum morbo, morti damnatus ut esset,
Deficiens animo mœsto cum corde jacebat,
Funera respectans, animam et mittebat ibidem.
Quippe etenim nullo cessabant tempori apisci
Ex aliis alios avidi contagia morbi,
Lanigeras tamquam pecudes, et bucera sæcla;
Idque vel in primis cumulabat funere funus.

dont tout le corps ne soit abattu par la peur, lorsque, sous le coup horrible de la foudre, la terre embrasée s'ébranle et que dans l'immensité du ciel roule le grondement du tonnerre? Les peuples alors ne tremblent-ils pas? Les rois superbes, qui frissonnent d'épouvante, n'implorent-ils pas les dieux, craignant que pour un acte infâme, un ordre inhumain, l'heure formidable de l'expiation ne soit venue?

Et quand la force irrésistible de la tempête balaye, à la surface de la mer, toute une flotte avec ses puissantes légions et ses éléphants, le général ne s'efforce-t-il pas d'apaiser la divinité par des vœux, n'appelle-t-il pas par ses prières le calme des vents et un souffle favorable? Soin superflu! puisque souvent, saisi par un tourbillon en fureur, il n'en est pas moins emporté aux abîmes de la mort. Tant il est vrai qu'une puissance secrète, écrasant l'humanité, semble fouler aux pieds les brillants faisceaux, les haches redoutables, et s'en faire un jeu.

Enfin, quand, sous nos pas, la terre entière vacille et que les villes secouées s'écroulent et menacent ruine, est-il étonnant que les mortels se prennent en mépris et admettent qu'il y ait dans les choses de grandes forces, de merveilleux pouvoirs appartenant aux dieux qui gouverneraient tout?

LIV

(Tom. II, p. 500.)

Ce qui, dans ces tourments, était le plus affreux et le plus lamentable, c'est qu'à la première atteinte du mal, comme si l'on eût été condamné, sans courage, sans espoir, on restait étendu dans l'attente du trépas, et l'on expirait sur place.

Sans cesse en effet, l'avide contagion passait de l'un à l'autre, comme le mal qui sévit sur les troupeaux de moutons et de bœufs; et ainsi s'accumulaient morts sur morts. Évitait-on de visiter ceux des siens qui souffraient, de cet

Nam quicumque suos fugitabant visere ad aegros,
Vitai nimium cupidos, mortisque timentes,
Poenibat paulopost turpi morte malaque
Desertos, opis expertes, incuria mactans.
Qui fuerant autem praesto, contagibus ibant,
Atque labore, pudor quem tum cogebat obire,
Blandaque lassorum vox mixta voce querellae.
Optimus hoc leti genus ergo quisque subibat.
Inque aliis alium, populum sepelire suorum
Certantes: lacrymis lassi luctuque redibant.
Inde bonam partem in lectum moerore dabantur.
Nec poterat quisquam reperiri, quem neque morbus,
Nec mors, nec luctus temptaret tempore tali.
Praeterea, jam pastor et armentarius omnis,
Et robustus item curvi moderator aratri
Languebant, penitusque casis contrusa jacebant
Corpora, paupertate et morbo dedita morti.
Exanimis pueris super exanimata parentum
Corpora nonnumquam posses, retroque videre
Matribus et patribus natos super edere vitam.
Nec minimam partem ex agris is moeror in urbem
Confluxit, languens quem contulit agricolarum
Copia, conveniens ex omni morbida parte;
Omnia conplebant loca tectaque; quo magis aestus[1]
Confertos ita acervatim mors accumulabat.....
Nec mos ille sepulturae remanebat in urbe,
Quo pius hic populus semper consuerat humari:
Perturbatus enim totus trepidabat, et unus
Quisque suum pro se consortem moestus humabat.
Multaque vis subita et paupertas horrida suasit;
Namque suos consanguineos aliena rogorum
Insuper extructa ingenti clamore locabant,
Subdebantque faces, multo cum sanguine saepe
Rixantes potius, quam corpora desererentur.

Lucret., De nat. rer., VI, 1227—1260; 1275—1283.

(1) Var.: *astu* et après ce mot une lacune.

amour excessif de la vie, de cette crainte du trépas on était puni bientôt par l'abandon même dans lequel tous les autres vous laissaient mourir honteusement, misérablement, sans aucun secours. Mais bravait-on le danger, on succombait à la contagion, à la fatigue qu'imposaient alors ces sentiments d'honneur et les douces supplications et les plaintes des souffrants; c'était là le genre de mort des meilleurs.

A la suite des efforts innombrables qu'on avait à faire pour ensevelir le peuple de ses morts, on revenait brisé par les larmes et la douleur. Aussi beaucoup s'alitaient-ils malades de tristesse, et l'on ne pouvait plus, en ces temps cruels, trouver personne que n'eût atteint la maladie, ou la mort ou le deuil.

Les pâtres de brebis et de tous autres troupeaux, les robustes villageois qui manient la charrue, souffraient aussi; au fond de leurs chaumières restaient étendus des corps que la pauvreté et la maladie livraient à la mort; vous y auriez vu tantôt sur des enfants sans vie les corps inanimés de leurs parents, tantôt sur les cadavres de leurs mères et de leurs pères des enfants rendant l'âme. Et de la campagne cette désolation en grande partie reflua dans la ville, apportée par une foule de malheureux villageois qui, dès les premières atteintes du mal, accouraient de tous côtés. Les lieux publics et les maisons en étaient remplis; de cette marée grossissante la mort bien plus facilement encore faisait des monceaux de cadavres.....

On ne conservait même plus dans la ville ces coutumes solennelles observées de tout temps par ce peuple pieux dans les funérailles. Il était entièrement bouleversé, et chacun, dans son chagrin, accomplissait, comme il pouvait, l'ensevelissement d'un compagnon.

La soudaineté des événements et la dure misère conseillèrent alors bien des excès. Il y en avait qui, à grands cris, plaçaient leurs proches sur des bûchers dressés pour d'autres, ils y mettaient le feu et soutenaient des luttes sanglantes plutôt que d'abandonner leurs cadavres.

LV

Le dieu des jardins.

Hunc ego, juvenes, locum, villulamque palustrem,
Tectam vimine junceo, caricisque maniplis,
Quercus arida, rustica conformata securi
Nutrivi, magis et magis ut beata quotannis :
Hujus nam domini colunt me, deumque salutant,
Pauperis Tugurii pater, filiusque (coloni);
Alter, assidua colens diligentia, ut herba
Dumosa, asperaque a meo sit remota sacello ;
Alter, parva ferens manu semper munera larga.
Florido mihi ponitur picta vere corolla
Primitu', et tenera virens spica mollis arista,
Luteæ violæ mihi, luteumque papaver,
Pallentesque cucurbitæ, et suave olentia mala;
Uva pampinea rubens educata sub umbra.
Sanguine hanc etiam mihi (sed tacebitis) aram
Barbatus linit hirculus, cornipesque capella;
Pro queis omnia honoribus hæc necesse Priapo
Præstare, et domini hortulum, vineamque tueri.
Quare hinc, o pueri, malas abstinete rapinas.
Vicinus prope dives est, negligensque Priapus.
Inde sumite ; semita hæc deinde vos feret ipsa.

Catul., *Carm.* 19 [1].

LVI

Sur la mort du moineau de Lesbie.

Lugete, ô Veneres, Cupidinesque,
Et quantum est hominum venustiorum !
Passer mortuus est meæ puellæ,
Passer, deliciæ meæ puellæ,
Quem plus illa oculis suis amabat.

(1) Ce morceau, en tout point digne de Catulle et que d'ailleurs lui ont

LV

(Tome II, page 534).

Jeunes gens, c'est moi qui, sous l'image de ce bois de chêne façonné par la hache grossière d'un villageois, ai donné à cet enclos et à cette chaumière rustique que couvrent les glaïeuls et les joncs entrelacés, une fécondité, une prospérité toujours croissante. Les maîtres de cette humble maison, le père et le fils, me rendent un culte assidu et me révèrent comme leur dieu protecteur; l'un ne cesse de veiller à ce que les ronces et les mauvaises herbes n'envahissent pas mon petit sanctuaire; l'autre, d'une main libérale, m'apporte constamment de petites offrandes, il me couronne de brillantes prémices du printemps fleuri et d'épis naissants à la pointe encore verte, puis de violettes aux couleurs foncées, de pavots jaunissants, de courges d'un vert pâle, et de pommes au suave parfum, puis de raisins formés et rougis à l'ombre des pampres. Parfois même mon autel (mais n'en dites rien!) s'est teint du sang du jeune bouc à la barbe naissante ou de celui de la chèvre aux pieds de corne. Pour prix de leurs honneurs, Priape doit protéger tout ceci, défendre leur petit jardin et leur vigne. Ainsi donc, jeunes garçons, gardez-vous d'y commettre aucun larcin. Tout près d'ici demeure un voisin riche avec un Priape négligent. C'est là qu'il faut prendre, ce sentier vous y conduira tout droit.

LVI

(Tom. II, p. 543.)

Pleurez, Grâces, Amours, et vous tous qui parmi les mortels possédez le charme de la beauté. Il est mort, le moineau de ma jeune amie, le moineau, délices de ma Lesbie, lui qu'elle aimait plus que ses yeux. Il avait pour elle des

---

attribué Muret, Scaliger, Vossius et un grand nombre d'éditeurs, n'est peut-être pas de lui.

Nam mellitus erat suamque norat
Ipsam tam bene quam puella matrem :
Nec sese a gremio illius movebat;
Sed circumsiliens modo huc, modo illuc,
Ad solam dominam usque pipiabat.
Qui nunc it per iter tenebricosum
Illuc, unde negant redire quemquam.
At vobis male sit, malæ tenebræ
Orci, quæ omnia bella devoratis:
Tam bellum mihi passerem abstulistis.
O factum male! io miselle passer!
Tua nunc opera meæ puellæ
Flendo turgiduli rubent ocelli.

Catul., *Carm.*, 3 ¹.

LVII

Catulle implore du ciel l'oubli de l'amour qui fait son tourment.

Si qua recordanti benefacta priora voluptas
    Est homini, quum se cogitat esse pium,
Nec sanctam violasse fidem, nec fœdere in ullo
    Divum ad fallendos numine abusum homines :
Multa parata manent in longa ætate, Catulle,
    Ex hoc ingrato gaudia amore tibi.
Nam quæcumque homines bene quoiquam aut dicere pos-
                                              sunt
    Aut facere, hæc a te dictaque factaque sunt;
Omnia quæ ingratæ perierunt credita menti.
    Quare jam te cur amplius excrucies?
Quin te animo obfirmas, teque istinc usque reducis,
    Et, Dis invitis, desinis esse miser?
Difficile est longum subito deponere amorem;
    Difficile est: verum hoc qualubet efficias.
Una salus hæc est, hoc est tibi pervincendum.
    Hoc facies, sive id non pote, sive pote.

---

(1) Dans les morceaux que je donne ici de Catulle, je ne m'écarte guère du texte qu'a suivi M. Rostand pour sa traduction en vers qu'on prendra plaisir

caresses douces comme le miel, et il la reconnaissait comme une enfant reconnaît sa mère; jamais de son sein il ne s'éloignait; mais, sautillant deci delà tout autour d'elle, à sa maîtresse seule il gazouillait. Et voilà qu'il s'en va par le chemin ténébreux là-bas d'où nul, dit-on, ne revient jamais. Soyez maudites, méchantes ténèbres de l'Orcus, qui engloutissez tout ce qui est beau. Un moineau si charmant, nous l'avoir ravi ! O malheur ! O pauvre petit ! c'est à cause de toi que ma jeune amie verse des larmes qui gonflent et rougissent maintenant ses yeux adorés !

LVII

(Tom. II, p. 549.)

S'il y a quelque douceur pour l'homme à se rappeler le bien qu'il a fait autrefois, à se dire que, toujours honnête, il n'a jamais violé la sainteté du serment, que dans aucun traité, pour tromper ses semblables, il n'a abusé du nom des dieux, ta vieillesse, ô Catulle, te réserve bien des joies au souvenir d'un amour si mal récompensé ! Tout ce qu'un homme peut dire ou peut faire, tu l'as dit et tu l'as fait, le tout en vain, prodigué à un cœur ingrat. Pourquoi donc te tourmenter plus longtemps? Que n'affermis-tu ton âme, que ne te soustrais-tu à ton tourment et ne cesses-tu, quand les dieux sont contraires à ton amour, de faire toi-même ton malheur? Il est difficile de renoncer tout à coup à un long amour, oui, très difficile; et cependant, à tout prix, il le faut. Là seulement est le salut, là est la victoire à remporter; possible ou non, remporte-la. O dieux, si quelque pitié est en vous, si vous avez jamais porté secours

à lire. Cf. *C. Valeri Catulli liber*, Les poésies de Catulle, traduction en vers français par Eug. Rostand, texte revu par E. Benoist et Em. Thomas, Paris, Hachette, 1870—1890, 2 vol. in-8.

O Di, si vostrum est misereri, aut si quibus unquam
    Extrema jam ipsa in morte tulistis opem;
Me miserum adspicite, et si vitam puriter egi;
    Eripite hanc pestem perniciemque mihi,
Quæ mihi subrepens imos, ut torpor, in artus;
    Expulit ex omni pectore lætitias.
Non jam illud quæro, contra ut me diligat illa,
    Aut, quod non potis est, esse pudica velit;
Ipse valere opto, et tetrum hunc deponere morbum.
    O Di, reddite mi hoc pro pietate mea.

Catul., *Carm.*, 76.

LVIII

Dédicace d'un vieux navire.

Phaselus ille, quem videtis, hospites,
Ait fuisse navium celerrimus,
Neque ullius natantis impetum trabis,
Nequisse præterire, sive palmulis
Opus foret volare, sive linteo.
Et hoc negat minacis Adriatici
Negare litus, insulasve Cycladas,
Rhodumque nobilem, horridamque Thraciam,
Propontida, trucemve Ponticum sinum,
Ubi iste, post phaselus, antea fuit
Comata silva : nam Cytorio in jugo
Loquente sæpe sibilum edidit coma.
Amastri Pontica, et Cytore buxifer,
Tibi hæc fuisse et esse cognitissima
Ait phaselus : ultima ex origine
Tuo stetisse dicit in cacumine,
Tuo imbuisse palmulas in æquore;
Et inde tot per impotentia freta
Erum tulisse, læva, sive dextera
Vocaret aura, sive utrumque Juppiter
Simul secundus incidisset in pedem;
Neque ulla vota litoralibus diis

à ceux qui souffrent les angoisses de la mort, jetez les yeux
sur ma souffrance, et si j'ai toujours vécu honnêtement,
délivrez-moi de ce fléau, de ce poison dont le froid engourdissant pénètre jusqu'au plus profond de moi-même et a
chassé toute joie de mon cœur. Je ne demande plus que de
son côté cette femme m'aime, ni, chose impossible, qu'elle
ait de la pudeur; je demande pour moi la guérison, l'oubli
de ce mal affreux. O dieux, accordez-moi cette grâce pour
prix de ma piété!

LVIII

(Tom. II, p. 552.)

Ce petit navire que vous voyez, ô étranger, fut, dit-il, le
plus agile des vaisseaux; il n'était point de construction
voguant sur les flots dont il ne pût dépasser l'élan, qu'il
fallût fendre l'air à la rame ou à la voile. Et de nier son
dire il met au défi les côtes de la menaçante Adriatique, et
les îles Cyclades, et l'illustre Rhodes, et la Thrace inhospitalière, et la Propontide et le rivage redoutable de
l'Euxin, où jadis, avant d'être navire, il faisait partie de la
forêt chevelue; car plus d'une fois la cime du Cytore
entendit le sifflement de son feuillage prophétique. Il t'en
prend à témoin, Amastris, grande ville du Pont, et toi,
Cytore, couronné de buis; ce qu'il dit vous est bien connu:
de tout temps sa race vécut sur vos sommets: c'est dans
vos eaux qu'il trempa sa rame pour la première fois; et
c'est d'ici qu'à travers tant de mers en fureur il ramena
son maître. Soit que le vent soufflât de droite ou de gauche,
soit que le souffle favorable donnât tout droit dans ses
voiles, jamais aux dieux du rivage il n'adressa pour lui-même aucun vœu, depuis son départ des mers lointaines
jusqu'à son arrivée dans ce lac limpide. Mais tout cela,
c'était jadis; maintenant dans sa retraite il vieillit en

Sibi esse facta, quum veniret a marei
Novissime hunc ad usque limpidum lacum.
Sed hæc prius fuere : nunc recondita
Senet quiete seque dedicat tibi,
Gemelle Castor et gemelle Castoris.

Catul., *Carm.*, 4.

LIX

Hymne en l'honneur de Diane.

    Dianæ sumus in fide
Puellæ, et pueri integri :
Dianam pueri integri
Puellæque canamus.

    O Latonia, maximi
Magna progenies Jovis,
Quam mater prope Deliam
Deposivit olivam;

    Montium domina ut fores,
Silvarumque virentium,
Saltuumque reconditorum,
Amniumque sonantum.

    Tu Lucina dolentibus
Juno dicta puerperis,
Tu potens Trivia, et notho es
Dicta lumine Luna.

    Tu cursu, Dea, menstruo
Metiens iter annuum,
Rustica agricolæ bonis
Tecta frugibus exples.

    Sis quocumque placet tibi
Sancta nomine, Romulique,
Antique ut solita es, bona
Sospites ope gentem.

Catul., *Carm.*, 34.

repos, et il se consacre à toi, Castor, et à toi, frère jumeau de Castor.

LIX

(Tom. II, p. 560.)

Nous qui sommes au service de Diane, jeunes filles et jeunes garçons au cœur chaste, de Diane, jeunes garçons au cœur chaste et jeunes filles, chantons les louanges.

O fille de Latone, rejeton puissant du très grand Jupiter, toi que ta mère a mise au monde sous les oliviers de Délos,

Pour que tu fusses la souveraine et des montagnes et des vertes forêts, et des bois mystérieux et des fleuves aux flots bruyants !

Toi que, dans les douleurs de l'enfantement, les jeunes mères invoquent sous le nom de Lycine Junon; qui es aussi la puissante Trivia, et Luna à l'éclat emprunté;

Toi qui, dans ta course mensuelle, ô déesse, mesures la route de l'année et remplis de précieuses moissons la demeure rustique du laboureur;

Sous quelque nom que tu préfères, sois vénérée, et préserve, comme tu le fais depuis si longtemps, par ton heureuse protection la race de Romulus !

LX

Plaintes et imprécations d'Ariane abandonnée par Thésée.

Sicine me patriis avectam, perfide, ab oris,
Perfide, deserto liquisti in littore, Theseu?
Sicine discedens neglecto numine divum
Immemor a, devota domum perjuria portas?
Nullane res potuit crudelis flectere mentis
Consilium? tibi nulla fuit clementia præsto,
Inmite ut nostri vellet miserescere pectus?
At non hæc quondam blanda promissa dedisti
Voce mihi, non hæc miseræ sperare jubebas,
Sed conuubia læta, sed optatos hymenæos;
Quæ cuncta aerii discerpunt irrita venti........
 Certe ego te in medio versantem turbine leti
Eripui, et potius germanum amittere crevi,
Quam tibi fallaci supremo in tempore dessem.
Pro quo dilaceranda feris dabor alitibusque
Præda, neque injecta tumulabor mortua terra.
Quænam te genuit sola sub rupe leæna?
Quod mare, conceptum spumantibus expuit undis?
Quæ Syrtis, quæ Scylla rapax, quæ vasta Charybdis,
Talia qui reddis pro dulci præmia vita?
Si tibi non cordi fuerant connubia nostra,
Sæva quod horrebas prisci præcepta parentis;
At tamen in vestras potuisti ducere sedes,
Quæ tibi jocundo famularer serva labore,
Candida permulcens liquidis vestigia lymphis,
Purpureave tuum consternens veste cubile.
 Sed quid ego ignaris nequicquam conqueror auris,
Externata malo? quæ nullis sensibus auctæ,
Nec missas audire queunt, nec reddere voces.
Ille autem prope jam mediis versatur in undis,
Nec quisquam adparet vacua mortalis in alga...

(1) Il ne faut pas traduire, comme on le fait parfois, « *prope jam mediis versatur in undis* » par ces mots : « *Il vogue déjà près du milieu de sa course* »; car, un peu plus loin (v. 250), le poète dit qu'Ariane suit

LX

(Tom. II, p. 566).

Ainsi donc, Thésée, perfide Thésée, après m'avoir enlevée au pays paternel, tu m'as abandonnée sur ce rivage désert? Ainsi donc tu t'éloignes, au mépris des dieux, ingrat, et tu retournes chez toi chargé du parjure qui te condamne? Rien n'a pu faire fléchir ton âme cruelle; il ne t'est venu aucune pensée de compassion capable d'attendrir ton cœur barbare? Telles n'étaient pas les promesses que jadis me faisait ta bouche, tel n'était pas hélas! le sort que tu me disais d'espérer, quand tu me parlais de l'heureuse union et de l'hymen, objet de mes vœux : promesses mensongères qu'ont emportées les vents!...

C'est moi pourtant qui du gouffre béant de la mort t'ai sauvé, et qui ai préféré perdre mon propre frère plutôt que de te faire défaut, traître, au moment du suprême danger. Pour récompense, je servirai de pâture aux bêtes féroces, aux oiseaux de proie, je serai après ma mort privée de sépulture! Quelle est donc la lionne qui dans son antre sauvage t'a mis au jour? Quelle mer, après t'avoir conçu, t'a rejeté du sein de ses ondes écumantes? De quelle Syrte, de quelle Scylla dévorante, de quelle Charybde monstrueuse as-tu reçu la vie, toi qui récompenses ainsi celle qui te l'a sauvée? Si tu ne pouvais te résoudre à cet hymen par crainte des ordres rigoureux de ton vieux père, du moins pouvais-tu me conduire dans ta demeure, où il m'eût été doux de te servir comme esclave, de laver tes pieds si blancs dans une eau limpide et de recouvrir ton lit de ses tissus de pourpre!

Mais pourquoi, dans l'égarement de ma douleur, adresser ma plainte inutile aux sourds aquilons, qui, insensibles, ne peuvent ni m'entendre ni me répondre? Lui cependant, les flots déjà l'emportent en pleine mer[1], et nul mortel ne s'offre à mes yeux sur ce rivage solitaire...

---

encore d'un œil affligé le navire qui s'éloigne : « *tum prospectans cedentem mæsta carinam* ».

Nulla fugæ ratio, nulla spes ; omnia muta,
Omnia sunt deserta : ostentant omnia letum.
Non tamen ante mihi languescent lumina morte,
Nec prius a fesso secedent corpore sensus,
Quam justam a divis exposcam prodita multam,
Cælestumque fidem postrema comprecer hora.
Quare facta virum multantes vindice pœna,
Eumenides, quibus anguino redimita capillo
Frons expirantes præportat pectoris iras,
Huc huc adventate, meas audite querelas,
Quas ego væ ! misera extremis proferre medullis
Cogor inops, ardens, amenti cæca furore.
Quæ quoniam vere nascuntur pectore ab imo,
Vos nolite pati nostrum vanescere luctum ;
Sed quali solam Theseus me mente reliquit,
Tali mente, deæ, funestet seque suosque.

Catul. *Epith. Pel. et Thet.*, *Carm.*, 64, v. 132-142; 149-168; 186-201.

LXI

*Thésée, en causant la mort de son père par un fatal oubli,
est puni de son ingratitude envers Ariane.*

. . . . Ferunt olim, castæ quum mœnia divæ
Linquentem gnatum, ventis concrederet Ægeus,
Talia complexum juveni mandata dedisse :
« Gnate, mihi longa jucundior unice vita,
Reddite in extrema nuper mihi fine senectæ,
Gnate, ego quem in dubios cogor dimittere casus,
Quandoquidem fortuna mea ac tua fervida virtus
Eripit invito mihi te, cui languida nondum
Lumina sunt gnati cara saturata figura :
Non ego te gaudens lætanti pectore mittam,
Nec te ferre sinam fortunæ signa secundæ ;
Sed primum multas expromam mente querelas,
Canitiem terra, atque infuso pulvere fœdans ;
Inde infecta vago suspendam lintea malo,
Nostros ut luctus, nostræque incendia mentis,
Carbasus obscura dicat ferrugine Hibera.

Nul moyen de fuir, nul espoir : tout est muet, tout est désert, tout me menace de la mort. Mes yeux pourtant ne s'éteindront pas dans le trépas et mon corps abattu ne perdra pas tout sentiment, sans que je demande aux dieux le juste châtiment de la trahison dont je suis victime, et qu'à mon heure dernière j'en appelle à la foi des immortels.

Vous donc, qui châtiez d'une peine vengeresse les crimes des hommes, Euménides, dont la tête hérissée de serpents porte au front la colère de votre âme, accourez, accourez, écoutez les plaintes que m'arrachent hélas ! du fond du cœur le désespoir, la passion, les transports d'un aveugle délire. S'il est vrai qu'elles partent d'une âme profondément ulcérée, ne laissez pas ma douleur sans vengeance ; mais que les mêmes souffrances où m'a plongée Thésée par son abandon, lui aussi, ô déesses, il les subisse et les porte aux siens !

LXI

(Tom. II, p. 567.)

On dit que jadis, au moment où Égée confia aux vents son fils qui quittait les murs de la sage déesse, il lui fit, en l'embrassant, cette recommandation :

« Mon fils, toi qui, seul, m'es plus cher qu'une longue vie, toi qu'il me faut livrer à de périlleux hasards, quand tu viens de m'être rendu au terme d'une extrême vieillesse, puisque ma destinée et ton bouillant courage t'enlèvent forcément à un père dont les yeux affaiblis par l'âge n'ont pu encore se rassasier des traits bien-aimés de son enfant, ce n'est pas satisfait et le cœur joyeux que je te laisserai partir et je ne te permettrai pas d'emporter les signes du bonheur. Il faut d'abord que j'exhale ma profonde douleur, en souillant mes cheveux blancs de terre et de poussière. Puis je veux qu'à ton mât aventureux soit attachée une voile sombre, afin que cette toile par sa triste teinture d'Ibérie dise à tous mon deuil et le chagrin cuisant de mon

Quod tibi si sancti concesserit incola Itoni,
(Quæ nostrum genus, ac sedes defendere Erechthei
Annuit), ut Tauri respergas sanguine dextram;
Tum vero facito, ut memori tibi condita corde
Hæc vigeant mandata, nec ulla obliteret ætas :
Ut, simul ac nostros invisent lumina colles,
Funestam antennæ deponant undique vestem,
Candidaque intorti sustollant vela rudentes,
Lucida qua splendent summi carchesia mali;
Quam primum cernens ut læta gaudia mente
Agnoscam, quum te reducem ætas prospera sistet. »

 Hæc mandata prius constanti mente tenentem
Thesea, ceu pulsæ ventorum flamine nubes
Aerium nivei montis liquere cacumen.
At pater, ut summa prospectum ex arce petebat,
Anxia in assiduos absumens lumina fletus,
Quum primum infecti conspexit lintea veli,
Præcipitem sese scopulorum e vertice jecit,
Amissum credens immiti Thesea fato.

 Sic funesta domus ingressus tecta paterna
Morte ferox Theseus, qualem Minoidi luctum
Obtulerat mente immemori, talem ipse recepit.

Catul., *Epith. Pel. et Thet.*, *Carm.*, 64, v. 212-249.

LXII

*Aux noces de Thétis et de Pélée, les Parques prédisent
la naissance d'Achille.*

Hæ tam clarisona pellentes vellera voce,
Talia divino fuderunt carmine fata,
Carmine, perfidiæ quod post nulla arguet ætas :

« O decus eximium, magnis virtutibus augens,
Emathiæ tutamen opis, clarissime nato;
Accipe, quod læta tibi pandunt luce sorores,
Veridicum oraclum. Sed vos, quæ fata sequuntur,
Currite, ducentes subtegmina, currite, fusi.

« Adveniet tibi jam portans optata maritis
Hesperus : adveniet fausto cum sidere conjux,

âme. Que si la déesse de la ville sacrée d'Itone¹, qui daigne protéger notre race et le pays d'Erechthée, t'accorde de baigner ta main dans le sang du Minotaure, grave profondément dans ta mémoire cet ordre que le temps ne doit jamais en effacer. Dès que tes yeux apercevront nos collines, que tes antennes laissent tomber leur toile lugubre, et que dans un effort immédiat tes cordages élèvent des toiles blanches à la hune éclatante du sommet de ton mât, pour que cette vue joyeuse m'annonce mon bonheur au jour heureux de ton retour. »

Cette recommandation, jusqu'alors Thésée l'avait conservée fidèlement en son âme; tout à coup ainsi que le nuage que le souffle du vent chasse du sommet aérien d'une montagne neigeuse, elle s'en échappa. Et le malheureux père, qui du faîte de la citadelle regardait au loin, consumant dans des pleurs continuels ses yeux toujours inquiets, dès qu'il reconnut la couleur sombre des voiles, se précipita du haut des rochers, convaincu que le cruel destin lui avait ravi son fils.

C'est ainsi que l'impitoyable Thésée, en rentrant dans sa demeure que la mort de son père remplissait de deuil, ressentit à son tour une douleur égale à celle dont son ingratitude avait frappé la fille de Minos.

LXII

(Tome II, p. 567).

En tournant leurs fuseaux, les Parques, d'une voix sonore déroulent les destins (des époux) dans un chant prophétique que l'avenir ne démentira pas :

« Honneur de l'Émathie, qui par tes vertus éclatantes agrandis et affermis sa puissance, et que par-dessus tous illustrera ton fils, écoute ce qu'en ce beau jour, les trois sœurs te dévoilent en un oracle infaillible. Et vous qui marquez les destinées, courez, en tissant vos trames, courez, fuseaux.

(1) Minerve avait un temple célèbre dans cette ville de Béotie.

Quæ tibi flexanimo mentem perfundat amore,
Languidulosque paret tecum conjungere somnos,
Levia substernens robusto brachia collo.
Currite, ducentes subtegmina, currite, fusi.

« Nulla domus tales unquam contexit amores,
Nullus amor tali conjunxit fœdere amantes,
Qualis adest Thetidi, qualis concordia Peleo.
Currite, ducentes subtegmina, currite, fusi.

« Nascetur vobis expers terroris Achilles,
Hostibus haud tergo, sed forti pectore notus,
Qui, persæpe vago victor certamine cursus,
Flammea prævertet celeris vestigia cervæ.
Currite, ducentes subtegmina, currite, fusi.

« Non illi quisquam bello se conferet heros,
Quum Phrygii Teucro manabunt sanguine campi :
Troicaque obsidens longinquo mœnia bello
Perjuri Pelopis vastabit tertius heres.
Currite, ducentes subtegmina, currite, fusi.

« Illius egregias virtutes, claraque facta
Sæpe fatebuntur gnatorum in funere matres;
Cum in cinerem canos solvent a vertice crines,
Putridaque infirmis variabunt pectora palmis.
Currite, ducentes subtegmina, currite, fusi.

« Namque, velut densas præcerpens messor aristas,
Sole sub ardenti flaventia demetit arva;
Trojugenum infesta prosternet corpora ferro.
Currite, ducentes subtegmina, currite, fusi.

« Testis erit magnis virtutibus unda Scamandri,
Quæ passim rapido diffunditur Hellesponto;
Quojus iter cæsis angustans corporum acervis
Alta tepefaciet permixta flumina cæde.
Currite, ducentes subtegmina, currite, fusi.

« Denique testis erit morti quoque reddita præda;
Cum excelso coacervatum aggere bustum
Excipiet niveos percussæ virginis artus.
Currite, ducentes subtegmina, currite, fusi.

« Nam simul ac fessis dederit fors copiam Achivis

« Elle va venir pour toi l'Étoile du soir qui apporte aux époux les joies désirées; en même temps va venir, à la lueur de cet astre favorable, l'épouse qui pénétrera ton âme d'un tout-puissant amour, qui près de toi partagera la volupté de ton sommeil, ses bras délicats passés sous ton cou vigoureux. Courez, en tissant vos trames, courez, fuseaux.

« Nulle maison jamais n'abrita de telles amours, nul amour jamais n'enchaîna deux amants par un accord aussi parfait que le sent Thétis, que le sent Pélée. Courez, en tissant vos trames, courez, fuseaux.

« Il vous naîtra un fils à l'âme sans crainte, Achille, que l'ennemi ne verra jamais que de face, lui présentant sa mâle poitrine, et qui constamment vainqueur aux jeux de la course, devancera les traces rapides de la biche légère. Courez, en tissant vos trames, courez, fuseaux.

« Nul héros n'osera dans la mêlée se mesurer avec lui, lorsque les champs de Phrygie seront inondés de sang troyen et que, dans un siège de longue durée, les murs de Troie seront ravagés par le troisième héritier du perfide Pélops. Courez, en tissant vos trames, courez, fuseaux.

« Ses glorieux exploits et ses hauts faits souvent seront attestés par les mères aux funérailles de leurs fils, alors qu'elles dénoueront leurs cheveux blanchis pour les souiller de cendre et meurtriront leurs seins flétris de leurs mains défaillantes. Courez, en tissant vos trames, courez, fuseaux.

« Comme le moissonneur, fauchant les épis serrés, dépouille les champs dorés sous un soleil ardent, devant lui il abattra de son glaive les corps des Troyens. Courez, en tissant vos trames, courez, fuseaux.

« A ses éclatantes prouesses rendra témoignage l'onde du Scamandre, qui va se verser dans l'Hellespont rapide, elle dont le lit sera rétréci par l'amas des cadavres et s'échauffera du sang qui y sera répandu. Courez, en tissant vos trames, courez, fuseaux.

« Elle en sera aussi témoin, la victime livrée à la

Urbis Dardaniæ Neptunia solvere vincla,
Alta Polyxenia madefient cæde sepulcra,
Quæ, velut ancipiti succumbens victima ferro,
Projiciet truncum summisso poplite corpus.
Currite, ducentes subtegmina, currite, fusi »......
 Talia præfantes quondam, felicia Pelei
Carmina divino cecinerunt omine Parcæ.

Catul., *Epith., Pel. et Thet., Carm.* 64, v. 343-372; 383-384.

LXIII

La muse Uranie, parlant à Cicéron, après avoir rappelé les prodiges qui ont annoncé longtemps à l'avance la conjuration de Catilina, dit aussi comment, sous son consulat, la consécration du monument élevé à Jupiter a concordé avec l'heureuse découverte du complot.

Nunc ea, Torquato quæ quondam, et consule Cotta
Lydius ediderat Tyrrhenæ gentis aruspex,
Omnia fixa tuus glomerans determinat annus.
Nam pater altitonans, stellanti nixus Olympo,
Ipse suos quondam tumulos ac templa petivit,
Et Capitolinis injecit sedibus ignes.
Tum species ex ære vetus, generataque Nattæ,
Concidit, elapsæque vetusto numine leges;
Et divum simulacra peremit fulminis ardor.
Hic silvestris erat, romani nominis[1] altrix,
Martia, quæ parvos Mavortis semine natos
Uberibus gravidis vitali rore rigabat :
Quæ tum cum pueris flammato fulminis ictu
Concidit, atque avulsa pedum vestigia liquit.
Tum quis non, artis scripta ac monumenta volutans,
Voces tristificas chartis promebat Etruscis?

---

(1) Voir la double signification du mot *nomen* (nom et race), au tome I, p. 34.

mort, la vierge sacrifiée dont les membres délicats sont réservés à l'immense bûcher. Courez, en tissant vos trames, courez fuseaux.

« Car à peine le destin aura-t-il livré aux Grecs fatigués les murs donnés par Neptune à la ville de Dardanus, le sang de Polyxène arrosera la tombe d'un héros ; et comme la victime succombant sous le fer à deux tranchants, elle tombera, les genoux pliés, le corps mutilé. Courez, en tissant vos trames, courez, fuseaux. »

C'est en prophétisant ainsi que jadis les Parques par leur chant divin célébrèrent l'heureux hymen de Pélée.

LXIII

(Tom. II, p. 587.)

Tout ce que jadis, sous les consuls Torquatus et Cotta [1], avait annoncé l'aruspice lydien de race tyrrhénienne, s'accomplit avec précision et complètement dans l'année de ton consulat. Le père des dieux, qui tonne au haut des cieux, appuyé sur l'Olympe étoilé, avait frappé lui-même ses collines et ses temples, lancé ses feux sur sa demeure du Capitole. Alors tomba l'antique statue d'airain de Natta et se fondirent les saintes tables de nos lois [2]. Les images mêmes des dieux furent détruites par la foudre. Là se trouvait la sauvage nourrice du nom romain, la louve de Mars, qui aux jeunes enfants du dieu versait la liqueur vivifiante de ses fécondes mamelles ; atteinte avec ses nourrissons par le trait enflammé, elle fut arrachée de sa base qui ne garda que la trace de ses pieds. Qui de nous en ce moment, consultant les écrits et les monuments de la science, ne

(1) Deux ans avant le consulat de Cicéron.
(2) Le fait est rapporté par Dion Cassius (L. XXXVII) et par Julius Obsequens (*Prodig.*, 122). Cf. Cic., *Catil.*, III, 8.

Omnes civili generosa stirpe profectam
Vitare ingentem cladem, pestemque monebant;
Vel legum exitium constanti voce ferebant,
Templa deumque adeo flammis, urbesque jubebant
Eripere, et stragem horribilem, cædemque vereri.
Atque hæc fixa gravi fato ac fundata teneri;
Ni post, excelsum ad columen formata decore,
Sancta Jovis species claros spectaret in ortus.
Tum fore, ut occultos populus, sanctusque senatus
Cernere conatus posset, si solis ad ortum
Conversa, inde patrum sedes, populique videret.
Hæc tardata diu species, multumque morata,
Consule te tandem celsa est in sede locata.
Atque una fixi ac signati temporis hora
Jupiter excelsa clarabat sceptra columna:
At clades patriæ, flamma ferroque parata,
Vocibus Allobrogum patribus, populoque patebat.
Cic., De Consulatu, fragm. Cf. De divinat., I, 12.

LXIV

Deux descriptions du zodiaque.

Zodiacum hunc Græci vocitant, nostrique Latini
Orbem signiferum perhibebunt nomine vero :
Nam gerit hic volvens bis sex ardentia signa.
Æstifer est pandens ferventia sidera Cancer.
Hunc subter fulgens cedit vis torva Leonis,
Quem rutilo sequitur collucens corpore Virgo.
Exin projectæ claro cum lumine Chelæ,
Ipsaque consequitur lucens vis magna Nepai.
Inde Sagittipotens dextra flexum tenet arcum;
Post hunc ore fero Capricornus vadere pergit;
Humidus inde loci collucet Aquarius orbi.
Exin squamigeri serpentes ludere Pisces;
Queis comes est Aries obscuro lumine labens,
Inflexoque genu projecto corpore Taurus,

tirait des livres des Étrusques de sinistres paroles ? Toutes annonçaient que de la race des nobles allait provenir un immense fléau, une peste dont il fallait se garder; elles s'accordaient à prédire l'anéantissement des lois, recommandaient de sauver des flammes et les temples des dieux et les villes, donnaient à craindre les horreurs du meurtre et du carnage. Et tous les maux, d'après elles, devaient irrémédiablement suivre le rigoureux décret du destin, si bientôt ne s'élevait avec dignité sur le sommet de la colonne¹ la sainte image de Jupiter tournée vers le lumineux orient. En ce cas seulement, le peuple et le vénérable Sénat pourraient découvrir le mystère des sombres complots, si l'image tournée vers le lever du soleil voyait de là la résidence des Pères et du peuple. Après un long, très long délai, sous ton consulat enfin, cette statue s'éleva sur sa haute base. Et en même temps qu'à l'heure réglée, marquée, Jupiter faisait briller son sceptre au haut de la colonne, la ruine que préparaient à la patrie la flamme et le fer était révélée, par les rapports des Allobroges, au Sénat et au peuple.

LXIV

(Tom. II, p. 503).

Les Grecs appellent ce cercle zodiaque et nous Latins, nous pourrions avec raison l'appeler *Signifer*, puisqu'il porte les douze signes qui brillent au ciel. Le Cancer ouvre la saison brûlante de l'été. Derrière lui marche avec éclat le Lion à la force redoutable, suivi de la Vierge au corps étincelant. Les Serres répandent ensuite leur lumière perçante et après elles vient l'ardent Scorpion. Puis le Sagittaire tient de la main droite son arc toujours tendu; à sa suite le Capricorne s'avance, la tête menaçante; et l'humide Verseau se montre à la terre. Les Poissons couverts d'écailles glissent sur les cieux comme en se jouant; ils ont pour voisin le Bélier de qui se détache une

---

(1) La colonne était préparée depuis quelque temps.

Et Gemini clarum jactantes lucibus ignem.
Hæc sol æterno convestit lumine lustrans,
Annua conficiens vertentia tempora cursus.

M. T. Cic., *Phænom.*, v. 390-406.

Flumina verna cient obscuro lumine Pisces;
Curriculumque Aries æquat noctisque diique :
Cornua quem condunt[1] florum prænuntia Tauri.
Aridaque æstatis Gemini primordia pandunt;
Longaque jam minuit præclarus lumina Cancer,
Languificosque Leo proflat ferus ore calores.
Post spicum[2] quatiens Virgo fugat orta vaporem.
Autumni reserat portas, æquatque diurna
Tempora nocturnis dispenso sidere Libra ;
Et fœtos[3] ramos denudat flamma Nepai.
Pigra Sagittipotens jaculatur frigora terris ;
Bruma gelu glacians jubare spirat Capricorni.
Quam sequiter nebulas rorans liquor altus Aquari,
Tanta supra circaque vigent ubi flumina. Mundi
At dextra lævaque ciet rota fulgida Solis
Mobile curriculum, et Lunæ simulacra feruntur.

Quint. Cic., *fragm.*

LXV

Plaintes de Prométhée.

Titanum soboles, socia nostri sanguinis,
Generata cælo, adspicite religatum asperis
Vinctumque saxis, navem ut horrisono freto
Noctem paventes timidi adnectunt navitæ.
Saturnius me sic infixit Jupiter,
Jovisque numen Mulcibri adscivit manus.

---

(1) Variante proposée par Scaliger au lieu de *comunt* qui ne s'explique pas bien.

lumière obscure. Enfin paraissent le Taureau, le corps étendu, les genoux pliés, et les Gémeaux lançant de leurs étoiles une éclatante lumière. Tels sont les signes que le Soleil, en les revêtant de ses feux, passe éternellement en revue par une révolution qui détermine les saisons de l'année.

* * *

Par leur obscure lumière les Poissons appèllent les pluies du Printemps; le Bélier rend égale la course du jour et celle de la nuit; il disparaît devant les cornes du Taureau qui annoncent la naissance des fleurs. Les Gémeaux ouvrent la brûlante saison de l'été; déjà le Cancer étincelant diminue la longueur des jours; et de sa gueule le Lion tout ardent souffle les chaleurs accablantes. Puis, agitant un épi, vient la Vierge qui fait fuir ces chaleurs. La Balance ouvre les portes de l'automne et, partageant également son astre entre le jour et la nuit, leur donne une durée semblable. La flamme du Scorpion dépouille les rameaux féconds. Le Sagittaire lance sur la terre le froid qui l'engourdit; la constellation du Capricorne souffle les frimas glacés; et après elle le Verseau, épanchant les nuages, répand de tous côtés dans l'espace l'abondance de ses pluies. Cependant, à droite et à gauche des cieux, court sur ses roues rapides le char brillant du Soleil et circule le spectre de la Lune.

LXV

(Tom. II, p. 616).

Titans, qui m'êtes unis par le sang, fils du Ciel, venez me voir enchaîné, attaché à ces durs rochers comme le navire qu'au milieu de l'horrible fracas de la mer et dans la crainte d'une nuit orageuse, des marins tremblants attachent solidement à la terre. Ainsi me tient Jupiter, fils

---

(2) Élie Vinet propose *spicum* ou bien *modium* au lieu du mot *modicum* qui rend le texte presque incompréhensible.

(3) Tollius et Pithou lisent *effœtos* (les rameaux épuisés).

Hos ille cuneos fabrica crudeli inserens,
Perrupit artus : qua miser solertia
Transverberatus, castrum hoc furiarum incolo.
Jam tertio me quoque funesto die,
Tristi advolatu, aduncis lacerans unguibus,
Jovis satelles pastu dilaniat fero.
Tum jecore opimo farta et satiata affatim
Clangorem fundit vastum, et sublime avolans,
Pinnata cauda nostrum adulat sanguinem.
Quum vero adesum inflatu renovatum est jecur,
Tum rursus tetros avida se ad pastus refert.
Sic hanc custodem mœsti cruciatus alo :
Quæ me perenni vivum fœdat miseria.
Namque, ut videtis, vinclis constrictus Jovis,
Arcere nequeo diram volucrem a pectore.
Sic me ipse viduus pestes excipio anxias,
Amore mortis terminum anquirens mali.
Sed longe a leto, numine aspellor Jovis.
Atque hæc vetusta sæclis glomerata horridis,
Luctifica clades nostro infixa est corpori ;
E quo liquatæ solis ardore excidunt
Guttæ, quæ saxa assidue instillant Caucasi.

Cic.,[1] *Prometh. Æschyl.*, fragm. in *Tuscul.* II, 10.

LXVI

Prologue de mime.

Necessitas, cujus cursus transversi impetum
Voluerunt multi effugere, pauci potuerunt,
Quo me detrusit pœne extremis sensibus !
Quem nulla ambitio, nulla unquam largitio,
Nullus timor, vis nulla, nulla auctoritas
Movere potuit in juventa de statu,

---

(1) Répétant une erreur de Nonius (v. *adulo*), plusieurs commentateurs ont attribué à Attius ce morceau traduit du *Prométhée délivré* d'Eschyle ; mais vraisemblablement la tragédie du poëte grec qu'avait imité

de Saturne; Jupiter usant de sa puissance s'est servi des mains de Vulcain, et celui-ci, forgeant des coins avec un art cruel, m'en a percé, brisé les membres ; victime de son habileté, je reste cloué dans ce séjour des Furies. Tous les trois jours, à l'heure fatale, s'abat sur moi d'un vol sinistre, pour me déchirer de ses ongles recourbés, l'oiseau satellite de Jupiter, qui se fait de mon corps une horrible pâture. Après qu'en mes entrailles sa faim s'est abondamment et pleinement assouvie, il pousse un cri qui retentit au loin, et remontant au plus haut des airs, il se délecte de mon sang qu'agitent ses plumes. Puis, dès que mes chairs rongées se refont et se remplissent, avidement il revient à son abominable festin. Ainsi je nourris cet instrument de mon cruel supplice, celui qui par une éternelle torture me mutile tout vivant. Car, vous le voyez, enserré dans les chaînes de Jupiter, je ne puis écarter de mon sein l'oiseau impitoyable. Privé du secours de mes bras, il me faut attendre avec terreur et souffrir mon tourment ; j'aspire après la mort, je la demande comme la fin de mes maux, mais la volonté de Jupiter la repousse loin de moi, et ces souffrances affreuses que, depuis si longtemps accumulent les siècles, s'attachent pour toujours à mon corps, qui se fond sous l'ardeur du soleil et ne cesse d'arroser de ses sueurs les rochers du Caucase.

LXVI

(Tom. II, p. 624.)

Nécessité, qui dans ton cours impétueux vas à la traverse de beaucoup de gens qui veulent te fuir et n'y réussissent que bien rarement, en quel abîme m'as-tu précipité à la fin presque de mon existence? Moi que jamais nulle brigue, nulle largesse, aucune crainte, aucune violence, aucune

---

Attius était le *Prométhée enchaîné* ; du reste, Cicéron, après avoir cité ces vers, dit formellement qu'il en est l'auteur. Cf. V. Faguet, *De poetica M. T. Ciceronis facultate*, 1856, in-8 de 139 p.; V. Clavel, *De M. T. Ciceronis Græcorum interprete*, 1868, in-8 de 384 p.

Ecce in senecta ut facile labefecit loco
Viri excellentis mente clemente edita,
Summissa placide blandiloquens oratio!
Etenim ipsi di negare cui nil potuerunt,
Hominem me denegare quis posset pati?
Ego[1] bis tricenis annis actis sine nota,
Eques romanus a lare egressus meo,
Domum revertar mimus! Nimirum hoc die
Uno plus vixi, mihi quam vivendum fuit!
Fortuna, immoderata in bono æque atque in malo,
Si tibi erat libitum litterarum laudibus
Florens cacumen nostræ famæ frangere,
Cur, cum vigebam membris præviridantibus,
Satisfacere populo et tali cum poteram viro,
Non me flexibilem concurvasti, ut carperes?
Nuncine me deicis? Quo?[2] Quid ad scenam adfero?
Decorem formæ, an dignitatem corporis,
Animi virtutem, an vocis jucundæ sonum?
Ut hedera serpens vires arboreas necat,
Ita me vetustas amplexu annorum enecat;
Sepulcri similis, nil nisi nomen retineo.

Laberius, *fragm.*[3] (Macrob., *Saturn.*, II, 7.)

LXVII

Sentences.

Alterius damnum, gaudium haud facias tuum.
Amici vitia si feras, facis tua.
Animo imperabit sapiens, stultus serviet.
Bonis nocet, quisquis pepercerit malis.
Bonitatis verba imitari major malitia est.
Crudelis lacrymis pascitur, non frangitur.
Etiam qui faciunt, oderunt injuriam.
Homo toties moritur, quoties amittit suos.
Injuriam ipse facias, ubi non vindices.

(1) *Var.*: Ergo.
(2) *Var.*: Nunc me quo dejicis?

autorité ne purent, dans ma jeunesse, faire déchoir de mon rang, voilà comment, dans ma vieillesse, m'en fait aisément tomber l'invitation aimable et flatteuse qu'avec sa douceur naturelle m'adresse ce grand homme! A celui qui n'éprouva jamais de refus des dieux, eût-on en effet souffert que moi, mortel, j'eusse répondu négativement? Ainsi donc, après soixante ans d'une vie sans reproche, sorti de ma maison chevalier romain, j'y vais rentrer mime! Ah! maintenant j'ai vécu trop d'un jour! O Fortune, toujours déréglée dans le bien comme dans le mal, s'il te plaisait de chercher dans ma gloire littéraire un moyen de briser dans sa fleur toute ma renommée, pourquoi, au temps de ma force et de ma verte jeunesse, lorsque je pouvais donner satisfaction au peuple romain et à un tel homme, ne m'as-tu pas courbé sous ta main? J'étais flexible alors et tu aurais réussi. Maintenant où me jettes-tu? Qu'apporté-je sur la scène? La beauté du visage ou la noblesse du maintien, l'énergie de l'âme ou le charme d'une voix agréable? Comme le lierre qui serpente autour d'un arbre en étouffe la force, ainsi par l'étreinte des années la vieillesse me tue. Semblable à une tombe, je ne garde plus rien qu'un nom.

LXVII

(Tom. II, p. 631.)

Du malheur d'autrui ne fais point ta joie.
Si tu supportes les défauts de ton ami, tu en fais les tiens.
Le sage sera maître de ses passions, le fou en sera l'esclave.
On nuit aux bons, lorsqu'on épargne les méchants.
Doublement pervers, celui qui imite le langage de la bonté.
L'homme cruel n'est pas fléchi par les larmes, il s'en repaît.
Ceux mêmes qui sont injustes, haïssent l'injustice.
L'homme meurt autant de fois qu'il perd un des siens.
Vous commettez vous-même l'injustice, si vous la laissez impunie.

(3) Otto Ribbeck, *Comic. latin reliq.*, in-8, 1855, p. 251.

Iracundiam qui vincit, hostem superat maximum.
Iratum breviter vites, inimicum diu.

Iratus quum ad se rediit, sibi tum irascitur.

Luxuriæ desunt multa, avaritiæ omnia.

Malæ naturæ nunquam doctore indigent.
Male vivet quisquis nesciet mori bene.
Non corrigit, sed lædit, qui invitum regit.

Non in solitudine aliter vives, aliter in foro.
Objurgari in calamitate, gravius est quam calamitas.

Omnis dies velut ultimus ordinandus est.
Pecunia est ancilla, si scis uti; si nescis, hera.

Qui timet amicum, vim non novit nominis.
Si invitus pares, servus es; si volens, minister.

Spina etiam grata est, ex qua spectatur rosa.
Stultum facit fortuna quem vult perdere.
Stultum imperare reliquis, qui nescit sibi.

Timet qui paupertatem, quam timendus est!
Ubi judicat, qui accusat, vis, non lex, valet.

Vita hominis brevis; ideo honesta mors est immortalitas.

Vita misero longa, felici brevis.

Publius Syrus.

LXVIII
Sentences.

Absentem lædit cum ebrio qui litigat.

Ad duo festinans neutrum bene peregeris.

Vaincre sa colère, c'est triompher de son plus grand ennemi.
Évite un moment un homme en colère, et longtemps un ennemi.
L'homme en colère, revenu à lui, se fâche alors contre lui-même.
La prodigalité manque de beaucoup de choses; l'avarice de tout.
Les mauvais naturels n'ont jamais besoin de maître.
Qui vivra mal, ne saura pas bien mourir.
On ne corrige pas, mais on blesse, celui que l'on gouverne malgré lui.
Ne vis pas quand tu es seul autrement qu'en public.
Les reproches, dans le malheur, sont plus pénibles que le malheur même.
Il faut régler chaque jour comme s'il était le dernier.
L'argent est ton esclave, si tu sais en user; si tu ne le sais pas, il est ton maître.
Qui craint un ami, ne connaît pas la valeur de ce mot.
L'obéissance forcée fait l'esclave; l'obéissance volontaire, le serviteur.
L'épine même est agréable, quand elle présente une rose.
La fortune prive de raison celui qu'elle veut perdre.
C'est folie de commander aux autres, quand on ne sait pas se commander à soi-même.
Qu'il est à craindre celui qui craint la pauvreté!
Quand est juge celui qui accuse, c'est la force et non la loi qui prévaut.
La vie de l'homme est courte, mais une belle mort est l'immortalité.
La vie dans le malheur est longue et dans le bonheur bien courte.

LXVIII
(Tom. II, p. 634).

C'est s'attaquer à un absent que de disputer avec un homme ivre.
En prétendant faire deux choses à la fois, on ne fait bien ni l'une ni l'autre.

Amans, ita ut fax, agitando ardescit magis.
Amicitia pares aut accipit, aut facit.
Amicitiæ coagulum unicum est fides.
Amicum lædere ne joco quidem licet.
Benefactis proxime ad deos accedimus.

Beneficium egenti bis dat, qui dat celeriter.

Bis ille miser est, ante qui felix fuit.

Cæci sunt oculi, quum animus alias res agit.
Cave illum semper, qui tibi imposuit semel.
Cito improborum læta ad perniciem cadunt.
Cogit rogando, quum rogat potentior.
Consultor homini tempus utilissimus.
Cui nusquam domus est, sine sepulcro est mortuus.
Cuivis dolori remedium est patientia.
Damnum appellandum est cum mala fama lucrum.

Deo favente, naviges vel vimine.

Difficile est custodire quod multis placet.
Difficilem oportet aurem habere ad crimina.
Dulcis malorum præteritorum memoria.
Equo currenti non opus calcaribus.
Etiam capillus unus habet umbram suam.
Etiam sanato vulnere cicatrix manet.
Ex vitio alterius sapiens emendat suum.
Exigua vitæ pars est, quam nos vivimus.
Famam curant multi, pauci conscientiam.

Ferrum, dum in igni candet, cudendum est tibi.
Fidem qui perdit, perdere ultra nil potest.
Generosus equus haud curat latratum canum.

Gravior est inimicus qui latet in pectore.

Un amant est comme une torche; plus on l'agite, plus il brûle.
L'amitié nous reçoit ou nous fait égaux.
La confiance est le seul lien de l'amitié.
Ne blessez jamais un ami, même en riant.
C'est par la bienfaisance que nous approchons le plus des dieux.
C'est secourir deux fois le malheureux que de le secourir promptement.
Celui-là est doublement malheureux qui a connu le bonheur.
Aveugles sont les yeux, quand l'esprit est distrait.
Sois toujours en garde contre celui qui t'a trompé une fois.
La joie des méchants tourne vite à leur perte.
La prière est un ordre quand c'est un plus puissant qui prie.
Le plus utile conseiller de l'homme est le temps.
Qui n'a d'asile nulle part est un mort sans tombeau.
A n'importe quelle douleur la patience est un remède.
Il faut appeler perte tout gain fait aux dépens de la réputation.
Avec l'aide de la divinité, on naviguerait même sur une branche d'osier.
Il est difficile de garder ce qui plaît à beaucoup de monde.
On ne doit prêter qu'une oreille difficile aux accusations.
Doux est le souvenir des maux passés.
Pour le cheval qui court, pas n'est besoin des éperons.
Un cheveu même a son ombre.
Même après la guérison de la blessure, la cicatrice reste.
Les défauts des autres apprennent au sage à corriger les siens.
Bien petite est la portion de la vie que nous employons à vivre.
Beaucoup de gens ont cure de l'opinion, bien peu de gens de leur conscience.
C'est pendant qu'il rougit au feu, que tu dois battre le fer.
Qui perd l'honneur n'a plus rien à perdre.
Un coursier généreux ne s'inquiète pas de l'aboiement des chiens.
Il n'est pas d'ennemi plus à craindre que celui qui se cache dans notre cœur.

Haud advocatus ne ad consilium accesseris.
Honesta fama est alterum patrimonium.
Ibi semper est victoria, ubi concordia est.
Ignis probat aurum, miseriæ fortem probant.
Ingratus unus omnibus miseris nocet.
Magnarum aquarum transiliri fons potest.
Musco lapis volutus haud obducitur.
Ne plus promittas, quam præstari possiet.
Nunquam secura est prava conscientia.
Peccatum extenuat, qui celeriter corrigit.
Recte valere et sapere duo vitæ bona.
Stultum est, queri de adversis, ubi culpa est tua.

Tacendo non incurritur periculum.
Ulcera animi sananda magis, quam corporis.

Virum ne habueris improbum comitem in via.

Publius Syrus.

LXIX

Exorde du discours de la première action contre Verrès. Cicéron prouve aux juges que l'honneur du Sénat est intéressé à la condamnation du coupable dont il se fait l'accusateur.

Quod erat optandum maxime, judices, et quod unum ad invidiam vestri ordinis, infamiamque judiciorum sedandam, maxime pertinebat; id non humano consilio, sed prope divinitus datum atque oblatum vobis summo reipublicæ tempore videtur. Inveteravit enim jam opinio perniciosa reipublicæ, vobisque periculosa, quæ non modo Romæ, sed et apud exteras nationes, omnium sermone percrebuit, his judiciis, quæ nunc sint, pecuniosum hominem, quamvis sit nocens, neminem posse damnari. Nunc, in ipso discrimine ordinis judiciorumque vestrorum, quum sint parati, qui concionibus et legibus[1] hanc invidiam senatus inflammare

---

(1) Le tribun L. Quintius conseillait au peuple d'enlever aux sénateurs le pouvoir judiciaire et le préteur L. Aurelius Cotta préparait un projet de loi pour transférer ce pouvoir aux chevaliers.

Au conseil où vous n'êtes pas appelé n'entrez pas.
Une bonne renommée est un second patrimoine.
La victoire est toujours là où est la concorde.
L'or s'éprouve par le feu, le courage par le malheur.
Un seul ingrat nuit à tous les malheureux.
Les grands fleuves peuvent être franchis à leur source.
La pierre qui roule ne se couvre pas de mousse.
Ne promets pas plus que tu ne peux tenir;
Jamais n'est tranquille une mauvaise conscience.
On rend la faute moins grave, en la corrigeant promptement.
La santé et la sagesse sont les deux biens de la vie.
C'est folie de nous plaindre du malheur qui nous est arrivé par notre faute.
A se taire on ne court aucun danger.
Il importe plus de guérir les plaies de l'âme que celles du corps.
Garde-toi de prendre le méchant pour compagnon de route.

LXIX

(Tom. III, p. 73.)

Ce qui était le plus à désirer, juges, ce qui seul pouvait rendre à votre ordre sa bonne renommée et aux tribunaux le respect de tous, semble vous être accordé, vous être offert, non par les hommes, mais en vérité par les dieux eux-mêmes, dans les circonstances les plus décisives pour la république. Depuis longtemps, en effet, non seulement à Rome, mais chez les nations étrangères, s'est répandue une opinion funeste à l'État et dangereuse pour vous : on répète de tous côtés qu'avec notre manière de rendre la justice aujourd'hui, l'homme riche, même coupable, est à l'abri de toute condamnation. Et en ce moment si critique pour votre ordre et pour vos tribunaux, alors qu'on s'apprête à enflammer par des harangues et par des projets de lois les esprits irrités contre le Sénat, voilà qu'est amené devant vous, comme accusé, C. Verrès, homme qui par sa vie et ses

conentur, reus in judicium adductus est C. Verres, homo vita atque factis, omnium jam opinione, damnatus, pecuniæ magnitudine, sua spe ac prædicatione, absolutus. Huic ego causæ, judices, summa voluntate et exspectatione populi romani actor accessi, non ut augerem invidiam ordinis, sed ut infamiæ communi succurrerem. Adduxi enim hominem, in quo reconciliare existimationem judiciorum amissam, redire in gratiam cum populo romano, satisfacere exteris nationibus possetis; depeculatorem ærarii, vexatorem Asiæ atque Pamphyliæ, prædonem juris urbani, labem atque perniciem provinciæ Siciliæ. De quo si vos severe religioseque judicaveritis, auctoritas ea, quæ in vobis remanere debet, hærebit; sin istius ingentes divitiæ judiciorum religionem veritatemque perfregerint, ego hoc tamen assequar, ut judicium potius reipublicæ, quam aut reus judicibus, aut accusator reo defuisse videatur.

Cic., *In C. Verrem act. prim.*, proœm., 1.

LXX

Verrès, en retranchant du tribut payé à l'État, a fait ce que n'a pu Sylla dans la toute-puissance de sa dictature. Le Sénat permettra-t-il un tel abus de pouvoir ?

Nunc illud, quod pæne prætérii, non omnino relinquendum videtur : nam, per deos immortales! quod de capite ipso demsit, quo tandem modo vobis non modo ferendum, verum etiam audiendum videtur? Unus adhuc fuit post Romam conditam (dii immortales faxint, ne sit alter!), cui respublica totam se traderet, temporibus coacta, et malis domesticis, L. Sulla. Hic tantum potuit, ut nemo, illo invito, nec bona, nec patriam, nec vitam retinere posset; tantum animi habuit ad audaciam, ut dicere in concione non dubitaret, bona civium romanorum quum venderet, se prædam suam vendere. Ejus omnes res gestas non solum

actes est condamné déjà, d'après l'opinion publique, mais qui par ses amas d'or est absous, d'après ses espérances et ses pompeux discours. Quant à moi, si dans cette cause, juges, en répondant au vœu et à l'attente du peuple romain, je me suis présenté comme accusateur, ce n'est pas pour accroître le mécontentement qu'on témoigne à cet ordre, mais pour défendre notre commun honneur. Car j'amène devant vous un homme à propos duquel vous pouvez rendre à vos jugements la considération qu'ils ont perdue, rentrer en grâce auprès du peuple romain, et donner satisfaction aux nations étrangères; un homme qui a volé le trésor public, qui a opprimé l'Asie et la Pamphylie, qui s'est fait un brigandage de la justice dans la préture urbaine, qui a été la plaie et le fléau de la province de Sicile. Si vous le jugez avec une religieuse sévérité, l'autorité, qui doit vous être maintenue, vous restera; mais si les immenses richesses d'un pareil homme détruisent chez les juges tout scrupule et tout amour de la vérité, je réussirai du moins à montrer que, s'il a manqué à la république un tribunal, un accusé n'a pas manqué aux juges, ni un accusateur au coupable.

LXX

(Tom. III, p. 78.)

Maintenant un fait, que j'ai à peine touché en passant, ne doit pas, me semble-t-il, être laissé de côté; car, au nom des dieux immortels! cette diminution que Verrès s'est permise sur le tribut revenant à l'État, comment parmi vous quelqu'un pourrait-il, je ne dis pas la souffrir, mais même en entendre parler avec indifférence? Il n'y a encore eu qu'un homme depuis que Rome existe (et fassent les dieux immortels qu'il n'y en ait jamais un second!) à qui la république se soit livrée tout entière, forcée par les circonstances et par les discordes intestines : c'est L. Sylla. Il posséda un pouvoir tel que personne, malgré lui, ne pouvait

obtinemus; verum etiam, propter majorum incommodorum et calamitatum metum, publica auctoritate defendimus. Unum hoc illius senatusconsulto reprehensum, decretumque est, ut, quibus ille de capite demsisset, hi pecunias in ærarium referrent. Statuit senatus hoc, ne illi quidem esse licitum, cui concesserat omnia, ab ipso[1] factarum quæsitarumque rerum summas imminuere. Illum viris fortissimis judicarunt patres conscripti remittere de summa non potuisse : te mulieri teterrimæ recte remisisse senatores judicabunt? Ille, de quo lege populus romanus jusserat, ut ipsius voluntas populo romano esset pro lege, tamen in hoc uno genere, veterum religione legum, reprehenditur : tu, qui omnibus legibus implicatus tenebare, libidinem tibi tuam pro lege esse voluisti? In illo reprehenditur, quod ex ea pecunia remiserit, quam ipse quæsierat : tibi concedetur, qui de capite vectigalium populi romani remisisti?

Cic., *In Verr.* act. II, 1. III, 35.

LXXI

Pour s'emparer d'une magnifique statue de Mercure, donnée par P. Scipion l'Africain aux habitants de Tyndaris et que ceux-ci honoraient chaque année par des fêtes solennelles, Verrès invente un supplice nouveau contre Sopater, proagore de la ville, qui lui signifiait pour la seconde fois le refus du Sénat.

... Iterum iste aliquanto post ad illos[2] venit, quærit continuo de signo. Respondetur ei, senatum non permittere;

---

(1) D'autres lisent *a populo* ou simplement *populo;* mais la version *ab*

conserver ni ses biens, ni sa patrie, ni ses jours, et telle fut sa confiance audacieuse qu'il ne craignait pas d'affirmer en pleine assemblée, quand il vendait les biens des citoyens romains, que c'était son butin qu'il vendait. Tous ses actes nous les maintenons, et même, par crainte d'inconvénients et de maux plus grands, nous leur donnons la sanction de l'autorité publique. Un de ses décrets toutefois, un seul a été réformé par un sénatus-consulte et il a été décidé que ceux en faveur de qui il avait retranché de l'impôt public, rapporteraient les deniers au trésor. Ainsi l'a statué le Sénat : à celui-là même à qui l'on avait concédé tous les pouvoirs il n'était pas permis de réduire la totalité des impôts établis et recouvrés par lui-même. Le Sénat tout entier a jugé que Sylla n'avait pu faire une remise sur les fonds publics à des hommes très honorables, et des sénateurs jugeront que vous, Verrès, vous aviez le droit d'en gratifier une vile courtisane ! L'homme dont le peuple romain avait ordonné par une loi que la volonté ferait loi pour tout un peuple, en ce seul point cependant, par respect pour les lois anciennes, a été repris : et vous, Verrès, que toutes les lois tenaient enchaîné, vous avez voulu que votre caprice fît loi ! A Sylla on reproche d'avoir fait une remise sur les fonds recouvrés par lui-même; et de vous on souffrira que vous en ayez fait sur la somme des revenus du peuple romain !

LXXI

(Tom. III, p. 80.)

Peu de temps après, Verrès revient à Tyndaris; il s'informe aussitôt de la statue. On lui répond que le Sénat ne

---

ipso concorde mieux avec la dernière phrase qui, en concluant le raisonnement, répète l'expression « *quam ipse quæsierat* ».

(2) *Les habitants de Tyndaris.*

pœnam capitis constitutam, si injussu senatus quisquam attigisset : simul religio commemoratur. Tum iste : Quam mihi religionem narras? quam pœnam? quem senatum? vivum te non relinquam; moriere virgis, nisi signum traditur. Sopater iterum flens ad senatum refert istius cupiditatem, minasque demonstrat. Senatus Sopatro responsum nullum dat, sed commotus perturbatusque discedit. Ille prætoris arcessitus nuntio, rem demonstrat : negat ullo modo fieri posse.

Atque hæc (nihil enim prætermittendum de istius impudentia videtur) agebantur in conventu palam, de sella, ac de loco superiore. Erat hiems summa; tempestas, ut ipsum Sopatrum dicere audistis, perfrigida; imber maximus : quum iste imperat lictoribus, ut Sopatrum de porticu, in qua ipse sedebat, præcipitem in forum dejiciant, nudumque constituant. Vix erat hoc plane imperatum, quum illum spoliatum, stipatumque lictoribus videres. Omnes ideo putabant, ut miser atque innocens virgis cæderetur : fefellit hæc homines opinio : virgis iste cæderet sine causa socium populi romani atque amicum? Non est usque eo improbus; non omnia sunt in eo uno vitia; nunquam fuit crudelis : leniter hominem clementerque accepit. Equestres sunt medio in foro Marcellorum statuæ, sicuti fere ceteris in oppidis Siciliæ : ex quibus iste C. Marcelli statuam delegit, cujus officia in illa civitate totaque provincia recentissima erant et maxima : in ea Sopatrum, hominem tum domi nobilem, tum summo magistratu præditum, divaricari ac deligari jubet.

Quo cruciatu sit affectus, venire in mentem necesse est omnibus, quum esset vinctus nudus in aere, in imbri, in frigore. Neque tamen finis huic injuriæ crudelitatique fiebat, donec populus atque universa multitudo, atrocitate rei misericordiaque commota, senatum clamore coegit, ut ei simulacrum illud Mercurii polliceretur. Clamabant fore, ut ipsi sese dii immortales ulciscerentur : hominem interea perire innocentem non oportere. Tum frequens senatus ad

permet pas d'y toucher et que personne sous peine de mort
n'a le droit de le faire ; on fait valoir en même temps le
motif de la religion. Que me parle-t-on de religion ? s'écrie
Verrès; de peine de mort et de Sénat ? Ta vie, Sopater, est
entre mes mains; tu mourras sous les verges, si la statue
ne m'est pas livrée. Le malheureux retourne en gémissant au Sénat, fait connaître l'obstination de Verrès et ses
menaces. Le Sénat, sans donner aucune réponse, se retire
tout ému et bouleversé. Mandé par le préteur, Sopater lui
dit ce qui s'est passé et déclare que la livraison de la
statue est impossible.

Notez que cette explication (car il ne faut rien perdre de
l'impudence de l'homme) avait lieu dans l'assemblée des
citoyens, en plein jour, le préteur siégeant, bien en vue,
sur son tribunal. On était au fort de l'hiver, et comme
vient de vous le dire Sopater, le froid était intense, la pluie
très violente. Verrès ordonne à ses licteurs de le jeter à
bas du portique où siégeait le tribunal et de le dépouiller
de ses vêtements sur le forum. L'ordre à peine donné, les
licteurs le saisissent et le mettent nu. Tout le monde pensait que le malheureux, malgré son innocence, allait être
battu de verges; on se trompait; Verrès battre de verges
sans motif un allié, un ami du peuple romain ? non, il
n'est pas méchant à ce point, il n'a pas à lui seul tous les
vices; jamais il ne fut cruel; il traita Sopater avec douceur et clémence. Sur la place de Tyndaris, comme dans
la plupart des villes de la Sicile, il y a des statues équestres des Marcellus. Il choisit celle de C. Marcellus, dont
les bienfaits envers cette ville et la province entière sont
les plus récents et les plus importants. C'est à cette statue
que Sopater, citoyen romain de noble naissance, alors le
premier magistrat de la cité, est, sur son ordre, lié, les
jambes écartées.

Il faut vous faire tous une idée de ce qu'il souffrit lorsqu'il se trouva attaché tout nu, sur le bronze, par cette
pluie et ce froid. Ce supplice injurieux et cruel ne cessa
pourtant que lorsque le peuple et tous les assistants, trans-

istum venit; pollicetur signum. Ita Sopater de statua C. Marcelli quum jam pæne obriguisset, vix vivus aufertur.

Cic., *In Verr.*, act. II, l. IV, 39-40.

LXXII

Verrès avait enlevé une très belle figure de la Victoire que portait la statue de Cérès, à Enna. Cicéron s'émeut au souvenir de ce sacrilège et dépeint le désespoir des habitants.

Qui tandem istius animus est nunc in recognitione scelerum suorum, quum ego ipse in commemoratione eorum non solum animo commovear, verum etiam corpore perhorrescam? Venit enim mihi fani, loci, religionis illius in mentem; versantur ante oculos omnia : dies ille, quo ego Ennam quum venissem, præsto mihi sacerdotes Cereris cum infulis ac verbenis fuerunt; concio, conventusque civium; in quo ego quum loquerer, tanti fletus gemitusque flebant, ut acerbissimus tota urbe luctus versari videretur.

Non illi decumarum imperia, non bonorum direptiones, non iniqua judicia, non importunissimas istius libidines, non vim, non contumelias, quibus operti oppressique erant, conquerebantur : Cereris numen, sacrorum vetustatem, fani religionem, istius sceleratissimi atque audacissimi supplicio expiari volebant; omnia se cetera pati ac negligere dicebant. Hic dolor erat tantus, ut Verres, alter Orcus, venisse Ennam, et non Proserpinam asportasse, sed ipsam abripuisse Cererem videretur. Etenim urbs illa non urbs videtur, sed fanum Cereris esse : habitare apud sese Cererem Ennenses arbitrantur; ut mihi non cives illius civitatis, sed omnes sacerdotes, omnes accolæ atque antistites Cereris esse videantur.

Ennæ tu simulacrum Cereris tollere audebas? Ennæ tu

portés d'indignation et de pitié, eurent, par leurs clameurs,
contraint le Sénat de promettre à Verrès la statue de Mercure. Tous criaient que les dieux immortels sauraient bien
se venger eux-mêmes, mais qu'en attendant il ne fallait
pas qu'un innocent pérît. Le Sénat en corps va donc trouver
le préteur et lui promet le Mercure. Alors Sopater est
détaché de la statue de C. Marcellus; on l'emporte chez
lui raide de froid, presque mort.

LXXII

(Tom. III, p. 80.)

Que doit-il se passer en son âme lorsqu'il récapitule tous
ses crimes, puisque moi-même, en les racontant, loin d'y
rester insensible, j'en frémis de tout mon corps? Ce temple,
ce lieu, la sainteté de ce culte se présentent à mon esprit;
j'ai tout devant les yeux; je me revois en ce jour même
de mon arrivée à Enna, où je rencontrai les prêtres de
Cérès avec leurs ornements et leurs rameaux sacrés; je me
rappelle ce concours et cette foule de citoyens qui m'entouraient, et, pendant que je leur parlais, leurs larmes et
leurs gémissements : il semblait que la ville entière fût
plongée dans le deuil le plus cruel.

Ce n'étaient ni ses exactions dans la perception des
dîmes, ni la spoliation de leurs biens, ni les excès de ses
passions, ni les violences et les outrages dont il les avait
sans cesse accablés, qui faisaient le sujet de leurs plaintes ;
la divinité de Cérès, l'ancienneté de son culte, la sainteté
de son temple, voilà ce qu'ils voulaient venger par le
supplice du plus scélérat et du plus audacieux des hommes;
tout le reste, ils étaient prêts à l'oublier, à n'en pas parler.
Leur affliction était telle qu'on eût dit que Verrès était
pour eux comme un autre Pluton, venu à Enna, non pas
pour enlever Proserpine, mais pour s'emparer de Cérès
elle-même. Enna n'est pas tant une ville qu'un temple de
Cérès ; les habitants croient qu'elle réside chez eux, si bien

de manu Cereris Victoriam deripere, et deam deæ detrahere conatus es? quorum nihil violare, nihil attingere ausi sunt, in quibus erant omnia, quæ sceleri propiora sunt, quam religioni. Tenuerunt enim, P. Popilio, P. Rupilio consulibus, illum locum servi, fugitivi, barbari, hostes; sed neque tam servi illi dominorum, quam tu libidinum; neque tam fugitivi illi a dominis, quam tu a jure et a legibus; neque tam barbari lingua et natione illi, quam tu natura et moribus; neque illi tam hostes hominibus, quam tu diis immortalibus¹. Quæ deprecatio est igitur ei reliqua, qui indignitate servos, temeritate fugitivos, scelere barbaros, crudelitate hostes vicerit?

Cic., in Verr., act. II, I. IV, 50.

LXXIII
Comment Verrès remplissait les fonctions militaires d'un gouverneur de province.

Itinerum primum laborem, qui vel maximus est in re militari, judices, et in Sicilia maxime necessarius, accipite, quam facilem sibi iste et jucundum ratione consilioque reddideret. Primum temporibus hibernis, ad magnitudinem frigorum, et ad tempestatum vim ac fluminum, præclarum sibi hoc remedium compararat. Urbem Syracusas elegerat, cujus hic situs, atque hæc natura esse loci cælique dicitur, ut nullus unquam dies tam magna turbulentaque tempestate fuerit, quin aliquo tempore ejus diei solem homines viderint. Hic ita vivebat iste bonus imperator hibernis mensibus, ut cum non facile, non modo extra tectum, sed ne extra lectum quidem quisquam videret : ita diei

---

(1) Accumulation d'antithèses, qui n'est pas du meilleur goût, mais à laquelle se laissent parfois entraîner les meilleurs orateurs.

qu'ils ont l'air d'être moins les citoyens de cette ville que les prêtres, les fidèles et les ministres de la déesse.

Et dans Enna vous osiez vous attaquer à la statue de Cérès? Dans Enna, vous vouliez enlever la Victoire de la main de Cérès, ravir à une déesse une autre déesse? images sacrées que jamais n'ont osé profaner ni toucher les criminels les plus étrangers à tout sentiment de religion. La ville, en effet, sous le consulat de P. Popilius et de R. Rufilius, fut occupée par des esclaves, par des fugitifs en révolte, par des barbares, par des ennemis; mais ils étaient moins esclaves de leur maîtres que vous de vos passions, moins rebelles à la servitude que vous à la justice et aux lois, moins barbares par leur langage et leur patrie que vous par votre caractère et vos mœurs, moins ennemis des hommes que vous ne l'êtes des dieux immortels. Que peut donc invoquer maintenant comme défense celui qui surpassa en infamie des esclaves, en audace des fugitifs, en scélératesse des barbares, en cruauté des ennemis?

LXXIII

(Tom. III, p. 80.)

Ces marches qui sont peut-être ce qu'il y a de plus pénible dans les fonctions militaires et de plus indispensable en Sicile, apprenez, juges, combien, à force de sagesse et de prévoyance, il a su se les rendre faciles et agréables. D'abord, pour l'hiver, contre la rigueur du froid, la violence des tempêtes et le débordement des fleuves, il s'était ménagé une ressource admirable. Pour résidence il avait choisi Syracuse, dont la position, le ciel et le climat sont tels que, même par les plus longs et les plus grands orages, il ne s'est jamais passé un seul jour, dit-on, sans que le soleil se montrât aux habitants. C'est là que cet excellent général vivait pendant les mois d'hiver, et de telle façon qu'il était on ne peut plus difficile de le voir, je ne dis pas hors du palais, mais hors du lit : les courtes journées se con-

brevitas conviviis, noctis longitudo stupris et flagitiis conterebatur.

Quum autem ver esse cœperat, cujus initium iste non a Favonio, neque ab aliquo astro notabat; sed, quum rosam viderat, tunc incipere ver arbitrabatur; dabat se labori atque itineribus: in quibus usque eo se præbebat patientem atque impigrum, ut eum nemo unquam in equo sedentem videret.

Nam, ut mos fuit Bithyniæ regibus, lectica octophoro ferebatur, in qua pulvinus erat perlucidus, Melitensi rosa fartus : ipse autem coronam habebat unam in capite, alteram in collo, reticulumque ad nares sibi admovebat, tenuissimo lino, minutis maculis, plenum rosæ. Sic confecto itinere, quum ad aliquod oppidum venerat, eadem lectica usque in cubiculum deferebatur.

Cic., *in Verr.* act. II, l. V, 10-11.

LXXIV

Respect dû au droit civil.

Quod enim est jus civile? quod neque inflecti gratia, neque perfringi potentia, neque adulterari pecunia possit; quod si non modo oppressum, sed etiam desertum, aut negligentius adservatum erit, nihil est, quod quisquam sese habere certum, aut a patre accepturum, aut relicturum liberis arbitretur. Quid enim refert, ædes, aut fundum relictum a patre, aut aliqua ratione habere bene partum, si incertum sit, quæ tum omnia tua jure mancipii sint, ea possisne retinere? si parum sit communitum jus? si civili ac publica lege contra alicujus gratiam teneri non potest? Quid, inquam, prodest, fundum habere, si, quæ decentissime descripta a majoribus jura finium, possessionum, aquarum, itinerumque sunt, hæc perturbari aliqua ratione commutarique possunt? Mihi credite: major hereditas venit

sumaient en festins, les longues nuits en débauches et en infâmes débordements.

Quand le printemps commençait, mais pour lui ce n'était ni le zéphyr ni quelque astre du ciel qui signalait le retour du printemps, il n'en reconnaissait le commencement qu'à l'éclosion des roses, alors il s'exposait à la fatigue des marches, et dans les marches il se montrait si endurant, si courageux que jamais personne ne le vit se servir d'un cheval.

Selon l'ancienne coutume des rois de Bithynie, il voyageait dans une litière à huit porteurs, munie de coussins d'étoffe transparente que remplissaient des roses de Malte : lui-même avait une guirlande de roses autour de la tête, une autre autour du cou, et tenant à la main un réseau de lin très léger, à mailles serrées, tout plein de roses, il ne cessait d'en aspirer le parfum. Après une pareille marche, lorsqu'il était arrivé dans une ville, la même litière le portait jusque dans sa chambre à coucher.

LXXIV

(Tom. III, p. 85.)

Qu'est-ce donc que le droit civil? Une règle que ne peut faire fléchir le crédit, que ne peut briser la puissance, que ne peut altérer l'argent. Admettez qu'il soit, je ne dis pas détruit, mais seulement délaissé ou quelque peu négligé, on ne peut plus compter en rien ni sur ce qu'on doit recevoir de son père ni sur ce qu'on doit laisser à ses enfants. Que vous importe, en effet, de recevoir soit de votre père soit d'ailleurs une maison ou une terre quelconque, si vous n'êtes pas sûr de pouvoir garder tout ce sur quoi vous avez un droit de propriété, si votre droit n'est pas absolument garanti, si la loi civile et publique n'est pas à l'abri du crédit de n'importe qui? De quoi, dis-je, vous sert-il d'avoir un bien-fonds, si les règles très sagement établies par nos ancêtres relativement aux bornes, aux possessions,

unicuique vestrum in iisdem bonis a jure, et a legibus,
quam ab iis, a quibus illa ipsa bona relicta sunt. Nam, ut
perveniat ad me fundus, testamento alicujus fieri potest; ut
retineam, quod meum factum sit, sine jure civili non potest.
Fundus a patre relinqui potest; at usucapio fundi, hoc est,
finis sollicitudinis ac periculi litium, non a patre relinquitur,
sed a legibus. Aquæ ductus, haustus, iter, actus, a patre;
sed rata auctoritas harum rerum omnium a jure civili su-
mitur. Quapropter non minus diligenter ea, quæ a majoribus accepistis, publica patrimonia juris, quam privatæ rei
vestræ retinere debetis: non solum, quod hæc jure civili
septa sunt, sed etiam quod patrimonium unius incommodo
dimittitur, jus amitti non potest sine magno incommodo
civitatis.

Cic., Or. pro Cæcina, 26.

LXXV

*Cicéron, repoussant la loi agraire proposée par Rullus, affirme
qu'il est un consul populaire et fait appel à la sagesse du peuple
pour lui faire comprendre le sens véritable de ce mot
« populaire ».*

Accedit etiam ille mihi summus labor ac difficillima
ratio consulatus gerendi, quod non eadem, qua superioribus consulibus, lege et conditione utendum esse decrevi:
qui aditum hujus loci conspectumque vestrum partim
magnopere fugerunt, partim non vehementer secuti sunt.
Ego autem non solum hoc in loco dicam, ubi est id dictu
facillimum, sed in ipso senatu, in quo esse locus huic voci
non videbatur, popularem me futurum esse consulem,
prima mea illa oratione Kalendis januariis dixi. Neque enim
ullo modo facere possum; ut, quum me intelligam, non

aux eaux et aux chemins, peuvent, sous quelque prétexte, être changées, bouleversées? Croyez-moi : pour la possession de tous ces biens chacun de vous doit plus au droit et aux lois qu'à ceux-là mêmes qui les lui ont laissés. On peut par testament faire tomber une terre en ma possession, mais cette propriété, devenue mienne, je ne puis la garder sans le droit civil. Un bien-fonds m'est laissé par mon père, mais le droit de prescription, c'est-à-dire la jouissance assurée sans crainte de procès, ce n'est pas mon père qui m'en gratifie, c'est la loi. Je tiens de mon père le droit d'amener l'eau et d'en puiser, le droit de chemin et de passage; mais je tire du droit civil la confirmation de tous ces avantages. Aussi devez-vous ne pas apporter moins de zèle à conserver ce patrimoine public du droit, reçu par vous de vos ancêtres, qu'à défendre votre fortune personnelle; non seulement parce que celle-ci a sa garantie dans le droit civil, mais encore parce que la perte d'un patrimoine personnel ne fait de tort qu'à un seul individu, tandis qu'il ne peut y avoir atteinte au droit public sans un énorme préjudice pour tout l'État.

LXXV

(Tom. III, p. 92.)

Aux difficultés de mes fonctions consulaires, s'en ajoute une autre, la plus grande et la plus grave de toutes : c'est la résolution que j'ai prise de suivre un autre système et d'autres règles que les consuls mes prédécesseurs, parmi lesquels les uns ont toujours pris soin de ne point paraître devant vous à cette tribune et les autres n'y sont venus qu'avec peu d'empressement. Pour moi, ce n'est pas seulement ici que je l'affirme, ici où cette déclaration est on ne peut plus aisée; mais au Sénat même, qui ne semblait pas être le lieu d'un tel langage, j'ai déclaré, le jour des

hominum potentium studio, non excellentibus gratiis paucorum, sed universi populi romani judicio consulem ita factum, ut nobilissimis hominibus longe præponerer[1], non et in hoc magistratu et in omni vita sim popularis.

Sed mihi ad hujusce verbi vim et interpretationem vehementer opus est vestra sapientia. Versatur enim magnus error, propter insidiosas nonnullorum simulationes; qui quum populi non solum commoda, verum etiam salutem oppugnant et impediunt, oratione assequi volunt, ut populares esse videantur..........

Neque enim, Quirites, illud vobis jucundum aut populare debet videri, largitio aliqua promulgata, quæ verbis ostentari potest, re vera fieri, nisi exhausto ærario, nullo pacto potest. Neque vero illa popularia sunt existimanda, judiciorum perturbationes, rerum judicatarum infirmationes, restitutio damnatorum : qui civitatum afflictarum, perditis jam rebus, extremi exitiorum solent esse exitus. Neque si qui agros populo romano pollicentur, si aliud quiddam obscure moliuntur, aliud spe ac specie simulationis ostentant, populares existimandi sunt.

Cic. *De leg. agr.*, II, 3-4.

LXXVI

Labiénus avait dit qu'on pouvait parler librement de Marius, puisqu'il était mort. Réponse de Cicéron.

Quid jam ista C. Mario, inquit, nocere possunt, quoniam sensu et vita caret ? Itane vero ? Tantis in laboribus C. Marius periculisque vixisset, si nihil longius, quam vitæ ter-

---

(1) Voir, sur l'élection de Cicéron, tom. III, p. 22.

calendes de janvier, dès mon premier discours, que je serais un consul populaire. Je ne puis, en effet, quand j'ai conscience de devoir le consulat non à la protection d'amis puissants, non à la haute influence de quelques citoyens, mais aux suffrages unanimes du peuple romain, qui m'a préféré de beaucoup à des hommes de la première noblesse, je ne puis m'empêcher, dans cette magistrature et pendant toute ma vie, d'être populaire.

Mais pour vous expliquer et vous faire bien saisir la valeur de ce mot, j'ai besoin de toute votre sagesse. Car il s'est répandu à ce sujet une erreur profonde, par suite de l'hypocrisie de certains hommes perfides qui, alors qu'ils attaquent et mettent en péril les intérêts et même le salut du peuple, veulent arriver par leurs discours à passer pour des magistrats populaires....

Ne voyez donc, Romains, rien d'agréable, rien de vraiment populaire dans l'annonce publique d'une largesse, qu'on peut exalter avec emphase, mais qu'en réalité on ne saurait accomplir sans épuiser le trésor de l'État. Ne regardez pas comme des actes populaires le bouleversement de la justice, l'inexécution des jugements, la réhabilitation des condamnés, mesures désastreuses qui consomment d'ordinaire la ruine définitive des États déjà menacés de mort. Et s'il est des hommes qui promettent des terres au peuple romain, qui ourdissent dans l'ombre de funestes projets tout en déployant à vos yeux de fausses espérances, ne les regardez pas comme populaires.

LXXVI

(Tom. III, p. 96.)

Mais quel mal, dit Labiénus, ces injures peuvent-elles faire maintenant à C. Marius, puisqu'il n'a plus ni sentiment, ni vie ? Eh quoi ! Marius aurait-il passé ses jours dans les travaux et les périls, si au delà des termes de la vie, dans ses espérances et ses désirs, il n'avait vu que le néant

mini postulabant, spe atque animo de se et gloria sua cogitasset? At credo, quum innumerabiles hostium copias in Italia fudisset, atque obsidione rempublicam liberasset, omnia sua secum una moritura arbitrabatur. Non est ita, Quirites : neque quisquam nostrum in reipublicæ periculis cum laude ac virtute versatur, quin spe posteritatis fructuque ducatur. Itaque quum multis aliis de causis virorum bonorum mentes divinæ mihi atque æternæ videntur esse, tum maxime, quod optimi et sapientissimi cujusque animus ita præsentit in posterum, ut nihil nisi sempiternum spectare videatur. Quapropter equidem et C. Marii, et ceterorum virorum sapientissimorum ac fortissimorum civium mentes, quæ mihi videntur ex hominum vita ad deorum religionem et sanctimoniam demigrasse, testor, me pro illorum fama, gloria, memoria, non secus ac pro patriis fanis atque delubris propugnandum putare : ac, si pro illorum laude mihi arma capienda essent, non minus strenue caperem, quam illi pro communi salute ceperunt. Etenim, Quirites, exiguum nobis vitæ curriculum natura circumscripsit, immensum gloriæ.

Cic., Or. pro C. Rabirio, 10.

LXXVII

Cicéron exhorte Catilina à sortir de Rome. Prosopopée de la Patrie.

Nunc vero, quæ tua est ista vita? Sic enim jam tecum loquar, non ut odio permotus esse videar, quo debeo, sed ut misericordia, quæ tibi nulla debetur. Venisti paullo ante in senatum : quis te ex hac tanta frequentia, ex tot tuis amicis ac necessariis salutavit? Si hoc post hominum memoriam contigit nemini, vocis exspectas contumeliam, quum sis gravissimo judicio taciturnitatis oppressus? Quid, quod adventu tuo ista subsellia vacuefacta sunt? quod omnes consulares, qui tibi persæpe ad cædem constituti fuerunt, simul atque assedisti, partem istam subselliorum nudam atque inanem reliquerunt? Quo tandem animo hoc

pour lui-même et pour sa gloire ? Croirai-je qu'après avoir défait en Italie des troupes innombrables d'ennemis, après avoir délivré la patrie assiégée, il pensait que tous ses hauts faits périraient avec lui ! Non certes, Romains ; et nul de nous ne s'expose aux périls pour la patrie avec un noble et courageux dévouement sans espérer que la postérité l'en récompensera. Aussi de tous les motifs qui me font croire que l'âme des hommes vertueux est divine et immortelle, il n'en est pas de plus puissant que le sentiment qui porte la pensée des héros et des sages vers l'avenir au point de ne rien voir, pour ainsi dire, que l'immortalité. Oui, j'en atteste les âmes de C. Marius et de tous les grands hommes qu'ont illustrés chez nous leur courage et leur sagesse, ces âmes qui de la vie mortelle ont passé dans le domaine religieux et sacré des dieux ; ma conviction est qu'il faut combattre pour leurs noms, leur gloire et leur mémoire avec non moins d'ardeur que pour les autels et les temples de la patrie ; et si, pour défendre leur honneur, il fallait prendre les armes, je les prendrais avec autant d'énergie qu'eux-mêmes en ont montré pour sauver l'État. Car si la nature, Romains, a renfermé le cours de notre vie dans des bornes étroites, la gloire n'en a pas.

LXXVII

(Tom. III, p. 98.)

Désormais quelle vie est la tienne ? Car en ce moment je veux bien te parler, non pas avec l'indignation que tu mérites, mais avec la pitié qui ne t'est nullement due. Tu viens d'entrer dans le Sénat : au milieu de cette assemblée si nombreuse, où tu as tant d'amis et de proches, qui t'a salué ? Si de mémoire d'homme pareil affront n'a été fait à personne, vas-tu attendre que la voix du Sénat exprime le flétrissant arrêt sous le poids duquel son silence t'écrase ? Vois comme, à ton arrivée, tous les sièges sont restés vides autour de toi. Vois comme tous ces consulaires, dont tu as si souvent résolu la mort, dès que tu t'es assis, ont laissé absolument

tibi ferendum putas? Servi me hercle mei si me isto pacto metuerent, ut te metuunt omnes cives tui, domum meam relinquendam putarem : tu tibi urbem non arbitraris? Et, si meis civibus injuria suspectum tam graviter atque offensum viderem, carere me adspectu civium, quam infestis oculis omnium conspici mallem ; tu, quum conscientia scelerum tuorum agnoscas odium omnium justum, et jam tibi diu debitum, dubitas, quorum mentes sensusque vulneras, eorum adspectum præsentiamque vitare? Si te parentes timerent atque odissent tui, neque eos ulla ratione placare posses, ut opinor, ab eorum oculis aliquo concederes ; nunc te patria, quæ communis est omnium nostrum parens, odit ac metuit, et jamdiu de te nihil judicat, nisi de parricidio suo cogitare. Hujus tu neque auctoritatem verebere, neque judicium sequere, neque vim pertimesces? Quæ tecum, Catilina, sic agit, et quodammodo tacita loquitur : «Nullum aliquot jam annis facinus exstitit, nisi per te ; nullum flagitium sine te ; tibi uni multorum civium neces, tibi vexatio direptioque sociorum impunita fuit ac libera ; tu non solum ad negligendas leges ac quæstiones, verum etiam ad evertendas perfringendasque valuisti. Superiora illa, quanquam ferenda non fuerunt, tamen, ut potui, tuli : nunc vero me totam esse in metu propter te unum ; quidquid increpuerit, Catilinam timeri ; nullum videri contra me consilium iniri posse, quod a tuo scelere abhorreat, non est ferendum. Quamobrem discede, atque hunc mihi timorem eripe : si est verus, ne opprimar ; sin falsus, ut tandem aliquando timere desinam.»

Hæc si tecum, ut dixi, patria loquatur, nonne impetrare debeat, etiamsi vim adhibere non possit?

Cic., *In L. Catilinam*, I, 7—8.

déserte cette partie de l'enceinte. Comment peux-tu supporter cette humiliation? Certes si mes esclaves me redoutaient comme te redoutent tous tes concitoyens, je croirais devoir abandonner ma maison, et tu ne penses pas devoir abandonner la ville? Si mes concitoyens, me soupçonnant à tort, me témoignaient une telle haine, j'aimerais mieux me priver de leur vue que de m'exposer partout à leurs regards irrités; et toi, quand le sentiment de tes crimes t'avertit qu'à ton égard la haine de tous est juste et depuis longtemps méritée, tu balances à fuir la présence de ceux pour qui ton aspect est un véritable supplice! Si les auteurs de tes jours te craignaient et te haïssaient, sans qu'il te restât aucun moyen de les apaiser, sans doute tu t'éloignerais de leurs yeux; eh bien, la patrie qui est notre mère commune, te hait, te craint, et depuis longtemps ne voit en toi que le parricide qui ne songe qu'à sa perte. Veux-tu mépriser son autorité, te révolter contre son jugement, braver sa puissance? Voici, Catilina, comment elle s'adresse à toi, et ce que par ma voix elle semble te dire elle-même: « Depuis plusieurs années déjà, il ne s'est pas commis un forfait dont tu ne sois l'auteur, pas un scandale auquel tu n'aies pris part. Toi seul, tu as, impunément et sans obstacle, donné la mort à plusieurs citoyens, opprimé et pillé les alliés: non seulement tu as méprisé les lois et l'action des tribunaux, mais tu as réussi à les détruire, à les fouler aux pieds. Tant d'attentats ne devaient pas être soufferts; cependant, autant que je l'ai pu, je les ai supportés: mais maintenant rester toujours plongée dans la terreur à cause de toi seul; au moindre bruit craindre toujours Catilina; n'avoir, semble-t-il, à redouter aucun complot où ne se sente ta main criminelle; ce sort est intolérable. Pars donc et délivre-moi de ces terreurs: si elles sont justes, pour que je ne périsse pas; si elles sont vaines, pour que je puisse enfin cesser de craindre. »

Si la patrie te parlait ainsi, ne devrait-elle pas obtenir de toi ce qu'elle demande, alors même qu'elle ne pourrait recourir à la force?

LXXVIII
Rien de plus incertain que les élections des comices.

Quod enim fretum, quem Euripum [1] tot motus, tantas, tam varias habere putatis agitationes fluctuum, quantas perturbationes et quantos æstus habet ratio comitiorum? Dies intermissus unus, aut nox interposita, sæpe perturbat omnia; et totam opinionem parva nonnunquam commutat aura rumoris. Sæpe etiam sine ulla aperta causa fit aliud, atque existimamus, ut nonnunquam ita factum esse etiam populus admiretur : quasi vero non ipse fecerit. Nihil est incertius vulgo, nihil obscurius voluntate hominum, nihil fallacius ratione tota comitiorum. Quis L. Philippum summo ingenio, opera, gratia, nobilitate, a M. Herennio superari posse arbitratus est? quis Q. Catulum, humanitate, sapientia, integritate antecellentem, a Cn. Manlio? quis M. Scaurum, hominem gravissimum, civem egregium, fortissimum senatorem, a Q. Maximo [2]? Non modo horum nihil ita fore putatum est, sed ne quum esset factum quidem, quare ita factum esset, intelligi potuit. Nam ut tempestates sæpe certo aliquo cæli signo commoventur, sæpe improvisa nulla ex certa ratione, obscura aliqua ex causa excitantur : sic in hac comitiorum tempestate populari, sæpe intelligas, quo signo commota sit; sæpe ita obscura est, ut casu excitata esse videatur.

Cic., *Or. pro L. Murena*, 17.

LXXIX
Cicéron cherche à émouvoir les juges en faveur de Muréna.
Péroraison.

Si (quod Jupiter omen avertat) hunc vestris sententiis afflixeritis, quo se miser vertet? domumne? ut eam ima-

---

(1) Ce mot proprement désigne le détroit qui sépare l'Eubée de la Béotie, mais il s'emploie au figuré pour désigner en mer tout passage resserré et par conséquent agité.

LXXVIII
(Tom. III, p. 108.)

Quel détroit, quel bras de mer orageux, pensez-vous, est exposé à des mouvements plus fréquents, à des agitations plus violentes et plus soudaines, que les comices avec leurs troubles et leurs tempêtes? L'espace d'un seul jour, l'intervalle d'une nuit souvent bouleversent tout, et pour changer l'opinion du peuple entier il suffit parfois du souffle léger de la moindre rumeur. Souvent même, sans aucune cause visible, il se produit tout autre chose que le résultat prévu, au point que le peuple lui-même s'étonne de l'événement comme si l'événement n'était pas son ouvrage. Rien de plus incertain que la multitude, rien de plus mystérieux que la volonté des hommes, rien de plus trompeur que tout l'ensemble des comices. Qui eût pensé que L. Philippus, avec son talent, ses services, son crédit, sa noblesse, serait vaincu par M. Hérennius? Q. Catulus, malgré son amabilité, sa sagesse, sa probité, par Cn. Mallius? et M. Scaurus, personnage si considérable, citoyen si distingué, sénateur si puissant, par Q. Maximus? Non seulement on ne prévoyait rien de tout cela, mais même après coup on ne peut l'expliquer. Souvent quelque signe du ciel annonce d'une manière certaine la tempête, souvent aussi, sans aucune prévision possible, sans cause apparente, elle se produit soudainement; de même, dans les orages populaires des comices, si l'on peut parfois saisir la cause qui les a produits, parfois aussi l'obscurité qui les enveloppe est telle qu'ils semblent un effet du hasard.

LXXIX
(Tom. III, p. 110.)

Si par votre arrêt (et puisse Jupiter détourner ce présage!) il est condamné, où l'infortuné cherchera-t-il un

---

(2) La cause de la faveur que le peuple témoignait à Q. Maximus est assez curieuse : il avait été frappé de la foudre sans en recevoir aucun mal, ce qui l'avait fait surnommer *pullus Jovis*.

ginem clarissimi viri, parentis sui, quam paucis ante diebus laureatam in sua gratulatione conspexit, eamdem deformatam ignominia lugentemque videat? An ad matrem, quæ misera modo consulem osculata filium suum, nunc cruciatur et sollicita est, ne eumdem paullo post spoliatum omni dignitate conspiciat? Sed quid ego matrem, aut domum appello, quem nova pœna legis [1] et domo, et parente, et omnium suorum consuetudine conspectuque privat? Ibit igitur in exsilium miser? quo? ad Orientisne partes, in quibus annos multos legatus [2] fuit, et exercitus duxit, et res maximas gessit? At habet magnum dolorem, unde cum honore decesseris [3], eodem cum ignominia reverti. An se in contrariam partem terrarum abdet, ut Gallia transalpina, quem nuper summo cum imperio libentissime viderit, eumdem lugentem, mœrentem, exsulem videat? In ea porro provincia, quo animo C. Murenam, fratrem suum, adspiciet? qui hujus dolor? qui illius mœror erit? quæ utriusque lamentatio? quanta autem perturbatio fortunæ atque sermonis, quod, quibus in locis paucis ante diebus factum esse consulem Murenam nuntii litteræque celebrassent, et unde hospites atque amici gratulatum Romam concurrerint, repente eo accedat ipse nuntius suæ calamitatis?

Quæ si acerba, si misera, si luctuosa sunt, si alienissima a mansuetudine et misericordia vestra, judices: conservate populi romani beneficium; reddite reipublicæ consulem; date hoc ipsius pudori, date patri mortuo, date generi et familiæ, date etiam Lanuvio, municipio honestissimo, quod in hac tota causa frequens mœstumque vidistis. Nolite a sacris patriis Junonis Sospitæ, cui omnes consules facere necesse est, domesticum et suum consulem potissimum avellere. Quem ego vobis, si quid habet aut momenti commendatio, aut auctoritatis confirmatio mea, consul consulem, judices, ita commendo, ut cupidissimum

---

(1) La loi Tullia venait d'aggraver les dispositions pénales de la loi Acilia-Calpurnia contre la brigue.

(2) Il avait été lieutenant de Lucullus.

(3) Var.: *decesserit*.

refuge? Dans sa maison? mais la noble image de son illustre père, qu'il voyait, il y a peu de jours, sourire toute triomphante à son succès, lui semblera défigurée par la honte et la douleur. Auprès de sa mère? Hier la malheureuse dans son fils embrassait un consul; aujourd'hui, elle se tourmente, elle se désole à la pensée qu'elle ne le reverra même plus citoyen. Et que parlé-je de mère et de maison, quand la peine nouvelle infligée par la loi le prive et de sa maison, et de sa mère, et du commerce comme de la vue de tous les siens? Il ira donc en exil, l'infortuné? En quels lieux? Sera-ce en Orient, où, durant tant d'années, lieutenant d'un général, il a commandé des armées et accompli de hauts faits? Quelle douleur de retourner, la honte au front, dans un pays d'où l'on est parti couvert de gloire! Ira-t-il se cacher à l'autre extrémité de la terre, pour que la Gaule Transalpine, qui naguère était heureuse de le voir chez elle revêtu de la plus haute autorité, le revoie humilié, consterné, proscrit? Dans cette province d'ailleurs, comment soutenir la vue de son frère C. Muréna? Quel chagrin pour l'un! quelle affliction pour l'autre! Et que de gémissements pour tous deux! Quel changement de situation et de langage, lorsque, dans ces mêmes lieux où les courriers et les lettres annonçaient récemment l'élévation de Muréna au consulat, et d'où ses amis et ses hôtes accouraient à Rome pour l'en féliciter, il arrivera tout à coup annonçant lui-même son malheur!

Si une infortune si cruelle et si déplorable ne répond ni à votre générosité, ni à votre humanité, confirmez, juges, le bienfait du peuple romain; rendez à la république son consul; accordez cette grâce à la vertu de Muréna, à la mémoire de son père, à ses parents et à sa famille; accordez-la aussi à l'honorable municipe de Lanuvium, dont les habitants sont venus en foule à ces débats vous montrer leur douleur. N'enlevez pas au culte héréditaire de Junon Conservatrice, à qui tous les consuls doivent sacrifier, un consul qui appartient à son temple et qui est sien. Pour moi, si ma recommandation a quelque poids et mon témoi-

otii, studiosissimum bonorum, acerrimum contra seditionem, fortissimum in bello, inimicissimum huic conjurationi, quæ nunc rempublicam labefactat, futurum esse promittam et spondeam.

Cic., Or. pro L. Murena, 41.

LXXX
Utilité et agrément de l'étude des lettres.

Quæret quispiam : quid? illi ipsi summi viri, quorum virtutes litteris proditæ sunt, istane doctrina, quam tu laudibus effers, eruditi fuerunt? Difficile est hoc de omnibus confirmare; sed tamen est certum, quid respondeam. Ego multos homines excellenti animo ac virtute fuisse, et sine doctrina, naturæ ipsius habitu prope divino, per seipsos et moderatos et graves exstitisse fateor. Etiam illud adjungo, sæpius ad laudem atque virtutem naturam sine doctrina, quam sine natura valuisse doctrinam. Atque idem ego contendo, quum ad naturam eximiam atque illustrem accesserit ratio quædam conformatioque[1] doctrinæ : tum illud nescio quid præclarum ac singulare solere exsistere. Ex hoc esse hunc numero, quem patres nostri viderunt, divinum hominem, Africanum; ex hoc C. Lælium, L. Furium, moderatissimos homines et continentissimos; ex hoc fortissimum virum, et illis temporibus doctissimum, M. Catonem illum senem : qui profecto, si nihil ad percipiendam colendamque virtutem litteris adjuvarentur, nunquam se ad earum studium contulissent.

Quod si non hic tantus fructus ostenderetur, et si ex his studiis delectatio sola peteretur : tamen, ut opinor, hanc animi adversionem humanissimam ac liberalissimam judicaretis. Nam ceteræ neque temporum sunt, neque ætatum omnium, neque locorum : hæc studia adolescentiam alunt[2],

(1) Var.: *confirmatioque*.
(2) Var.: *agunt*.

gnage quelque autorité, consul, je vous recommande un consul tout plein d'amour pour l'ordre, de dévouement pour les gens de bien, d'énergie contre la sédition, de vaillance à la guerre, et de haine contre cette conjuration qui en ce moment menace de ruiner la république; voilà ce qu'il sera, je le promets, j'en prends l'engagement.

LXXX

(Tom. III, p. 114.)

Quoi ! me dira-on, les grands hommes eux-mêmes dont les vertus ont été portées à notre connaissance par les lettres, ont été formés par les études dont vous parlez avec tant d'éloges? Je ne saurais l'affirmer pour tous; mais je puis, malgré cela, vous répondre avec certitude. Il y a eu, j'en conviens, des hommes d'un génie et d'une grandeur d'âme tout à fait remarquables, qui, sans étude, et par la seule disposition d'une nature presque divine, ont acquis d'eux-mêmes la sagesse et l'autorité. J'ajoute même que la nature sans l'étude a plus souvent conduit à la gloire et à la vertu que l'étude sans la nature. Mais en même temps je soutiens que, si au naturel le plus heureux et le plus distingué l'étude apporte la direction et l'art qui le façonnent, il naît de ce concours je ne sais quoi de sublime et d'exceptionnel. Tel fut, du temps de nos pères, cet homme divin, Scipion l'Africain; tels furent C. Laelius, L. Furius, ces modèles de modération et de sagesse; tel fut l'homme le plus ferme et le plus savant de son époque, le vieux Caton. Sans doute, s'ils n'avaient trouvé dans les lettres aucune utilité pour la connaissance et la pratique de la vertu, jamais ils ne les auraient cultivées.

Mais quand on fermerait les yeux sur ce grand avantage, et que dans l'étude des lettres on ne chercherait que le seul agrément, vous jugeriez encore, je pense, qu'il n'y a pas de distraction plus honnête et plus digne de l'homme. Les autres amusements ne conviennent ni à toutes les

senectutem oblectant, secundas res ornant, adversis perfugium ac solatium præbent; delectant domi, non impediunt foris; pernoctant nobiscum, peregrinantur, rusticantur.

Cic., Or. pro Archia, 7.

LXXXI

Devoirs, dangers et gloire des vrais hommes d'État.

Huic hominum generi fateor, ut ante dixi, multos adversarios, inimicos, invidos esse, multa proponi pericula, multas inferri injurias, magnos esse experiundos et subeundos labores ; sed mihi omnis oratio est cum virtute, non cum desidia, cum dignitate, non cum voluptate, cum iis qui se patriæ, qui suis civibus, qui laudi, qui gloriæ, non qui somno, et conviviis, et delectationi natos arbitrantur. Nam, si qui voluptatibus ducuntur, et se vitiorum illecebris et cupiditatum lenociniis dediderunt: missos faciant honores: ne attingant rempublicam; patiantur viros fortes labore, se otio suo perfrui. Qui autem bonam famam bonorum, quæ sola vere gloria nominari potest, expetunt, aliis otium quærere debent et voluptates, non sibi. Sudandum est his pro communibus commodis, adeundæ inimicitiæ, subeundæ sæpe pro republica tempestates; cum multis audacibus, improbis, nonnunquam etiam potentibus, dimicandum. Hæc audivimus de clarissimorum virorum consiliis et factis ; hæc accepimus, hæc legimus. Neque eos in laude positos videmus, qui incitarunt aliquando populi animos ad seditionem, aut qui largitione cæcarunt mentes imperitorum, aut qui fortes et claros viros, et bene de republica meritos in invidiam aliquam vocaverunt. Leves hos semper nostri homines, et audaces, et malos, et perniciosos cives putaverunt. At vero qui horum impetus et conatus represserunt; qui auctoritate, qui fide, qui constantia, qui magnitudine animi, consiliis

situations ni à tous les âges, ni à tous les lieux ; mais les lettres nourrissent la jeunesse et font le charme de la vieillesse; elles embellissent notre bonheur et nous offrent dans l'adversité un refuge et une consolation; elles nous récréent chez nous et ne nous embarrassent pas au dehors; elles veillent avec nous, elles nous accompagnent et en voyage et à la campagne.

LXXXI

(Tom. III, p. 128.)

De tels hommes, j'en conviens et je l'ai déjà dit, ont beaucoup d'adversaires, d'ennemis et d'envieux; les périls les environnent; beaucoup d'injustices leur sont faites; leur constance est mise à l'épreuve de durs travaux. Mais c'est seulement à la vertu que je parle, non à la lâcheté; c'est à l'honneur, et non à la mollesse ; c'est aux hommes qui se croient nés pour la patrie, pour leurs concitoyens, pour l'estime et la gloire, et non à ceux qui ne vivent que pour le sommeil, les festins et le plaisir. Car, s'il en est qui se laissent entraîner par la volupté, qui se livrent aux séductions du vice et au charme des passions, qu'ils renoncent aux honneurs; qu'ils ne prétendent pas à la direction de la république, et qu'ils laissent les hommes courageux à leurs chères fatigues, se complaisant eux-mêmes dans leur repos. Que ceux, au contraire, dont l'ambition recherche l'estime des honnêtes gens, qui, seule, constitue la véritable gloire, s'efforcent de conquérir le repos et les plaisirs pour les autres et non pour eux ; qu'ils peinent pour le bien de tous; qu'ils bravent les inimitiés; qu'ils affrontent les orages dans l'intérêt de l'État; que toujours aux audacieux, aux méchants, et même parfois aux puissants ils fassent la guerre. C'est ainsi, nous le savons, que nos plus grands hommes ont pensé et agi; la tradition et les livres nous l'ont appris. Nous ne voyons pas que les éloges aient jamais été réservés à ceux qui ont excité le peuple à la sédition, ou à ceux qui par des lar-

audacium restiterunt : ii graves, ii principes, ii duces, ii auctores hujus ordinis, et dignitatis, atque imperii semper habiti sunt.

Cic., *Or. pro P. Sextio*, 66.

LXXXII

Cicéron explique comment Cælius a pu être l'ami de Catilina. Portrait de Catilina.

Studuit Catilinæ, quum jam aliquot annos esset in foro, Cælius. Et multi hoc idem ex omni ordine, atque ex omni ætate fecerunt. Habuit enim ille, sicuti meminisse vos arbitror, permulta maximarum, non expressa signa, sed adumbrata virtutum. Utebatur hominibus improbis multis; et quidem optimis se viris deditum esse simulabat. Erant apud illum illecebræ libidinum multæ; erant etiam industriæ quidam stimuli ac laboris. Flagrabant vitia libidinis apud illum; vigebant etiam studia rei militaris. Neque ego unquam fuisse tale monstrum in terris ullum puto, tam ex contrariis diversisque inter se pugnantibus naturæ studiis cupiditatibusque conflatum.

Quis clarioribus viris quodam tempore jucundior? quis turpioribus conjunctior? quis civis meliorum partium aliquando? quis tetrior hostis huic civitati? quis in voluptatibus inquinatior? quis in laboribus patientior? quis in rapacitate avarior? quis in largitione effusior? Illa vero, judices, in illo homine mirabilia fuerunt, comprehendere multos amicitia, tueri obsequio, cum omnibus communicare quod habebat, servire temporibus suorum omnium pecunia, gratia, labore corporis, scelere etiam, si opus

gesses ont égaré une foule ignorante, ou à ceux qui ont appelé la haine sur des citoyens courageux, illustres et dignes de la reconnaissance de la patrie. On les a toujours, parmi nous, regardés comme des citoyens sans valeur, audacieux, mauvais et pernicieux. Mais ceux qui ont repoussé leurs attaques et leurs efforts, ceux qui, par l'autorité de leurs conseils, la droiture, la fermeté et la grandeur d'âme ont résisté aux projets des audacieux, toujours ont été honorés comme des hommes respectables, comme les chefs, les guides, les directeurs de cet ordre, les soutiens de notre dignité et de notre empire.

LXXXII

(Tom. III, p. 138.)

Cælius, après avoir fréquenté le forum depuis plusieurs années déjà, eut des rapports d'amitié avec Catilina : beaucoup d'autres, de toutes les classes et de tout âge, ont fait de même. Catilina, en effet, vous devez, je pense, vous en souvenir, avait, sans les posséder en réalité, l'apparence de la plupart des plus grandes vertus. Il était lié avec beaucoup d'hommes pervers et il affectait d'être dévoué aux meilleurs. Les plaisirs avaient un grand attrait pour lui, et il était capable d'application et de travail. Il était dévoré du feu des passions, et il avait du goût pour les travaux de la guerre. Je crois qu'il n'a jamais existé sur la terre un tel assemblage monstrueux de passions et de goûts si divers, si contraires, et plus faits pour se combattre.

Qui sut mieux que lui, à certain moment, se rendre agréable aux hommes les plus illustres? Qui s'unit plus intimement aux plus infâmes? Quel citoyen se montra d'abord plus chaud partisan de la bonne cause? ensuite plus cruel ennemi de la République? Qui fut plus vil dans ses débauches? plus infatigable dans le travail? plus avide dans ses rapines? plus prodigue dans ses largesses? Mais

esset, et audacia; versare suam naturam, et regere ad tempus, atque huc et illuc torquere et flectere; cum tristibus severe, cum remissis jucunde, cum senibus graviter, cum juventute comiter, cum facinorosis audacter, cum libidinosis luxuriose vivere. Hac ille tam varia multiplicique natura, quum omnes omnibus ex terris homines improbos audacesque collegerat, tum etiam multos fortes viros et bonos specie quadam virtutis assimulatæ tenebat. Neque unquam ex illo delendi hujus imperii tam consceleratus impetus exstitisset, nisi tot vitiorum tanta immanitas quibusdam facilitatis et patientiæ radicibus niteretur. Quare ista conditio, judices, respuatur, nec Catilinæ familiaritatis crimen hæreat. Est enim commune cum multis, et cum quibusdam etiam bonis.

Cic., *Or. pro M. Cælio*, 5-6.

LXXXIII

Laterensis accusait Cicéron de témoigner trop de reconnaissance à Plancius et d'apporter trop d'ardeur à sa défense. Cicéron s'explique à ce sujet en faisant l'éloge de la reconnaissance.

Quum omnibus virtutibus me affectum esse cupiam, tamen nihil est, quod malim, quam me et gratum esse, et videri. Hæc est enim una virtus non solum maxima, sed etiam mater virtutum omnium reliquarum. Quid est pietas, nisi voluntas grata in parentes? qui sunt boni cives, qui belli, qui domi de patria bene merentes, nisi qui patriæ beneficia meminerunt? qui sancti, qui religionum colentes, nisi qui meritam diis immortalibus gratiam justis

ce qu'il y avait, juges, de plus merveilleux en lui, c'était le talent de se faire beaucoup d'amis, de se les conserver par ses complaisances, en partageant avec eux ce qu'il possédait, en les aidant, selon les besoins de chacun, de son argent, de son crédit, de ses fatigues, de ses crimes même, s'il le fallait, et de son audace ; c'était de varier son caractère et de l'accommoder aux circonstances, de le retourner et de le plier de mille manières : sérieux avec les gens austères, gai avec les personnes enjouées, grave avec les vieillards, aimable avec les jeunes, audacieux avec les scélérats, sans retenue avec les débauchés. Grâce à ce caractère aux formes si changeantes et si diverses, tout en rassemblant autour de lui ce que tous les pays du monde avaient d'hommes pervers et audacieux, il s'était attaché nombre de citoyens importants et estimables par ces dehors séduisants d'une vertu simulée. Et jamais par lui ne se fût produit l'horrible attentat qui allait renverser la république, si ce monstrueux assemblage de tant de vices n'eût été soutenu par la souplesse et la persévérance. Ainsi, juges, qu'il ne soit plus question de ce grief et qu'on ne reproche plus à Cælius ses rapports d'amitié avec Catilina : cette faute lui serait commune avec beaucoup d'autres, et même avec des gens parfaitement honnêtes.

LXXXIII

(Tom. III, p. 143.)

Il n'y a pas de vertu que je ne sois jaloux de posséder; mais rien, selon moi, n'est préférable au mérite d'être reconnaissant et de le paraître. La reconnaissance, en effet, est non seulement la plus grande, mais la mère de toutes les autres vertus. Qu'est-ce que l'amour filial, sinon un sentiment de reconnaissance envers les auteurs de nos jours? Quels sont les bons citoyens, les citoyens toujours dévoués à la patrie en paix comme en guerre, sinon ceux

honoribus, et memori mente persolvunt? Quæ potest esse jucunditas vitæ, sublatis amicitiis? quæ porro amicitia potest esse inter ingratos? Quis est nostrum liberaliter educatus, cui non educatores, cui non magistri sui atque doctores, cui non locus ille mutus ipse, ubi altus aut doctus est, cum grata recordatione in mente versetur? cujus opes tantæ esse possunt, aut unquam fuerunt, quæ sine multorum amicorum officiis stare possint? quæ certe, sublata memoria et gratia, nulla exstare possunt. Equidem nil tam proprium hominis existimo, quam non modo beneficio, sed etiam benivolentiæ significatione alligari; nihil porro tam inhumanum, tam immane, tam ferum, quam committere, ut beneficio non dicam indignus, sed victus esse videare. Quæ quum ita sint, jam succumbam, Laterensis, isti tuæ orationi; in eo ipso, in quo nihil potest esse nimium, quoniam ita tu vis, nimium me gratum esse concedam; petamque a vobis, judices, ut eum beneficio complectamini, quem qui reprehenderit, in eo reprehendit, quod gratum præter modum dicat esse.

Cic., Or. pro Cn. Plancio, 33.

LXXXIV

Le fier Milon n'ayant voulu se plier à aucune des démarches auxquelles recouraient ordinairement les accusés, Cicéron prend pour lui-même le rôle de suppliant et prie les juges de ne point arracher de ses bras l'ami dont le courage et le zèle l'ont rendu à sa patrie.

His lacrymis non movetur Milo. Est quodam incredibili robore animi; exsilium ibi esse putat, ubi virtuti non sit locus; mortem naturæ finem esse, non pœnam. Sit hic ea mente, qua natus est. Quid? vos, judices, quo tandem animo eritis? Memoriam Milonis retinebitis, ipsum ejicietis? et erit dignior locus in terris ullus, qui hanc virtutem excipiat, quam hic, qui procreavit? Vos, vos

qui n'oublient pas ses bienfaits? Quels sont les hommes pieux et religieux, sinon ceux qui par de justes hommages s'acquittent envers les dieux immortels de leur dette de gratitude? Quel serait le charme de la vie, sans l'amitié? et l'amitié peut-elle subsister parmi des ingrats? Qui de nous, s'il a reçu une éducation libérale, n'aime à rappeler le doux souvenir de ses maîtres, de ses instituteurs, et même des lieux purement matériels où il a été élevé et instruit? Quel homme peut être ou a jamais été assez puissant pour se soutenir sans l'appui de plusieurs amis? cet appui, sans la reconnaissance, n'a pas de raison d'être. Il n'y a rien, à mon avis, de si naturel à l'homme que d'être sensible à un bienfait et même aux simples témoignages de bienveillance; il n'est rien par contre de plus indigne de notre nature, de plus grossier, de plus contraire à la sociabilité, que de s'exposer à paraître, je ne dirai pas indigne d'un bienfait, mais vaincu en bienfaisance. Ainsi donc, Latérensis, je ne me défendrai pas contre le reproche que vous m'adressez; ici l'excès est impossible, mais, puisque vous le voulez, je conviendrai que je suis trop reconnaissant, et je vous prierai, juges, de vous attacher par un bienfait celui en qui, lorsqu'on le blâme, on ne blâme qu'un excès de reconnaissance.

LXXXIV

(Tom. III, p. 148.)

Ces larmes ne touchent pas Milon. Il y a chez lui une fermeté incroyable; il voit l'exil là où la vertu n'a point d'abri, et la mort, à ses yeux, est la fin de la vie, non pas un châtiment. Qu'il garde donc le grand caractère qu'il tient de la nature. Mais vous, juges, quels seront vos sentiments? En conservant la mémoire de Milon, bannirez-vous sa personne? et se trouvera-t-il sur la terre un lieu plus

appello, fortissimi viri, qui multum pro republica sanguinem effudistis; vos in viri, et in civis invicti appello periculo, centuriones, vosque, milites : vobis non modo inspectantibus, sed etiam armatis, et huic judicio praesidentibus, haec tanta virtus ex hac urbe expelletur? exterminabitur? projicietur? O me miserum! o me infelicem! revocare tu me in patriam, Milo, potuisti per hos; ego te in patria per eosdem retinere non potero? quid respondebo liberis meis, qui te parentem alterum putant? quid tibi, Q. frater, qui nunc abes, consorti mecum temporum illorum? me non potuisse Milonis salutem tueri per eosdem, per quos nostram ille servasset? At in qua causa non potuisse? quae est grata gentibus. A quibus non potuisse? ab iis, qui maxime P. Clodii morte acquierunt. Quo deprecante? me. Quodnam ego concepi tantum scelus, aut quod in me tantum facinus admisi, judices, quum illa indicia communis exitii indagavi, patefeci, protuli, exstinxi? Omnes in me meosque redundant ex fonte illo dolores. Quid me reducem esse voluistis? an ut, inspectante me, expellerentur, per quos essem restitutus? Nolite, obsecro vos, pati mihi acerbiorem reditum esse, quam fuerit ille ipse discessus. Nam qui possum putare me restitutum esse, si distrahor ab iis, per quos restitutus sum?

Cic., *Or. pro Milone*, 37.

LXXXV

En remerciant César du rappel de Marcellus, Cicéron lui dit que si, par ses exploits, il a fait beaucoup pour sa gloire, il peut et doit faire encore davantage pour fixer sur son compte le jugement de la postérité.

Haec igitur tibi reliqua pars est, hic restat actus; in hoc elaborandum est, ut rempublicam constituas, eaque tu in

digne de recevoir sa vertu que celui qui l'a vu naître? C'est vous que j'implore, vous qui, pleins de courage, avez tant de fois versé votre sang pour la patrie; je vous implore, dans le péril d'un homme courageux, d'un citoyen invincible, vous, centurions, et vous, soldats; en votre présence, que dis-je? quand vous êtes ici en armes pour protéger ce tribunal, un homme d'une telle valeur sera renvoyé, banni, chassé de cette ville? Malheureux, infortuné que je suis! vous avez pu par eux, Milon, me rétablir dans ma patrie, et par eux je ne pourrai pas vous y maintenir! Que répondrai-je à mes enfants qui vous regardent comme un second père? Et à toi, Quintus, mon frère, absent aujourd'hui, compagnon de mes infortunes d'alors, que dirai-je? que je n'ai pu défendre Milon à l'aide de ceux-là mêmes qui l'aidèrent à nous sauver? Et dans quelle cause aurai-je été impuissant? Dans celle dont le monde entier désire le succès. En m'adressant à qui? à ceux à qui la mort de Clodius a permis de respirer. En lui présentant quel suppliant? moi-même. Quel crime si grand ai-je donc conçu et quel forfait si énorme ai-je commis, juges, lorsque j'ai pénétré le complot qui menaçait l'État tout entier, lorsque je l'ai découvert, dévoilé, étouffé? Telle est la source de tous les maux qui ne cessent de fondre sur moi et tous les miens. Pourquoi m'avoir fait revenir? Était-ce pour me rendre témoin de l'expulsion de ceux qui m'ont ramené? Je vous en conjure, ne souffrez pas que ce retour soit pour moi plus amer que ne le fut mon départ même. Car puis-je m'applaudir d'être rappelé lorsqu'on m'arrache à ceux à qui je dois mon rappel?

LXXXV

(Tom. III, p. 149.)

Il vous reste donc quelque chose à faire; votre rôle pour être achevé a besoin d'un dernier acte : complétez vos tra-

primis cum summa tranquillitate et otio perfruare : tum te, si voles, quum et patriæ, quod debes, solveris, et naturam ipsam expleveris satietate vivendi, satis diu vixisse dicito[1]. Quid est enim omnino hoc ipsum diu, in quo est aliquod extremum ; quod quum venerit, omnis voluptas præterita pro nihilo est, quia postea nulla futura sit?

Quanquam iste tuus animus nunquam his angustiis, quas natura nobis ad vivendum dedit, contentus fuit, semperque immortalitatis amore flagravit. Nec vero hæc tua vita ducenda est, quæ corpore et spiritu continetur. Illa, inquam, illa vita est tua, quæ vigebit memoria sæculorum omnium, quam posteritas alet, quam ipsa æternitas semper tuebitur. Huic tu inservias, huic te ostentes oportet : quæ quidem, quæ miretur, jam pridem multa habet; nunc etiam, quæ laudet, exspectat.

Obstupescent posteri certe imperia, provincias, Rhenum, Oceanum, Nilum, pugnas innumerabiles, incredibiles victorias, monumenta innumera[2], triumphos audientes et legentes tuos. Sed nisi hæc urbs stabilita tuis consiliis et institutis erit, vagabitur modo nomen tuum longe atque late, sedem stabilem et domicilium certum non habebit. Erit inter eos etiam, qui nascentur, sicut inter nos fuit, magna dissensio, quum alii laudibus ad cælum res tuas gestas efferent, alii fortasse aliquid requirent, idque vel maximum, nisi belli civilis incendium salute patriæ restinxeris ; ut illud fati fuisse videatur, hoc consilii. Servi igitur iis etiam judicibus, qui multis post sæculis de te judicabunt, et quidem haud scio, an incorruptius, quam nos. Nam et sine amore, et sine cupiditate, et rursus sine

---

(1) César, paraît-il, avait prononcé cette parole : « *Satis diu vel naturæ vixi, vel gloriæ. — J'ai assez vécu, soit pour la nature, soit pour la gloire* ». Et Cicéron, vient de relever ce mot en disant que César n'a pas le droit de ne considérer que lui-même lorsqu'il parle de sa vie; qu'il n'a pas assez vécu pour la patrie, puisque, loin d'avoir achevé l'édifice du bonheur public, il n'en a même pas assuré les fondements ; et que d'ailleurs, si l'on réfléchit à ce qu'est réellement la gloire, il a peut-être jusqu'ici par sa valeur excité l'admiration plus que mérité la gloire.

(2) D'autres lisent : *monumenta, munera*

vaux en donnant à la république une marche assurée, et tout réglé, pacifié, jouissez vous-même de votre œuvre dans la paix et le repos. Alors, ne devant plus rien à la patrie, libre de tout compte avec la nature elle-même puisque vous êtes rassasié d'années, dites, si vous voulez, que vous avez assez longtemps vécu.

Qu'est-ce après tout que ce long temps, qui a un terme, et dont le terme marque le néant de tous les plaisirs passés, leur disparition à jamais? Du reste votre grande âme ne se renferma jamais dans ces bornes étroites que la nature a fixées à notre vie; toujours elle brûla du désir de l'immortalité. Pour vous la vie ne se résume pas dans le temps que dure l'union de l'âme et du corps; la vie, la véritable vie pour vous est celle qui prendra sa force dans la mémoire des hommes, qu'alimentera la postérité et que vous conservera à jamais l'éternité même. C'est pour cet avenir qu'il faut travailler, c'est à lui qu'il faut vous montrer grand : depuis longtemps déjà il a dans vos nombreux exploits des sujets d'admiration, aujourd'hui il attend des actes qui le forcent à vous louer.

Certes vos descendants seront saisis d'étonnement lorsqu'on leur dira ou qu'ils liront vos commandements, vos provinces, le Rhin, l'Océan, le Nil domptés par vos armes, la longue suite de vos combats, vos victoires incroyables, vos monuments innombrables et vos triomphes. Mais si vous n'affermissez pas Rome par la sagesse de vos lois et de vos institutions, votre nom ne fera qu'errer pour ainsi dire à travers le temps et l'espace, et n'aura jamais de place fixe, de demeure assurée. On verra parmi ceux qui viendront après nous, comme on a vu parmi nous, des opinions bien différentes : les uns vous loueront et élèveront vos exploits jusqu'aux cieux; les autres peut-être exprimeront un regret, et cela sur une chose essentielle, si, en sauvant la patrie, vous n'avez pas éteint tout brandon de la guerre civile : vos victoires pourront être attribuées à la fortune, cela seul n'eût pu l'être qu'à votre sagesse. Travaillez donc pour ce tribunal qui, dans la suite

odio, et sine invidia judicabunt. Id autem etiam si tunc ad te, ut quidam falso putant, non pertinebit, nunc certe pertinet, esse te talem, ut tuas laudes obscuratura nulla unquam sit oblivio.

Cic., Or. pro M. Marcello, 9.

LXXXVI

Cicéron, qui défend Ligarius, reproche à Tubéron de commettre une cruauté en s'opposant à la clémence de César.

Ego vero istud non postulo, inquies. Ita mehercle existimo, Tubero : novi enim te, novi patrem, novi domum nomenque vestrum; studia denique generis ac familiæ vestræ, virtutis, humanitatis, doctrinæ, plurimarum artium atque optimarum, nota sunt mihi omnia. Itaque certo scio, vos non petere sanguinem; sed parum attenditis. Res enim eo spectat, ut ea pœna, in qua adhuc Q. Ligarius sit, non videamini esse contenti. Quæ est igitur alia, præter mortem? Si enim in exsilio est, sicuti est, quid amplius postulatis? An, ne ignoscatur? hoc vero multo acerbius, multoque est durius. Quod nos domi petimus, precibus et lacrymis, prostrati ad pedes, non tam nostræ causæ fidentes, quam hujus humanitati, id ne impetremus, pugnabis? et in nostrum fletum irrumpes? et nos jacentes ad pedes, supplicum voce prohibebis?

Si, quum hoc domi faceremus, quod et fecimus, et, ut spero, non frustra fecimus, tu derepente irrupisses, et clamare cœpisses : Cæsar, cave ignoscas, cave te fratrum, pro fratris salute obsecrantium, misereatur! nonne omnem humanitatem exuisses? quanto hoc durius, quod nos domi petimus, id te in foro oppugnare? et in tali miseria multorum perfugium misericordiæ tollere?

Dicam plane, C. Cæsar, quod sentio. Si in hac tanta tua fortuna lenitas tanta non esset, quantam tu per te, per te,

des âges, prononcera sur vous, tribunal peut-être plus impartial que nous, puisque l'amour et l'intérêt comme la haine et l'envie n'auront nulle influence sur son arrêt. Dussiez-vous même, comme certains le prétendent à tort, être insensible alors à ce jugement, aujourd'hui du moins bien certainement il vous importe d'être assez grand pour mériter une gloire sur laquelle le temps ne puisse jeter aucun voile.

LXXXVI

(Tom. III, p. 152.)

Mais je ne demande pas sa mort, direz-vous. Certes je le crois, Tubéron : je vous connais, je connais votre père, je connais votre maison et son renom; je sais que, de tout temps, votre famille a aimé la vertu, l'humanité, la science, les lettres et les beaux-arts. Je suis donc convaincu que vous ne demandez pas le sang; mais vous ne réfléchissez pas assez. Votre accusation en effet porte à croire que la peine qu'endure aujourd'hui Ligarius ne vous paraît pas suffisante. En est-il donc une autre que la mort? Puisqu'il est exilé, que voulez-vous de plus? Qu'on ne lui pardonne pas? Mais cette demande est bien plus cruelle encore et plus barbare. Une grâce que nous sollicitons de César, dans son palais, par nos prières et par nos larmes, prosternés devant lui, comptant plus sur sa clémence que sur la bonté de notre cause, vous vous efforcerez de nous la faire refuser? et vous étoufferez nos sanglots? et quand nous sommes à ses pieds, vous ne lui laisserez pas entendre notre voix suppliante?

Si, lorsque nous l'implorions chez lui (et ce n'est pas en vain, je l'espère, que nous l'aurons imploré), vous étiez survenu tout à coup et vous étiez écrié : « César, gardez-vous de pardonner! n'ayez point de pitié pour des frères qui vous implorent en faveur d'un frère! » n'eût-ce pas été renoncer à tout sentiment humain? Mais, conduite

inquam, obtines (intelligo, quid loquar¹), acerbissimo luctu redundaret ista victoria. Quam multi enim essent de victoribus, qui te crudelem esse vellent, quum etiam de victis reperiantur? quam multi, qui, quum a te nemini ignosci vellent, impedirent clementiam tuam, quum etiam ii, quibus ipse ignovisti, nolint te in alios esse misericordem?

Quod si probare Cæsari possemus, in Africa Ligarium omnino non fuisse; si honesto et misericordi mendacio saluti civis calamitosi consultum esse vellemus : tamen hominis non esset, in tanto discrimine et periculo civis, refellere et coarguere nostrum mendacium; et, si esset alicujus, ejus certe non esset, qui in eadem causa et fortuna fuisset. Sed tamen aliud est errare Cæsarem nolle, aliud nolle misereri. Tu diceres : Cave, Cæsar, credas : fuit in Africa Ligarius; tulit arma contra te. Nunc quid dicis? Cave ignoscas. Hæc nec hominis, nec ad hominem vox est : qua qui apud te, C. Cæsar, utetur, suam citius abjiciet humanitatem, quam extorquebit tuam.

Cic., Or., pro Ligario, 5.

---

(1) Cicéron, sans le dire ouvertement, fait entendre que César avait dans son entourage beaucoup de gens qui lui conseillaient de cruelles ven-

plus odieuse encore, à la grâce sollicitée par nous dans la maison particulière de César vous vous opposez en plein forum! et dans le désastre de tant de malheureux vous leur fermez l'asile de la clémence!

Je dirai franchement, César, ce que je pense. Si votre très haute fortune n'était pas accompagnée de cette grande douceur de caractère que vous avez par vous-même, oui, par vous-même (je m'entends, quand je parle ainsi), de votre victoire se serait répandu partout un deuil affreux. Combien parmi les vainqueurs y aurait-il d'hommes désirant que vous fussiez cruel, puisque parmi les vaincus mêmes il s'en trouve! combien parmi les premiers voudraient vous voir impitoyable et mettraient obstacle à votre clémence, puisque ceux à qui vous avez pardonné ne veulent pas que vous ayez pitié des autres!

Si nous pouvions faire croire à César que Ligarius ne parut jamais en Afrique; si, par un mensonge innocent et miséricordieux, nous voulions sauver un citoyen malheureux, il serait inhumain dans une circonstance aussi critique, aussi périlleuse pour ce citoyen, de réfuter et de dévoiler notre mensonge; et si quelqu'un en avait le droit, certes ce ne serait pas celui qui, partisan de la même cause, se serait trouvé naguère dans le même danger. Et cependant la différence est grande entre vouloir que César ne soit pas trompé et vouloir qu'il soit sans pitié. Vous lui diriez alors: « Prenez garde, César, on vous trompe; Ligarius était en Afrique; il a porté les armes contre vous. » Maintenant que dites-vous? « Gardez-vous de pardonner. » Ce n'est pas là le langage qu'un homme tient à un homme; quiconque vous le tiendra, César, dépouillera son cœur d'humanité, mais ce sentiment, il ne l'arrachera pas du vôtre.

---

grances. Quintilien (*Inst. orat.*, VIII, 3) cite ce passage comme exemple d'une des deux sortes d'emphase.

LXXXVII

Cicéron demande à Antoine par quel motif, sans avoir été provoqué, il se déclare son ennemi.

Quonam meo fato, patres conscripti, fieri dicam, ut nemo his annis viginti reipublicæ fuerit hostis, qui non bellum eodem tempore mihi quoque indixerit? Nec vero necesse est a me quemquam nominari vobis, quum ipsi recordamini : mihi pœnarum illi plus, quam optarem, dederunt. Te miror, Antoni, quorum facta imitere, eorum exitus non perhorrescere. Atque hoc in aliis minus mirabar : nemo illorum inimicus mihi fuit voluntarius; omnes a me reipublicæ causa lacessiti. Tu, ne verbo quidem violatus, ut audacior, quam Catilina, furiosior, quam P. Clodius viderere, ultro me maledictis lacessisti; tuamque a me alienationem commendationem tibi ad cives impios fore putavisti. Quid putem? contemtumne me? non video nec in vita, nec in gratia, nec in rebus gestis, nec in hac mea mediocritate ingenii, quid despicere possit Antonius? An in senatu facillime de me detrahi posse credidit? qui ordo clarissimis civibus bene gestæ reipublicæ testimonium multis, mihi uni conservatæ dedit? An decertare mecum voluit contentione dicendi? hoc quidem beneficium est. Quid enim plenius, quid uberius, quam mihi et pro me, et contra Antonium dicere? Illud profecto est : non existimavit sui similibus probari posse, se esse hostem patriæ, nisi mihi esset inimicus.

Cic., *Philipp.*, II, l.

LXXXVIII

Cicéron demande à Antoine de quel front il est venu s'établir dans la maison de Pompée.

O audaciam immanem! Tu etiam ingredi illam domum ausus es? tu illud sanctissimum limen intrare? tu illarum

LXXXVII
(Tom. III, p. 159.)

Par quelle fatalité particulière, sénateurs, est-il arrivé que dans ces dix dernières années nul n'a été l'ennemi de la république sans m'avoir en même temps déclaré la guerre? Il n'est pas nécessaire de vous nommer personne ; vous vous rappelez ceux dont je parle, leur châtiment m'a vengé plus que je ne l'aurais voulu. Je m'étonne, Antoine, qu'en imitant leurs actions, vous ne redoutiez pas la fin qu'ils ont subie. Leur conduite m'étonnait moins que la vôtre : aucun d'eux ne devint volontairement mon ennemi; c'est moi qui, dans l'intérêt de la république, les ai tous attaqués. Mais vous, que je n'ai jamais blessé par une parole, afin de paraître plus audacieux que Catilina et plus violent que P. Clodius, vous m'avez spontanément provoqué par des injures, pensant qu'une rupture avec moi vous serait une recommandation auprès des mauvais citoyens. Que dois-je penser? Qu'il me méprise? Mais ni dans ma vie privée, ni dans mes fonctions et mes actes publics, ni dans mes faibles talents, je ne vois rien que puisse mépriser Antoine. A-t-il cru qu'il fût facile d'accréditer des médisances sur mon compte dans le Sénat? Quand cet ordre, qui souvent a rendu à d'illustres citoyens le témoignage qu'ils avaient bien gouverné la république, n'a décerné qu'à moi seul celui de l'avoir conservée. A-t-il voulu engager avec moi une lutte d'éloquence? C'est de la générosité; car en vérité quel sujet plus riche et plus abondant que d'avoir moi-même à parler pour moi et contre Antoine? Mais non, voici bien son motif : il a jugé que ses pareils ne le regarderaient vraiment comme l'ennemi de la république, que s'il était mon ennemi personnel.

LXXXVIII
(Tom. III, p. 159.)

O impudence sans nom! Vous avez osé pénétrer dans cette maison, franchir ce seuil vénérable, présenter votre

ædium diis penatibus os impurissimum ostendere? Quam domum aliquamdiu nemo adspicere poterat, nemo sine lacrymis præterire, hac te in domo tamdiu deversari non pudet? in qua quamvis nihil sapias, tamen nihil tibi potest esse jucundum.

An tu illa in vestibulo rostra, an spolia quum adspexisti, domum tuam te introire putas? Fieri non potest. Quamvis enim sine mente, sine sensu sis, ut es, tamen et te, et tua, et tuos nosti. Nec vero te unquam, neque vigilantem, neque in somnis credo posse mente consistere. Necesse est, quamvis sis, ut es, violentus et furens, quum tibi objecta sit species singularis viri, perterritum te de somno excitari, furere etiam sæpe vigilantem. Me quidem miseret parietum ipsorum atque tectorum. Quid enim unquam domus illa viderat, nisi pudicum, nisi ex optimo more et sanctissima disciplina? Fuit enim ille vir, patres conscripti, sicut scitis, quum foris clarus, tum domi admirandus; neque rebus externis magis laudandus, quam institutis domesticis. Hujus in ædibus pro cubiculis stabula, pro tricliniis popinæ sunt. Etsi jam negat: nolite, nolite quærere. Frugi factus est. Mimam suam suas res sibi habere jussit ex duodecim tabulis[1]. Claves ademit; exegit. Quam porro spectatus civis! quam probatus! cujus ex omni vita nihil est honestius, quam quod cum mima fecit divortium!

Cic., *Philip.*, II, 27—28.

LXXXIX

Péroraison de la seconde Philippique.

Respice, quæso, aliquando rempublicam, M. Antoni; quibus ortus sis, non quibuscum vivas, considera; mecum, ut

(1) Antoine n'avait pas eu honte de vivre publiquement avec la courtisane Cytharis; mais, quand il se sépara d'elle pour épouser Fulvie, il n'eut pas

aspect impur aux dieux pénates de cette demeure! Une maison que personne ne pouvait regarder, devant laquelle personne ne pouvait passer sans verser des larmes, vous ne rougissez pas d'y rester si longtemps? Elle n'a pourtant, quel que soit votre manque de sens, rien qui puisse vous plaire.

Lorsque dans le vestibule vous voyez les trophées maritimes, les dépouilles des ennemis, croyez-vous entrer chez vous? Cela ne se peut. Tout dépourvu que vous êtes d'intelligence et de cœur, vous n'êtes pas sans vous connaître, vous, vos actes, et votre entourage. Non, je ne crois pas que, soit dans la veille, soit dans le sommeil, vous puissiez jamais avoir l'esprit tranquille. De toute nécessité, malgré votre caractère violent et emporté, lorsque se dresse devant vous l'image de ce grand homme, elle vous réveille, la nuit, tout épouvanté, et, souvent même le jour, elle vous rend fou de terreur. Pour moi, les murs eux-mêmes et les toits excitent ma pitié. Cette maison, en effet, avait-elle jamais rien vu qui ne fût honnête, qui ne fût conforme aux bonnes mœurs et aux principes de la sagesse la plus pure? Ce grand homme, vous le savez, sénateurs, si illustre au dehors, fut admirable chez lui, et, quelques louanges qu'il ait acquises par sa vie publique, en a mérité tout autant par sa vie privée. Et dans une telle demeure les chambres à coucher sont maintenant des lieux infâmes, les salles à manger, des tavernes! Il dit que cela n'est plus: ah! veuillez, veuillez l'en croire. Il se fait homme de bien: aux termes de la loi des douze tables il a signifié à sa comédienne de reprendre ses effets. Il lui a ôté les clefs, il l'a mise hors de la maison. En vérité quel citoyen estimable, recommandable! De toute sa vie l'action la plus honnête est un divorce avec une comédienne!

LXXXIX
(Tom. III, p. 159.)

Tournez enfin vos regards, je vous en conjure, M. Antoine, vers la république; considérez votre naissance et

à invoquer la loi des douze tables, et c'est par plaisanterie évidemment que Cicéron parle ici de cette loi.

voles ; cum republica redi in gratiam. Sed de te tu ipse vïderis ; ego de me ipso profitebor. Defendi rempublicam adolescens ; non deseram senex :[1] contemsi Catilinæ gladios ; non pertimescam tuos. Quin etiam corpus libenter obtulerim, si repræsentari morte mea libertas civitatis potest : ut aliquando dolor populi romani pariat, quod jamdiu parturit. Etenim si abhinc annos prope viginti hoc ipso in templo negavi posse mortem immaturam esse consulari, quanto verius nunc negabo seni ? Mihi vero, patres conscripti, jam etiam optanda mors est, perfuncto rebus iis, quas adeptus sum, quasque gessi. Duo modo hæc opto : unum, ut moriens populum romanum liberum relinquam ; hoc mihi majus a diis immortalibus dari nihil potest ; alterum, ut ita cuique eveniat, ut de republica quisque mereatur.

Cic., *Philipp., II*, 46.

XC

Cicéron, en défendant les droits de Cassius au commandement de la Syrie, s'oppose à ceux qui voudraient régler la conduite du Sénat d'après la crainte que leur inspire l'opinion des vétérans.

Vide, inquit, ne veteranos offendas. Hoc enim vel maxime exaudio. Ego vero veteranos tueri debeo ; sed hos, quibus sanitas est : certe timere non debeo. Eos veteranos, qui pro republica arma ceperunt, secutique sunt C. Cæsarem, auctoritate beneficiorum paternorum, hodieque rempublicam defendunt cum magno periculo, non tueri solum, sed etiam commodis augere debeo. Qui autem quiescunt, ut sexta et octava legio, in magna gloria et laude ponendos puto. Comites vero Antonii, qui, postquam beneficia Cæsaris comederunt, consulem designatum obsident, huic urbi ferro ignique minitantur, Saxæ se et Caphoni tradiderunt,

non votre société; agissez avec moi comme bon vous semblera, mais réconciliez-vous avec la république. C'est à vous d'ailleurs de décider de votre conduite; quant à moi, voici quelle sera la mienne. J'ai défendu la république étant jeune, je ne l'abandonnerai pas dans ma vieillesse; j'ai méprisé les glaives de Catilina, je ne tremblerai pas devant les vôtres. Volontiers même je donnerai ma vie, si au prix de ma mort la liberté de Rome est immédiatement acquise, et pour que la douleur du peuple romain enfante alors ce qu'elle conçoit depuis longtemps. Car si, dans ce temple même, il y a vingt ans déjà, j'ai affirmé que la mort ne peut être prématurée pour un consulaire, avec combien plus de vérité affirmerai-je aujourd'hui qu'elle ne peut l'être pour un vieillard. Au surplus, sénateurs, pour moi maintenant la mort est à désirer, après tous les honneurs que j'ai obtenus, après tout ce que j'ai fait. Je forme seulement deux vœux : le premier, c'est qu'en mourant je laisse le peuple romain libre, les dieux immortels ne peuvent m'accorder une faveur plus grande; le second, c'est qu'à chacun il advienne selon qu'il aura mérité de la république.

XC

(Tom. III, p. 174.)

Prenez garde, me dit-on, d'offenser les vétérans. Voilà ce que j'entends surtout répéter. Sans doute je dois avoir des égards pour les vétérans, mais pour ceux qui ont de bons sentiments, et assurément je ne dois pas les craindre. Ces vétérans qui se sont armés pour la république, qui ont suivi C. César en souvenir de son père, et aujourd'hui au milieu des plus grands dangers défendent la patrie, non seulement je dois avoir des égards pour eux, mais mon devoir est d'améliorer leur situation. Ceux qui se tiennent tranquilles, comme la sixième et la huitième légion, méritent, à mon avis, de l'estime et des éloges. Mais pour ceux qui sont avec

ad facinus prædamque natis, num quis est, qui tuendos putet? Ergo aut boni sunt, quos etiam ornare; aut quieti, quos conservare debemus; aut impii, quorum contra furorem, et bellum, et justa arma suscepimus.

Quorum igitur veteranorum animos ne offendamus, veremur? Eorumne, qui D. Brutum obsidione cupiunt liberare? quibus quum Bruti salus cara sit, qui possunt Cassii nomen odisse? An eorum, qui utrisque armis vacant? Non vereor, ne acerbus civis quisquam istorum sit, qui otio delectantur. Tertio vero generi non militum veteranorum, sed importunissimorum hostium, cupio quam acerbissimum dolorem inurere. Quanquam, patres conscripti, quousque dicemus sententias veteranorum arbitratu? Quod eorum tantum fastidium est, quæ tanta arrogantia, ut ad arbitrium illorum imperatores etiam deligamus? Ego autem (dicendum est enim, patres conscripti, quod sentio), non tam veteranos intuendos nobis arbitror, quam quid tirones milites, flos Italiæ, quid novæ legiones, ad liberandam patriam paratissimæ, quid cuncta Italia de vestra gravitate sentiat.

Cic., *Philipp.*, XI, 14—15.

XCI

Dans l'éloge qu'il fait des citoyens morts pour la république, Cicéron montre que le monument qu'on doit élever en leur honneur sera la récompense de leur courage et la consolation de leurs parents.

Actum igitur præclare vobiscum, fortissimi, dum vixistis, nunc vero etiam sanctissimi milites, quod vestra virtus nec oblivione eorum, qui nunc sunt, nec reticentia posterorum insepulta esse poterit, quum vobis immortale monu-

Antoine, et qui, après avoir dévoré ce qu'ils ont reçu de César, assiègent un consul désigné, menacent cette ville du fer et de la flamme, et se sont livrés à Saxa et à Caphon, nés pour le crime et le pillage, est-il quelqu'un qui les juge dignes d'égards? Ainsi les vétérans sont, ou des soldats qui remplissent tous leurs devoirs, et ils méritent des récompenses; ou des citoyens paisibles, et nous devons les protéger; ou des criminels, et à leur fureur nous opposons à bon droit la guerre et nos armées.

Quels vétérans craignons-nous donc d'offenser? Seraient-ce ceux qui désirent délivrer D. Brutus assiégé? Puisque le salut de Brutus leur est cher, peuvent-ils haïr le nom de Cassius? Seraient-ce ceux qui ne s'arment ni pour un parti ni pour l'autre? Je ne crains pas de trouver de mauvais citoyens en des hommes à qui plaît la tranquillité. Quant à la troisième catégorie, je vois en elle non pas des soldats vétérans, mais de très cruels ennemis à qui je voudrais infliger la peine la plus dure. D'ailleurs, sénateurs, jusques à quand ferons-nous dépendre nos décisions du bon plaisir des vétérans? Quel est donc leur orgueil, quelle est leur arrogance, que le choix de nos généraux soit à leur discrétion! Pour moi (car il faut que je vous dise toute ma pensée), je crois que nous devons moins nous préoccuper des vétérans que songer à ce que penseront de votre fermeté les jeunes soldats, cette fleur de l'Italie, les nouvelles légions si résolues à délivrer la patrie, et toute l'Italie.

XCI

(Tom. III, p. 181.)

Votre sort est donc beau, guerriers qui avez vécu glorieusement et dont les ombres aujourd'hui sont sacrées : votre vertu ne pourra désormais rester ensevelie dans l'oubli des contemporains, dans le silence de la postérité, puisque le Sénat et le peuple romain, de leurs propres mains pour ainsi dire, vous ont élevé ce monument im-

mentum suis pæne manibus senatus populusque romanus exstruxerit. Multi sæpe exercitus Punicis, Gallicis, Italicis bellis clari et magni fuerunt; nec tamen ullis tale genus honoris tributum est. Atque utinam majora possemus, quandoquidem a vobis maxima accepimus! Vos ab urbe furentem Antonium avertistis ; vos redire molientem repulistis. Erit igitur exstructa moles opere magnifico, incisæque litteræ, divinæ virtutis testes sempiternæ ; nunquam de vobis, eorum, qui aut videbunt vestrum monumentum, aut audient, gratissimus sermo conticescet. Ita pro mortali conditione vitæ immortalitatem estis consecuti.

Sed quoniam, patres conscripti, gloriæ munus optimis et fortissimis civibus monumenti honore persolvitur, consolemur eorum proximos, quibus optima est hæc quidem consolatio : parentibus, quod tanta reipublicæ præsidia genuerunt; liberis, quod habebunt domestica exempla virtutis; conjugibus, quod iis viris carebunt, quos laudare, quam lugere præstabit; fratribus, quod in se, ut corporum, sic virtutum similitudinem esse confident. Atque utinam his omnibus abstergere fletum sententiis nostris consultisque possemus, vel aliqua talis his publice adhiberi posset oratio, qua deponerent mœrorem atque luctum, gauderentque potius, quum multa et varia impenderent hominibus genera mortis, id genus, quod esset pulcherrimum, suis obtigisse, eosque nec inhumatos esse, nec desertos, quod tamen ipsum pro patria non miserandum putatur; nec dispersis bustis humili sepultura crematos, sed contectos publicis operibus atque muneribus, eaque exstructione, quæ sit, ad memoriam æternitatis, ara virtutis.

Cic., Philip., XIV, 12-13.

mortel. Bien des armées, dans les guerres de Carthage, de Gaule et d'Italie, furent illustres et grandes : à nulle d'elles cependant un honneur de ce genre ne fut jamais accordé. Et plût aux dieux que nous pussions faire encore davantage, puisque les services que vous nous avez rendus sont au-dessus de tout! Antoine exerçait ses fureurs dans Rome, vous l'en avez chassé; il voulait y revenir, vous l'avez repoussé. On vous élèvera donc un monument magnifique, où y gravera une inscription qui témoignera à jamais de votre héroïque bravoure, et sans cesse ceux qui verront votre monument, ou qui en entendront parler, diront la reconnaissance qui vous est due. Ainsi, en échange d'une vie mortelle, vous avez reçu l'immortalité.

Mais, sénateurs, en consacrant par un monument public la gloire de ces excellents et vaillants citoyens, consolons aussi leurs parents, pour qui sans doute la consolation est déjà grande de pouvoir penser : les pères et les mères, qu'ils ont donné le jour à de si fermes défenseurs de la république; les enfants, qu'ils possèdent dans leur famille des modèles de bravoure ; les épouses, que les maris qu'elles ont perdus doivent être honorés plutôt par des louanges que par des larmes; les frères, qu'ils ont eux-mêmes avec ces guerriers une conformité de traits et aussi de vertus. Ah! puissent nos décrets arrêter les larmes de tous ces parents en deuil! Puissent des paroles adressées au nom de l'État adoucir leur chagrin, leurs regrets, et faire même qu'ils se félicitent, en songeant qu'entre tant de morts diverses qui menacent l'humanité, la plus belle de toutes est tombée en partage à ceux qui leur ont appartenu; que d'ailleurs leurs corps ne sont pas abandonnés et privés de sépulture, ce qui même ne passe pas pour un malheur dès lors qu'on l'éprouve pour la patrie; et que leurs cendres n'ont pas été dispersées dans des tombes obscures, mais qu'à la suite de travaux et de funérailles aux frais de l'État, elles reposent réunies dans un monument qui sera pour tous les siècles futurs l'autel de l'héroïsme.

XCII

Origine, bienfaits et abus de l'éloquence.

Fuit quoddam tempus, quum in agris homines passim bestiarum modo vagabantur et sibi victu fero vitam propagabant; nec ratione animi quidquam, sed pleraque viribus corporis administrabant... Quo tempore quidam, magnus videlicet vir et sapiens, cognovit, quæ materia esset, et quanta ad maximas res opportunitas in animis hominum, si quis eam posset elicere, et præcipiendo meliorem reddere; qui dispersos homines in agris, et in tectis silvestribus abditos, ratione quadam compulit unum in locum, et congregavit, et eos in unamquamque rem inducens utilem atque honestam, primo propter insolentiam reclamantes, deinde propter rationem atque orationem studiosius audientes, ex feris et immanibus mites reddidit et mansuetos. Ac mihi quidem videtur hoc nec tacita, nec inops dicendi sapientia perficere potuisse, ut homines a consuetudine subito converteret, et ad diversas vitæ rationes traduceret. Age vero, urbibus constitutis, ut fidem colere et justitiam retinere discerent, et aliis parere sua voluntate consuescerent, ac non modo labores excipiendos communis commodi causa, sed etiam vitam amittendam existimarent: qui tandem fieri potuit, nisi homines ea, quæ ratione invenissent, eloquentia persuadere potuissent? Profecto nemo, nisi gravi ac suavi commotus oratione, quum viribus plurimum posset, ad jus voluisset sine vi descendere; ut inter quos posset excellere, cum iis se pateretur æquari, et sua voluntate a jucundissima consuetudine recederet, quæ præsertim jam naturæ vim obtineret propter vetustatem. Ac primo quidem sic et nata, et progressa longius eloquentia videtur; et item postea maximis in rebus pacis et belli cum summis hominum utilitatibus esse versata. Postquam vero commoditas quædam prava virtutis imitatrix, sine ratione officii, dicendi

XCII

(Tom. III, p. 207.)

Il fut un temps où les hommes erraient dispersés dans la campagne comme les animaux et n'usaient que d'une nourriture sauvage pour soutenir leur vie. Ce n'était pas de l'intelligence mais de la force matérielle que tout dépendait..... Mais alors parut un grand homme sans doute, un sage, qui reconnut ce qu'il y avait dans l'esprit humain de force et d'aptitude pour les grandes choses pourvu qu'on sût le développer et l'améliorer méthodiquement : grâce à lui, les hommes, dispersés dans les campagnes ou cachés dans le fond des forêts, s'assemblèrent dans un même endroit, firent société ; il les initia à tout ce qui est utile et honnête ; après avoir trouvé d'abord chez eux une résistance que provoquait une telle nouveauté, il obtint d'eux, à force de sagesse et d'éloquence, plus de docilité, et de sauvages, de féroces qu'ils étaient, il les rendit doux et humains. Il me semble du moins que, muette et dépourvue d'éloquence, la sagesse n'eût pu arriver à ce résultat, de détacher les hommes de leurs habitudes et de les amener à un genre de vie tout autre que l'ancien. Et en effet, leurs villes une fois établies, comment leur apprendre à pratiquer la bonne foi, à respecter la justice, à rester volontairement soumis aux autres, à supporter des travaux, à mourir même dans l'intérêt de tous, si la raison n'avait pas trouvé dans l'éloquence le moyen de les convaincre de la bonté de ses découvertes ? Certes il fallut l'action d'une parole pleine d'autorité et de charme, pour que la force consentît à plier sous la loi, à descendre au niveau de ceux qu'elle pouvait dominer, et à renoncer d'elle-même aux plus douces habitudes, alors surtout qu'elles tenaient du temps la puissance même de la nature. Tels furent, semble-t-il, l'origine et les progrès de l'éloquence, qui, plus tard, à propos de toutes les grandes

copiam consecuta est, tum ingenio freta malitia pervertere urbes et vitas hominum labefactare assuevit.

Cic., *De Invent.*, I, 2.

XCIII

Crassus affirme à ses amis que le véritable orateur ne saurait commencer un discours sans être intimidé. Ses amis l'approuvent.

Est oratori diligenter providendum, non uti illis satisfaciat, quibus necesse est; sed ut iis admirabilis esse videatur, quibus libere liceat judicare. Ac, si quæritis, plane, quid sentiam, enuntiabo apud homines familiarissimos, quod adhuc semper tacui, et tacendum putavi. Mihi etiam quique optime dicunt, quique id facillime atque ornatissime facere possunt, tamen, nisi timide ad dicendum accedunt, et in exordienda oratione perturbantur, pæne impudentes videntur : tametsi id accidere non potest. Ut enim quisque optime dicit, ita maxime dicendi difficultatem, variosque eventus orationis, exspectationemque hominum pertimescit. Qui vero nihil potest dignum re, dignum nomine oratoris, dignum hominum auribus efficere atque edere, is mihi, etiamsi commovetur in dicendo, tamen impudens videtur. Non enim pudendo, sed non faciendo id, quod non decet, impudentiæ nomen effugere debemus. Quem vero non pudet (id quod in plerisque video), hunc ego non reprehensione solum, sed etiam pœna dignum puto. Equidem et in vobis animadvertere soleo, et in me ipso sæpissime experior, ut exalbescam in principiis dicendi, et tota mente, atque omnibus artubus contremiscam. Adolescentulus vero sic initio accusationis examinatus sum, ut hoc summum beneficium Q. Maximo debuerim, quod continuo consilium dimiserit, simul ac me fractum ac debilitatum metu viderit.

questions, dans la paix et dans la guerre, rendit aux hommes les plus importants services. Mais quand l'intérêt personnel, honteusement caché sous le masque de la vertu eut, en délaissant l'étude de la sagesse, recherché le talent de la parole, alors la perversité, se faisant une arme des dons de l'esprit, se mit à bouleverser les États et à saper la vie des hommes.

XCIII

(Tom. III, p. 210.)

L'orateur doit s'efforcer non seulement de satisfaire ceux pour qui son succès est nécessaire, mais d'obtenir l'admiration de ceux qui peuvent le juger en toute liberté. Et si vous me demandez le fond de ma pensée, je vous avouerai, à vous qui êtes mes amis les plus intimes, ce que je n'ai jamais dit et n'ai jamais cru devoir dire à personne. A mon sens, ceux qui parlent le mieux, ceux qui sont capables de le faire avec le plus de facilité et d'élégance, s'ils n'éprouvent quelque appréhension au moment de commencer et s'ils ne tremblent pendant leur exorde, ne sont en quelque sorte que des impudents; mais cela n'arrive pas. Car un excellent orateur connaît mieux que personne les difficultés de son art, l'aléa qu'il court en prenant la parole, et se demande avec crainte s'il répondra à l'attente de ses auditeurs. Celui d'ailleurs qui est incapable de rien produire, de rien exprimer qui soit digne du nom et de la profession d'orateur comme de l'attention d'un auditoire, fût-il saisi de la plus vive émotion en parlant, n'en serait pas moins, selon moi, un impudent. Ce n'est pas, en effet, en rougissant, c'est en nous abstenant de faire une chose qui ne convient pas à nos moyens, que nous devons éviter ce reproche d'impudence. Quant à ceux qui n'éprouvent pas le moindre trouble (et j'en ai vu beaucoup) je crois qu'ils mériteraient non seulement d'être blâmés, mais d'être punis. D'ordinaire, je remarque en vous ce que je ressens

Hic omnes assensi, significare inter sese, et colloqui cœperunt. Fuit enim mirificus quidam in Crasso pudor, qui tamen non modo non obesset ejus orationi, sed etiam probitatis commendatione prodesset.

Cic., De orat., I, 26.

XCIV

L'exercice le plus utile pour l'orateur est d'écrire beaucoup.

Caput autem est, quod, ut vere dicam, minime facimus (est enim magni laboris, quem plerique fugimus), quam plurimum scribere. Stylus optimus et præstantissimus dicendi effector ac magister : neque injuria. Nam si subitam et fortuitam orationem commentatio et cogitatio facile vincit, hanc ipsam profecto assidua ac diligens scriptura superabit. Omnes enim, sive artis sunt loci, sive ingenii cujusdam atque prudentiæ, qui modo insunt in ea re, de qua scribimus, anquirentibus nobis, omnique acie ingenii contemplantibus ostendunt se et occurrunt; omnesque sententiæ, verbaque omnia, quæ sunt cujusque generis maxime illustria, sub acumen styli subeant et succedant necesse est; tum ipsa collocatio conformatioque verborum perficitur in scribendo, non poetico, sed quodam oratorio numero et modo. Hæc sunt, quæ clamores et admirationes in bonis oratoribus efficiunt, neque ea quisquam, nisi diu multumque scriptitarit, etiamsi vehementissime se in his subitis dictionibus exercuerit, consequetur; et qui a scribendi consuetudine ad dicendum venit, hanc affert facultatem, ut, etiam subito si dicat, tamen illa, quæ dicantur, similia scriptorum esse videantur; atque etiam, si quando in dicendo scriptum attulerit aliquid, quum ab

très souvent moi-même ; au début d'un discours, je pâlis, j'ai l'esprit qui se trouble et tous les membres qui tremblent. Un jour même que, très jeune encore, je prononçais l'exorde d'une accusation, je fus si éperdu, que j'ai toujours été reconnaissant à Q. Maximus du très grand service qu'il me rendit en renvoyant la cause à une autre séance dès qu'il me vit en cet état d'énervement et d'impuissance.

Ici, tous donnèrent des signes d'assentiment et se mirent à parler entre eux en l'approuvant. Il y avait, en effet, dans Crassus, une admirable défiance de lui-même, qui, loin de nuire à sa parole, en accroissait l'effet, parce qu'on y voyait la preuve de son honnêteté.

XCIV

(Tom. III, p. 210.)

Le plus important de tous les exercices, celui, il faut le dire, qu'on pratique le moins parce qu'il réclame un travail, qu'on veut en général s'épargner, c'est d'écrire beaucoup. La plume est le meilleur et le plus habile des maîtres pour nous former à bien dire : on a raison de l'affirmer ; car, si la harangue soudaine et improvisée est naturell'ment inférieure à celle qu'on a préparée et méditée, celle-ci même sera surpassée par ce que nous écrirons avec soin et avec l'habitude de le faire. En effet, tous les développements, que comporte notre sujet, et que fournissent l'art, le génie et l'intelligence, si nous sommes attentifs et bien réfléchis, se montrent et s'offrent à nous : toutes les pensées, toutes les expressions, les plus heureuses, en quelque genre de discours que ce soit, viennent nécessairement se placer l'une après l'autre sous notre plume ; et alors s'opèrent l'arrangement des mots et la forme de la phrase, non pas avec l'harmonie de la poésie, mais avec ce rythme, ce nombre qui convient à l'art oratoire. Voilà ce qui, dans les grands orateurs, excite les acclamations et les transports d'admiration, et voilà, si vous ne vous appliquez très longtemps à écrire, ce que, même en vous exerçant beaucoup à improviser, vous n'obtiendrez pas. Celui, au con-

eo discesserit, reliqua similis oratio consequetur. Ut concitato navigio, quum remiges inhibuerunt, retinet tamen ipsa navis motum et cursum suum, intermisso impetu pulsuque remorum : sic in oratione perpetua, quum scripta deficiunt, parem tamen obtinet oratio reliqua cursum, scriptorum similitudine et vi concitata.

Cic., De Orat., I, 33.

XCV

Catulus se moque des rhéteurs grecs qui se mêlent d'enseigner l'éloquence sans l'avoir pratiquée.

Nec mihi opus est græco aliquo doctore, qui mihi pervulgata præcepta decantet, quum ipse nunquam forum, nunquam ullum judicium adspexerit: ut peripateticus ille dicitur Phormio; quum Hannibal Carthagine expulsus Ephesum ad Antiochum venisset exsul, proque eo, quod ejus nomen erat magna apud omnes gloria, invitatus esset ab hospitibus suis, ut eum, quem dixi, si vellet, audiret; quumque se non nolle dixisset; locutus esse dicitur homo copiosus aliquot horas de imperatoris officio et de omni re militari. Tum, quum ceteri, qui illum audierant, vehementer essent delectati, quærebant ab Hannibale, quidnam ipse de illo philosopho judicaret. Pœnus non optime græce, sed tamen libere respondisse fertur, multos se deliros senes sæpe vidisse; sed qui magis, quam Phormio, deliraret, vidisse neminem. Neque mehercule injuria. Quid enim aut arrogantius, aut loquacius fieri potuit, quam Hannibali, qui tot annos de imperio cum populo romano omnium gentium victore certasset, græcum hominem, qui nunquam hostem, nunquam castra vidisset, nunquam denique minimam partem ullius publici muneris attigisset, præcepta de

traire, qui n'entreprend de parler qu'après une longue habitude d'écrire, a cet avantage que, s'il improvise, ses improvisations ressemblent à des discours écrits d'avance, et que, si même il prononce un discours écrit en partie, en s'abandonnant pour le reste à l'inspiration du moment, l'ensemble ne présente aucune disparate. Comme le navire qui est lancé, si les rameurs s'arrêtent, prolonge son mouvement et sa course sans l'action, sans l'impulsion des rames, ainsi le discours dans sa marche, alors même qu'est terminée la partie écrite, ne souffre pas d'interruption, empruntant à l'écrit même avec la continuité de la même forme la force qui l'anime.

XCV

(Tom. III, p. 212.)

Je n'ai nul besoin de quelque docteur grec qui me répétaillerait des préceptes rebattus, sans avoir jamais vu lui-même ni forum ni tribunal, semblable à ce Phormion, le péripatéticien, dont on raconte l'aventure. Annibal, banni de Carthage, étant venu en exil à Éphèse, auprès d'Antiochus, fut invité par ses hôtes à aller entendre ce philosophe dont tout le monde proclamait le mérite; il y consentit; et le verbeux personnage parla, dit-on, plusieurs heures sur les devoirs d'un général et sur tout l'ensemble de l'art militaire. Tous les auditeurs, qui étaient enchantés, demandèrent alors à Annibal ce qu'il pensait d'un tel savant. Le Carthaginois, sans l'urbanité grecque, mais du moins avec franchise, répondit qu'il avait vu bien souvent des vieillards extravagants, mais qu'il n'en avait jamais vu extravaguer autant que Phormion. Et certes il avait raison. Car eût-on pu imaginer un bavard plus impudent que ce pauvre Grec qui, en présence d'Annibal, l'émule durant tant d'années du peuple romain vainqueur de toutes les nations, sans avoir jamais vu ni ennemi, ni camp, sans avoir jamais en aucune manière exercé le moindre emploi

re militari dare? Hoc mihi facere omnes isti, qui de arte dicendi præcipiunt, videntur : quod enim ipsi experti non sunt, id docent ceteros. Sed hoc minus fortasse errant, quod non te[1], ut Hannibalem, sed pueros aut adolescentulos docere conantur.

Cic., De Orat, II, 18.

XCVI

L'orateur doit éprouver lui-même et éprouve naturellement les sentiments et les passions qu'il veut inspirer à l'auditeur.

Neque enim facile est perficere ut irascatur, cui tu velis, judex, si tu ipse id lente ferre videare; neque ut oderit eum, quem tu velis, nisi te ipsum flagrantem odio ante viderit; neque ad misericordiam adducetur, nisi ei tu signa doloris tui verbis, sententiis, voce, vultu, collacrymatione denique ostenderis. Ut enim nulla materies tam facilis ad exardescendum est, quæ, nisi admoto igni, ignem concipere possit : sic nulla mens est tam ad comprehendendam vim oratoris parata, quæ possit incendi, nisi inflammatus ipse ad eam, et ardens accesseris.

Ac, ne forte hoc magnum ac mirabile esse videatur, hominem toties irasci, toties dolere, toties omni animi motu concitari, præsertim in rebus alienis, magna vis est meuar sententiarum, atque eorum locorum, quos agas tractesque dicendo, nihil ut opus sit simulatione et fallaciis. Ipsa enim natura orationis ejus, quæ suscipitur ad aliorum animos permovendos, oratorem ipsum magis etiam, quam quemquam eorum, qui audiunt, permovet. Et ne hoc in causis, in judiciis, in amicorum periculis, in concursu hominum, in civitate, in foro accidere miremur, quum agitur non solum ingenii nostri existimatio (nam id esset levius; quanquam, quum professus sis, te id posse facere, quod pauci, ne id quidem negligendum est), sed alia sunt

---

(1) Catulus s'adresse ici au grand orateur Antoine.

public, se mit à lui enseigner l'art militaire ? Telle, ce me semble, est la conduite de tous ces gens qui donnent des préceptes sur l'art de la parole : eux-mêmes ne savent par expérience absolument rien de ce qu'ils enseignent aux autres. S'ils sont un peu moins fautifs, c'est qu'ils adressent leurs leçons à des enfants ou à de très jeunes gens, et non à vous, comme Phormion adressa la sienne à Annibal.

XCVI

(Tom. III. p. 212.)

Vos discours ne feront guère que le juge s'irrite contre votre adversaire si vous-même vous ne montrez aucun ressentiment ; ni qu'il le haïsse, s'il ne voit pas en vous toute l'ardeur de la haine ; ni qu'il éprouve de la compassion, si par vos paroles, vos pensées, votre voix, votre aspect, vos larmes enfin, vous ne manifestez pas votre douleur. De même qu'il n'est point de matière assez combustible pour s'embraser sans qu'on en approche le feu, il n'est point d'âme assez sensible au pouvoir de l'orateur pour s'enflammer si vous ne venez à elle tout en feu vous-même et tout brûlant.

Et qu'on ne regarde pas comme une grande et merveilleuse chose, qu'un homme tour à tour puisse si souvent s'irriter, se désoler, et ressentir toute autre émotion, surtout pour des intérêts qui ne sont pas les siens ; telle est la force des pensées et des moyens dont dispose et use l'orateur, qu'il n'a nullement besoin de feinte et d'artifice. Tout naturellement le discours qui lui sert à émouvoir les autres l'émeut bien plus encore qu'aucun de ceux qui l'écoutent. Est-ce donc étonnant de nous sentir émus, quand nous parlons, chargés d'une cause, en présence de juges, près d'amis en péril, dans une assemblée nombreuse, au milieu de nos concitoyens, en plein forum ? lorsqu'i ne s'agit pas seulement de l'opinion que nous allons don-

majora multo, fides, officium, diligentia; quibus rebus adducti, etiam quum alienissimos defendimus, tamen eos alienos, si ipsi viri boni volumus haberi, existimare non possumus.

Cic., *De Orat.*, II, 45-46.

XCVII

Cicéron, après avoir décrit le grand discours que prononça Crassus avant de mourir, déplore sa mort.

Illa tanquam cycnea fuit divini hominis vox et oratio, quam quasi exspectantes, post ejus interitum veniebamus in curiam, ut vestigium illud ipsum, in quo ille postremum institisset, contueremur. Namque tum latus ei dicenti condoluisse, sudoremque multum consecutum esse audiebamus : ex quo quum cohorruisset, cum febri domum rediit, dieque septimo lateris dolore consumtus est.

O fallacem hominum spem, fragilemque fortunam, et inanes nostras contentiones! quæ in medio spatio sæpe franguntur et corruunt, et ante, in ipso cursu, obruuntur, quam portum conspicere potuerunt. Nam, quamdiu Crassi fuit ambitionis labore vita districta, tamdiu privatis magis officiis et ingenii laude floruit, quam fructu amplitudinis, aut reipublicæ dignitate. Qui autem ei annus primus ab honorum perfunctione aditum, omnium concessu, ad summam auctoritatem dabat, is ejus omnem spem atque omnia vitæ consilia morte pervertit.

Fuit hoc luctuosum suis, acerbum patriæ, grave bonis omnibus; sed ii tamen rempublicam casus secuti sunt, ut mihi non erepta L. Crasso a diis immortalibus vita, sed donata mors esse videatur. Non vidit flagrantem bello Italiam, non ardentem invidia senatum, non sceleris nefarii principes civitatis reos, non luctum filiæ, non exsilium

ner de notre mérite (car ce serait trop peu de chose, bien que cependant cette opinion ne soit pas à négliger de celui qui prétend faire ce dont peu de gens sont capables); mais lorsque sont en jeu des motifs bien plus élevés, notre honneur, notre devoir, notre conscience; toutes choses qui font que, même si nous défendons ceux qui nous sont le plus inconnus, il devient impossible qu'ils nous demeurent étrangers, si toutefois nous voulons passer pour d'honnêtes gens.

XCVII

(Tom. III, p. 214.)

Ce fut pour cet homme divin le chant du cygne, ce furent les derniers accents de sa voix, et nous, après sa mort, comme si nous devions encore l'entendre, nous venions au Sénat contempler la place où il nous avait parlé pour la dernière fois. Pendant son discours même, il fut pris d'une douleur de côté, suivie de sueur abondante et de frisson; il rentra chez lui avec la fièvre et, le septième jour, son mal l'enleva.

O trompeuse espérance des hommes! ô fragilité de notre condition! ô vanité de nos efforts, si souvent brisés, arrêtés au milieu de notre carrière, engloutis en route avant que nous ayons pu voir le port! Pendant tout le temps que Crassus consacra à la poursuite pénible des honneurs, il jouit de la grande réputation que donnent le talent et les services rendus aux particuliers bien plus que d'un rang élevé en des fonctions publiques; et l'année même où, à sa sortie de charge, il allait, du consentement général, arriver au faîte de l'autorité, toutes ses espérances et tous les desseins conçus en sa vie furent renversés par la mort.

Sa perte fut cruelle pour sa famille, douloureuse à la patrie, pénible pour tous les gens de bien; mais tels furent peu après les malheurs de la république, qu'il me semble que les dieux ne lui ont pas enlevé la vie, mais lui ont accordé

generi, non acerbissimam C. Marii fugam, non illam post reditum ejus cædem omnium crudelissimam, non denique in omni genere deformatam eam civitatem, in qua ipse florentissima multum omnibus gloria præstitisset.

Cic., *De Orat.*, III, 2.

XCVIII

Il faut de la variété dans le discours; car la satiété, en toutes choses, est voisine du plaisir le plus vif.

Difficile dictu est, quænam causa sit, cur ea, quæ maxime sensus nostros impellunt voluptate, et specie prima acerrime commovent, ab iis celerrime fastidio quodam et satietate abalienemur. Quanto colorum pulchritudine et varietate floridiora sunt in picturis novis pleraque, quam in veteribus? quæ tamen, etiamsi primo adspectu nos ceperunt, diutius non delectant; quum iidem nos in antiquis tabulis illo ipso horrido obsoletoque teneamur. Quanto molliores sunt et delicatiores in cantu flexiones et falsæ voculæ, quam certæ et severæ? quibus tamen non modo austeri, sed, si sæpius fiunt, multitudo ipsa reclamat. Licet hoc videre in reliquis sensibus; unguentis minus diu nos delectari, summa et acerrima suavitate conditis, quam his moderatis; et magis laudari, quod ceram, quam quod crocum olere videatur; in ipso tactu esse modum et mollitudinis et lævitatis. Quin etiam gustatus, qui est sensus ex omnibus maxime voluptarius, quique dulcitudine præter ceteros sensus commovetur, quam cito id, quod valde dulce est, aspernatur ac respuit? Quis potione uti, aut cibo dulci diutius potest? quum utroque in genere ea, quæ leviter sensum voluptate moveant, facillime fugiant satietatem. Sic omnibus in rebus, voluptatibus maximis fastidium finitimum est: quo hoc minus in oratione miremur; in qua vel ex poetis, vel oratoribus possumus judi-

la mort. Il n'a pas vu l'Italie embrasée par la guerre, le Sénat en butte aux fureurs de la haine, les premiers des citoyens accusés d'un crime odieux; il n'a pas vu le deuil de sa fille, l'exil de son gendre, la fuite désastreuse de C. Marius, l'horrible carnage qui suivit son retour; enfin il n'a pas vu souiller de toute façon cette république où, tandis qu'elle florissait, lui-même en gloire surpassait de beaucoup tous les autres.

XCVIII

(Tom. III, p. 216.)

Il est difficile d'expliquer la raison qui fait que les objets dont nos sens reçoivent tout d'abord la plus agréable et la plus vive impression, sont aussi ceux dont nous éloignent le plus promptement le dégoût et la satiété. Combien d'ordinaire les couleurs ont-elles plus de beauté, de variété et d'éclat dans les peintures nouvelles que dans les anciennes! Cependant, malgré la séduction du premier moment, nous n'y prenons pas plaisir très longtemps, tandis que les vieux tableaux précisément nous captivent par leurs teintes rembrunies et par leur air de vétusté. Combien aussi, pour la musique, y a-t-il plus de grâce, plus d'agrément, dans les morceaux à ornements et à fioritures que dans les chants réguliers et moins libres! Et cependant, ainsi que les juges sévères, la multitude elle-même, s'ils sont répétés trop souvent, condamne ces ornements. On peut faire la même remarque pour les autres sens; nous prenons plaisir moins longtemps aux parfums les plus odorants et les plus pénétrants qu'à ceux qui ont moins de force, et l'on préfère l'odeur de la cire à celle du safran. Le toucher même se fatiguerait de surfaces toujours molles et polies. Enfin le goût, le plus voluptueux de tous nos sens, celui qui plus que tout autre aime la douceur, ne la rejette-t-il pas avec dédain, dès qu'elle est excessive? Qui peut supporter longtemps une boisson ou

care, concinnam, distinctam, ornatam, festivam, sine intermissione, sine reprehensione, sine varietate, quamvis claris sit coloribus picta, vel, poesis, vel oratio, non posse in delectatione esse diuturna.

Cic., *De Orat.*, III, 25.

XCXIX

L'action domine dans l'art de la parole.

Actio in dicendo una dominatur : sine hac summus orator esse in numero nullo potest; mediocris, hac instructus, summos sæpe superare. Huic primas dedisse Demosthenes dicitur, quum rogaretur, quid in dicendo esset primum; huic secundas, huic tertias. Quo mihi melius etiam illud ab Æschine dictum videri solet: qui, quum propter ignominiam judicii cessisset Athenis, et se Rhodum contulisset, rogatus a Rhodiis, legisse fertur orationem illam egregiam, quam in Ctesiphontem contra Demosthenem dixerat; qua perlecta, petitum est ab eo postridie, ut legeret illam etiam, quæ erat contra a Demosthene pro Ctesiphonte edita; quam quum suavissima et maxima voce legisset, admirantibus omnibus. « Quanto, inquit, magis admiraremini, si audissetis ipsum? » Ex quo satis significavit, quantum esset in actione, qui orationem eamdem aliam esse putaret, actore mutato. Quid fuit in Graccho, quem tu, Catule, melius meministi, quod me puero tantopere ferretur? « Quo me miser conferam? quo vertam? in Capitoliumne? at fratris sanguine redundat. An domum? matremne ut miseram lamentantemque videam et abjectam? » Quæ sic ab illo acta esse constabat, oculis, voce, gestu, inimici ut lacrymas tenere non possent. Hæc eo dico pluribus, quod genus hoc

un aliment trop doux? Breuvages et mets, au contraire, lorsqu'ils ne flattent le sens que modérément, ne produisent guère le dégoût. Ainsi, en toutes choses, la satiété est voisine du plaisir le plus vif; ne nous étonnons donc pas que, soit chez les poëtes, soit chez les orateurs, une œuvre partout élégante, brillante, ornée, toujours fleurie, d'un bout à l'autre sans mélange et sans variété, ne puisse, quel qu'en soit l'éclat du coloris, nous retenir longtemps sous le charme du plaisir.

XCXIX

(Tome III, p. 216.)

C'est l'action qui domine dans l'art de la parole : sans elle, le plus habile orateur peut perdre toute valeur; avec elle, un orateur médiocre l'emporte sur le plus habile. On dit que Démosthène, à qui l'on demandait quelle était la première qualité de l'orateur, répondit : l'action; et que, interrogé sur la seconde et sur la troisième, il répondit encore : l'action. Ce mot, me semble-t-il, fait bien sentir la justesse de celui d'Eschine. Après le jugement ignominieux qui l'avait fait partir d'Athènes, il s'était réfugié à Rhodes, et un jour les Rhodiens le prièrent de lire la belle harangue qu'il avait prononcée contre Démosthène en accusant Ctésiphon; il le fit; le lendemain, on lui demanda de lire la réponse de Démosthène en faveur de Ctésiphon, et comme, après cette lecture faite avec beaucoup de grâce et de force, tous les auditeurs témoignaient leur admiration, « que serait-ce, leur dit-il, si vous l'aviez entendu lui-même ? » Il faisait assez voir par là quelle est la puissance de l'action, puisqu'il pensait qu'un même discours pouvait sembler tout autre prononcé par un autre orateur. Quel talent avait ce Gracchus, que vous, Catulus, vous vous rappelez mieux que moi, et dont on célébrait tant l'éloquence dans mon enfance : « Malheureux! où aller? où me

totum oratores, qui sunt veritatis ipsius actores, reliquerunt ; imitatores autem veritatis, histriones, occupaverunt.

Cic., *De Orat.* III, 56.

C

Cicéron, en déplorant la mort d'Hortensius, exprime la douleur que lui causent les malheurs de la république et le silence du forum.

Sed quoniam, perpetua quadam felicitate usus ille, cessit e vita, suo [1] magis, quam suorum civium tempore, et tum occidit, quum lugere facilius rempublicam posset, si viveret, quam juvare; vixitque tamdiu, quam licuit in civitate bene beateque vivere : nostro incommodo, detrimentoque, si est ita necesse, doleamus; illius vero mortis opportunitatem benivolentia potius, quam misericordia prosequamur; ut quotiescumque de clarissimo et beatissimo viro cogitemus, illum potius, quam nosmet ipsos diligere videamur. Nam, si id dolemus, quod eo jam frui nobis non licet; nostrum est id malum : quod modice feramus, ne id non ad amicitiam, sed ad domesticam utilitatem referre videamur; sin, tanquam illi ipsi acerbitatis aliquid acciderit, angimur; summam ejus felicitatem non satis grato animo interpretamur.

Etenim si viveret Q. Hortensius, cetera fortasse desideraret una cum reliquis bonis et fortibus civibus; hunc autem præter ceteros, aut cum paucis sustineret dolorem,

---

(1) En vivant plus longtemps, il se fût trouvé dans l'obligation de prendre parti dans la guerre civile, d'opter pour Pompée, et ce choix lui eût été funeste.

réfugier ? Au Capitole ? Il est inondé du sang de mon frère ? Dans ma maison ? Pour y voir le malheur, les lamentations de ma mère désespérée ? » En prononçant ces paroles, ses yeux, sa voix, son geste, tout en lui donnait à l'action une telle force que ses ennemis ne pouvaient s'empêcher de verser des larmes J'insiste là-dessus, parce que les orateurs, qui sont en réalité les acteurs de la vérité, ont abandonné tout ce mérite, en possession duquel se sont mis les comédiens, qui ne sont pourtant que les imitateurs de la vérité.

C

(Tom. III, p. 221.)

Au reste, comme il lui fut donné d'être toujours heureux, il quitta la vie plus à propos pour lui que pour ses concitoyens ; il mourut au moment où il lui eût été plus facile de pleurer la république que de la servir et il vécut aussi longtemps qu'il a été permis de vivre à Rome avec honneur et tranquillité. Pleurons donc, s'il le faut, cette perte qui nous est un mal ; mais, plutôt que de le plaindre, félicitons-le de s'en être allé en temps opportun, afin que, toutes les fois que sera rappelé par nous un homme si illustre et si fortuné, nous n'ayons pas l'air de l'aimer moins pour lui que pour nous-mêmes. Car si nous nous désolons de ne pouvoir plus jouir de sa présence, il s'agit là de notre propre malheur et nous devons tempérer notre affection de peur qu'elle ne semble inspirée par l'intérêt plutôt que par l'amitié. Si, au contraire, c'est la pensée qu'il lui est arrivé quelque chose de malheureux en mourant, nous n'apprécions pas avec toute la reconnaissance qu'il faut l'étendue de son bonheur.

Si Q. Hortensius était encore en vie, sans doute il regretterait ce que regrettent les citoyens bons et honnêtes ; mais une douleur qui l'atteindrait seul ou avec bien peu d'autres,

quum forum populi romani, quod fuisset quasi theatrum illius ingenii, voce erudita, et romanis græcisque auribus digna, spoliatum atque orbatum videret. Equidem angor animo, non consilii, non ingenii, non auctoritatis armis egere rempublicam, quæ didiceram tractare, quibusque me assuefeceram, quæque erant propria quum præstantis in republica viri, tum bene moratæ et bene constitutæ civitatis.

Cic., *Brutus*, 1-2.

CI
Isocrate et l'harmonie dans la prose.

Exstitit igitur jam senibus illis, quos paullo ante diximus, Isocrates, cujus domus cunctæ Græciæ quasi ludus quidam patuit atque officina dicendi, magnus orator, et perfectus magister, quanquam forensi luce caruit, intraque parietes aluit eam gloriam, quam nemo, meo quidem judicio, est postea consecutus. Is et ipse scripsit multa præclare, et docuit alios; et quum cetera melius, quam superiores, tum primus intellexit, etiam in soluta oratione, dum versum effugeres, modum tamen et numerum quemdam oportere servari. Ante hunc enim verborum quasi structura, et quædam ad numerum conclusio, nulla erat; aut, si quando erat, non apparebat eam dedita opera esse quæsitam : quæ forsitan laus sit : verumtamen natura magis tum, casuque nonnunquam, quam aut ratione aliqua, aut observatione fiebat. Ipsa enim natura circumscriptione quadam verborum comprehendit concluditque sententiam ; quæ quum aptis constricta verbis est, cadit etiam plerumque numerose. Nam et aures ipsæ, quid plenum, quid inane sit, judicant, et spiritu, quasi necessitate aliqua, verborum comprehensio terminatur, in quo non modo defici, sed etiam laborare turpe est.

Cic., *Brutus*, 8.

ce serait de voir ce forum du peuple romain, le théâtre pour ainsi dire où s'était exercé son génie, privé et comme en deuil de cette voix savante, si digne d'être entendue et des Romains et des Grecs. Pour moi, j'ai le cœur qui se serre quand je pense que la république ne sent plus la nécessité des armes que fournissent la raison, le génie, la considération, armes dont j'avais appris le maniement, auxquelles je m'étais accoutumé et qui conviennent à un homme éminent dans l'État comme à un État qui a des traditions et des lois.

CI

(Tom. III, p. 219.)

Les hommes que je viens de citer étaient déjà vieux, lorsque parut Isocrate, dont la maison s'ouvrit à toute la Grèce comme un gymnase, un laboratoire d'éloquence. Grand orateur et maître parfait, sans se produire au grand jour de la place publique, il acquit, dans l'intérieur de sa maison, une gloire que personne, selon moi, n'atteignit dans la suite. Il composa beaucoup de beaux ouvrages et enseigna cet art aux autres : non seulement il en saisit toutes les parties mieux que ses prédécesseurs, mais il fut le premier qui comprit qu'il faut dans la prose, sans y faire entrer aucun vers, observer un nombre et une mesure. Avant lui, en effet, l'arrangement des mots, la forme harmonieuse de la période n'existait pas; ou si parfois l'harmonie se produisait, elle ne semblait pas avoir été cherchée: cela même à la vérité pouvait être un mérite; mais c'était plutôt la nature et le hasard qui y conduisaient que la méthode et l'observation. Car la nature elle-même renferme et enserre la pensée dans un certain cercle de mots et, quand il y a enchaînement de mots justes, la phrase s'achève ordinairement par une cadence nombreuse. L'oreille juge d'elle-même ce qui est plein, ce qui est vide, et la période est nécessairement déterminée par la respiration qu'on ne saurait ni perdre ni forcer sans produire un effet choquant.

CII

*Dialogue entre Cicéron et Brutus sur l'urbanité
de langage particulière à Rome.*

Tum Brutus : Quid tu igitur, inquit, tribuis istis externis quasi oratoribus ? — Quid censes, inquam, nisi idem, quod urbanis præter unum, quod non est eorum urbanitate quadam quasi colorata oratio ? — Et Brutus : Qui est, inquit, iste tandem urbanitatis color ? — Nescio, inquam, tantum esse quemdam scio. Id tu, Brute, jam intelliges, quum Galliam veneris. Audies tu quidem etiam verba quædam non trita Romæ; sed hæc mutari, dediscique possunt; illud est majus, quod in vocibus nostrorum oratorum recinit quiddam et resonat urbanius. Nec hoc in oratoribus modo apparet, sed etiam in ceteris. Ego memini T. Tincam Placentinum, hominem facetissimum, cum familiari nostro Q. Granio præcone dicacitate certare. — Eon', inquit Brutus, de quo multa Lucilius ? — Isto ipso : sed Tincam non minus multa ridicule dicentem Granius obruebat nescio quo sapore vernaculo : ut ego jam non mirer, illud Theophrasto accidisse, quod dicitur, quum percunctaretur ex anicula quadam, quanti aliquid venderet, « Hospes, non pote minoris ; » tulisse eum moleste, se non effugere hospitis speciem, quum ætatem ageret Athenis[1], optimeque loqueretur. Omnino, sicut opinor, in nostris est quidam urbanorum, sicut illic Atticorum, sonus.

Cic., *Brutus*, 46.

---

(1) Il était né dans l'île de Lesbos, mais était venu tout jeune à Athènes, où il avait suivi d'abord les leçons de Platon, puis celles d'Aristote, qui le choisit pour le remplacer lorsqu'il cessa d'enseigner.

CII

(Tom. III, p. 221.)

Quelles qualités attribuez-vous, dit Brutus, à ces orateurs pour ainsi dire étrangers? — Pourquoi penser qu'ils n'ont pas eu les mêmes que ceux de Rome? J'en excepte une cependant : leur langage n'a pas ce coloris que donne l'urbanité. — En quoi donc, reprit-il, consiste ce coloris de l'urbanité? — Je l'ignore, je sais seulement qu'il existe. Vous le comprendrez bientôt, Brutus, quand vous irez dans la Gaule. Vous y entendrez jusqu'à des expressions qui ne sont pas employées à Rome; on peut, il est vrai, s'en corriger et les oublier; mais une différence plus sensible, c'est que, dans nos orateurs, la parole a une harmonie, un accent qui dénote tout à fait le séjour de la ville; et les orateurs ne sont pas les seuls en qui on le remarque, il en est de même de tous les habitants. Je me souviens que T. Tincas de Plaisance, homme très spirituel, fit un jour assaut de bons mots avec notre ami, le crieur Q. Granius. — Celui, dit Brutus, dont parle souvent Lucilius? — Lui-même : Tincas était tout aussi riche en saillies, mais celles de Granius avaient je ne sais quel goût de terroir qui lui assurait la victoire. Aussi je ne m'étonne plus de ce qui arriva, dit-on, à Théophraste. Il demandait à une vieille femme le prix d'un objet qu'elle voulait vendre; elle le lui dit et ajouta : « Étranger, c'est mon dernier prix ». Il fut d'autant plus contrarié de n'avoir pu éviter de paraître étranger, qu'il vivait à Athènes et qu'il parlait très bien. C'est ainsi, je pense, que se fait sentir chez nous, comme chez les Athéniens, cet accent de l'urbanité.

---

(2) M. J. Martha (éd. du *Brutus*, in-8, 1892) donne cette version : *Omnium hic (ut opinor in nostris) est quidam...*

CIII

Pour tracer le portrait de l'orateur parfait, Cicéron remonte avec Platon aux principes éternels et immuables.

Atque ego in sumno oratore fingendo talem informabo, qualis fortasse nemo fuit. Non enim quæro, quis fuerit, sed quid sit illud, quo nihil possit esse præstantius; quod in perpetuitate dicendi non sæpe, atque haud scio an unquam, in aliqua autem parte eluceat aliquando, idem apud alios densius, apud alios fortasse rarius. Sed ego sic statuo, nihil esse in ullo genere tam pulchrum, quo non pulchrius id sit, unde illud, ut ex ore aliquo, quasi imago, exprimatur, quod neque oculis, neque auribus, neque ullo sensu percipi potest; cogitatione tantum, et mente complectimur. Itaque et Phidiæ simulacris, quibus nihil in illo genere perfectius videmus, et his picturis, quas nominavi, cogitare tamen possumus pulchriora. Nec vero ille artifex, quum faceret Jovis formam, aut Minervæ, contemplabatur aliquem, e quo similitudinem duceret; sed ipsius in mente insidebat species pulchritudinis eximia quædam, quam intuens, in eaque defixus, ad illius similitudinem artem et manum dirigebat.

Ut igitur in formis et figuris est aliquid perfectum et excellens, cujus ad cogitatam speciem imitando referentur ea, quæ sub oculos ipsa cadunt, sic perfectæ eloquentiæ speciem animo videmus, effigiem auribus quærimus.

Has rerum formas appellat ideas ille non intelligendi solum, sed etiam dicendi gravissimus auctor et magister, Plato; easque gigni negat, et ait semper esse, ac ratione et intelligentia contineri; cetera nasci, occidere, fluere, labi, nec diutius esse uno et eodem statu. Quidquid est igitur, de quo ratione et via disputetur, id est ad ultimam sui generis formam speciemque redigendum.

Cic., *Orator*, 2-3.

CIII

(Tom. III, p. 223.)

Peut-être, en peignant le modèle de l'orateur, le ferai-je trop parfait pour que personne lui ait jamais ressemblé. Je ne cherche pas, en effet, si quelqu'un de tel a jamais existé ; je veux quelque chose de supérieur à tout, une perfection qui ne s'est montrée que rarement et peut-être jamais dans un discours entier, mais dont certaines parties ont pu se faire remarquer chez les uns ou chez les autres plus ou moins fréquemment. Je pose même en principe que, dans n'importe quel genre, il n'est rien de si beau, qui ne le cède à cette beauté, dont les autres sont comme l'image, beauté invisible, muette, inaccessible à nos sens, et que la pensée, l'âme seule peut saisir. Ainsi, quoique nous n'ayons rien vu de plus accompli dans leur genre que les statues de Phidias, et ces tableaux dont j'ai fait mention, nous pouvons cependant concevoir quelque chose de plus beau. Et ce grand artiste lui-même, lorsqu'il faisait son Jupiter et sa Minerve, ne cherchait pas à reproduire la ressemblance d'un modèle visible; mais il y avait dans sa pensée une beauté suprême qu'il contemplait, dont il ne se détachait pas, et dont l'image dirigeait son génie et sa main.

Si donc il y a pour les arts un beau idéal, dont les objets sensibles ne sont que l'imitation, pour l'éloquence aussi il y a dans notre esprit un modèle parfait dont nous cherchons, en parlant, à donner la copie.

Ce sont ces formes originelles qu'appelle *idées* le grand Platon, ce maître si savant et si habile dans l'art de la pensée comme dans celui de la parole; elles sont, nous dit-il, éternelles, immuables, et subsistent dans la raison et dans l'intelligence, tandis que tout le reste naît, tombe, s'écroule disparaît et change à chaque instant. Il en résulte que tout objet, sur lequel on discute dans le domaine de l'intelligence et de la raison, doit être ramené à sa forme, à son idée primitive.

CIV

L'étude de la philosophie est indispensable à l'orateur.

Positum sit igitur in primis (quod post magis intelligetur), sine philosophia non posse effici, quem quærimus, eloquentem : non ut in ea tamen omnia sint, sed ut sic adjuvet, ut palæstra histrionem ; parva enim magnis sæpe rectissime conferuntur. Nam nec latius, nec copiosius de magnis variisque rebus sine philosophia potest quisquam dicere. Siquidem etiam in Phædro Platonis hoc Periclem præstitisse ceteris dicit oratoribus Socrates, quod is Anaxagoræ physici fuerit auditor : a quo censet, eum, quum alia præclara quædam et magnifica didicisset, uberem et fœcundum fuisse, gnarumque (quod est eloquentiæ maximum), quibus orationis modis quæque animorum partes pellerentur. Quod idem de Demosthene existimari potest : cujus ex epistolis intelligi licet, quam frequens fuerit Platonis auditor. Nec vero sine philosophorum disciplina, genus et speciem cujusque rei cernere, neque eam definiendo explicare, nec tribuere in partes possumus; nec judicare, quæ vera, quæ falsa sint, neque cernere consequentia, repugnantia videre, ambigua distinguere. Quid dicam de natura rerum, cujus cognitio magnam orationis suppeditat copiam ? de vita, de officiis, de virtute, de moribus, sine multa earum ipsarum rerum disciplina, aut dici, aut intelligi potest?

Ad has tot tantasque res adhibenda sunt ornamenta innumerabilia, quæ sola tum quidem tradebantur ab iis, qui dicendi numerabantur magistri. Quo fit, ut veram illam et absolutam eloquentiam nemo consequatur, quod alia intelligendi, alia dicendi disciplina est; et ab aliis, rerum, ab aliis, verborum doctrina quæritur.

Cic., *Orator*, 4-5.

CIV
(Tom. III, p. 223.)

Établissons donc ce premier principe, qui bientôt sera mieux compris, que sans la philosophie nous ne pouvons pas former l'homme éloquent que nous cherchons; non pas qu'elle renferme tout, mais elle nous est nécessaire comme la gymnastique à l'acteur ; car les petites choses se comparent souvent aux grandes avec beaucoup de justesse. Oui, il est impossible, sans la philosophie, d'avoir l'ampleur, l'abondance des ressources qu'il faut pour traiter des sujets si considérables et si variés. Dans le Phèdre de Platon, Socrate dit même que Périclès ne devint le premier des orateurs que parce qu'il avait suivi les leçons du philosophe Anaxagore, qui, ajoute-t-il, tout en lui enseignant les grandes et magnifiques vérités des sciences naturelles, lui donna aussi la puissance et la fécondité de l'esprit, et (ce qui est le grand point en éloquence) la connaissance de tous les moyens oratoires qui produisent effet sur l'âme. On peut le croire aussi de Démosthène dont les lettres nous font voir combien il fut disciple assidu de Platon. On ne saurait d'ailleurs, sans la méthode des philosophes, distinguer le genre et l'espèce, définir, diviser, discerner le vrai d'avec le faux, saisir les conséquences, voir les contradictions, démêler les équivoques. La science même ne fournit-elle pas d'immenses ressources à l'orateur ? et s'il n'a pas fait une longue étude de la vie, des devoirs, de la vertu, des mœurs, que peut-il penser et dire ?

Toutes ces grandes pensées que donne la philosophie demandent mille embellissements, et c'était cet art du style seulement qu'enseignaient ceux qui passaient pour des maîtres d'éloquence. Il en résultait que personne n'arrivait à la belle et véritable éloquence, parce que penser et parler sont deux choses distinctes à apprendre, et qu'en demandant aux uns la science des mots, il faut chercher auprès d'autres la science des choses.

CV

*Cicéron expose le sujet des discours d'Eschine et
de Démosthène Sur la Couronne.*

Quum esset lex Athenis, « ne quis populi scitum faceret, ut quisquam corona donaretur in magistratu prius, quam rationes retulisset; » et altera lex, « eos qui a populo donarentur, in concione donari debere; qui a senatu, in senatu »; Demosthenes curator muris reficiendis fuit, eosque refecit pecunia sua. De hoc igitur Ctesiphon scitum fecit, nullis ab ipso rationibus relatis, ut corona aurea donaretur, eaque donatio fieret in theatro, populo convocato (qui locus non est concionis legitimæ), atque ita prædicaretur, *eum donari virtutis ergo benivolentiæque, quam erga populum Atheniensem haberet.* Hunc igitur Ctesiphontem in judicium adduxit Æschines, quod contra leges scripsisset, ut et rationibus non relatis corona donaretur, et ut in theatro, et quod de virtute ejus et benivolentia falsa scripsisset; quoniam Demosthenes nec vir bonus esset, nec bene meritus de civitate. Causa ipsa abhorret illa quidem a formula consuetudinis nostræ; sed est magna. Habet enim et legum interpretationem satis acutam in utramque partem, et meritorum in rempublicam contentionem sane gravem. Itaque causa Æschini, quoniam ipse a Demosthene esset capitis accusatus, quod legationem ementitus esset, ut ulciscendi inimici causa, nomine Ctesiphontis, judicium fieret de factis famaque Demosthenis. Non enim tam multa dixit de rationibus non relatis, quam de eo, quod civis improbus, ut optimus, laudatus esset.

Cic., *De opt. gen. orat.*, 7.

CVI

Cicéron adresse les Topiques à son ami Trébatius.

Majores nos res scribere ingressos, C. Trebati, et iis libris, quos brevi tempore satis multos edidimus, digniores,

CV
(Tom. III, p. 226.)

Il y avait à Athènes une loi qui défendait de proposer au peuple de décerner une couronne à un magistrat n'ayant pas encore rendu ses comptes; une autre loi portait qu'on devait donner dans l'assemblée du peuple les couronnes décernées par le peuple et dans le Sénat celles qu'avait votées le Sénat. Démosthène, chargé de remettre en état les murs de la ville, l'avait fait à ses frais. Pour ce motif, et bien qu'il n'eût pas encore rendu ses comptes, Ctésiphon proposa de lui décerner une couronne d'or, de la lui donner devant le peuple assemblé dans le théâtre (lieu qui n'était pas aux termes de la loi celui des assemblées), et de proclamer qu'on la lui accordait en récompense de sa vertu et de ses bienfaits envers le peuple athénien. Eschine intenta donc une action contre Ctésiphon, l'accusant d'avoir voulu contrairement aux lois faire décerner une couronne à qui n'avait pas rendu ses comptes, la faire donner au théâtre, et appuyer mensongèrement cette proposition sur la vertu et le dévouement d'un homme qui n'était disait-il, ni vertueux ni dévoué à la cité. Cette cause est loin d'être conforme à nos habitudes, mais elle a de l'importance. Elle permet à l'une et à l'autre partie d'interpréter habilement les lois et de discuter fortement sur les services rendus à la république. Eschine même, à qui précédemment Démosthène avait intenté une action capitale pour prévarication dans son ambassade, ne cherchait qu'à se venger de son ennemi et n'accusait Ctésiphon que pour mettre en cause la conduite et la réputation de Démosthène. Aussi parla-t-il moins du fait des comptes non rendus que de l'homme même, en qui il ne voyait qu'un mauvais citoyen, alors qu'on célébrait sa très grande vertu.

CVI
(Tom. III, p. 228.)

J'étais en train d'écrire, C. Trébatius, un ouvrage plus important et plus digne de tous les livres que je viens de

o cursu ipso revocavit voluntas tua. Quum enim mecum in Tusculano esses, et in bibliotheca separatim uterque nostrum ad suum studium libellos, quos vellet, evolveret, incidisti in Aristotelis Topica quædam, quæ sunt ab illo pluribus libris explicata. Qua inscriptione commotus, continuo a me eorum librorum sententiam requisisti. Quam tibi quum exposuissem, disciplinam inveniendorum argumentorum, ut sine ullo errore ad eam rationem via perveniremus ab Aristotele inventa, libris illis contineri : verecunde tu quidem, ut omnia, sed tamen ut facile cernerem te ardere studio, mecum, ut tibi illam traderem, egisti. Quum autem ego te, non tam vitandi laboris mei causa, quam quod id tua interesse arbitrarer, vel ut eos per te ipse legeres, vel ut totam rationem a doctissimo quodam rhetore acciperes, hortatus essem : utrumque, ut ex te audiebam, es expertus. Sed a libris te obscuritas rejecit. Rhetor autem ille magnus, hæc, ut opinor, Aristotelica se ignorare respondit. Quod quidem minime sum admiratus, cum philosophum rhetori non esse cognitum, qui ab ipsis philosophis, præter admodum paucos, ignoretur. Quibus eo minus ignoscendum est, quod non modo rebus iis, quæ ab illo dictæ et inventæ sunt, allici debuerunt, sed dicendi quoque incredibili quadam quum copia, tum etiam suavitate. Non potui igitur tibi, sæpius hoc roganti, et tamen verenti, ne mihi gravis esses (facile enim id cernebam) debere diutius, ne ipsi juris interpreti fieri videretur injuria. Etenim quum tu mihi meisque multa sæpe scripsisses, veritus sum, ne, si ego gravarer, aut ingratum id, aut superbum videretur.

Cic., *Topica*, 1.

CVII

Dialogue entre Cicéron et son fils sur les partitions oratoires.

Cicero filius. Studeo, mi pater, latine ex te audire ea, quæ mihi tu de ratione dicendi græce tradidisti; si modo tibi est otium, et si vis. — *Cicero pater.* An est, mi Cicero,

publier en si peu de temps, je m'arrête dans ma course pour vous satisfaire. Comme vous étiez avec moi à Tusculum, et que chacun de nous, selon son goût, parcourait les livres de ma bibliothèque, vous tombâtes sur les *Topiques*, d'Aristote, ouvrage en plusieurs livres. Frappé de ce titre, vous m'en demandâtes aussitôt l'explication. Je vous dis que ce traité enseignait l'art de trouver les arguments d'après la méthode pleine de certitude inventée par Aristote, et, tout en gardant votre réserve habituelle, vous me laissâtes comprendre combien vous désiriez apprendre de moi les règles de cet art. Alors, non pas tant pour m'épargner un travail que dans votre intérêt, je vous conseillai ou de prendre par vous-même connaissance du traité ou de vous faire expliquer toute cette science par quelque rhéteur très savant : deux choses, m'avez-vous dit, que vous avez essayées ; mais l'obscurité de l'ouvrage vous a rebuté et votre grand rhéteur vous a répondu qu'il ne connaissait pas cette théorie d'Aristote. Je ne m'étonne pas du tout qu'un rhéteur ne connaisse pas les écrits de ce philosophe, puisque les philosophes eux-mêmes, sauf un très petit nombre, ne les connaissent pas. Ils sont d'autant moins excusables que les sujets traités et les découvertes qui s'y trouvent auraient dû les attirer, comme aussi l'abondance merveilleuse et même la douceur du style. Aussi, après les démarches que vous avez répétées malgré votre crainte de m'importuner (je m'en apercevais facilement), je n'ai pu différer le paiement de ma dette envers vous ; je ne voulais pas paraître avoir méconnu les droits d'un des premiers interprètes du droit. Vous avez, en effet, si souvent écrit pour moi et pour mes amis, que j'ai craint, si je faisais quelques difficultés, d'encourir le reproche ou d'ingratitude o ud'orgueil.

CVII
(Tom. III, p. 230.)

Cicéron fils. Je serais heureux, mon père, de recevoir de vous en latin les leçons que vous m'avez données en grec sur l'éloquence, si toutefois vous en avez le temps et

quod ego malim, quam te quam doctissimum esse? Otium autem primum summum est, quoniam aliquando Romæ exeundi potestas data est; deinde ista tua studia vel maximis occupationibus meis anteferrem libenter. — *C. f.* Visne igitur, ut tu me græce soles ordine interrogare, sic ego te vicissim eisdem de rebus latine interrogem? — *C. p.* Sane, si placet : sic enim et ego te meminisse intelligam, quæ accepisti; et tu ordine audies, quæ requires. — *C. f.* Quot in partes distribuenda est omnis doctrina dicendi? — *C. p.* In tres. — *C. f.* Cedo quas? — *C. p.* Primum in ipsam vim oratoris, deinde in orationem, tum in quæstionem — *C. f.* In quo est ipsa vis? — *C. p.* In rebus, et verbis. Sed et res, et verba, invenienda sunt, et collocanda. Proprie autem in rebus invenire, in verbis eloqui dicitur. Collocare autem, etsi est commune, tamen ad inveniendum refertur. Vox, motus, vultus, atque omnis actio, eloquendi comes est, earumque rerum omnium custos est memoria. — *C. f.* Quid? orationis quot sunt partes? — *C. p.* Quatuor : earum duæ valent ad rem docendam, narratio et confirmatio; ad impellendos animos duæ, principium et peroratio. — *C. f.* Quid? quæstio quasnam habet partes? — *C. p.* Infinitam, quam consultationem appello; et definitam, quam causam nomino.

Cic., *Orat. partit.*, 1.

CVIII

Le bon citoyen se doit à la patrie et n'a pas le droit de se désintérsser des affaires publiques.

Neque enim hac nos patria lege genuit, aut educavit, ut nulla quasi alimenta exspectaret a nobis, ac tantummodo nostris ipsa commodis serviens, tutum perfugium otio nostro suppeditaret, et tranquillum ad quietem locum ; sed ut plurimas et maximas nostri animi, ingenii, consilii partes

si cela vous plaît. — *Cicéron père.* Est-il rien, mon fils, que je préfère à la perfection de votre instruction ? D'abord j'ai tout le loisir possible, puisqu'il m'a été permis enfin de m'absenter de Rome; et puis je ferais passer volontiers vos études avant mes plus importantes occupations. —*C. f.* Me permettez-vous donc de vous poser à mon tour en latin les questions que vous aviez l'habitude de me poser méthodiquement en grec? — *C. p.* Volontiers; par là je verrai si vous vous souvenez de ce que je vous ai appris et dans leur ordre vous recevrez réponse à toutes vos questions. — *C. f.* En combien de parties se divise l'art oratoire? — *C. p.* En trois parties. — *C. f.* Lesquelles, s'il vous plaît? — *C. p.* La première traite du talent même de l'orateur; la seconde, de la composition du discours; et la troisième, de la question. — *C. f.* En quoi consiste le talent de l'orateur? — *C. p.* Dans les pensées et dans les mots, qu'il s'agit de trouver et de disposer : aux pensées appartient en propre l'invention, aux mots l'élocution; quant à la disposition, quoique commune à l'une et à l'autre, on la rapporte cependant à l'invention. La voix, le geste, la physionomie, toute l'action en un mot accompagne l'élocution et la mémoire a le dépôt du tout. — *C. f.* Combien y a-t-il de parties oratoires ? — *C. p.* Quatre : deux d'entre elles, la narration et la confirmation, servent à établir le fait; on entraîne les esprits au moyen des deux autres, l'exorde et la péroraison. — *C. f.* Quelles divisions comporte la question? — *C. p.* Il y a la question générale, que j'appelle thèse, et la question particulière, que je nomme cause.

CVIII

(Tom. III, p. 237.)

La patrie ne nous donne pas la vie et l'éducation pour n'attendre de nous aucun soutien, pour servir uniquement nos intérêts, pour offrir un asile à notre oisiveté, un séjour abrité à notre repos ; mais elle entend se réserver à elle-même l'emploi de la meilleure part des facultés de notre

ipsa sibi ad utilitatem suam pigneraretur; tantumque nobis in nostrum privatum usum, quantum ipsi superesse posset, remitteret.

Jam illa perfugia, quæ sumunt sibi ad excusationem, quo facilius otio perfruantur, certe minime sunt audienda; quum ita dicunt, accedere ad rempublicam plerumque homines nulla re bona dignos, cum quibus comparari sordidum, confligere autem, multitudine præsertim incitata, miserum et periculosum sit; quamobrem neque sapientis esse accipere habenas, quum insanos atque indomitos impetus vulgi cohibere non possit, neque liberalis, cum impuris atque immanibus adversariis decertantem, vel contumeliarum verbera subire, vel exspectare sapienti non ferendas injurias : proinde quasi bonis, et fortibus, et magno animo præditis ulla sit ad rempublicam adeundi causa justior, quam ne pareant improbis, neve ab iisdem lacerari rempublicam patiantur, quum ipsi auxilium ferre si cupiant, non queant.

Cic., De republ., I, 4-5.

CIX

La loi absolue.

Est quidem vera lex, recta ratio, naturæ congruens, diffusa in omnes, constans, sempiterna; quæ vocet ad officium jubendo, vetando a fraude deterreat; quæ tamen neque probos frustra jubet aut vetat, nec improbos jubendo aut vetando movet. Huic legi nec obrogari fas est, neque derogari ex hac aliquid licet, neque tota abrogari potest; nec vero aut per senatum, aut per populum solvi hac lege possumus; neque est quærendus explanator aut interpres ejus alius, nec erit alia lex Romæ, alia Athenis; alia nunc, alia posthac : sed et omnes gentes et omni tempore una lex, et sempiterna, et immutabilis continebit; unusque erit communis quasi magister et imperator omnium Deus, ille legis hujus inventor, disceptator, lator; cui qui non parebit, ipse se fugiet, ac naturam hominis aspernatus, hoc

âme, de notre esprit, de notre raison, et ne laisser à notre propre usage que ce dont elle n'a pas besoin.

Les prétextes, qu'allèguent ceux qui veulent excuser leur inaction, ne méritent nullement d'être écoutés. Le plus souvent, disent-ils, on voit prendre part aux affaires publiques des hommes en tout point méprisables, avec qui on ne saurait sans honte rivaliser, et qu'il est triste et dangereux de combattre, surtout au milieu de l'effervescence populaire ; ce n'est donc le propre ni d'un sage de prendre en main les rênes, quand on ne peut arrêter les aveugles et terribles emportements de la multitude, ni d'un homme honorable, quand, en luttant avec les pervers et les méchants, on s'expose aux traits de l'insulte ou à l'ignominie d'outrages dont le sage doit avoir horreur. Comme si vraiment pour l'homme de bien, doué d'un grand courage et d'une âme généreuse, il pouvait y avoir un plus juste motif d'accepter le gouvernement que le désir d'éviter le joug des méchants et d'empêcher la république d'être à ce point déchirée par eux qu'elle ne puisse être secourue par lui le jour où il le voudrait.

CIX
(Tom. III, p. 245.)

Il est une loi véritable, la droite raison, conforme à la nature, infuse chez tous, invariable, éternelle ; qui pousse au devoir qu'elle ordonne et détourne du mal qu'elle défend ; dont toutefois les ordres ou les menaces, qui ne sont jamais perdus pour les bons, n'agissent guère sur les pervers. On ne peut ni l'infirmer, ni y déroger en quelque partie, ni l'abroger dans son ensemble ; ni par sénatus-consulte ni par plébiscite nous n'avons le pouvoir de nous en délier ; elle n'a besoin de personne pour l'expliquer et l'interpréter ; elle n'est pas autre à Rome qu'à Athènes, ne sera pas dans l'avenir autre qu'aujourd'hui ; chez tous les peuples et dans tous les temps, elle restera la même, éternelle et immuable, comme le même aussi sera toujours Dieu, notre maître à tous pour ainsi dire et le roi du monde,

ipso luet maximas pœnas, etiam si cetera supplicia, quæ putantur, effugerit.

Cic., *De republ.*, III, 17.

CX

C'est une loi qui sert de fondement à la sagesse et à toute la science de vivre.

Profecto ita se res habet, ut, quoniam vitiorum emendatricem legem esse oportet, commendatricemque virtutum, ab ea vivendi doctrina ducatur. Ita fit, ut mater omnium bonarum artium sapientia sit; a cujus amore græco verbo philosophia nomen invenit, qua nihil a diis immortalibus uberius, nihil florentius, nihil præstabilius hominum vitæ datum est. Hæc enim una nos quum ceteras res omnes, tum, quod est difficillimum, docuit, ut nosmet ipsos nosceremus : cujus præcepti tanta vis, tanta sententia est, ut ea non homini cuipiam, sed Delphico deo tribueretur. Nam qui se ipse norit, primum aliquid sentiet se habere divinum, ingeniumque in se suum, sicut simulacrum aliquod, dedicatum putabit; tantoque munere deorum semper dignum aliquid et faciet, et sentiet; et, quum se ipse tentarit, totumque perspexerit, intelliget, quemadmodum a natura subornatus in vitam venerit, quantaque instrumenta habeat ad obtinendam adipiscendamque sapientiam : quoniam principio[1] rerum omnium quasi adumbratas intelligentias, animo ac mente conceperit; quibus illustratus, sapientia duce, bonum virum, et ob eam ipsam causam cernat se beatum fore.

Cic., *De legibus*, I, 22.

CXI

Les exemples des grands font plus de mal que leurs fautes.

Vir magnus et nobis omnibus amicus, L. Lucullus efferebatur, quasi commodissime respondisset, quum esset ob-

---

(1) D'autres lisent : *principia rerum omnium, quasi...* etc.

qui l'a conçue, discutée, publiée; la méconnaître, c'est se fuir soi-même, renier sa nature, et s'infliger par cela seul le plus dur châtiment, lors même qu'on échapperait à tous les supplices de la législation humaine.

CX

(Tom. III, p. 247.)

La vérité est que, puisqu'il faut qu'il y ait une loi pour corriger le vice et recommander la vertu, c'est d'elle que se tire la science de vivre. De là résulte la sagesse, mère de tous les arts libéraux, et dont l'amour a fait trouver aux Grecs le nom de philosophie, c'est le plus fécond, le plus brillant et le meilleur de tous les dons faits par les dieux immortels à la vie humaine. Elle seule, en effet, nous a enseigné, sans parler de tout le reste, ce qui est le plus difficile, à nous connaitre nous-mêmes : précepte si puissant, si profond, que, dans la pensée qu'il ne pouvait être d'un homme, on l'a attribué au dieu qui a son temple à Delphes. Car celui qui se connaît lui-même, sentira qu'il possède quelque chose de divin, et dans cet esprit qui est en lui et à lui, il verra comme une image consacrée dans un temple; il ne fera rien, il ne pensera rien qui ne soit digne d'un si grand présent des dieux; et lorsqu'il se sera sondé et examiné tout entier, il comprendra combien la nature l'a comblé de dons à son entrée dans la vie, quels instruments il a pour acquérir et s'approprier la sagesse : lui qui, dès l'origine, a reçu dans son âme et dans son intelligence les notions, pour ainsi dire ébauchées, de toutes choses, afin que, éclairé par elles, il pût voir qu'en prenant pour guide la sagesse, il serait vertueux et par cela même heureux.

CXI

(Tom. III, p. 250.)

Un grand personnage, notre ami à tous, L. Lucullus fut beaucoup vanté pour avoir fait une réponse, qu'on trou-

jecta magnificentia villæ Tusculanæ, duo se habere vicinos, superiorem, equitem romanum; inferiorem, libertinum: quorum quum essent magnificæ villæ, concedi sibi oportere, quod iis, qui tenuioris ordinis essent, liceret. Non vides, Luculle, a te id ipsum natum, ut illi cuperent? quibus id, si tu non faceres, non liceret. Quis enim ferret istos, quum videret eorum villas signis et tabulis refertas, partim publicis, partim etiam sacris et religiosis? quis non frangeret eorum libidines, nisi illi ipsi, qui eas frangere deberent, cupiditatis ejusdem tenerentur?

Nec enim tantum mali est peccare principes (quanquam est magnum hoc per se ipsum malum) quantum illud, quod permulti imitatores principum exsistunt. Nam licet videre, si velis replicare memoriam temporum, qualescumque summi civitatis viri fuerint, talem civitatem fuisse; quæcumque mutatio morum in principibus exstiterit, eamdem in populo secutam. Idque haud paullo est verius, quam quod Platoni nostro placet, qui, musicorum cantibus, ait, mutatis, mutari civitatum status. Ego autem nobilium vita victuque mutato, mores mutari civitatum puto. Quo perniciosius de republica merentur vitiosi principes, quod non solum vitia concipiunt ipsi, sed ea infundunt in civitatem: neque solum obsunt, quod ipsi corrumpuntur, sed etiam quod corrumpunt, plusque exemplo, quam peccato nocent. Atque hæc lex dilatata in ordinem cunctum, coangustari etiam potest. Pauci enim atque admodum pauci, honore et gloria amplificati, vel corrumpere mores civitatis, vel corrigere possunt.

Cic., *De Legibus*, III, 13—14.

vait excellente, à ceux qui lui reprochaient la magnificence de sa maison de Tusculum. Il leur dit qu'il avait deux voisins : au dessus de lui, un chevalier romain ; au dessous, un simple affranchi ; et que, leurs maisons étant magnifiques, il fallait bien qu'on tolérât chez lui ce qu'on permettait chez des gens d'un rang inférieur au sien. Et vous ne voyez pas, Lucullus, que c'est vous qui faites naître en eux ce désir d'un luxe, qui ne leur serait pas permis, si vous ne le montriez pas vous-même ? Qui donc supporterait de leur voir des maisons de campagne remplies de statues et de tableaux, dépouilles des propriétés publiques, des lieux consacrés et des temples ? qui ne réprimerait leurs excès, si ceux qui les devraient réprimer n'étaient en proie à la même passion ?

Les fautes des grands, en effet, bien qu'elles soient graves en elles-mêmes, le sont surtout parce que les grands ont de nombreux imitateurs. Il vous sera facile de voir, si vous voulez parcourir les annales du passé, que tels ont été les grands, telle a été la ville, et que toute altération qui s'est opérée dans leurs mœurs a été suivie d'une semblable altération dans les mœurs du peuple. Et cette remarque est un peu plus juste que celle qu'avance notre Platon, lorsqu'il dit qu'il n'y a pas de changement dans la musique sans qu'il y en ait aussi dans l'État. Pour moi, je pense que c'est la manière de vivre et de se conduire des nobles qui, en changeant, change les mœurs publiques. Aussi les grands qui ont des vices sont-ils plus funestes à la république : non seulement ils les ont eux-mêmes, mais ils les répandent dans l'État ; ils nuisent, non seulement parce qu'ils sont corrompus, mais parce qu'ils corrompent les autres, et que leur exemple fait plus de mal que leur faute. Cette règle, étendue à tout un ordre, peut même être restreinte. Il suffit d'un petit, d'un très petit nombre de citoyens, revêtus d'honneurs et de gloire, pour corrompre ou pour réformer les mœurs d'un État.

CXII

Philosophie de Socrate.

Socrates mihi videtur, id quod constat inter omnes, primus a rebus occultis, et ab ipsa natura involutis, in quibus omnes ante cum philosophi occupati fuerunt, avocavisse philosophiam, et ad vitam communem adduxisse : ut de virtutibus et vitiis, omninoque de bonis rebus et malis quæreret; cælestia autem vel procul esse a nostra cognitione censeret, vel, si maxime cognita essent, nihil tamen ad bene vivendum. Hic in omnibus fere sermonibus, qui ab iis, qui illum audierunt, perscripti varie et copiose sunt, ita disputat, ut nihil affirmet ipse, refellat alios; nihil se scire dicat, nisi id ipsum; eoque præstare ceteris, quod illi, quæ nesciant, scire se putent; ipse, se nihil scire, id unum sciat : ob eamque rem se arbitrari ab Apolline omnium sapientissimum esse dictum, quod hæc esset una omnis sapientia, non arbitrari, sese scire, quod nesciat. Quæ quum diceret constanter, et in ea sententia permaneret, omnis ejus oratio tum in virtute laudanda, et in omnibus hominibus ad virtutis studium cohortandis consumebatur, ut e Socraticorum libris, maximeque Platonis, intelligi potest.

Cic., Academ, I, 4.

CXIII

L'homme est né pour quelque chose de plus grand et de plus noble que la volupté.

Nec tamen ullo modo summum pecudis bonum, et hominis, idem mihi videri potest. Quid enim tanto opus est instrumento in optimis artibus comparandis, quid tanto concursu honestissimorum studiorum, tanto virtutum comitatu, si ea nullam ad aliam rem, nisi ad voluptatem conquiruntur? Ut, si Xerxes, quum tantis classibus, tantisque equestribus et pedestribus copiis, Hellesponto juncto,

CXII

(Tom. III, p. 254.)

Socrate me paraît être le premier, et tout le monde en convient, qui détourna la philosophie des obscurités amoncelées en quelque sorte par la nature elle-même, auxquelles s'étaient attachés tous ses prédécesseurs, et qui l'amena à l'observation de la vie commune; il lui donnait pour objet les vertus et les vices, toute la question des biens et des maux, mais pensait d'autre part que les choses célestes ne sont pas du ressort de notre intelligence et que, même si nous en avions la parfaite connaissance, elles ne nous apprendraient nullement à bien vivre. Dans presque tous ses entretiens, qu'ont reproduits avec tant de variété et d'abondance ceux qui l'avaient entendu, il discute en s'abstenant de rien affirmer mais en réfutant les autres : il dit qu'il ne connaît qu'une chose, son ignorance; que, s'il l'emporte sur les autres, c'est parce qu'ils croient savoir ce qu'ils ignorent, tandis que lui sait uniquement qu'il ne sait rien; et il pense qu'Apollon l'a pour ce motif déclaré le plus sage des hommes, toute la sagesse consistant absolument à ne pas croire que l'on sait ce qu'on ne sait pas. Toujours fidèle à cette maxime et inébranlable dans cette opinion, il ne faisait dans ses discours que louer la vertu et qu'exhorter les hommes à la pratiquer, comme on peut le voir par les livres de ses disciples et surtout par ceux de Platon.

CXIII

(Tom. III, p. 258.)

Je ne pourrai jamais croire que le souverain bien des hommes et des bêtes soit le même. Qu'est-il besoin en effet de tant de hautes études, d'un tel concours de nobles connaissances, d'un si beau cortège de vertus, si en tout cela nous n'avons pour objet que la volupté ? C'est comme si Xerxès, après avoir réuni tant de vaisseaux, tant de troupes d'infanterie et de cavalerie, après avoir opéré la jonction

Athone perfosso, maria ambulavisset, terramque navigasset, si, quum tanto impetu in Græciam venisset, causam ejus quis ex eo quæreret tantarum copiarum, tantique belli, mel se auferre ex Hymetto voluisse diceret, certe sine causa videretur tanta conatus ; sic nos **sapientem**, plurimis et gravissimis artibus atque **virtutibus** instructum et ornatum, non, ut illum, maria pedibus peragrantem, classibus montes, sed omne cælum, totamque cum universo mari terram mente complexum, voluptatem petere si dicemus, mellis causa dicemus tanta molitum. Ad altiora quædam et magnificentiora, mihi credo, Torquate, nati sumus ; nec id ex animi solum partibus, in quibus inest memoria rerum innumerabilium, vitæ quidem infinita, inest conjectura consequentium, non multum a divinatione differens, inest moderator cupiditatis pudor, inest ad humanam societatem justitiæ fida custodia, inest in perpetiendis laboribus adeundisque periculis firma et stabilis doloris mortisque contemtio. Ergo hæc in animis : tu autem etiam membra ipsa sensusque considera ; qui tibi, ut reliquæ corporis partes, non comites solum virtutum, sed ministri etiam videbuntur. Quid, si in ipso corpore multa voluptati præponenda sunt, ut vires, valitudo, velocitas, pulchritudo ? quid tandem in animis censes ? in quibus doctissimi illi veteres inesse quiddam cæleste et divinum putaverunt.

Cic., De fin. bon. et mal., II, 34.

CXIV

Cicéron, se promenant à l'Académie, y parle avec ses amis du plaisir qu'on ressent à visiter les lieux où les grands hommes ont vécu.

Quum autem venissemus in Academiæ non sine causa nobilitata spatia, solitudo erat ea; quam volueramus. Tum

des deux rives de l'Hellespont et percé le mont Athos, voyagé à pied sur la mer et navigué à travers la terre, une fois arrivé dans la Grèce au prix de tant d'efforts, eût répondu à celui qui lui aurait demandé la cause de tout cet armement et d'une telle expédition : Je suis venu chercher du miel de l'Hymette ; un pareil motif n'eût pas expliqué son immense entreprise. Nous pareillement, après avoir muni et perfectionné le sage de toutes sortes de connaissances et de vertus, non pour qu'il passe la mer à pied, comme Xerxès, ou qu'il traverse les monts sur des vaisseaux, mais pour qu'il embrasse par la pensée tout le ciel et la terre entière avec l'immensité de la mer, si nous disions qu'il n'a en vue que la volupté, nous ne donnerions pour but à tant d'efforts que la conquête d'un peu de miel. C'est, croyez-moi, Torquatus, pour quelque chose de plus haut et de plus beau que nous sommes nés : considérez les facultés de l'âme : elle conserve la mémoire d'un nombre incalculable d'objets ; elle en voit dans un avenir indéfini les conséquences comme par une sorte de divination ; avec la bienséante pudeur elle maîtrise ses désirs ; elle est pour la défense de la société la fidèle gardienne de la justice ; pour les travaux à supporter, pour les périls à braver, elle est munie du ferme, de l'inébranlable mépris de la douleur et de la mort. Telle est la part de l'âme ; considérez ensuite la structure du corps et en lui le mécanisme des sens, qui, comme tout le reste, semblent faits non seulement pour tenir compagnie à la vertu mais encore pour la servir. Et si, en ce qui concerne même le corps, il y a beaucoup de choses préférables à la volupté, comme la force, la santé, l'agilité, la beauté, que penserez-vous à plus forte raison de l'âme, dans laquelle, de l'avis des anciens sages, il y a quelque chose de céleste et de divin ?

CXIV

(Tom. III, p. 259.)

Quand nous fûmes arrivés à l'Académie, ce lieu à juste titre si renommé, nous y trouvâmes la solitude que nous

Piso, Naturane nobis hoc, inquit, datum dicam, an errore quodam; ut, quum ea loca videamus, in quibus memoria dignos viros acceperimus multum esse versatos, magis moveamur, quam si quando eorum ipsorum aut facta audiamus, aut scriptum aliquod legamus? velut ego nunc moveor. Venit enim mihi Platonis in mentem; quam accepimus primum hic disputare solitum : cujus etiam illi hortuli propinqui non memoriam solum mihi afferunt; sed ipsum videntur in conspectu meo ponere. Hic Speusippus, hic Xenocrates, hic ejus auditor Polemo, cujus illa ipsa sessio fuit, quam videmus. Equidem etiam curiam nostram, Hostiliam dico, non hanc novam, quæ mihi minor esse videtur, posteaquam est major; solebam intuens, Scipionem, Catonem, Lælium, nostrum vero in primis avum cogitare. Tanta vis admonitionis inest in locis, ut non sine causa ex his memoriæ ducta sit disciplina. Tum Quintus, Est plane, Piso, ut dicis, inquit. Nam me ipsum huc modo venientem convertebat ad sese Coloneus ille locus, cujus incola Sophocles ob oculos versabatur : quem scis quam admirer, quamque eo delecter. Me quidem ad altiorem memoriam Œdipodis huc venientis, et illo mollissimo carmine, quænam essent ipsa hæc loca, requirentis, species quædam commovit, inanis scilicet, sed commovit tamen. Tum Pomponius : At ego, quem vos, ut deditum Epicuro, insectari soletis, sum multum equidem cum Phædro, quem unice diligo, ut scitis, in Epicuri hortis, quos modo præteribamus; sed, veteris proverbii admonitu, vivorum memini; nec tamen Epicuri licet oblivisci, si cupiam, cujus imaginem non modo in tabulis nostri familiares, sed etiam in poculis et in annulis habent.

Cic., De fin. bon. et mal., V, 1.

avions désirée. Et alors Pison nous dit : Est-ce par un effet de la nature ou par une erreur de notre imagination que la vue des lieux où nous savons qu'ont habité de grands hommes nous impressionne plus fortement que le récit de leurs actions ou la lecture de leurs écrits? Voilà précisément ce que j'éprouve en ce moment. La pensée de Platon m'envahit l'esprit; c'est ici, nous ne pouvons l'ignorer, qu'il avait coutume de s'entretenir avec ses disciples, et ces petits jardins, que nous voyons près de nous, font plus que me rappeler sa mémoire, ils semblent le remettre lui-même sous mes yeux. Ici se présentent à moi Speusippe, Xénocrate et son élève Polémon, dont nous voyons la place favorite. Même chez nous, le palais du Sénat (je parle non pas du nouveau palais qui me semble plus petit depuis qu'on l'a agrandi, mais de l'ancien palais d'Hostilius), toutes les fois que je le contemple, me représente Scipion, Caton, Lælius et surtout mon aïeul. Les lieux ont sur l'esprit un tel pouvoir d'évocation qu'avec raison on a basé sur eux tout un art de la mémoire. — Oui, Pison, vous avez raison, dit Quintus. Moi aussi, en venant ici, les yeux fixés sur Colone qu'habitait Sophocle, je voyais devant moi le poète pour qui, on le sait, je suis plein d'admiration et qui fait mes délices. Bien plus, l'image d'Œdipe, arrivant en ces lieux et s'enquérant en vers touchants de l'endroit où il est, m'a remué; image vaine à la vérité, et cependant l'effet s'est produit. — Et moi, dit Pomponius, en qui vous avez l'habitude de combattre un adepte d'Épicure, dont nous venons de passer les jardins, je me trouve bien souvent dans ces jardins avec Phèdre, mon intime ami, comme vous le savez, obéissant au vieux proberbe « je n'oublie pas les vivants »; mais je ne pourrais, même si je le voulais, oublier Épicure, lui dont nos amis possèdent l'image, non seulement dans leurs tableaux, mais jusque sur leurs vases et sur leurs bagues.

CXV

Cicéron cherche une preuve de l'immortalité de l'âme dans le besoin que les hommes éprouvent de se survivre et dans l'intérêt qu'ils prennent à un avenir qui ne leur appartient pas.

Maximum vero argumentum est, naturam ipsam [1] de immortalitate tacitam judicare, quod omnibus curæ sunt, et maximæ quidem, quæ post mortem futura sint : « Serit arbores, quæ alteri sæculo prosint, » ut ait Statius [2] in Synephebis : quid spectans, nisi etiam postera sæcula ad se pertinere ? Ergo arbores seret diligens agricola, quarum adspiciet baccam ipse nunquam; vir magnus leges, instituta, rempublicam non seret? Quid procreatio liberorum, quid propagatio nominis, quid adoptiones filiorum, quid testamentorum diligentia, quid ipsa sepulcrorum monumenta, quid elogia significant, nisi nos futura etiam cogitare. Quid illud ? num dubitas, quin specimen naturæ capi debeat ex optima quaque natura? quæ est igitur melior in hominum genere natura, quam eorum, qui se natos ad homines juvandos, tutandos, conservandos arbitrantur? Abiit ad deos Hercules; nunquam abiisset, nisi, quum inter homines esset, eam sibi viam munivisset. Vetera jam ista, et religione omnium consecrata.

Quid in hac republica tot, tantosque viros ob rempublicam interfectos, cogitasse arbitramur? iisdemne ut finibus nomen suum, quibus vita, terminaretur ? Nemo unquam sine magna spe immortalitatis se pro patria offerret ad mortem. Licuit esse otioso Themistocli, licuit Epaminondæ; licuit, ne et vetera et externa quæram, mihi. Sed nescio quomodo inhæret in mentibus quasi sæculorum quoddam augurium futurorum; idque in maximis ingeniis, altissimisque animis et exsistit maxime, et apparet facillime. Quo quidem

---

(1) Cicéron vient de dire que les honneurs rendus aux morts ont pour motif la persuasion où nous sommes qu'ils peuvent en être touchés et il a vu dans cette croyance générale ce sentiment *naturel* qui plaide en faveur de l'immortalité de l'âme.

(2) Cæcilius Statius. J'ai cité ce vers tom. II, p. 21.

CXV

(Tom. III, p. 262.)

Ce qui prouve encore très puissamment que la nature elle-même décide secrètement pour l'immortalité de l'âme, c'est le soin que tous nous prenons si vivement d'un avenir qui ne sera qu'après notre mort. « Il plante des arbres qui ne profiteront qu'à la génération suivante », dit Cæcilius dans les Synéphèbes; et pourquoi en planterions-nous, si l'avenir qui nous suivra ne nous intéressait pas ? De même que le cultivateur vigilant plante des arbres dont il ne verra jamais les fruits, l'homme d'État ne plante-t-il pas, lui aussi, des lois, des institutions, des cités ? Pourquoi notre désir d'avoir des enfants, d'en adopter, de perpétuer notre nom ? Pourquoi notre attention à faire des testaments, à ériger des tombeaux, à les couvrir d'inscriptions ? Si ce n'est parce que nous songeons à l'avenir. Ne croyez-vous pas d'ailleurs que, pour juger de la nature, il faille considérer en chaque espèce d'êtres ce qu'elle présente de plus parfait ? Or, dans l'espèce humaine, où est-elle plus belle qu'en ceux qui se croient nés pour aider, protéger, sauver les autres ? Hercule est allé prendre rang parmi les dieux; il n'y serait jamais arrivé, si, pendant qu'il se trouvait avec les hommes, il ne s'était pas préparé cette voie. L'exemple est ancien et consacré par la croyance religieuse de tous les peuples.

Mais, dans notre république même, quelle fut, à votre avis, la pensée de tant de grands hommes qui ont répandu leur sang pour elle ? Croyaient-ils que leur gloire et leur vie finiraient ensemble ? Jamais, sans le ferme espoir de l'immortalité, personne ne s'exposerait à mourir pour la patrie. Thémistocle pouvait vivre tranquille, Épaminondas le pouvait, et, sans chercher d'exemples dans le passé ou hors de chez nous, moi aussi je le pouvais. Mais il y a comme un pressentiment des siècles futurs qui se fixe en

demto, quis tam esset amens, qui semper in laboribus et periculis viveret? Loquor de principibus. Quid poetæ? nonne post mortem nobilitari volunt?... Sed quid poetas? opifices post mortem nobilitari volunt. Quid enim Phidias sui similem speciem inclusit in clypeo Minervæ, quum inscribere non liceret? Quid nostri philosophi? nonne in his ipsis libris, quos scribunt de contemnenda gloria, sua nomina inscribunt? Quod si omnium consensus, naturæ vox est; omnesque, qui ubique sunt, consentiunt esse aliquid, quod ad eos pertineat, qui vita cesserint : nobis quoque idem existimandum est. Et si, quorum aut ingenio, aut virtute animus excellit, eos arbitramur, quia natura optima sunt, cernere naturæ vim maxime : verisimile est, quum optimus quisque maxime posteritati serviat, esse aliquid, cujus is post mortem sensum sit habiturus.

Cic., Tuscul. quæst. 1, 14-15.

CXVI

Le vice, même tout-puissant, ne peut être heureux.

[Dionysius, Syracusanorum tyrannus,] ipse judicavit, quam esset beatus. Nam quum quidam ex ejus assentatoribus, Damocles, commemoraret in sermone copias ejus, opes, majestatem dominatus, rerum abundantiam, magnificentiam ædium regiarum; negaretque unquam beatiorem quemdam fuisse: « Visne igitur, inquit, Damocle, quoniam hæc te vita delectat, ipse eamdem degustare, et fortunam experiri meam? » Quum se ille cupere dixisset, collocari jussit hominem in aureo lecto, strato pulcherrime textili stragulo, magnificis operibus picto; abacosque complures ornavit argento auroque cælato. Tum ad mensam eximia forma pueros delectos jussit consistere, eosque nutum ejus intuentes diligenter ministrare. Aderant un-

nous je ne sais comment ; et c'est dans les esprits les plus élevés, dans les plus grandes âmes qu'il existe avec le plus d'intensité et qu'il éclate davantage. Supprimez-le, qui serait assez fou pour passer toute sa vie dans les travaux et dans les périls? Je parle des hommes d'État. Mais les poëtes eux-mêmes ne cherchent-ils pas à être illustres après leur mort?... Pourquoi m'arrêter aux poëtes? Comme eux les artistes désirent une gloire qui leur survive. Phidias, ne pouvant inscrire son nom sur le bouclier de Minerve, n'y grava-t-il pas son portrait? Et nos philosophes, en tête des livres mêmes qu'ils écrivent sur le mépris de la gloire, ne mettent-ils pas leurs noms? Si donc le consentement de tous les hommes est la voix de la nature et que tous, en quelque pays que ce soit, s'accordent à penser qu'il y a quelque chose qui les intéresse après la vie, nous aussi nous devons le croire. Et cela d'autant plus que, si nous considérons les hommes qui ont le plus d'esprit et de vertu comme les représentants les meilleurs et les interprètes les plus fidèles de la nature, ce sont eux qui travaillent le plus en vue de la postérité avec le sentiment de l'immortalité.

CXVI

(Tom. III, p. 266.)

Denys, tyran de Syracuse, prononça lui-même sur son bonheur. Damoclès, un de ses flatteurs, lui vantait un jour ses armées, ses richesses, la grandeur de son pouvoir, l'abondance de ses ressources, la magnificence de ses palais, et lui disait que personne n'avait jamais joui d'un bonheur supérieur au sien. «Eh bien! Damoclès, lui dit-il, puisqu'une telle vie a du charme pour toi, veux-tu en goûter et faire l'essai de mon sort?» Damoclès ayant répondu qu'il ne demandait pas mieux, Denys le fit asseoir sur un lit d'or, couvert d'un très riche tapis dont le tissu et les dessins étaient magnifiques ; plusieurs buffets étaient chargés de vaisselle d'or et d'argent ; de jeunes esclaves choisis parmi les plus beaux se trouvaient près de la table

guenta, coronæ; incendebantur odores; mensæ conquisitissimis epulis exstruebantur. Fortunatus sibi Damocles videbatur. In hoc medio apparatu fulgentem gladium, e lacunari seta equina aptum demitti jussit, ut impenderet illius beati cervicibus. Itaque nec pulchros illos ministratores adspiciebat, nec plenum artis argentum; nec manum porrigebat in mensam; jam ipsæ defluebant coronæ; denique exoravit tyrannum, ut abire liceret, quod jam beatus nollet esse. Satisne videtur declarasse Dionysius, nihil esse ei beatum, cui semper aliquis terror impendeat? Atque ei ne integrum quidem erat, ut ad justitiam remigraret, civibus libertatem et jura redderet. Iis enim adolescens improvida ætate irretierat erratis, eaque comariserat, ut salvus esse non posset, si sanus esse cœpisset.

Cic., *Tuscul. quæst.*, V, 20-21.

CXVII

Il n'y a de vrai bien que celui dont le possesseur peut se glorifier à bon droit.

Veniant igitur isti irrisores hujus orationis, ac sententiæ; et jam vel ipsi judicent, utrum se horum alicujus, qui marmoreis tectis, ebore et auro fulgentibus, qui signis, qui tabulis, qui cœlato auro et argento, qui Corinthiis operibus abundant, an C. Fabricii, qui nihil eorum habuit, nihil habere voluit, similes esse malint? Atque hæc quidem, quæ modo huc, modo illuc transferuntur, facile adduci solent, ut in rebus bonis esse negent: illud tamen arcte tenent, accurateque defendunt, voluptatem esse summum bonum. Quæ quidem mihi vox pecudum videtur esse, non hominum. Tu, quum tibi sive deus, sive mater (ut ita dicam) rerum omnium, natura, dederit animum, quo nihil est præstantius, neque divinius, sic te ipse abjicies

avec ordre d'obéir attentivement aux moindres signes; essences et couronnes, cassolettes exhalant leurs parfums, mets exquis et nombreux, tout y était. Damoclès s'estimait heureux. Mais, au milieu de cet appareil, Denys fit suspendre au plafond une épée nue, que retenait un seul crin de cheval et qui menaçait la tête de cet heureux homme. Damoclès alors ne voyait plus ces beaux serviteurs, cette riche vaisselle; il n'avançait plus la main vers les mets; déjà même les couronnes tombaient de sa tête; enfin il supplia le tyran de lui permettre de s'en aller, disant qu'il en avait assez de son bonheur. Par là Denys ne nous semble-t-il pas avoir suffisamment prouvé qu'il n'est point de félicité pour celui sur qui reste toujours suspendue quelque terrible menace. Quant à lui, il n'était plus libre de rentrer dans la voie de la justice, de rendre aux Syracusains leur liberté et leurs droits; car, dans sa jeunesse, sans prévoyance, il s'était engagé en de telles erreurs et avait commis de tels actes, qu'il ne pouvait plus que sacrifier sa vie en devenant juste.

CXVII

(Tom. III, p. 268.)

Qu'ils viennent donc ceux qui se raillent de ces paroles et de ces sentiments, et qu'ils nous déclarent eux-mêmes à qui ils aimeraient mieux ressembler : à quelqu'un de ces hommes dont les palais de marbre resplendissent d'ivoire et d'or, abondent en statues, en tableaux, en œuvres d'or et d'argent ciselé, en merveilles de Corinthe, ou bien à C. Fabricius, qui n'eut et ne voulut rien avoir de tout cela? Il est assez facile, à la vérité, de les amener à avouer que ces choses dont la possession est si peu assurée, ne doivent pas être regardées comme de vrais biens; mais une affirmation qu'ils soutiennent avec opiniâtreté et avec chaleur, c'est que la volupté est le souverain bien : langage, à mon sens, plus digne des brutes que des hommes.

atque prosternes, ut nihil inter te atque inter quadrupedem aliquam putes interesse? Quidquam bonum est, quod non eum, qui id possidet, meliorem facit? Ut enim quisque est maxime boni particeps, ita et laudabilis maxime, neque est ullum bonum, de quo non is, qui id habeat, honeste possit gloriari. Quid autem est horum in voluptate? Meliorem ne efficit, aut laudabiliorem virum? an quisquam in potiundis voluptatibus gloriando sese, et prædicatione effert? Atqui si voluptas, quæ plurimorum patrocinio defenditur, in rebus bonis habenda non est; eaque, quo est major, eo magis mentem e sua sede et statu demovet, profecto nihil est aliud bene et beate vivere, nisi honeste et recte vivere.

Cic., *Paradoxa*, I, 3.

CXVIII
Le monde ne peut être le produit du hasard.

Hic ego non mirer esse quemquam, qui sibi persuadeat, corpora quædam solida, atque individua, vi et gravitate ferri, mundumque effici ornatissimum et pulcherrimum ex eorum corporum concursione fortuita? Hoc qui existimat fieri potuisse, non intelligo, cur non idem putet, si innumerabiles unius et viginti[1] formæ litterarum vel aureæ, vel quales libet, aliquo conjiciantur, posse ex his in terram excussis annales Ennii, ut deinceps legi possint, effici: quod nescio an ne in uno quidem versu possit tantum valere fortuna. Isti autem quemadmodum asseverant, ex corpusculis non colore, non qualitate aliqua, quam ποιότητα Græci vocant, non sensu præditis, sed concurrentibus temere atque casu, mundum esse perfectum? vel innumerabiles potius in omni puncto temporis alios nasci, alios interire? Quod si mundum efficere potest con-

---

(1) C'était le nombre des caractères de l'alphabet latin.

Eh quoi ! vous avez reçu d'un dieu ou de la nature, cette mère universelle, une âme, qui est tout ce qu'il y a de plus excellent et de plus divin, et vous vous avilirez, vous vous abaisserez au point de penser qu'entre vous et n'importe quel animal il n'existe aucune différence? Est-il un bien qui ne rende pas meilleur l'homme qui le possède? C'est celui qui possède les vrais biens au plus haut point, qui est le plus estimable, et il n'en est aucun dont le possesseur ne puisse se glorifier honnêtement. Qu'y a-t-il de semblable dans la volupté? Rend-elle un homme meilleur ou plus estimable? Quelqu'un se glorifie-t-il jamais de ses plaisirs comme d'un titre d'honneur? Et si la volupté, malgré le patronage de ses nombreux défenseurs, ne peut être mise au nombre des vrais biens; si, plus elle augmente, plus elle dérange l'âme de son assiette et de son état normal, il est certain qu'il n'y a d'autre bien et d'autre bonheur dans la vie que l'honnêteté et la droiture.

CXVIII

(Tom. III, p. 271.)

Ici puis-je ne pas m'étonner qu'il y ait un homme qui se persuade que certains corps solides et indivisibles se meuvent d'eux-mêmes par leur force et leur poids, et que, de leur concours fortuit, s'est fait ce monde si bien ordonné et si beau? Je ne vois pas pourquoi celui qui pense que cela a pu se faire ne s'imagine pas aussi que, si l'on jetait au hasard une quantité considérable des vingt et un caractères de l'alphabet, fussent-ils d'or ou de quelque autre matière, ils pourraient tomber à terre de façon à former lisiblement les Annales d'Ennius : je doute que le hasard réussisse à en former seulement un vers. Comment donc ces gens-là affirment-ils que des corpuscules sans couleur, sans aucune des qualités que les Grecs appellent ποιότητα, et sans aucun sentiment, ont fait notre monde, ou plutôt font à tout moment, en nombre infini, des mondes qui naissent et meurent successivement? Si le concours des atomes peut former un monde, que ne peut-il aussi

cursus atomorum, cur porticum, cur templum, cur domum, cur urbem non potest? quæ sunt minus operosa, et multo quidem faciliora. Certe ita temere de mundo effutiunt, ut mihi quidem nunquam hunc admirabilem cæli ornatum, suspexisse videantur.

Cic., De nat. deor., II, 37.

CXIX

Après avoir énuméré certains détails de notre structure, qui prouvent l'attention de la Providence, Balbus, un des interlocuteurs du dialogue sur LA NATURE DES DIEUX, *en ajoute d'autres à propos des sens. Voici ce qu'il dit des yeux et des oreilles.*

Quis vero opifex, præter naturam, qua nihil potest esse callidius, tantam solertiam persequi potuisset in sensibus? Quæ primum[1] oculos membranis tenuissimis vestivit et sepsit: quas primum perlucidas fecit, ut per eas cerni posset; firmas autem, ut continerentur. Sed lubricos oculos fecit, et mobiles, ut et declinarent, si quid noceret, et adspectum, quo vellent, facile converterent. Aciesque ipsa, qua cernimus, quæ pupula vocatur, ita parva est, ut ea, quæ nocere possint, facile vitet; palpebræque, quæ sunt tegmenta oculorum, mollissimæ tactu, ne læderent aciem, aptissime factæ et ad claudendas pupulas, ne quid incideret, et ad aperiendas: idque providit, ut identidem fieri posset cum maxima celeritate. Munitæque sunt palpebræ tanquam vallo pilorum: quibus, et apertis oculis, si quid incideret, repelleretur; et somno conniventibus, quum oculis ad cernendum non egeremus, ut qui, tanquam involuti, quiescerent. Latent præterea utiliter, et excelsis undique partibus sepiuntur. Primum enim superiora, superciliis obducta, sudorem a capite et a fronte defluentem repellunt. Genæ deinde ab inferiore parte tutantur subjectæ, leviterque eminentes. Nasus ita locatus est, ut quasi murus oculis interjectus esse videatur.

1) Cf. Fénelon, Traité de l'Exist. de Dieu, I, 4.

former un portique, un temple, une maison, une ville? toutes choses moins bien compliquées, bien plus faciles. En vérité ils débitent tant de pauvretés sur la formation du monde que je crois qu'ils n'ont jamais élevé les regards sur la magnificence du ciel.

CXIX

(Tom. III, p. 272.)

Mais quel autre ouvrier que la nature, dont rien ne surpasse l'adresse, eût su avec tant d'art former nos sens? Elle a d'abord revêtu et entouré les yeux de membranes très minces, transparentes au-devant pour leur permettre de voir, fermes au reste pour les maintenir. Elle les a faits glissants et mobiles, afin qu'ils puissent se dérober à ce qui les blesserait et porter facilement les regards où ils veulent. La partie essentielle, où se concentre la force visuelle, et qui s'appelle pupille, est si petite, qu'elle se préserve aisément de ce qui lui ferait mal. Les paupières, qui sont les couvertures des yeux, ont une surface très douce pour ne point leur porter atteinte et sont on ne peut mieux faites soit pour couvrir les pupilles et les défendre contre l'intrusion de tout objet, soit pour les découvrir : mouvements qui s'opèrent l'un et l'autre avec la plus grande rapidité. Les paupières sont, en quelque sorte, munies d'une palissade de poils, qui leur sert à repousser ce qui tomberait dans les yeux, lorsqu'ils sont ouverts, et à protéger leur repos, sous cette espèce d'enveloppe, lorsqu'ils se ferment pendant le sommeil et qu'ils nous sont inutiles. Les yeux, en outre, ont l'avantage d'être abrités et défendus de tous côtés par des éminences. D'abord, la région supérieure, garnie de sourcils, les préserve de la sueur qui coule de la tête et du front;

Auditus autem semper patet. Ejus enim sensu etiam dormientes egemus : a quo quum sonus est acceptus, etiam a somno excitamur. Flexuosum iter habet, ne quid intrare possit, si simplex et directum pateret. Provisum etiam, ut si qua minima bestiola conaretur irrumpere, in sordibus aurium, tanquam in visco, inhæresceret. Extra autem eminent, quæ appellantur aures, et tegendi causa factæ, tutandique sensus, et ne adjectæ voces laberentur atque errarent, priusquam sensus ab his pulsus esset. Sed duros et quasi corneolos habent introitus, multisque cum flexibus; quod his naturis relatus amplificatur sonus. Quocirca et in fidibus testudine resonatur, aut cornu; et ex tortuosis locis et inclusis soni referuntur ampliores.

Cic., De [nat. deor., II, 57.

CXX

Dans le dialogue sur la divination, Quintus Cicéron cite certains songes merveilleux qui ressemblent à des avertissements des dieux.

Quid? illa duo somnia, quæ creberrime commemorantur a Stoicis, quis tandem potest contemnere? Unum de Simonide : qui quum ignotum quemdam projectum mortuum vidisset, eumque humavisset, haberetque in animo navem conscendere, moneri visus est, ne id faceret, ab eo, quem sepultura affecerat; si navigasset, eum naufragio esse periturum; itaque Simonidem redisse; perisse ceteros, qui tum navigassent. Alterum ita traditum, clarum[1] admodum

---

[1] On n'est pas d'accord sur le sens de cette expression *clarum somnium*: les uns y voient une sorte de traduction de celle de Platon

puis, dans la région inférieure, ils sont protégés par les joues légèrement proéminentes. Le nez est placé de telle façon qu'il ressemble à un mur de séparation entre les deux.

Quant à l'ouïe, elle est toujours ouverte; car même en dormant, nous avons besoin de ce sens, qui, dès qu'il perçoit un bruit, nous éveille. L'ouïe a des conduits tortueux par crainte de ce qui y pénétrerait s'ils étaient simplement droits. Ils ont même été très prudemment pourvus d'une humeur visqueuse où puisse se prendre, comme à la glu, la moindre petite bête s'efforçant d'y entrer. A l'extérieur du reste s'élève la partie que nous appelons oreille, faite pour mettre à couvert, pour protéger l'ouïe, et pour empêcher les sons de se dissiper et de se perdre avant que ce sens en soit frappé. Les oreilles ont l'entrée dure et semblable à la corne, avec une forme très sinueuse, parce que des corps de ce genre, en renvoyant le son, le rendent plus fort; c'est ainsi que dans les lyres on se sert de l'écaille et de la corne pour les faire résonner et que dans les endroits tortueux et renfermés la voix retentit avec plus de force.

CXX

(Tom. III, p. 278.)

Et puis encore, ces deux songes, que les stoïciens citent si souvent, peut-on les dédaigner? Le premier est de Simonide. Ayant trouvé sur son chemin le cadavre d'un inconnu, il l'avait enterré, et comme il était sur le point de s'embarquer, celui à qui il avait donné la sépulture lui apparut en songe, l'avertissant de n'en rien faire, parce que, s'il s'embarquait, il périrait dans un naufrage. Simonide revint donc chez lui, et, en effet, tous ceux qui partirent

ἐναργὲς ἐνύπνιον (Crit., 2), *un songe dont l'évidence frappe les yeux;* les autres traduisent *un songe célèbre dans l'antiquité.*

somnium. Quum duo quidam Arcades familiares iter una facerent, et Megaram venissent, alterum ad cauponem devertisse; ad hospitem, alterum. Qui ut cœnati quiescerent, concubia nocte visum esse in somnis ei, qui erat in hospitio, illum alterum orare, ut subveniret, quod sibi a caupone interitus pararetur; eum primo perterritum somnio surrexisse; dein quum se collegisset, idque visum pro nihilo habendum esse duxisset, recubuisse; tum ei dormienti eumdem illum visum esse rogare, ut, quoniam sibi vivo non subvenisset, mortem suam ne inultam esse pateretur; se interfectum in plaustrum a caupone esse conjectum, et supra stercus injectum; petere, ut mane ad portam adesset, priusquam plaustrum ex oppido exiret. Hoc vero somnio eum commotum, mane bubulco præsto ad portam fuisse; quæsisse ex eo, quid esset in plaustro; illum perterritum fugisse; mortuum erutum esse; cauponem, re patefacta, pœnas dedisse. Quid hoc somnio dici divinius potest?

Cic., *De divinat.*, I, 27.

CXXI

Cicéron, répondant à son frère, lui montre que les conjectures des interprètes de songes ne prouvent qu'une chose, la subtilité de leur esprit.

Quid? ipsorum interpretum conjecturæ, nonne magis ingenia declarant eorum, quam vim consensumque naturæ? Cursor, ad Olympia proficisci cogitans, visus est in somnis curru quadrigarum vehi. Mane ad conjectorem. At ille, « Vinces, inquit; id enim celeritas significat, et vis equorum. » Post idem ad Antiphontem. Is autem, « Vincare, inquit, necesse est; an non intelligis, quatuor ante te cucurrisse? » Ecce alius cursor (atque horum somniorum et talium plenus est Chrysippi liber, plenus Antipatri; sed ad cursorem redeo) ad interpretem detulit, aquilam se in

périrent. Voici le second tel qu'on le rapporte ; il est d'une vérité frappante. Deux Arcadiens, liés d'amitié, et faisant route ensemble, étaient venus à Mégare : l'un alla loger dans une hôtellerie, l'autre chez un ami. Après le souper, quand, la nuit venue, on se fut couché, celui qui se trouvait chez son ami, rêva que l'autre le priait de venir à son secours parce que l'hôtelier se disposait à le tuer; effrayé tout d'abord d'un tel rêve, il se leva ; puis, après réflexion, jugeant qu'il n'y avait pas à en tenir compte, il se recoucha; mais alors, pendant son sommeil, il vit de nouveau son compagnon qui le priait, puisqu'il n'était pas venu lui sauver la vie, de ne pas laisser du moins sa mort impunie. Il lui disait, que l'hôtelier venait de jeter son cadavre dans un chariot en le couvrant de fumier, et il lui demandait de se rendre dès le matin à la porte de la ville, avant que le chariot en sortît. Fort ému de ce songe, le voyageur se rendit de bonne heure à la porte, et à l'arrivée du charretier lui demanda ce que sa voiture renfermait; celui-ci effrayé prit la fuite, et, le cadavre ayant été retiré, l'hôtelier, dont le crime était patent, fut puni. Peut-on trouver un plus manifeste avertissement des dieux que ce songe?

CXXI

(Tom. III, p. 278.)

Eh quoi ! Les conjectures des interprètes ne marquent-elles pas plutôt leur subtilité d'esprit que l'action et l'accord de la nature? Un coureur, qui projetait de prendre part à la course des jeux olympiques, rêve qu'il est porté sur un char à quatre chevaux. Le matin, il va chez un interprète. « Vous serez vainqueur, lui répond celui-ci ; voilà ce que signifie la rapidité et la force des chevaux. ». Il va ensuite chez Antiphon, qui lui dit : « Très certainement vous serez vaincu; ne comprenez-vous pas qu'il y en avait quatre avant vous. » Un autre coureur (le livre

somnis visum esse factum. At ille, « Vicisti ; ista enim avi volat nulla vehementius. » Huic quidem Antipho, « Baro, inquit, te victum esse non vides[1]? ista enim avis insectans alias aves et agitans, semper ipsa postrema est[1] » ... Quæ est ista ars conjectoris, eludentis ingenio? An ea, quæ dixi, et innumerabilia, quæ collecta habent stoici, quidquam significant, nisi acumen hominum, ex similitudine aliqua conjecturam modo huc, modo illuc ducentium? Medici signa quædam habent ex venis, et ex spiritu ægroti, multisque ex aliis futura præsentiunt. Gubernatores quum exsultantes loligines viderint, aut delphinos se in portum conjicientes, tempestatem significari putant. Hæc ratione explicari, et ad naturam facile revocari possunt; ea vero, quæ paullo ante dixi, nullo modo.

Cic., *De divinat.*, II, 70.

CXXII
Plus que personne le vieillard doit sans regret accepter la mort.

Quod cuique temporis ad vivendum datur, eo debet esse contentus. Neque enim histrioni, ut placeat, peragenda est fabula, modo, in quocumque fuerit actu, probetur; neque sapienti usque ad « Plaudite » vivendum. Breve enim tempus ætatis satis est longum ad bene honesteque vivendum. Sin processeris longius, non magis dolendum est, quam agricolæ dolent, præterita verni temporis suavitate, æstatem, autumnumque venisse. Ver enim tanquam adolescentiam significat, ostenditque fructus futuros: reliqua tempora demetendis fructibus et percipiendis accommodata

---

(1) A la suite de ce second exemple, Cicéron en donne encore un troisième.

de Chrysippe et celui d'Antipater sont pleins de ces sortes de songes), un autre coureur, dis-je, va raconter à un interprète que dans son sommeil il s'est vu transformé en aigle. « Vous avez la victoire, lui affirme l'interprète, car aucun oiseau ne vole plus rapidement que l'aigle. » Mais Antiphon lui dit : « Sot que vous êtes, ne voyez-vous pas que vous êtes vaincu ? Car cet oiseau, en poursuivant et en chassant les autres, est toujours derrière eux. ».... Quel est donc cet art conjectural qui repose sur des jeux d'esprit ? Tous ces exemples que je viens de citer et mille autres que les stoïciens ont accumulés, montrent-ils autre chose que la subtilité de gens qui, d'après telle ou telle ressemblance, émettent telle ou telle conjecture ? Les médecins tirent certains avertissements du pouls et de la respiration des malades et trouvent en beaucoup d'autres signes le moyen de pressentir ce qui doit arriver. Les pilotes, en voyant les calmars bondir en dehors de l'eau ou les dauphins se précipiter vers le port, pronostiquent la tempête. Ces remarques s'expliquent logiquement et peuvent facilement être rattachées aux lois de la nature; mais, dans les exemples dont il vient d'être question, rien de semblable.

CXXII
(Tom. III, p. 287.)

Chacun doit se contenter du temps qu'il lui est donné de vivre. Pour qu'un acteur plaise, il n'est pas nécessaire qu'il aille jusqu'à l'achèvement de la pièce, il suffit que son jeu soit bon ; le sage non plus n'a pas besoin de vivre jusqu'à la dernière limite du drame ; si brève que soit sa vie, il vit toujours assez longtemps pour bien vivre. Si cependant la vôtre se prolonge, ne vous en plaignez pas plus que ne se plaint le laboureur quand il voit à la douceur du printemps succéder l'été et l'automne. Le printemps, en effet, représente la jeunesse et promet les fruits que les autres saisons sont appelées à recueillir et à goûter. Ceux que goûte la vieillesse (comme je l'ai dit souvent) sont le

sunt. Fructus autem senectutis est (ut sæpe dixi) ante partorum bonorum memoria et copia. Omnia vero, quæ secundum naturam fiunt, sunt habenda in bonis. Quid est autem tam secundum naturam, quam senibus emori? quod idem contingit adolescentibus, adversante et repugnante natura. Itaque adolescentes mori sic mihi videntur, ut quum aquæ multitudine vis flammæ opprimitur; senes autem, sicut sua sponte, nulla adhibita vi, consumtus ignis exstinguitur. Et quasi poma ex arboribus, si cruda sunt, vi avelluntur; si matura et cocta, decidunt: sic vitam adolescentibus vis aufert, senibus maturitas; quæ mihi quidam tam jucunda est, ut, quo propius ad mortem accedam, quasi terram videre videar, aliquandoque in portum ex longa navigatione esse venturus.

Cic., De Senect., 19.

CXXIII

Caton déclare à ses amis qu'il voit avec bonheur l'approche de la mort.

Neque me vixisse pœnitet, quoniam ita vixi, ut non frustra me natum existimem; et ex vita ita discedo, tanquam ex hospitio, non tanquam ex domo. Commorandi enim natura deversorium nobis, non habitandi locum dedit. O præclarum diem, quum ad illud divinum animorum concilium cœtumque proficiscar, quumque ex hac turba ex colluvione discedam! Proficiscar enim non ad eos solum viros, de quibus ante dixi; sed etiam ad Catonem meum, quo nemo vir melior natus est, nemo pietate præstantior: cujus a me corpus crematum est, quod contra decuit ab illo meum. Animus vero non me deserens, sed respectans, in ea profecto loca discessit, quo mihi ipsi cernebat esse veniendum. Quem ego meum casum fortiter ferre visus sum; non quod æquo animo ferrem; sed me ipse consolabar, existimans, non longinquum inter nos digressum et discessum fore. His mihi rebus, Scipio (id enim te cum Lælio

souvenir et la jouissance de tout le bien antérieurement fait et acquis. On doit d'ailleurs considérer comme bien tout ce qui se fait conformément à la nature, et qu'y a-t-il qui lui soit plus conforme que la mort d'un vieillard ? tandis que celle d'un jeune homme se produit contrairement à ses lois et comme en dépit d'elle. Aussi je compare le jeune homme qui meurt à la flamme qu'on étouffe à force d'eau et le vieillard à un feu épuisé qui s'éteint de lui-même et sans effort. Comme les fruits, qui, s'ils sont verts, ne s'arrachent des arbres que difficilement, mais qui tombent naturellement, s'ils sont à point et mûrs, la vie, chez les jeunes gens, n'est enlevée qu'avec violence, mais, chez les vieillards, s'en va par l'effet de la maturité. Cet âge mûr m'est doux ; si bien qu'à mesure que j'approche de la mort, il me semble qu'après une longue traversée, je vois la terre et vais enfin arriver au port.

CXXIII

(Tom III, p. 287.)

Je ne me repens pas d'avoir vécu, puisque j'ai vécu de telle façon que je ne crois pas être né inutilement ; mais je sors de la vie comme d'une hôtellerie et non comme de chez moi. Car la nature nous l'a donnée comme logement de passage et non pour habitation fixe. O le beau jour que celui où je partirai vers l'assemblée, le divin conseil des âmes, où je m'éloignerai de cette foule, de cette fange de la terre ! J'irai me réunir non seulement à ces grands hommes dont je viens de parler, mais aussi à mon cher Caton, le plus vertueux des mortels, le meilleur des fils. C'est moi qui ai mis son corps sur le bûcher, alors qu'il eût été convenable que ce fût lui qui y mît le mien ; mais son âme, qui ne m'abandonnait pas, qui ne me perdait pas de vue, s'en est allée dans le séjour où elle savait bien que je devais aller moi-même. Je parus supporter mon malheur avec fermeté ; je n'y étais pas insensible cependant ; mais

admirare solere dixisti), levis est senectus, nec solum non molesta, sed etiam jucunda. Quod si in hoc erro, quod animos hominum immortales esse credam, lubenter erro; nec mihi hunc errorem, quo delector, dum vivo, extorqueri volo. Sin mortuus (ut quidam minuti philosophi censent) nihil sentiam, non vereor, ne hunc errorem meum mortui philosophi irrideant. Quod si non sumus immortales futuri, tamen exstingui homini suo tempore optabile est. Nam habet natura, ut aliarum omnium rerum, sic vivendi modum. Senectus autem peractio ætatis est, tanquam fabulæ; cujus defatigationem fugere debemus, præsertim adjuncta satietate.

Cic., *De Senect.*, 23.

CXXIV

Réflexions de Scipion sur les obstacles qui arrêtent le plus souvent le développement de l'amitié.

Ille quidem nihil difficilius esse dicebat, quam amicitiam usque ad extremum vitæ permanere. Nam, vel ut non idem expediret utrique, incidere sæpe : vel ut de republica non idem sentirent; mutari etiam mores hominum sæpe dicebat, alias adversis rebus, alias ætate ingravescente. Atque earum rerum exemplum ex similitudine capiebat ineuntis ætatis, quod summi puerorum amores sæpe una cum prætexta ponerentur. Sin autem ad adolescentiam perduxissent, dirimi tamen interdum contentione, vel uxoriæ conditionis, vel commodi alicujus, quod idem adipisci uterque non posset. Quod si qui longius in amicitia provecti essent, tamen sæpe labefactari, si in honoris contentionem incidissent : pestem enim majorem esse nullam amicitiis, quam in plerisque pecuniæ cupiditatem; in optimis quibusque honoris certamen, et gloriæ : ex quo

je trouvais ma consolation dans la pensée que son départ ne nous séparait pas pour longtemps. Telles sont, Scipion, les convictions qui font (ce dont vous vous étonnez tant, vous et Lælius) que la vieillesse n'est pas un fardeau pour moi et que, loin de m'être désagréable, elle me plait. Si je me trompe en croyant à l'immortalité de l'âme, je me trompe avec plaisir, et je ne veux pas qu'on m'enlève jamais une erreur qui fait le charme de ma vie. Si, après la mort (comme le pensent quelques philosophes sans valeur), je ne dois plus rien sentir, je n'ai pas à craindre qu'eux-mêmes, anéantis comme moi, se moquent de mon erreur. Quand même d'ailleurs nous ne serions pas immortels, il est toujours désirable que nous finissions en notre temps; car la vie, de même que tout le reste, a son terme naturel : c'est comme un drame, dont la vieillesse est le dernier acte, et dont nous arrivons à craindre la fatigue, s'il se prolonge avec excès.

CXXIV

(Tom. III, p. 290.)

Il disait qu'il est bien difficile que l'amitié se soutienne jusqu'à la mort, parce qu'il arrive souvent que les intérêts ne sont plus les mêmes de part et d'autre ou que les opinions politiques diffèrent; les caractères aussi, disait-il, s'altèrent par l'effet soit de l'adversité, soit de l'âge; et, comme preuve de ce changement, il alléguait ce qui se passe au commencement de la vie, les enfants souvent dépouillant, avec la robe prétexte, les plus vives affections. Lorsque même elles se conservent jusqu'à l'adolescence, il suffit, pour les détruire, d'une rivalité d'amour ou d'un débat au sujet de quelque avantage que les deux amis ne peuvent obtenir à la fois. S'étendent-elles plus loin, ce qui menace alors de les détruire, c'est la poursuite d'une même dignité; car il n'y a point, d'après lui, de poison plus funeste à l'amitié, dans la plupart des

inimicitias maximas sæpe inter amicissimos exstitisse. Magna enim dissidia, et plerumque justa nasci, quum aliquid ab amicis, quod rectum non esset, postularetur; ut aut libidinis ministri, aut adjutores essent ad injuriam. Quod qui recusarent, quamvis honeste id facerent, jus tamen amicitiæ deserere arguerentur ab iis, quibus obsequi nollent; illos autem, qui quidvis ab amico auderent postulare, postulatione ipsa profiteri, omnia se amici causa esse facturos. Eorum querela inveteratas non modo familiaritates exstingui solere, sed etiam odia gigni sempiterna. Hæc ita multa, quasi fata, impendere amicitiis, ut omnia subterfugere non modo sapientiæ, sed etiam felicitatis diceret sibi videri.

Cic., De amicit., 10.

CXXV
L'estime réciproque est nécessaire dans l'amitié.

Sed plerique perverse, ne dicam impudenter, amicum habere talem volunt, quales ipsi esse non possunt; quæque ipsi non tribuunt amicis, hæc ab iis desiderant. Par est autem, primum ipsum esse virum bonum, tum alterum similem sui quærere. In talibus ea, quam jamdudum tractamus, stabilitas amicitiæ confirmari potest; quum homines benivolentia conjuncti, primum cupiditatibus iis, quibus ceteri serviunt, imperabunt, deinde æquitate, justitiaque gaudebunt, omniaque alter pro altero suscipiet, neque quidquam unquam nisi honestum et rectum alter ab altero postulabit; neque solum se colent inter se, ac diligent, sed etiam verebuntur. Nam maximum ornamentum amicitiæ tollit, qui ex ea tollit verecundiam. Itaque in iis perniciosus est error, qui existimant, libidinum peccatorumque omnium patere in amicitia licentiam. Virtutum amicitia adjutrix a natura data est, non vitiorum comes: ut, quoniam solitaria non posset virtus ad ea, quæ summa sunt, pervenire, conjuncta et consociata cum altera perveniret; quæ si quos inter societas aut est, aut fuit, aut futura est,

hommes, que la passion de l'argent, et, dans les âmes élevées, que la rivalité des honneurs et de la gloire, rivalité qui bien des fois a fait d'amis intimes des ennemis implacables. Une autre cause de ruptures graves, et ordinairement légitimes, c'est qu'on demande à un ami des choses contraires à l'honnêteté, comme d'être ministre de débauches ou complice d'injustices. S'il s'y refuse, et bien qu'il ait raison d'agir ainsi, en le voyant résister, on l'accuse de manquer aux devoirs de l'amitié; car oser réclamer de pareils services, c'est déclarer par cela même qu'on les rendrait à l'ami à qui on les demande; on se plaint donc du refus qu'on essuie; et non seulement s'éteignent ainsi les plus anciennes amitiés, mais naissent des haines éternelles. Il y a tout autour de l'amitié, concluait-il, tant d'écueils que, pour les éviter tous, il faut tout autant de bonheur que de sagesse.

CXXV
(Tom. III, p. 291.)

Mais le plus souvent on pousse l'injustice, pour ne pas dire l'impudence, au point de vouloir ses amis tels qu'on ne saurait être soi-même et d'exiger d'eux ce que soi-même on ne leur accorde pas. L'équité, au contraire, veut que nous commencions par être hommes de bien et qu'alors nous cherchions quelqu'un qui nous ressemble. C'est entre des hommes vertueux seulement que peut s'établir cette constance en amitié dont nous parlons depuis longtemps : unis par la bienveillance, ils commanderont aux passions dont les autres sont esclaves, aimeront l'équité et la justice, entreprendront tout l'un pour l'autre, ne se demanderont jamais rien de contraire à l'honneur et au devoir, et tout en s'aidant, tout en s'aimant, se témoigneront un respect mutuel. Bannir le respect de l'amitié, c'est la priver de son plus bel ornement. Il y a donc une funeste erreur chez ceux qui pensent que l'amitié autorise le libertinage et tous les excès. La nature nous l'a donnée pour être l'appui de la vertu, et non la complice du vice, afin que la vertu, qui seule ne pourrait s'élever aux suprêmes hauteurs, y par-

eorum est habendus ad summum naturæ bonum optimus beatissimusque comitatus.

Cic., *De amicit.*, 23.

CXXVI
La grandeur d'âme.

Omnino fortis animus, et magnus, duabus rebus maxime cernitur : quarum una in rerum externarum despicientia ponitur, quum persuasum sit, nihil hominem, nisi quod honestum decorumque sit, aut admirari, aut optare, aut expetere oportere; nullique neque homini, neque perturbationi animi, nec fortunæ succumbere. Altera est res, ut, quum ita sis affectus animo, ut supra dixi, res geras magnas illas quidem, et maxime utiles, sed et vehementer arduas, plenasque laborum et periculorum, tum vitæ, tum multarum aliarum rerum, quæ ad vitam pertinent. Harum rerum duarum splendor omnis et amplitudo, addo etiam utilitatem, in posteriore est; causa autem, et ratio efficiens magnos viros, est in priore. In eo enim est illud, quod excellentes animos, et humana contemnentes facit. Id autem ipsum cernitur in duobus, si et solum id, quod honestum sit, bonum judices, et omni animi perturbatione liber sis. Nam et ea, quæ eximia plerisque et præclara videntur, parva ducere, eaque ratione stabili firmaque contemnere, fortis animi magnique ducendum est; et ea, quæ videntur acerba, quæ multa et varia in hominum vita fortunaque versantur, ita ferre, ut nihil a statu naturæ discedas, nihil a dignitate sapientis, robusti animi est, magnæque constantiæ.

Cic., *De offic.*, I, 20.

CXXVII
Tenons-nous en à notre naturel, pourvu qu'il ne soit pas vicieux, si nous voulons atteindre à la bienséance.

Admodum autem tenenda sunt sua cuique, non vitiosa, sed tamen propria, quo facilius decorum illud, quod quæri-

vint en s'unissant, en s'associant à elle; et ceux pour qui existe, a existé, ou existera cette alliance, doivent la considérer comme la meilleure des associations pour arriver au souverain bien.

CXXVI
(Tom. III, p. 295.)

En général une âme forte et grande se reconnait principalement à deux marques : l'une est le mépris des biens extérieurs avec la conviction qu'en dehors du devoir et de l'honneur l'homme n'a rien à admirer, à désirer ou à rechercher, qu'il ne doit pas dépendre d'autrui, de la passion ou de la fortune; l'autre est cette complexion morale, dont j'ai déjà parlé, qui nous porte à accomplir les actions les plus grandes et les plus utiles malgré les obstacles difficiles, les travaux nombreux et les dangers qui nous menacent dans notre vie et dans tout ce qui nous intéresse le plus vivement. De ces deux qualités, la dernière a pour elle tout l'éclat, tout l'honneur, j'ajouterai même l'utilité; mais le principe même, la raison qui fait les grands hommes est dans la première. Car c'est par elle que l'âme s'élève en dédaignant les choses humaines. Elle-même d'ailleurs se reconnaît à ces deux caractères : ne juger bon que ce qui est honnête et s'affranchir de toute perturbation de l'âme. Compter, en effet, pour peu de chose ce qui aux yeux de la plupart des hommes a du prix et du brillant, avec une raison ferme et constante mépriser ces biens-là, voilà ce qui doit être regardé comme le propre d'une âme forte et grande; et supporter les maux de la vie, tous les coups de la fortune, sans rien perdre de la tranquillité naturelle, de la dignité du sage, telle est la marque d'une âme vigoureuse et inébranlable.

CXXVII
(Tom. III, p. 296.)

Chacun de nous fera bien de suivre ses inclinations naturelles, pourvu qu'elles ne soient pas vicieuses : c'est le

mus, retineatur. Sic enim est faciendum, ut contra universam naturam nihil contendamus; ea tamen conservata, propriam naturam sequamur : ut, etiam si sint alia graviora atque meliora, tamen nos studia nostra nostræ naturæ regula metiamur. Neque enim attinet repugnare naturæ, nec quidquam sequi, quod assequi nequeas. Ex quo magis emergit, quale sit decorum illud, ideo, quia nihil decet invita (ut aiunt) Minerva, id est, adversante et repugnante natura. Omnino si quidquam est decorum, nihil est profecto magis, quam æquabilitas universæ vitæ, tum singularum actionum : quam conservare non possis, si aliorum naturam imitans, omittas tuam. Ut enim sermone eo debemus uti, qui notus est nobis, ne, ut quidam, græca verba inculcantes jure optimo irrideamur : sic in actiones, omnemque vitam, nullam discrepantiam conferre debemus... [1]

Quæ contemplantes expendere oportebit, quid quisque habeat sui; eaque moderari, nec velle experiri, quam se aliena deceant. Id enim maxime quemque decet, quod est cujusque maxime suum. Suum igitur quisque noscat ingenium, acremque se et bonorum et vitiorum suorum judicem præbeat : ne scenici plus, quam nos, videantur habere prudentiæ. Illi enim non optimas, sed sibi accommodatissimas fabulas eligunt. Qui voce freti sunt, Epigonos, Medumque; qui gestu, Menalippam, Clytæmnestram; semper Rupilius, quem ego memini, Antiopam; non sæpe Æsopus Ajacem. Ergo histrio hoc videbit in scena, non videbit vir sapiens in vita? Ad quas igitur res aptissimi erimus, in iis potissimum elaborabimus. Sin aliquando necessitas nos ad ea detruserit, quæ nostri ingenii non erunt : omnis adhibenda erit cura, meditatio, diligentia, ut ea, si non decore, at quam minimum indecore facere possimus. Nec tam est

---

(1) Cicéron donne ici plusieurs exemples d'hommes qui, placés dans une même situation, n'auraient pas eu à agir de la même manière par suite de la différence des caractères.

moyen le plus facile de conserver cette bienséance que nous cherchons. Il ne faut jamais se mettre en opposition avec le caractère général de l'homme; mais, en le respectant, suivons notre propre caractère : bien qu'il y ait des occupations plus importantes et plus belles, taillons les nôtres à la mesure de notre esprit. Rien ne sert d'aller contre la nature et de poursuivre ce que l'on ne saurait atteindre; et ce qui nous montre le mieux ce que c'est que la bienséance, c'est le proverbe qui dit qu'il n'y a rien de bienséant de ce qui se fait malgré Minerve, c'est-à-dire malgré la nature et en dépit d'elle. En effet, s'il est quelque chose de bienséant, rien assurément ne l'est plus qu'une vie toujours conforme à elle-même, sans aucune action qui la démente; mais vous n'arriverez pas à cette conformité si, pour imiter le caractère d'autrui, vous délaissez le vôtre. De même que pour parler nous devons nous servir de la langue qui nous est particulière pour ne pas mériter le ridicule que s'attirent les gens qui y mêlent sans cesse des mots grecs, dans nos actions, dans notre vie entière, il ne doit y avoir aucune disparate...

En réfléchissant à tout cela, que chacun se rende compte de son propre caractère et qu'il le règle sans vouloir s'essayer en celui des autres; ce qui nous sied le mieux est précisément ce qui est en nous. Connaissons notre naturel, soyons juges clairvoyants de nos défauts et de nos qualités, et ne nous laissons pas surpasser en bon sens par les comédiens. Ils choisissent non pas les rôles les plus beaux, mais les rôles qui répondent le mieux à leurs aptitudes. Celui qui a beaucoup de voix préfère jouer les Épigones ou Médus; celui qui brille par le geste aime mieux Ménalippe et Clytemnestre; Rupilius, dont je me souviens, avait une prédilection pour Antiope; Æsopus ne jouait pas souvent Ajax. Le discernement que l'acteur montre pour la scène, le sage ne l'aura-t-il donc pas pour la vie? C'est à ce pour quoi nous avons le plus d'aptitude que nous devons avant tout nous appliquer. Mais si parfois la nécessité nous impose une occupation qui n'est pas de notre ressort, em-

enitendum, ut bona, quæ nobis data non sint, sequamur, quam ut vitia fugiamus.

Cic., *De offic.*, I, 31.

CXXVIII
Règles de la conversation.

Et quoniam magna vis orationis est, eaque duplex, altera contentionis, altera sermonis : contentio disceptationibus tribuatur judiciorum, concionum, senatus; sermo in circulis, disputationibus, congressionibus familiarium versetur, persequatur etiam convivia. Contentionis præcepta rhetorum sunt; nulla sermonis : quanquam haud scio, an possint hæc quoque esse. Sed discentium studiis inveniuntur magistri : huic autem qui studeant, sunt nulli; rhetorum turba referta omnia : quanquam quæ verborum, sententiarumque præcepta sunt, eadem ad sermonem pertinebunt. Sed quum orationis indicem, vocem habeamus; in voce autem duo sequamur, ut clara sit, ut suavis : utrumque omnino a natura petendum est; verum alterum exercitatio augebit, alterum imitatio presse loquentium et leniter....[1]

In omnibus igitur his elaborandum est, si in omni re, quid deceat, exquirimus. Sit igitur hic sermo, in quo Socratici maxime excellunt, lenis minimeque pertinax : insit in eo lepos. Nec vero, tanquam in possessionem venerit, excludat alios; sed quum reliquis in rebus, tum in sermone communi, vicissitudinem non iniquam putet. Ac videat in primis, quibus de rebus loquatur : si seriis, severitatem adhibeat; si jocosis, leporem. In primisque provideat, ne sermo vitium aliquod indicet inesse in moribus : quod

---

(1) Ici se trouve dans le texte un développement au sujet des deux Catulus à qui ces qualités assurèrent une réputation de littérateurs d'un goût exquis.

ployons tous nos soins, toute notre attention, tous nos efforts pour nous en acquitter, sinon avec une parfaite convenance, du moins avec le moins d'inconvenance possible. Il s'agit alors non pas tant de vouloir atteindre aux qualités qui nous ont été refusées par la nature que d'éviter les défauts.

CXXVIII
(Tom. III, p. 296.)

La parole exerce une grande influence, et de deux façons, par le discours soutenu et par le discours familier : l'un est réservé aux débats des tribunaux, des assemblées du peuple et du Sénat ; l'autre est d'usage dans les cercles, les entretiens, les réunions d'amis, et trouve aussi sa place dans les festins. Les rhéteurs ont donné les règles du discours soutenu, il n'y en a pas pour la conversation : peut-être serait-il possible d'en établir. Mais sans disciples il ne se trouve pas de maîtres et personne n'est curieux d'apprendre l'art de converser. Les rhéteurs abondent partout ; leurs règles sur les mots et les pensées pourraient s'appliquer au discours familier. Comme la voix est l'organe de celui qui parle, on doit l'avoir claire et agréable : ces deux qualités à la vérité sont surtout des dons de la nature, mais l'une peut se développer par l'exercice, et l'autre en imitant ceux qui prononcent avec netteté et douceur....

Appliquons-nous donc à cette étude, si en toute chose nous recherchons ce qui sied. Le discours familier, dans lequel les disciples de Socrate sont nos meilleurs modèles, doit avoir de la douceur, de l'abandon, doit être rempli de grâce. Et puis n'allons pas nous emparer de la conversation comme d'une chose exclusivement à nous : en cela, comme en tout, trouvons juste qu'on se succède l'un à l'autre. Voyons d'abord de quoi l'on parle : à un sujet sérieux apportons de la gravité, à un sujet plaisant de l'agrément. Surtout prenons garde de déceler par nos paroles un vice de caractère, ce qui arrive ou ne peut plus

maxime tum solet evenire, quum studiose de absentibus, detrahendi causa, aut per ridiculum, aut severo, maledice contumelioseque dicitur. Habentur autem plerumque sermones aut de domesticis negotiis, aut de republica, aut de artium studiis atque doctrina. Danda igitur opera est, ut etiam si aberrare ad alia cœperit, ad hæc revocetur oratio; sed, utcumque aderunt; neque enim omnes iisdem de rebus, nec omni tempore, nec similiter delectamur. Animadvertendum est etiam, quatenus sermo delectationem habeat; et, ut incipiendi ratio fuerit, ita sit desinendi modus.

Cic., De offic., I, 37.

CXXIX

De toute délibération vous devez écarter l'idée que votre action restera secrète.

Ea deliberanda omnino non sunt, in quibus est turpis ipsa deliberatio. Atque etiam ex omni deliberatione celandi et occultandi spes opinioque removenda est. Satis enim nobis (si modo in philosophia aliquid profecimus) persuasum esse debet, si omnes deos hominesque celare possimus, nihil tamen avare, nihil injuste, nihil libidinose, nihil incontinenter esse faciendum.

Hinc ille Gyges inducitur a Platone: qui, quum terra discessisset magnis quibusdam imbribus, in illum hiatum descendit, æneumque equum, ut ferunt fabulæ, animadvertit, cujus in lateribus fores essent: quibus apertis hominis mortui vidit corpus magnitudine inusitata, annulumque aureum in digito; quem ut detraxit, ipse induit (erat autem regius pastor); tum in concilium pastorum se recepit. Ibi quum palam ejus annuli ad palmam converterat, a nullo videbatur, ipse autem omnia videbat. Idem rursus videbatur, quum in locum inverterat. Itaque hac opportunitate annuli usus, reginæ stuprum intulit, eaque adjutrice regem dominum interemit, sustulitque, quos obstare arbitrabatur; nec in his eum quisquam facinoribus potuit videre. Sic repente annuli beneficio rex exortus est Lydiæ. Hunc igi-

souvent, lorsqu'on se plait à parler des absents pour les rabaisser, les tourner en ridicule, les juger sévèrement, les critiquer ou médire d'eux. Le plus ordinairement la conversation roule sur des affaires domestiques, sur la politique ou sur l'étude des beaux-arts et de la science. Il faut donc prendre garde, si elle dévie de ces sujets, de l'y ramener, mais en tenant compte des circonstances ; car les mêmes choses ne plaisent pas à tous, ni toujours, ni de la même manière. Il faut d'ailleurs faire attention au moment où elle cesse de faire plaisir, et, comme on a su la commencer, savoir la finir.

CXXIX

(Tom. III, p. 298.)

Ne mettez jamais en délibération les choses sur lesquelles il est honteux de délibérer. Et même, en toute délibération, écartez l'espoir, la pensée de la tenir secrète et cachée. Nous devons, en effet, (pour peu que nous soyons avancés dans la philosophie) tenir pour certain que, lors même qu'il nous serait possible d'échapper absolument aux regards des dieux et des hommes, nous ne devrions commettre aucun acte d'avarice, d'iniquité, de débauche ou d'intempérance.

C'est à ce propos que Platon parle de ce Gygès, qui, voyant la terre entr'ouverte après de grandes pluies, descendit dans cette ouverture, et y aperçut, selon la tradition, un cheval d'airain aux flancs duquel il y avait des portes. Il les ouvrit et vit le cadavre d'un homme d'une taille extraordinaire avec un anneau d'or au doigt; il le lui ôta et se le mit. Comme il était un des pasteurs des troupeaux du roi, il retourna ensuite parmi les autres pasteurs; mais alors, toutes les fois qu'il tournait au dedans de la main le chaton de l'anneau, il n'était plus vu de personne, sans cesser lui-même de voir tout, et au contraire il redevenait visible dès qu'il le remettait à sa place. Usant du pouvoir

tur ipsum annulum si habeat sapiens, nihilo plus sibi licere putet peccare, quam si non haberet. Honesta enim bonis viris, non occulta quæruntur.

Cic., *De offic.*, III, 8—9.

CXXX

A TIRON

Cicéron désire l'avoir auprès de lui le plus tôt possible, mais qu'il se guérisse tout à fait avant de voyager.

M. T. C. et Cicero meus, et fr. et fratris fil. Tironi s. p. d.

Paullo facilius putavi posse me ferre desiderium tui : sed plane non fero ; et quanquam magni ad honorem nostrum interest[1], quam primum ad urbem me venire, tamen peccasse mihi videor, qui a te discesserim. Sed quia tua voluntas ea videbatur esse, ut prorsus, nisi confirmato corpore, nolles navigare, approbavi tuum consilium, neque nunc muto, si tu in eadem es sententia. Sin autem postea, quam cibum cepisti, videris tibi posse me consequi, tuum consilium est. Marionem ad te eo misi, ut, aut tecum ad me quam primum veniret, aut, si tu morarere, statim ad me rediret. Tu autem hoc tibi persuade, si commodo valitudinis tuæ fieri possit, nihil me malle, quam te esse mecum ; si autem intelliges opus esse, te Patris, convalescendi causa, paullum commorari, nihil me malle, quam te valere. Si statim navigas, nos Leucade consequere. Sin te confirmare vis, et comites, et tempestates, et navem idoneam ut habeas, diligenter videbis. Unum illud, mi

---

(1) Cicéron, en récompense de sa guerre de Cilicie, espérait les honneurs du triomphe.

de cet anneau, il séduisit la reine, puis aidé par elle, tua le roi son maître, et se défit de tous ceux qui pouvaient le contrarier dans ses projets, sans que personne dans l'exécution d'un de ses crimes eût pu le surprendre. Ainsi, par le moyen de l'anneau, il s'éleva tout à coup au trône de Lydie. Or, en possession d'un tel anneau, le sage ne se croirait pas plus permis de faire mal que s'il ne l'avait pas. Car ce n'est pas l'impunité que recherche l'homme de bien, c'est la vertu.

CXXX

(Tom. III, p. 314.)

Cicéron, son fils, son frère, son neveu, à Tiron, salut.

J'avais pensé pouvoir supporter un peu plus facilement votre absence : mais je ne m'y fais pas du tout, et, quoique pour obtenir les honneurs que j'espère, il soit très important pour moi de rentrer promptement à Rome, il me semble que j'ai fait une faute de me séparer de vous. Cependant, comme vous paraissiez avoir le désir de ne pas vous mettre en mer sans être tout à fait rétabli, je vous ai approuvé, et maintenant encore je vous approuve, si vous pensez toujours de même. Mais si, depuis que vous commencez à manger, vous croyez pouvoir me joindre, agissez à votre volonté. Je vous ai envoyé Marion avec ordre de vous accompagner si vous partez tout de suite, ou de revenir immédiatement, si vous tardez. Soyez bien persuadé que, si votre santé le permet, mon vœu le plus vif est de vous avoir avec moi, et que, si votre rétablissement réclame de vous quelque séjour à Patras, mon vœu le plus vif est que vous vous portiez bien. En vous embarquant sans retard, vous nous rejoindrez à Leucade. Si vous voulez ne pas compromettre votre guérison, ayez soin de choisir les compagnons de voyage qu'il vous faut, un beau temps, un bon vaisseau. Mais la seule chose que j'exige de votre

Tiro, videto, si me amas, ne te Marionis adventus et hæ litteræ moveant. Quod valitudini tuæ maxime conducet, si feceris, maxime obtemperaris voluntati meæ. Hæc pro tuo ingenio considera. Nos ita te desideramus, ut amemus; amor, ut valentem videamus, hortatur; desiderium, ut quam primum. Illud igitur potius. Cura ergo potissimum, ut valeas : de tuis innumerabilibus in me officiis erit hoc gratissimum. III nonas novembres.

Cic., *Epist. ad. famil.*, XVI, 1.

CXXXI

Servius Sulpicius à Cicéron au sujet de la mort de Tullia.

Quæ res mihi non mediocrem consolationem attulit, volo tibi commemorare, si forte eadem res tibi minuere dolorem possit. Ex Asia rediens, quum ab Ægina Megaram versus navigarem, cœpi regiones circumcirca prospicere. Post me erat Ægina; ante Megara; dextra Piræeus; sinistra Corinthus : quæ oppida quodem tempore florentissima fuerunt, nunc prostrata et diruta ante oculos jacent. Cœpi egomet mecum sic cogitare : Hem ! nos homunculi indignamur, si quis nostrum interiit, aut occisus est, quorum vita brevior esse debet, quum uno loco tot oppidum cadavera projecta jaceant ? Visne tu te, Servi, cohibere, et meminisse, hominem te esse natum ? Crede mihi : cogitatione ea non mediocriter sum confirmatus. Hoc idem, si tibi videtur, fac ante oculos tibi proponas. Modo uno tempore tot viri clarissimi interierunt; de imperio præterea tanta deminutio facta est; omnes provinciæ conquassatæ sunt. In unius mulierculæ animula si jactura facta est, tanto opere commoveris ? quæ si hoc tempore non diem suum obisset, paucis post annis tamen ei moriendum fuit, quoniam homo nata fuerat...

Denique noli te oblivisci Ciceronem esse, et eum, qui aliis consueris præcipere et dare consilium : neque imitare malos medicos, qui in alienis morbis profitentur tenere sed medicinæ scientiam, ipsi se curare non possunt; se

amitié, mon cher Tiron, c'est que l'arrivée de Marion et ma lettre n'exercent sur vous aucune pression. Faire ce qui doit le plus vous rendre la santé, voilà le meilleur moyen de me donner satisfaction. Avec votre jugement ordinaire, réfléchissez-y. Je vous regrette et je vous aime : l'amitié me fait désirer votre santé; le regret, votre prompte arrivée ; mais l'amitié est la plus forte. Avant toute chose, prenez donc soin de vous bien porter : des services sans nombre que vous m'avez rendus, ce sera le plus précieux. Le 3 novembre.

CXXXI

(Tom. III, p. 318.)

Voici une réflexion qui m'a beaucoup soulagé, je veux vous en faire part, peut-être pourra-t-elle aussi atténuer votre affliction. A mon retour d'Asie, comme je naviguais d'Égine vers Mégare, j'embrassai du regard tout ce qui m'entourait. Derrière était Égine; devant, Mégare ; à droite, le Pirée ; à gauche, Corinthe : toutes villes autrefois très florissantes, maintenant renversées et n'offrant aux yeux que des ruines. Alors, faisant un retour sur moi-même, « Hélas ! me dis-je, pauvres mortels, nous nous plaignons amèrement quand disparaît et périt un des nôtres, dont la vie est naturellement si courte, alors que sur un seul point gisent sous nos yeux les cadavres de tant de grandes villes ! Veux-tu revenir à la raison, Servius, et te rappeler que tu n'es qu'un homme ? » Croyez-moi cette méditation n'a pas laissé que de me fortifier. Faites-en vous-même l'épreuve, en supposant devant vous le même spectacle.

Dernièrement encore un grand nombre d'hommes illustres sont morts à la fois ; la destruction s'est étendue par tout l'empire ; toutes les provinces ont été bouleversées ; serez-vous donc si fortement ému de la perte d'une seule et faible femme, qui, si elle n'avait pas perdu la vie maintenant, devait nécessairement la perdre dans quelques années, puisqu'elle était mortelle ?...

potius, quæ aliis tute præcipere soles, ea tute tibi subjice, atque apud animum propone. Nullus dolor est, quem non longinquitas temporis minuat ac molliat. Hoc te exspectare tempus, tibi turpe est, ac non ei rei sapientia tua te occurrere. Quod si qui etiam inferis sensus est; qui illius in te amor fuit, pietasque in omnes suos, hoc certe illa te facere non vult. Da hoc illi mortuæ; da ceteris amicis ac familiaribus, qui tuo dolore mœrent; da patriæ, ut, si qua in re opus sit, opera et consilio tuo uti possit.

Serv. Sulpicius. — Cic. *Epist. ad fam.*, IV, 5.

CXXXII

A Sulpicius, gouverneur de Grèce.
Lettre de recommandation en faveur de M. Curius qui exerçait le négoce à Patras.

M. Curius qui Patris negotiatur, multis et magnis de causis a me diligitur. Nam et amicitia pervetus mihi cum eo est, ut primum in forum venit, instituta; et Patris quum aliquoties antea, tum proxime hoc miserrimo bello, domus ejus tota mihi patuit; qua si opus fuisset, tam essem usus, quam mea. Maximum autem mihi vinculum cum eo est quasi sanctioris cujusdam necessitudinis, quod est Attici nostri familiarissimus, eumque unum præter ceteros observat ac diligit. Quem si tu jam forte cognosti, puto me hoc, quod facio, facere serius. Ea est enim humanitate et observantia, ut eum tibi jam per se ipsum commendatum putem.

Quod tamen si ita est, magnopere a te quæso, ut ad eam voluntatem, si quam in illum ante has meas litteras contu-

Et puis souvenez-vous que vous êtes Cicéron, l'homme de qui les autres ont l'habitude de recevoir leçons et conseils ; n'imitez pas ces mauvais médecins, qui, lorsqu'il s'agit des maux d'autrui, prétendent posséder l'art des remèdes, et qui ne savent se guérir eux-mêmes. Adressez-vous et prenez pour vous les avis qu'en pareil cas vous donnez à d'autres. Il n'est point de douleur que le temps ne diminue et n'adoucisse. Mais pour vous ce serait une honte d'attendre du temps un soulagement que doit vous procurer votre sagesse. D'ailleurs, si la mort n'éteint pas tout sentiment, votre fille avait trop de tendresse pour vous, trop d'amour pour tous les siens, pour ne pas vouloir que vous repreniez courage. Faites-le pour celle qui n'est plus ; faites-le pour tous vos amis, pour tous ceux qui vous sont attachés et qui gémissent de votre douleur ; faites-le pour la patrie, qui peut avoir besoin de votre aide et de vos conseils et que vous ne devez pas en priver.

CXXXII

(Tom. III, p. 325.)

M. Curius, qui fait le négoce à Patras, m'est cher pour plusieurs fortes raisons. Les liens d'amitié qui m'unissent à lui sont si anciens qu'ils datent du jour où il a paru au forum. Sa maison de Patras m'a été ouverte plusieurs fois, mais surtout en dernier lieu pendant cette malheureuse guerre, et si bien que, si j'en avais eu besoin, j'aurais pu en user comme de la mienne. Mais ce qui m'attache le plus à lui, comme un lien en quelque sorte sacré, c'est qu'il est un intime ami de notre cher Atticus à qui il témoigne plus qu'à personne sa considération et son affection. Si par hasard vous le connaissiez déjà, ma démarche, j'imagine, se produit trop tard, parce que son amabilité et sa politesse vous l'auront déjà recommandé d'elles-mêmes. Quoi qu'il en soit, si vous étiez bien disposé à son égard

listi, quam maximus post mea commendatione cumulus accedat. Sin autem propter verecundiam suam minus se tibi obtulit, aut nondum eum satis habes cognitum, aut quæ causa est, cur majoris commendationis indigeat : sic tibi eum commendo, ut neque majore studio quemquam, neque justioribus de causis commendare possim. Faciamque id, quod debent facere ii, qui religiose et sine ambitione commendant. Spondebo enim tibi, vel potius spondeo, in meque recipio, eos esse M. Curii mores, eamque tum probitatem, tum etiam humanitatem, ut eum et amicitia tua, ettam accurata commendatione, si tibi sit cognitus, dignum sis existimaturus. Mihi certe gratissimum feceris, si intellexero, has litteras tantum, quantum scribens confidebam, apud te pondus habuisse.

Cic., *Epist. ad fam.*, XIII, 17.

CXXXIII

Cicéron à Munatius pour lui recommander L. Livinéius Tryphon, affranchi de L. Régulus.

L. Livineius Trypho est omnino L. Reguli, familiarissimi mei, libertus : cujus calamitas etiam officiosiorem me facit in illum. Nam benivolentior, quam semper fui, esse non possum. Sed ego libertum ejus per se ipsum diligo. Summa enim ejus erga me officia exstiterunt his nostris temporibus, quibus facillime bonam benivolentiam hominum et fidem perspicere potui. Eum tibi ita commendo, ut homines grati et memores bene meritos de se commendare debent. Pergratum mihi feceris, si ille intellexerit, se, quod pro salute mea multa pericula adierit, sæpe hieme summa navigarit, pro tua erga me benivolentia gratum etiam tibi fecisse.

Cic., *Epist. ad fam.*, XIII, 60.

avant ma lettre, je vous prie instamment de mettre le comble à votre bienveillance après ma recommandation. Mais si à cause de sa modestie il ne s'est pas encore présenté à vous, ou si vous ne le connaissez qu'imparfaitement, ou s'il lui est quelque peu nécessaire d'être plus fortement appuyé, je vous le recommande avec une ardeur que je ne montrerais en faveur de personne et avec les plus justes motifs. Je ferai même ce qu'on doit faire lorsqu'on recommande consciencieusement et sans flatterie : je vous répondrai, ou plutôt je vous réponds et je vous suis garant que, par son caractère, sa probité et sa politesse, vous trouverez en M. Curius, lorsqu'il vous sera bien connu, un homme absolument digne de votre amitié et d'une recommandation aussi complète que celle-ci. Je vous serai on ne peut plus obligé, si je vois que ma lettre a produit sur vous l'effet que j'en attendais en vous l'écrivant.

CXXXIII

(Tom. III, p. 325.)

L. Livinéius Tryphon est l'affranchi de L. Régulus, mon intime ami, qui, dans son malheur, a droit plus que jamais à mes bons services. Je ne parle pas de mes sentiments à son égard, ils ont toujours été aussi bons que possible. Mais j'aime aussi son affranchi pour lui-même. Car j'ai reçu de lui les plus grandes marques de zèle au temps de mes disgrâces, alors qu'il me fut facile de distinguer l'attachement et la fidélité des hommes. Je vous le recommande comme il faut, lorsqu'on n'est ni ingrat ni oublieux, recommander ceux qui nous ont rendu de grands services. Vous m'obligerez infiniment, si vous lui témoignez que les dangers auxquels il s'est souvent exposé pour mon salut et les fréquents voyages qu'il n'a pas craint d'entreprendre pour moi au plus fort de l'hiver, lui ont mérité, vu l'amitié que vous me portez, votre gratitude personnelle.

CXXXIV

Cicéron à César, pour lui recommander C. Trébatius.

Vide quam mihi persuaserim, te esse alterum me, non modo in his rebus, quæ ad me ipsum, sed etiam in iis, quæ ad meos pertinent. C. Trebatium cogitaram, quocumque exirem, mecum ducere, ut eum, meis omnibus studiis, beneficiis quam ornatissimum, domum reducerem. Sed posteaquam et Pompeii commoratio diuturnior erat, quam putaram; et mea quædam tibi non ignota dubitatio, aut impedire profectionem meam videbatur, aut certe tardare; vide quid mihi sumserim. Cœpi velle, ea Trebatium exspectare a te, quæ sperasset a me. Neque mehercule minus ei prolixe de tua voluntate promisi, quam eram solitus de mea polliceri. Casus vero mirificus quidam intervenit, quasi vel testis opinionis meæ, vel sponsor humanitatis tuæ. Nam quum de hoc ipso Trebatio cum Balbo nostro loquerer occuratius domi meæ, litteræ mihi dantur a te; quibus in extremis scriptum erat : « M. Orfium, quem mihi commendas, vel regem Galliæ faciam, vel hunc Leptæ delega. Si vis tu, ad me alium mitte, quem ornem. » Sustulimus manus, et ego, et Balbus. Tanta fuit opportunitas, ut illud nescio quod, non fortuitum, sed divinum videretur. Mitto igitur ad te Trebatium, atque ita mitto, ut initio mea sponte, post autem invitatu tuo mittendum duxerim. Hunc, mi Cæsar, sic velim omni tua comitate complectare, ut omnia, quæ per me possis adduci ut in meos conferre velis, in unum hunc conferas. De quo tibi homine hæc spondeo non illo vetere verbo meo, quod, quum ad te de Milone scripsissem, jure lusisti; sed more romano, quo modo homines non inepti loquuntur ; probiorem hominem, meliorem virum, pudentiorem esse neminem. Accedit etiam, quod familiam ducit in jure civili, singularis memoria, summa scientia. Huic ego neque tribunatum, neque præfecturam, neque ullius beneficii certum nomen peto : benivolentiam tuam et liberalitatem peto; neque impedio, quo minus, si tibi ita placuerit, etiam hisce eum ornes gloriolæ insigni-

CXXXIV

(Tom. III, p. 325.)

Voyez combien je vous regarde comme un autre moi-même, non seulement dans les choses qui me concernent personnellement, mais encore pour celles qui intéressent mes amis. J'avais décidé d'emmener C. Trébatius avec moi partout où j'irais, afin qu'il pût ne revenir ici qu'après avoir bénéficié de tout le bien que lui veut mon amitié. Mais le séjour de Pompée à Rome s'est prolongé plus que je ne l'avais pensé, et ma propre irrésolution, dont vous n'ignorez pas la cause, si elle n'empêche pas mon voyage, le retardera certainement. Voyez alors à quel parti j'ai osé m'arrêter. J'ai imaginé que Trébatius obtiendrait de vous tout ce qu'il aurait pu espérer de moi et je lui ai promis que votre bienveillance ne lui serait pas moins profitable que la bonne volonté sur laquelle je lui avais donné le droit de compter de ma part. Un incident curieux vient d'ailleurs de justifier mon opinion en me donnant la preuve de votre générosité. Précisément je m'entretenais chez moi avec mon ami Balbus de ce que j'avais conçu en faveur de Trébatius, quand j'ai reçu votre lettre où vous me disiez en finissant : « Puisque vous me recommandez M. Orfius, je le ferai roi de la Gaule, à moins que vous ne préfériez qu'il soit lieutenant de Lepta. Si vous avez quelque autre protégé à qui je puisse rendre service, adressez-le-moi. » Nous avons levé les mains au ciel, Balbus et moi : la coïncidence était si curieuse qu'elle semblait provenir, non du hasard, mais de la volonté divine. Je vous envoie donc Trébatius, non plus seulement pour suivre mon dessein, mais pour répondre à votre invitation. Accueillez-le, mon cher César, avec toute votre bonté et témoignez-lui autant de générosité que s'il représentait à lui seul l'ensemble de mes amis. Je vous réponds de lui, non pas en ce langage suranné dont vous avez eu raison de vous moquer lorsque je vous ai écrit au sujet de Milon, mais en bon langage romain, et nettement : je vous le donne pour le plus honnête,

bus. Totum denique hominem tibi ita trado de manu (ut aiunt) in manum tuam istam, et victoria et fide præstantem. Simus enim putidiusculi; quanquam per te vix licet : verum, ut video, licebit. Cura ut valeas, et me, ut amas, ama.

Cic., Epist. ad. famil., VII, 5.

CXXXV

M. Cælius à Cicéron pour l'engager à ne pas se déclarer du parti de Pompée.

Exanimatus sum tuis litteris; quibus te nihil nisi triste cogitare ostendisti : neque id quid esset, perscripsisti; neque non tamen, quale esset, quod cogitares, aperuisti. Has illico ad te litteras scripsi. Per fortunas tuas, Cicero, per liberos, oro, obsecro, ne quid gravius de salute et incolumitate tua consulas. Nam deos hominesque, amicitiamque nostram testificor, me neque temere tibi prædixisse, neque temere monuisse : sed postquam Cæsarem convenerim, sententiamque ejus, qualis futura esset, parta victoria, cognoverim, te certiorem fecisse. Si existimas, eamdem rationem fore Cæsari in dimittendis adversariis, et conditionibus ferendis, erras. Nihil nisi atrox et sævum cogitat, atque etiam loquitur. Iratus senatui exiit; his intercessionibus plane incitatus est : non, mehercule, erit deprecationi locus. Quare si tibi tu, si filius unicus, si domus, si spes tuæ reliquæ tibi caræ sunt; si aliquid apud te nos, si vir optimus, gener tuus, valet : quorum fortunas non debes velle conturbare, ut eam causam, in cujus victoria salus nostra est, odisse aut relinquere cogamur, aut impiam cupiditatem contra salutem tuam

le meilleur et le plus modeste des hommes. J'ajoute qu'il jouit d'une grande réputation en jurisprudence, possédant une mémoire singulière et un immense savoir. Je ne vous demande pour lui ni tribunat de légion, ni préfecture, ni autre charge déterminée : je vous demande votre bienveillance, votre généreuse amitié ; après quoi je ne m'oppose pas d'ailleurs à ce que, si cela vous plaît, vous lui accordiez la faveur toujours enviée de quelque charge honorable. Enfin, je vous l'abandonne tout entier : je vous le livre de la main à la main, comme on dit, et le remets entre ces mains fidèles et victorieuses. Peut-être mes instances vont-elles trop loin ; avec vous elles ne sont pas permises ; mais, je le sens, vous me les pardonnerez. Ayez soin de **votre** santé, et aimez-moi toujours comme vous faites.

CXXXV

(Tom. III, p. 330.)

Votre lettre m'épouvante ; tout y est de couleur sombre, et, quoique vous n'y disiez rien en termes formels, votre pensée s'y montre assez clairement pour que je vous écrive en toute hâte. Au nom de tout ce qui vous est cher, Cicéron, au nom de vos enfants, je vous en conjure, ne vous laissez pas aller à quelque grave décision capable de vous perdre et de compromettre votre sûreté. J'en atteste les dieux, les hommes et notre amitié, je ne vous ai rien dit, rien conseillé à la légère ; je ne vous ai donné mes avis qu'après avoir vu César, qu'après avoir su de lui quel usage il se proposait de faire de la victoire. Si vous vous imaginez qu'il pardonnera à ses ennemis intraitables aussi facilement qu'il leur a proposé des conditions, vous vous trompez Dans sa pensée, dans son langage même, tout est à la rigueur, à la vengeance. Il est parti très mécontent du Sénat ; ces oppositions l'ont absolument irrité ; et certes il sera trop tard pour recourir à la prière. Si vous avez quelque amour pour vous-même, pour votre maison, si vous ne voulez pas briser vos dernières espérances, si vous avez quelque égard pour vos amis et pour votre ex-

habeamus. Denique illud cogita : quod offensæ fuerit in ista cunctatione, te subisse. Nunc te contra victorem facere, quem dubiis rebus lædere noluisti, et ad eos fugatos accedere, quos resistentes sequi nolueris, summæ stultitiæ est. Vide, ne, dum pudet te parum optimatem esse, parum diligenter, quid optimum sit, eligas. Quod si totum tibi persuadere non possum, saltem, dum, quid de Hispaniis agamus, scitur, exspecta; quas tibi nuntio adventu Cæsaris fore nostras. Quam isti spem habeant, amissis Hispaniis, nescio. Quod porro tuum consilium sit ad desperatos accedere, non medius fidius reperio. Hoc, quod tu non dicendo mihi significasti, Cæsar audierat; ac, simul atque, have, mihi dixit, statim, quid de te audisset, exposuit. Negavi me scire : sed tamen ab eo petii, ut ad te litteras mitteret, quibus maxime ad remanendum commoveri posses. Me secum in Hispaniam ducit. Nam, nisi ita faceret, ego prius, quam ad urbem accederem, ubicumque esses, ad te percurrissem, et hoc a te præsens contendissem, atque omni vi te retinuissem. Etiam atque etiam, Cicero, cogita, ne te tuosque omnes funditus evertas; ne te sciens prudensque eo demittas, unde exitum vides nullum esse. Quod si te aut voces optimatium commovent, aut nonnullorum hominum insolentiam et jactationem ferre non potes : eligas censeo aliquod oppidum, vacuum a bello, dum hæc decernuntur. Quæ quum tu feceris, et ego te sapienter fecisse judicabo, et Cæsarem non offendes.

M. Cœlius. — Cic., *Epist. ad famil.*, VIII, 16.

cellent gendre, dont vous ne devez pas vouloir troubler la situation, ne faites pas que nous soyons obligés ou de haïr et de répudier un parti sur le triomphe duquel repose notre salut, ou de former des vœux impies contre le vôtre. Considérez aussi que vous avez montré trop d'hésitation pour ne pas être suspect. Vous déclarer maintenant contre César vainqueur, après l'avoir ménagé quand la fortune était incertaine, et vous unir dans leur déroute à ceux que vous n'avez pas voulu soutenir quand ils résistaient, serait une extrême folie. Prenez garde que, par peur de ne pas montrer assez de zèle pour ceux qui s'appellent le bon parti, vous n'en preniez un mauvais. Si je ne puis vous convaincre entièrement, attendez du moins que l'on connaisse ce qui va se produire en Espagne. Cette province, je vous l'affirme, nous appartiendra, dès que César y mettra le pied; et, l'Espagne perdue, quel espoir leur reste-t-il, je vous le demande? En vérité je ne vois pas pour quel motif vous iriez embrasser une cause désespérée. En ce qui concerne ce que vous m'avez fait entendre sans me le dire, César avait reçu des informations, et, lorsque je l'ai vu, l'échange du salut à peine fait, c'est la première chose qu'il m'a dite. J'ai feint l'ignorance; mais je l'ai prié de vous écrire dans les termes les plus propres à vous arrêter. Il m'emmène en Espagne; sans quoi, avant de rentrer à Rome, je me serais empressé de vous rejoindre, en quelque lieu que vous fussiez, pour traiter avec vous cette question urgente et vous retenir à toute force. Je ne saurais trop vous le répéter, Cicéron, gardez-vous de vous perdre complètement vous et tous les vôtres; ne vous jetez pas volontairement et délibérément dans un gouffre d'où vous voyez bien qu'il n'y aura pas de sortie possible. Enfin, si les discours des grands font impression sur vous, ou si vous ne pouvez supporter l'arrogance et la jactance de certains hommes, faites choix de quelque ville restée étrangère à cette guerre et fixez-vous-y pendant qu'elle va se dénouer. En agissant ainsi, vous agirez sagement selon moi, et César ne s'en blessera pas.

CXXXVI

Caton à Cicéron. Il lui explique pourquoi, tout en lui votant les supplications, il n'est pas d'avis de lui accorder le triomphe.

Quod et respublica me et nostra amicitia hortatur, libenter facio, ut tuam virtutem, innocentiam, diligentiam, cognitam in maximis rebus, domi togati, armati foris, pari industria administrari gaudeam. Itaque, quod pro meo judicio facere potui, ut innocentia consilioque tuo defensam provinciam, servatum Ariobarzanis cum ipso rege regnum, sociorum revocatam ad studium imperii nostri voluntatem, sententia mea et decreto laudarem, feci. Supplicationem decretam, si tu, qua in re nihil fortuito, sed summa tua ratione et continentia, reipublicæ provisum est, diis immortalibus gratulari nos, quam tibi referre acceptum mavis, gaudeo. Quod si triumphi prærogativam putas supplicationem, et idcirco casum potius, quam te laudari mavis : neque supplicationem semper sequitur triumphus, et triumpho multo clarius est, senatum judicare, potius mansuetudine et innocentia imperatoris, provinciam, quam vi militum, aut benignitate deorum, retentam atque conservatam esse: quod ego mea sententia censebam.

Atque hæc ego idcirco ad te contra consuetudinem meam[1] pluribus scripsi, ut, quod maxime volo, existimes, me laborare, ut tibi persuadeam, me et voluisse de tua majestate, quod amplissimum sim arbitratus; et quod tu maluisti, factum esse gaudere. Vale, et nos dilige, et instituto itinere severitatem diligentiamque sociis et reipublicæ præsta.

Cato. — Cic. *Epist. ad famil.*, XV, 5.

---

(1) Caton appartenait à l'école des Stoïciens, qui affectait le laconisme.

CXXXIV

(Tom. III, p. 331.)

Comme le veulent la république et notre amitié, j'applaudis de tout cœur à ce courage, à cette intégrité, à ce zèle, dont vous avez fait preuve dans les plus grandes circonstances et que vous savez aussi bien qu'à l'intérieur, en temps de paix, montrer, au dehors, à la tête d'une armée. Aussi, comme je croyais qu'il était de mon devoir de le faire, n'ai-je pas manqué de vous louer par mon avis et par mon décret pour avoir défendu votre province avec autant de désintéressement que de sagesse, pour nous avoir conservé Ariobarzane et son royaume, pour avoir rendu à nos alliés toute leur confiance en notre empire. Les supplications ont été décrétées, et je m'en réjouis si, après un succès où le hasard n'est pour rien mais que la république doit tout entier à votre prudence et à votre modération, vous aimez mieux que nous en remerciions les dieux que vous-même. Mais si vous regardez les supplications comme un droit au triomphe, et que, par conséquent, vous aimiez mieux que notre reconnaissance s'adresse au hasard qu'à vous, je vous dirai que le triomphe n'est pas la suite obligatoire des supplications et qu'il y a une chose plus glorieuse que le triomphe, c'est la déclaration du Sénat affirmant que la douceur et l'intégrité du général ont fait plus que la force des armes et la faveur des dieux pour défendre et conserver une province : tel est le sens de mon vote.

Je vous écris à ce sujet plus longuement que je n'en ai l'habitude : je veux que vous voyiez combien je tiens à bien vous convaincre que j'ai agi pour le mieux, selon moi, dans l'intérêt de votre gloire, et que, s'il a été fait selon vos vœux, je m'en réjouis. Portez-vous bien, aimez-moi toujours, et continuant à marcher dans la même voie, mettez la sévérité de vos principes et votre zèle au service de nos alliés et de la république.

CXXXVII

Cicéron à Lucceius. Après l'avoir sollicité ardemment d'interrompre ses autres ouvrages pour consacrer immédiatement un livre spécial à l'histoire de son glorieux consulat, il lui montre l'intérêt que présenterait ce livre.

Quod si te adducemus, ut hoc suscipias, erit, ut mihi persuadeo, materies digna facultate et copia tua. A principio enim conjurationis usque ad reditum nostrum videtur mihi modicum quoddam corpus confici posse : in quo et illa poteris uti civilium commutationum scientia, vel in explicandis causis rerum novarum, vel in remediis incommodorum; quum et reprehendes ea, quæ vituperanda duces, et, quæ placebunt, exponendis rationibus comprobabis; et, si liberius, ut consuesti, agendum putabis, multorum in nos perfidiam, insidias, proditionem notabis. Multam etiam casus nostri tibi varietatem in scribendo suppeditabunt, plenam cujusdam voluptatis, quæ vehementer animos hominum in legendo tenere possit. Nihil est enim aptius ad delectationem lectoris, quam temporum varietates, fortunæque vicissitudines : quæ etsi nobis optabiles in experiendo non fuerunt, in legendo tamen erunt jucundæ. Habet enim præteriti doloris secura recordatio delectationem. Ceteris vero, nulla perfunctis propria molestia, casus autem alienos sine ullo dolore intuentibus, etiam ipsa misericordia est jucunda. Quem enim nostrum ille moriens apud Mantineam Epaminondas non cum quadam miseratione delectat? qui tum denique sibi avelli jubet spiculum, posteaquam ei percontanti dictum est, clypeum esse salvum : ut etiam in vulneris dolore æquo animo cum laude moreretur. Cujus studium in legendo non erectum Themistocli fuga redituque retinetur? Etenim ordo ipse annalium mediocriter nos retinet, quasi enumeratione fastorum. At viri sæpe excellentis ancipites variique casus habent admirationem, exspectationem, lætitiam, molestiam, spem, timorem; si vero exitu notabili concluduntur, expletur animus jucundissima lectionis voluptate.

CXXXVII

(Tom. III, p. 332.)

Si je puis vous amener à commencer ce travail, vous en trouverez, j'en suis convaincu, le sujet digne de votre talent et de votre abondance. Depuis le commencement de la conjuration jusqu'à mon retour il y a la matière, ce me semble, d'un ouvrage spécial où vous pourrez user de votre parfaite connaissance de nos révolutions ; vous expliquerez les causes des innovations et vous signalerez les remèdes que réclamaient les maux ; vous repousserez ce que vous jugerez blâmable ; vous louerez, en donnant vos raisons à l'appui, ce qui vous paraîtra bien ; et si vous croyez devoir parler avec la franchise qui vous est ordinaire, vous flétrirez les perfidies, les machinations, les trahisons dont j'ai été l'objet. Les nombreux incidents de ma vie donneront de la variété au récit qui en tirera un charme capable d'intéresser vivement le lecteur. Rien de tel, en effet, pour rendre un livre attrayant, que les incidents divers, les vicissitudes de la fortune ; j'eusse mieux aimé certes n'avoir pas à les supporter, mais il me sera doux d'en lire le récit. Il y a du plaisir, dans le calme, à se rappeler une douleur passée ; et même chez les autres, qui n'en ont pas souffert et qui considèrent en sûreté les épreuves d'autrui, il se produit un sentiment de compassion qui n'est pas sans douceur. Qui de nous, par exemple, n'est délicieusement touché à la vue d'Épaminondas mourant à Mantinée, lorsqu'il s'assure avant tout que son bouclier est sauvé, se fait alors arracher le fer de sa blessure, et au milieu de cette souffrance n'altère par aucune faiblesse la gloire d'une telle mort ? Qui ne reste attentif au récit de la fuite et du retour de Thémistocle ? La succession méthodique des années n'a pour nous qu'un intérêt médiocre dans le dénombrement des fastes. Mais les aventures, les péripéties diverses de la vie d'un

Quo mihi acciderit optatius, si in hac sententia fueris, ut a continentibus tuis scriptis, in quibus perpetuam rerum gestarum historiam complecteris, secernas hanc quasi fabulam rerum eventorumque nostrorum. Habet enim varios actus, multasque actiones et consiliorum et temporum.

Cic., *Epist. ad fam.*, V, 12.

CXXXVIII

Matius à Cicéron. Il s'étonne qu'on lui fasse un crime de la douleur que lui cause la mort de César.

....Nota enim mihi sunt, quæ in me post Cæsaris mortem contulerint. Vitio mihi dant, quod mortem hominis necessarii graviter fero, atque eum, quem dilexi, periisse indignor. Aiunt enim, patriam amicitiæ præponendam esse : proinde ac si jam vicerint, obitum ejus reipublicæ fuisse utilem. Sed non agam astute. Fateor, me ad istum gradum sapientiæ non pervenisse. Neque enim Cæsarem in dissensione civili sum secutus; sed amicum, quanquam re offendebar, tamen non deserui : neque bellum unquam civile, aut etiam causam dissensionis probavi; quam etiam nascentem exstingui summe studui. Itaque in victoria hominis necessarii, neque honoris, neque pecuniæ dulcedine sum captus : quibus præmiis reliqui, minus apud eum, quam ego, quum possent, immoderate sunt abusi. Atque etiam res familiaris mea lege Cæsaris deminuta est; cujus beneficio plerique, qui Cæsaris morte lætantur, remanserunt in civitate. Civibus victis ut parceretur, æque, ac pro mea salute, laboravi. Possum igitur, qui omnes voluerim incolumes, eum, a quo id impetratum est, periisse non indignari; quum præsertim iidem homines illi et invidiæ et exitio fuerint ? Plecteris ergo, inquiunt, quum actum nostrum improbare audes. O superbiam inauditam ! alios in facinore gloriari, aliis ne dolere quidem impunite liceret ! At hæc etiam servis semper libera fuerunt, timerent, gauderent, dolerent suo potius, quam alterius arbitrio : quæ

grand homme excitent en nous l'admiration, l'attente, la joie, la tristesse, l'espérance, la crainte, et si le dénouement est extraordinaire, l'esprit est satisfait, le plaisir du lecteur est au comble. Voilà pourquoi je désire si vivement que vous vous décidiez à traiter spécialement, en dehors du corps de votre vaste histoire, ce que j'appellerai le drame de mes actions et de mes aventures. C'est, en effet, un drame en plusieurs actes, avec bien des scènes où tiennent un rôle la prudence et la fortune.

CXXXVIII
(Tom. III, p. 333.)

Je n'ignore pas ce qu'on a dit contre moi depuis la mort de César. On me fait un crime de la douleur que me cause sa perte et de l'indignation que me fait ressentir la fin tragique de celui que je chérissais. La patrie, dit-on, doit passer avant l'amitié, comme s'il était prouvé que le meurtre de César ait été utile à la patrie. Mais je veux parler sans détour. J'avoue que je ne suis pas arrivé à ce haut degré de sagesse. Ce n'est pas César que dans la guerre civile j'ai suivi, c'est l'ami, et bien que sa cause me déplût, je ne me suis pas séparé de lui. Jamais je n'ai approuvé ni cette guerre, ni les motifs qui l'ont produite; j'ai même fait tout ce que j'ai pu pour l'étouffer à son origine. Aussi dans la victoire de mon ami n'ai-je pas vu un moyen agréable de me procurer des honneurs et de l'argent, toutes choses dont abusaient sans retenue bien des hommes qui n'avaient pas auprès de lui autant de crédit que moi. Bien plus, ma fortune personnelle a souffert de la loi portée par César, tandis que la plupart de ceux qui se réjouissent de sa mort ne doivent qu'à cette loi d'avoir pu rester à Rome. J'ai travaillé au pardon des vaincus avec autant d'ardeur que s'il se fût agi de ma propre vie. Puis-je donc, après avoir réclamé le salut de tous, ne pas m'indigner du meurtre de celui qui accomplissait mon vœu, surtout lorsque je vois en ses meurtriers ceux mêmes qu'il ne sauvait qu'en déplaisant aux siens? Eh

nunc, ut quidem isti dictitant libertatis auctores, metu nobis extorquere conantur. Sed nihil agunt. Nullius unquamu periculi terroribus ab officio, aut ab humanitate desciscam. Nunquam enim honestam mortem fugiendam, sæpe etiam oppetendam putavi. Sed quid mihi succensent, si id opto, ut pœniteat eos sui facti? Cupio enim, Cæsaris mortem omnibus esse acerbam. At debeo pro civili parte rempublicam velle salvam. Id quidem me cupere, nisi et ante acta vita, et reliqua mea spes, tacente me, probat, dicendo vincere non postulo. Quare majorem in modum te rogo, ut rem potiorem oratione ducas; mihique si sentis expedire recte fieri, credas nullam communionem cum improbis esse posse. An, quod adolescens præstiti, quum etiam errare cum excusatione possem, id nunc, ætate præcipitata, commutem, ac me ipse retexam? Non faciam: neque, quod displiceat, committam, præterquam quod hominis mihi conjunctissimi ac viri amplissimi doleo gravem casum. Quod si aliter essem animatus, nunquam quod facerem, negarem : ne et in peccando improbus, et in dissimulando timidus ac vanus existimarer.

Matius. — Cic. *Epist. ad famil.*, XI, 28.

CXXXIX

Cicéron à Atticus. Il lui raconte les attentats de Clodius contre sa personne.

Avere te certo scio, quum scire, quid hic agatur, tum mea a me scire; non quo certiora sint ea, quæ in oculis

bien, disent-ils, vous serez puni, puisque vous osez condamner notre action. Insolence inouïe ! Aux uns il serait permis de se glorifier d'un crime, quand les autres ne pourraient en gémir impunément ! Jusqu'à présent les esclaves ont eu le pouvoir de craindre, de se réjouir, de s'affliger, sans dépendre en cela de la volonté d'autrui ; et maintenant ceux qui se proclament les restaurateurs de la liberté voudraient nous ravir ce droit par la terreur ! Vains efforts ! Jamais la menace d'un danger ne me fera reculer devant mes devoirs d'homme et d'ami. J'ai toujours cru qu'il ne faut pas fuir une mort honorable et que souvent même il faut la chercher. Mais pourquoi s'irritent-ils de ce que je souhaite qu'ils se repentent de leur action ? Oui certes, mon désir est que tout le monde regrette la mort de César. Mais, disent-ils, comme citoyen, je dois vouloir le salut de la république. Je le veux, en effet, et si tout mon passé, si toutes mes espérances ne le prouvent pas assez, sans que je le dise, pas n'est besoin d'arguments pour le démontrer. Je vous prie donc plus instamment que jamais de me juger par ma conduite plutôt que par mes paroles et de bien vous convaincre, en comprenant que mon intérêt et mon devoir sont d'accord, que je ne saurais avoir la moindre liaison avec les méchants. Ces bons principes que j'ai suivis dès ma jeunesse, alors pourtant qu'il m'eût été pardonnable de me tromper, irai-je aujourd'hui, sur le déclin de mes jours, les abjurer en donnant un démenti à toute ma vie ? Non, et personne n'aura d'autre faute à me reprocher que celle de gémir sur le cruel destin d'un ami très cher, qui fut un grand homme. Si d'ailleurs j'avais d'autres sentiments, je ne les désavouerais pas davantage : aux méfaits je ne voudrais pas ajouter la lâcheté et la honte de l'hypocrisie.

CXXXIX

(Tom. III, p. 343.)

Je suis certain que vous éprouvez le besoin de savoir ce qui se passe et de savoir par moi tout ce qui me concerne.

omnium geruntur, si a me scribantur, quam quum ab aliis aut scribuntur tibi, aut nuntiantur; verum ut perspicias ex meis litteris, quo animo ea feram; quæ geruntur; et qui sit hoc tempore aut mentis meæ sensus, aut omnino vitæ status. Armatis hominibus ante diem tertium non. novemb. expulsi sunt fabri de area nostra, disturbata porticus Catuli, quæ ex senatusconsulto consulum locatione reficiebatur, et ad tectum pæne pervenerat. Quinti fratris domus primo fracta conjectu lapidum ex area nostra, deinde inflammata jussu Clodii, inspectante urbe, conjectis ignibus, magna querela et gemitu, non dicam bonorum, qui, nescio, an nulli sint, sed plane hominum omnium. Ille vehemens ruere; post hunc furorem nihil nisi cædem inimicorum cogitare; vicatim ambire; servis aperte spem libertatis ostendere. Etenim antea, quum judicium nolebat, habebat ille quidem difficilem manifestamque causam, sed tamen causam : poterat infitiari; poterat in alios derivare; poterat etiam aliquid jure factum defendere. Post has ruinas, incendia, rapinas, desertus a suis, vix jam Decimum designatorem, vix Gellium retinet; servorum consiliis utitur; videt, si omnes, quos vult, palam occiderit, nihilo suam causam difficiliorem, quam adhuc sit, in judicio futuram. Itaque ante diem tertium idus novemb. quum Sacra via descenderem, insecutus est me cum suis. Clamor, lapides, fustes, gladii, hæc improvisa omnia. Discessimus in vestibulum Tettii Damionis. Qui erant mecum, facile operas aditu prohibuerunt. Ipse occidi potuit. Sed ego diæta curari incipio; chirurgiæ tædet.

Cic., *Epistol. ad Attic.*, IV, 3.

Ce n'est pas que je puisse, en les écrivant moi-même, donner à des faits qui sont publics plus de garantie que tout autre qui vous les écrirait ou vous les dirait, mais c'est que vous verrez par ma lettre quelles sont mes impressions, dans quelle situation d'esprit et en un mot dans quel état je me trouve. Le 3 novembre, des gens armés vinrent chasser les ouvriers qui travaillaient sur mon terrain; ils renversèrent le portique de Catulus que les consuls faisaient reconstruire en exécution d'un décret du Sénat et qui déjà était relevé presque jusqu'au faîte. Puis de mon terrain ils lancèrent des pierres contre la maison de mon frère Quintus et y mirent le feu sur l'ordre formel de Clodius : cet incendie, flambant sous les yeux de la ville entière, émut et fit gémir je ne dirai pas tous les gens de bien, car je ne sais s'il en est encore, mais toute la population. Clodius alors donne cours à toute sa violence; après ce premier exploit de sa fureur, il ne veut rien moins que le sang de ses ennemis; il va de quartier en quartier, il promet ouvertement aux esclaves leur liberté. Jusqu'ici, lorsqu'il cherchait à se soustraire aux tribunaux, sa cause était mauvaise, évidemment mauvaise, mais enfin pouvait se défendre : il pouvait nier les faits, les rejeter sur d'autres et même faire valoir quelque droit. Mais après avoir abattu, incendié, pillé des maisons, il est abandonné de tous les siens, et c'est à peine s'il peut retenir avec lui le crieur Décimus et Gellius; il n'a plus pour conseil que des esclaves; il comprend qu'il peut désormais tuer ouvertement tous ceux qu'il veut sans que son affaire devienne jamais plus mauvaise qu'elle n'est devant la justice. Aussi, le 11 novembre, comme je descendais par la voie Sacrée, il m'attaqua avec ses gens. Tous criaient, étaient armés de pierres, de bâtons et d'épées. Je me réfugiai dans le vestibule de Tettius Damion; ceux qui m'accompagnaient les tinrent facilement en respect, et j'aurais pu le faire tuer lui-même; mais contre le mal je veux essayer les moyens de douceur, j'ai assez des remèdes violents.

CXL

Cicéron à Atticus. Il lui dit comment il remplit ses fonctions de gouverneur.

Lætari te nostra moderatione et continentia video. Tum id magis faceres, si adesses, atque hoc foro, quod egi ex idibus febr. Laodiceæ ad kalend. mai. omnium diœcesium, præter Ciliciæ. Mirabilia quædam effecimus : ita multæ civitates omni ære alieno liberatæ, multæ valde levatæ sunt; omnes, suis legibus et judiciis usæ, αὐτονομίαν adeptæ, revixerunt. His ego duobus generibus facultatem ad se ære alieno liberandas aut levandas dedi ; uno, quod omnino nullus in imperio meo sumtus factus est (nullum quum dico, non loquor ὑπερβολικῶς;) nullus, inquam, ne teruncius quidem. Hac autem re, incredibile est, quantum civitates emerserint. Accessit altera. Mira erant in civitatibus ipsorum furta Græcorum, quæ magistratus sui fecerant. Quæsivi ipse de iis, qui annis decem proximis magistratum gesserant. Aperte fatebantur. Itaque, sine ulla ignominia, suis humeris pecunias populis retulerunt. Populi autem, nullo gemitu, publicanis, quibus hoc ipso lustro nihil solverant, etiam superioris lustri reddiderunt. Itaque publicanis in oculis sumus. Gratis, inquis, viris. Sensimus. Jam cetera jurisdictio nec imperita, et clemens cum admirabili facilitate. Aditus autem ad me minime provinciales. Nihil per cubicularium. Ante lucem inambulabam domi, ut olim candidatus. Grata hæc et magna, mihique nondum laboriosa ex illa vetere militia.

Cic., *Epist. ad Attic.*, VI, 2.

CXL

(Tom. III, p. 343.)

Je vois que ma modération et mon désintéressement vous ont fait un grand plaisir. Vous en éprouveriez un plus grand encore, si vous étiez ici, à la vue de ce que j'ai fait à Laodicée où, depuis le 13 février jusqu'au premier jour de mai, j'ai réglé toutes les affaires de mon gouvernement sauf celles de Cilicie. J'ai obtenu des résultats merveilleux : les villes en grand nombre se sont acquittées ou entièrement ou presque entièrement de leurs dettes ; toutes ont le libre usage de leurs lois et de leurs tribunaux et dans cette autonomie semblent avoir puisé une nouvelle vie. Je leur ai fourni deux moyens de se libérer tout à fait ou en partie de leurs dettes : le premier, en ne demandant rien à la province pour mes frais personnels (quand je dis rien, je n'use pas d'hyperbole), rien absolument, pas même une obole ; vous ne sauriez croire combien ce procédé les a relevées. Voici l'autre. Les Grecs qui avaient exercé les magistratures avaient commis bon nombre de fraudes aux dépens de leurs concitoyens ; j'interrogeai moi-même ceux qui avaient été en charge dans ces dix dernières années ; ils me firent des aveux complets ; et, pour éviter la honte d'une condamnation, ils rapportèrent d'eux-mêmes aux peuples l'argent qu'ils leur avaient pris. Les villes, sans aucune peine, ont donc pu payer le montant du bail actuel, qu'elles devaient en entier aux fermiers, et l'arriéré du précédent. Aussi suis-je aimé de ces fermiers. Ce ne sont pas des ingrats, me dites-vous. Je m'en suis aperçu. Dans mes autres fonctions je réussis de même et l'on admire mon affabilité. Je ne suis pas de ces gouverneurs de province qui se montrent difficiles à approcher ; rien ne se fait par mes gens ; dès avant le jour je reçois chez moi, comme au temps où j'étais candidat. On m'est très reconnaissant de cette manière d'agir, et elle me coûte bien peu, à moi qui n'ai qu'à me rappeler mes premières armes.

CXLI

Cicéron à Atticus. Il lui dit combien il éprouve le besoin de se retrouver avec lui.

Nihil mihi nunc scito tam deesse, quam hominem eum, quocum omnia, quæ me cura aliqua afficiunt, una communicem; qui me amet, qui sapiat, quicum ego colloquar, nihil fingam, nihil dissimulem, nihil obtegam. Abest enim frater ἀφελέστατος, et amantissimus; Metellus[1] non homo, sed « littus, atque aer, et solitudo mera »: tu autem, qui sæpissime curam et angorem animi mei sermone et consilio levasti tuo; qui mihi et in publica re socius, et in privatis omnibus conscius, et omnium meorum sermonum et consiliorum particeps esse soles, ubinam es? Ita sum ab omnibus destitutus, ut tantum requietis habeam, quantum cum uxore, et filiola, et mellito Cicerone consumitur. Nam illæ ambitiosæ nostræ fucosæque amicitiæ sunt in quodam **splendore forensi; fructum domesticum non habent.** Itaque, quum bene completa domus est, tempore matutino, quum ad forum stipati gregibus amicorum descendimus, reperire ex magna turba neminem possumus, quocum aut jocari libere, aut suspirare familiariter possimus. Quare te exspectamus, te desideramus, te jam etiam arcessimus. Multa enim me sollicitant anguntque, quæ mihi videor, aures nactus tuas, unius ambulationis sermone exhaurire posse. Ac domesticarum quidem sollicitudinum aculeos omnes et scrupulos occultabo : neque ego huic epistolæ atque ignoto tabellario committam. Atque hi (nolo enim te permoveri) non sunt permolesti, sed tamen insident et urgent, et nullius amantis consilio aut sermone requiescunt. In republica vero, quanquam animus est præsens, tamen voluntas etiam atque etiam ipsa medicinam effugit. Nam, ut ea breviter, quæ post tuum discessum acta sunt, colli-

---

[1] S'il est vrai que Cicéron parle ici de Métellus Celer, il faut croire que l'amitié de ce personnage ne lui offrait pas la facilité des épanchements dont il avait besoin. Mais la phrase est on ne peut plus controversée : au lieu des mots *Metellus non homo sed*, Schütz propose *mei et illius nunc*

CXLI

(Tom. III, p. 346.)

Sachez qu'en ce moment rien ne me manque tant qu'une personne à qui je puisse confier tout ce qui me cause quelque peine, qui me témoigne de l'amitié, qui m'aide de ses conseils et à qui j'ose parler sans rien feindre, sans rien dissimuler, sans rien cacher. Mon frère, cet ami si sûr et si affectueux, est au loin; Métellus, lui, n'est pas un homme, c'est « le rivage désert, l'air des cieux, la solitude absolue. » Et vous, qui souvent, par votre entretien et vos conseils avez adouci les soucis et l'inquiétude de mon âme, vous qui êtes mon allié dans les affaires publiques, mon confident dans mes affaires privées, qui prenez part à toutes mes pensées, à tous mes projets, où êtes-vous ? Je me sens tellement abandonné qu'il n'y a de repos pour moi que dans les moments que je passe avec ma femme, ma fille bien-aimée et mon cher petit Cicéron. Car pour ce qui est de ces amitiés intéressées et fardées qui permettent de paraître en public avec honneur, elles ne servent à rien dans la vie domestique. Lorsque, le matin, par exemple, ma maison est remplie de monde et que je descends au forum au milieu de bandes nombreuses de prétendus amis, dans toute cette foule je ne trouve personne avec qui je puisse ou rire librement ou me plaindre à cœur ouvert. Je vous attends donc, je vous désire, je vous appelle. Bien des choses m'inquiètent et me tourmentent, qui, une fois que je vous aurai pour m'écouter, après une seule promenade avec vous, pourront, me semble-t-il, ne plus laisser aucune trace. Je ne vous dis rien en ce moment des mille ennuis, des mille petits chagrins de mon intérieur : je ne saurais les confier au papier et à un messager qui m'est inconnu. Ne vous en mettez pourtant pas en peine, ils ne sont

domus, de sorte que la suite *littus, atque aer et solitudo mera* se rapporterait à la maison pour le moment déserte de Quintus. Peut-être aussi ces derniers mots sont-ils extraits d'un poète.

gam; jam exclames necesse est, res romanas diutius stare non posse.

(Cic., *Epist. ad Attic.*, I, 18.

CXLII
Cicéron à son frère Quintus. Il l'exhorte à rendre aussi heureuse que possible la province qu'il gouverne.

Incumbe toto animo et studio omni in eam rationem, qua adhuc usus es, ut eos, quos tuæ fidei potestatique senatus populusque romanus commisit et credidit, diligas et omni ratione tueare, ut esse quam beatissimos velis. Quod si te sors Afris, aut Hispanis, aut Gallis præfecisset, immanibus ac barbaris nationibus : tamen esset humanitatis tuæ, consulere eorum commodis et utilitati salutique servire. Quum vero ei generi hominum præsimus, non modo in quo ipsa sit, sed etiam a quo ad alios pervenisse putetur humanitas : certe iis eam potissimum tribuere debemus, a quibus accepimus. Non enim me hoc jam dicere pudebit, præsertim in ea vita, atque iis rebus gestis, in quibus non potest residere inertiæ aut levitatis ulla suspicio, nos ea, quæ consecuti sumus, his studiis et artibus esse adeptos, quæ sint nobis Græciæ monumentis disciplinisque tradita. Quare præter communem fidem, quæ omnibus debetur, præterea nos isti hominum generi præcipue debere videmur, ut quorum præceptis simus eruditi, apud eos ipsos, quod ab iis didicerimus, velimus expromere.

Cic., *Epistol. ad Q. fratrem*, I, 1.

CXLIII
Cicéron engage son frère Quintus à se corriger de la violence de son caractère.

Sic ad nos omnes fere deferunt, nihil, quum absit iracundia, te fieri posse jucundius. Sed quum te alicujus

pas intolérables, seulement ils me poursuivent et me pèsent, parce que je n'ai personne qui m'aime pour les dissiper par ses conseils et par sa conversation. Quant aux affaires de l'État, le courage ne me fait pas défaut, mais je perds de plus en plus la volonté d'y porter remède. Si je résume rapidement tout ce qui s'est passé depuis votre départ, vous allez certainement vous écrier que la république est perdue.

CXLII

(Tom. III, p. 349.)

Appliquez-vous de toutes vos forces, de tout votre cœur à persévérer dans la voie où vous êtes, et tout entier à ceux que le sénat et le peuple romain ont placés sous votre garde et votre autorité, aimez-les, protégez-les, rendez-les aussi heureux que possible. Si le sort vous avait mis à la tête d'Africains, d'Espagnols, de Gaulois, peuples farouches et barbares, l'humanité vous commanderait encore de veiller à leurs intérêts, de travailler à leur bonheur et à leur salut. Mais lorsque nous avons à gouverner une nation qui non seulement est civilisée, mais qui a la réputation d'avoir civilisé les autres, nous devons certes la faire profiter de ce que nous tenons d'elle. Je n'éprouverai pour ma part aucune hésitation à l'avouer, d'autant plus que ma vie et mes actions ne permettent aucun soupçon de faiblesse ou de légèreté, si j'ai réussi, je le dois aux connaissances et aux principes que m'ont enseignés les chefs-d'œuvre et les leçons de la Grèce. Aussi, indépendamment des obligations que la justice commune nous impose envers tous, nous en avons encore, semble-t-il, une toute spéciale envers ce peuple : formés par ses enseignements, nous devons lui procurer le bénéfice de ce qu'il nous a appris.

CXLIII

(Tom. III, p. 349.)

D'après ce qui me revient de tous côtés, personne ne saurait être plus aimable que vous, lorsque vous êtes

improbitas perversitasque commoverit, sic te animo incitari, ut ab omnibus tua desideretur humanitas. Quare quoniam in eam rationem vitæ nos non tam cupiditas quædam gloriæ, quam res ipsa ac fortuna deduxit, ut sempiternus sermo hominum de nobis futurus sit; caveamus, quantum efficere et consequi possumus, ut ne quod in nobis insigne vitium fuisse dicatur. Neque ego nunc hoc contendo, quod fortasse quum in omni natura, tum jam in nostra ætate difficile est, mutare animum, et si quid est penitus insitum moribus, id subito evellere : sed te illud admoneo, ut, si hoc plane vitare non potes, quod ante occupatur animus ab iracundia, quam providere ratio potuit, ne occuparetur, ut te ante compares, quotidieque meditere, resistendum esse iracundiæ; quumque ea maxime animum moveat, tum tibi esse diligentissime linguam continendam : quæ quidem mihi virtus non interdum minor videtur, quam omnino non irasci. Nam illud non solum est gravitatis, sed nonnunquam etiam lentitudinis; moderari vero et animo et orationi, quum sis iratus, aut etiam tacere, et tenere in sua potestate motum animi et dolorem, etsi non est perfectæ sapientiæ, tamen est non mediocris ingenii. Atque in hoc genere multo te esse jam commodiorem mitioremque nuntiant. Nullæ tuæ vehementiores animi concitationes, nulla maledicta ad nos, nullæ contumeliæ perferuntur : quæ quum abhorrent a litteris, ab humanitate, tum vero contraria sunt imperio ac dignitati. Nam si implacabiles iracundiæ sint, summa est acerbitas; sin autem exorabiles, summa levitas : quæ tamen (ut in malis) acerbitati anteponenda est.

Cic., Epist. ad Q. fratrem, I, 1.

calme, mais dès qu'un acte de méchanceté ou de déloyauté vous émeut, vous vous emportez au point de perdre aux yeux de tous cette heureuse disposition. Par suite des circonstances et du jeu de la fortune plus que par ambition, nous nous sommes engagés dans une carrière où notre destinée est de faire éternellement parler de nous; faisons donc tous nos efforts pour qu'on n'ait pas à nous reprocher quelque défaut insigne. Je ne vous demande pas, ce qui serait difficile à n'importe qui, surtout à notre âge, de changer de caractère et d'arracher d'un seul coup de votre âme une habitude profondément enracinée; mais si vous ne pouvez empêcher la colère de se produire en vous avant toute réflexion qui l'arrête, je vous engage au moins à vous armer contre elle, à songer constamment au moyen de la vaincre, et, dans le moment même de votre emportement, à vous efforcer surtout de maîtriser votre langue : mérite qui, à mon sens, n'est pas moins grand parfois que de ne s'irriter jamais. Le calme absolu, en effet, n'est pas toujours une preuve de fermeté, il peut être aussi l'effet de l'indolence; mais savoir, dans la colère, se posséder, mesurer son langage, ou même s'imposer le silence et dominer les mouvements de son âme et de son indignation, voilà, si ce n'est pas la sagesse suprême, l'effort du moins d'un esprit supérieur. On me dit d'ailleurs que vous êtes devenu déjà beaucoup plus maître de vous et plus doux; on ne me parle plus de ces transports violents, de ces paroles injurieuses et outrageantes qui ne s'accordent pas plus avec la culture des lettres et la politesse des mœurs qu'avec les devoirs et la dignité du commandement : car si les colères sont implacables, elles dénotent une extrême cruauté; et si elles se laissent fléchir, elles marquent une excessive légèreté, préférable encore (s'il fallait choisir entre les deux maux) à la cruauté.

CXLIV

Cicéron à Brutus. Il lui rappelle ce qui a été fait depuis les ides de mars.

Post interitum Cæsaris, et vestras memorabiles idus martias, Brute, quid ego prætermissum a vobis, quantamque impendere reipublicæ tempestatem dixerim, non es oblitus. Magna pestis erat depulsa per vos, magna populi romani macula deleta : vobis vero parta divina gloria ; sed instrumentum regni delatum ad Lepidum et Antonium : quorum alter inconstantior, alter impurior ; uterque pacem metuens, inimicus otio. His ardentibus perturbandæ reipublicæ cupidate, quod opponi posset præsidium, non habebamus. Erexerat enim se civitas, in retinenda libertate consentiens. Nos tum nimis acres : vos fortasse sapientius excessistis urbe ea, quam liberaratis ; Italiæ sua vobis studia profitenti remisistis. Itaque quum teneri urbem a parricidis viderem, nec te in ea, nec Cassium tuto esse posse, eamque armis oppressam ab Antonio : mihi quoque ipsi esse excedendum putavi. Tetrum enim spectaculum, oppressa ab impiis civitas, opitulandi potestate præcisa. Sed animus idem, qui semper infixus est in patriæ caritate, discessum ab ejus periculis ferre non potuit. Itaque in medio Achaico cursu, quum etesiarum[1] diebus auster me in Italiam, quasi dissuasor mei consilii, retulisset, te vidi Veliæ, doluique vehementer. Cedebas enim, Brute, cedebas ; quoniam stoici nostri negant, fugere sapientis. Romam ut veni, statim me obtuli Antonii sceleri atque dementiæ : quem quum in me incitavissem, consilia inire cœpi Brutina plane (vestri enim hæc sunt propria sanguinis) reipublicæ liberandæ. Longa sunt, quæ restant, prætereunda ; sunt enim de me : tantum dico, Cæsarem hunc adolescentem, per quem adhuc sumus, si verum fateri volumus, fluxisse ex fonte consiliorum meorum. Huic habiti a me honores nulli quidem, Brute, nisi debiti ; nulli, nisi

---

(1) Vents qui soufflent, au temps de la canicule, du nord au nord-ouest.

CXLIV

(Tom. III, p. 357.)

Après la mort de César et vos mémorables ides de mars, Brutus, je vous dis, vous ne pouvez l'avoir oublié, ce qui avait manqué à votre entreprise et à quelle tourmente la république restait exposée. Vous aviez mis fin à un grave fléau, vous aviez lavé d'une grosse tache le nom romain, et vous vous étiez acquis une gloire divine; mais les attributs du souverain pouvoir passaient entre les mains de Lépidus et d'Antoine, l'un plus léger, l'autre plus pervers, tous deux craignant la paix et ennemis de tout repos. A ces hommes animés de l'ardent désir de bouleverser la république nous n'avions à opposer aucune force qui nous protégeât. La cité cependant s'était réveillée, voulait la liberté. Je vous parus alors trop ardent; et vous, peut-être avec trop de sagesse, vous sortites de cette ville que vous veniez de délivrer, vous déclinâtes les avances de l'Italie qui vous offrait son concours. Lorsque je vis que Rome était au pouvoir des traîtres, que ni vous ni Cassius vous ne pouviez plus y vivre en sûreté, et qu'Antoine y dominait par les armes, moi aussi je crus devoir en sortir; car c'est un cruel spectacle que celui du pays opprimé par des scélérats alors que vous est ravi tout moyen de le secourir. Mais mon cœur, toujours possédé de l'amour de la patrie, ne put me laisser éloigné d'elle dans ses dangers. Au moment où, dans la saison des vents étésiens, je partais pour la Grèce, un vent du midi, comme pour m'avertir de renoncer à mon projet, me ramena sur la côte d'Italie; je vous vis à Vélie; et quelle ne fut pas ma douleur! Vous vous retiriez, Brutus, oui, vous vous retiriez, puisque nos stoïciens prétendent que le sage ne fuit jamais. Je revins donc à Rome, et aussitôt j'affrontai la scélératesse et la violence d'Antoine; sa fureur se déchaîna sur moi, et je pris dès lors la ferme résolution d'affranchir la république, une de ces résolutions à la Brutus, qui sont comme un

necessarii. Ut enim primum libertatem revocare cœpimus, quum se nondum ne Decimi quidem Bruti divina virtus ita commovisset, ut jam id scire possemus, atque omne præsidium esset in puero, qui a cervicibus nostris avertisset Antonium; quis honos ei non fuit decernendus? quanquam ego illi tum verborum laudem tribui, eamque modicam. Decrevi etiam imperium : quod quanquam videbatur illi ætati honorificum, tamen erat exercitum habenti necessarium. Quid enim est sine imperio exercitus?

Epist. Cic. et Brut., 15.

CXLV

Brutus à Cicéron. Il se plaint des termes trop humbles de la lettre adressée à Octave.

Particulam litterarum tuarum, quas misisti Octavio, legi, missam ab Attico mihi. Studium tuum, curaque de salute mea, nulla me nova voluptate affecit. Non solum enim usitatum, sed etiam quotidianum est, aliquid audire de te, quod pro nostra dignitate fideliter atque honorifice dixeris, aut feceris. At dolore, quantum animo maximum capere possum, eadem illa pars epistolæ, scriptæ ad Octavium de nobis, affecit. Sic enim illi gratias agis de republica; tam suppliciter ac demisse (quid scribam? pudet conditionis ac fortunæ, sed tamen scribendum est) commendas nostram salutem illi (quæ morte qua non perniciosior?), ut prorsus præ te feras, non sublatam dominationem, sed dominum commutatum esse. Verba tua recognosce, et aude negare, servientis adversus regem istas esse preces. Unum ais esse quod ab eo postuletur et exspectetur : ut eos cives, de quibus viri boni, populusque roma-

privilège héréditaire de votre famille. Long serait le récit de ce qui suivit ; je le passe, puisqu'il n'y serait question que de moi ; j'observe seulement que le jeune César, sans qui, il nous faut l'avouer pour être sincères, nous ne serions plus aujourd'hui, est tout entier l'œuvre de mes conseils. Si je lui ai fait décerner des honneurs, Brutus, ils lui étaient dus et ils étaient nécessaires. Au début de nos efforts pour reconquérir la liberté, lorsque le divin héroïsme de Décimus Brutus ne s'était pas encore fait entièrement connaître, et que nous n'avions de défenseur que cet enfant qui venait de détourner de nos têtes le glaive d'Antoine, y avait-il un honneur qu'il n'eût pas mérité ? Cependant il n'eut de moi que des éloges, et des éloges bien mesurés. Je lui fis, à la vérité, voter un commandement, et pour son âge c'était un titre bien honorable ; mais il avait une armée, et ce titre était nécessaire. Qu'est-ce en effet qu'une armée sans un commandement légal ?

CXLV

(Tom. III, p. 358.)

Une partie de la lettre que vous avez adressée à Octave m'a été communiquée par Atticus et je l'ai lue. Votre zèle et votre sollicitude à mon égard, tout en me touchant, ne m'ont pas surpris ; car depuis longtemps, et chaque jour encore, je ne cesse d'entendre parler de discours et d'actes qui témoignent de votre croissante amitié et de votre estime si flatteuse pour moi. Mais cette partie même de votre lettre à Octave, écrite à mon sujet, m'a causé la douleur la plus vive dont mon âme soit capable. Je ne sais comment m'exprimer, tant j'ai honte de l'état où nous réduit la fortune, et pourtant il faut que je le dise : vous lui adressez de tels remerciements au nom de l'État, vous prenez un ton si soumis et si humble pour lui recommander notre salut (la mort ne serait-elle pas préférable?) qu'évidemment à vous entendre, la tyrannie n'est pas détruite, et qu'il n'y a de changé que le maître ? Relisez vos expres-

nus bene existimet, salvos velit. Quid? si nolit, non erimus? Atqui, non esse, quam esse per illum, præstat. Ego, medius fidius, non existimo, tam omnes deos aversos esse a salute populi romani, ut Octavius orandus sit pro salute cujusquam civis, non dicam pro liberatoribus orbis terrarum. Juvat enim magnifice loqui; et certe decet, adversus ignorantes, quid pro quoque timendum, aut a quoque petendum sit. Hoc tu, Cicero, posse fateris Octavium, et illi amicus es? aut, si me carum habes, vis Romæ videri; quum, ut ibi esse possem, commendandus puero illi fuerim? Cui quid agis gratias, si, ut nos salvos esse velit et patiatur, rogandum putas? An hoc pro beneficio est habendum, quod se, quam Antonium, esse maluerit, a quo ista petenda essent? Vindici quidem alienæ dominationis, non vicario, ecquis supplicat, ut optime meritis de republica liceat esse salvis?

Epist. Cic. et Brut. 16.

CXLVI

Serv. Sulpicius à Cicéron. Il lui raconte la mort de M. Marcellus.

Etsi scio, non jucundissimum nuntium me vobis allaturum: tamen, quoniam casus et natura in nobis dominatur, visum est faciendum, quoquo modo res se haberet, vos certiores facere. A. d. X kal. jun.[1] quum ab Epidauro Piræeum navi advectus essem, ibi Marcellum, collegam nostrum, conveni, eumque diem ibi consumsi, ut cum eo essem. Postero die, quum ab eo digressus essem

---

(1) C'est-à-dire le 22 mai.

sions et, vous n'oserez le nier, vos prières sont bien celles d'un sujet à son roi. La seule grâce, dites-vous, qu'on lui demande et qu'on attend de lui, c'est qu'il veuille bien laisser vivre avec leurs droits des citoyens qu'entoure l'estime des honnêtes gens et du peuple romain. Ainsi, qu'il refuse, et nous ne sommes plus? Ah! plutôt ne plus être que d'être par lui! En vérité, je ne pense pas que les dieux soient tellement ennemis du salut de Rome qu'il faille implorer Octave pour aucun citoyen, bien moins encore pour les libérateurs du monde. Il me plaît d'employer ce grand mot; et certes j'en ai le droit, quand devant moi on ignore quels dangers sont à redouter et à qui doivent s'adresser les vœux. Tel est, ô Cicéron, vous l'avouez, le pouvoir d'Octave, et vous restez son ami; vous m'aimez, et vous voudriez me voir à Rome, lorsque, pour y être, il faudrait solliciter la permission de cet enfant! De quoi le remerciez-vous donc, si, pour qu'il veuille bien nous accorder l'existence ou nous la tolérer, vous pensez devoir recourir aux prières? Lui ferez-vous un mérite d'avoir voulu que ce fût à lui plutôt qu'à Antoine qu'on adressât de telles demandes? Et s'il avait détruit la tyrannie au lieu de prendre la place du tyran, aurait-on à le supplier pour obtenir la grâce des bienfaiteurs de la république?

CXLVI

(Tom. III, p. 392.)

Je sais combien vous sera pénible la nouvelle que j'ai à vous annoncer ; mais, puisque nous dépendons toujours des événements et de la fragilité de notre nature, il faut bien, quel que soit le fait, vous en informer. Le dixième jour avant les calendes de juin, j'arrivai au Pirée venant d'Épidaure, j'y vis Marcellus, mon ancien collègue, et j'y passai avec lui la journée tout entière. Le lendemain, je lui fis mes adieux avec l'intention de me rendre d'Athènes en Béotie et de compléter ma tournée judiciaire ; lui se pro-

eo consilio, ut ab Athenis in Bœotiam irem, reliquamque jurisdictionem absolverem : ille, uti aiebat, supra Maleas in Italiam versus navigaturus erat. Postridie ejus diei, quum ab Athenis proficisci in animo haberem, circiter hora decima noctis[1] P. Postumius, familiaris ejus, ad me venit, et mihi nuntiavit, M. Marcellum, collegam nostrum, post cœnæ tempus, a P. Magio Cilone, familiare ejus, pugione percussum esse, et duo vulnera accepisse, unum in stomacho, alterum in capite, secundum aurem ; sperare tamen, eum vivere posse ; Magium seipsum interfecisse ; postea se a Marcello ad me missum esse, qui hæc nuntiaret, et rogaret, uti cogerem medicos. Coegi, et e vestigio eo sum profectus prima luce. Quum non longe a Piræeo abessem, puer Acidini obviam mihi venit cum codicillis, in quibus erat scriptum, paullo ante lucem Marcellum diem suum obiisse. Ita vir clarissimus ab homine deterrimo acerbissima morte est affectus ; et cui inimici propter dignitatem pepercerant, inventus est amicus, qui mortem afferret. Ego tamen ad tabernaculum ejus perrexi : inveni duos libertos, et pauculos servos. Reliquos aiebant profugisse metu perterritos, quod dominus eorum ante tabernaculum interfectus esset. Coactus sum in eadem illa lectica, qua ipse delatus eram, meisque lecticariis in urbem eum referre ; ibique pro ea copia, quæ Athenis erat, funus ei satis amplum faciendum curavi. Ab Atheniensibus, locum sepulturæ intra urbem ut darent, impetrare non potui, quod religione se impediri dicerent : neque tamen id antea cuiquam concesserant. Quod proximum fuit, uti, in quo vellemus gymnasio, eum sepeliremus, nobis permiserunt. Nos in nobilissimo orbis terrarum gymnasio Academiæ locum delegimus, ibique eum combussimus ; posteaque curavimus, ut iidem Athenienses in eodem loco monumentum ei marmoreum faciendum locarent. Ita, quæ nostra officia fuerunt, pro collegio et propinquitate, et

---

(1) Quatre heures du matin.

posait, me disait-il, de faire voile pour l'Italie en doublant le promontoire de Malée. Le jour suivant, comme je me disposais à partir d'Athènes, vers la dixième heure de la nuit, je vis venir à moi P. Postumius, un des intimes de Marcellus. Il m'annonça que mon ancien collègue avait été poignardé, après le souper, par P. Magius Cilon, un autre de ses intimes; qu'il avait reçu deux blessures, l'une à l'estomac, l'autre à la tête, près de l'oreille; que tout espoir de le sauver n'était pas perdu; que Magius s'était donné la mort; et que Marcellus lui-même me faisait prévenir en me priant d'appeler des médecins. J'en appelai et en même temps qu'eux je partis à la pointe du jour. Je n'étais plus loin du Pirée quand vint à ma rencontre un esclave d'Acidinus, porteur d'un avis qui me disait que Marcellus était mort un peu avant la fin de la nuit. Ainsi vient de périr tragiquement sous les coups d'un scélérat un citoyen si illustre; et l'homme, dont la noblesse avait désarmé ses ennemis, a trouvé un ami pour lui donner la mort. Cependant je poursuivis jusqu'à sa tente, où je trouvai deux affranchis avec quelques esclaves seulement. Tous les autres, disait-on, s'étaient enfuis, saisis de terreur, après le meurtre de leur maître devant sa tente. J'en fus réduit à me servir de mes propres serviteurs et de la litière même où j'étais venu pour le faire transporter à Athènes, et là je pris soin de lui faire des funérailles aussi belles que me le permirent les ressources que j'y trouvai. Je ne pus obtenir des Athéniens l'autorisation de l'ensevelir dans l'intérieur de la ville; leur religion, me dirent-ils, le leur défendait, et jamais en effet ils n'avaient accordé pareille chose à personne. Mais, ce qui n'en était pas bien éloigné, ils me permirent d'accomplir cette cérémonie dans celle de leurs écoles que je préférerais. Je choisis celle de l'Académie, l'école la plus célèbre du monde; j'y fis brûler son corps; puis j'obtins que, dans ce même lieu, les Athéniens permissent l'élévation d'un monument de marbre que je commandai. Ainsi tous les devoirs que je devais lui rendre comme collègue et comme parent, après sa mort comme

vivo et mortuo omnia ei præstitimus. Vale. D. pr. kal.
jun¹. Athenis.

Serv. Sulpicius. — Cic., *Epist. ad famil.*, IV, 12.

CXLVII

Terreur des soldats de César lors de leur première rencontre avec les Germains.

Dum paucos dies ad Vesontionem rei frumentariæ commeatusque causa moratur, ex percontatione nostrorum vocibusque Gallorum ac mercatorum, qui ingenti magnitudine corporum Germanos, incredibili virtute atque exercitatione in armis esse prædicabant — sæpenumero sese cum his congressos ne vultum quidem atque aciem oculorum dicebant ferre potuisse, — tantus subito timor omnem exercitum occupavit, ut non mediocriter omnium mentes animosque perturbaret. Hic primum ortus est a tribunis militum, præfectis reliquisque qui, ex Urbe amicitiæ causa Cæsarem secuti, non magnum in re militari usum habebant : quorum alius, alia causa illata, quam sibi ad proficiscendum necessariam esse diceret, petebat ut ejus voluntate discedere liceret; nonnulli, pudore adducti, ut timoris suspicionem vitarent, remanebant. Hi neque vultum fingere, neque interdum lacrimas tenere poterant : abditi in tabernaculis aut suum fatum querebantur, aut cum familiaribus suis commune periculum miserabantur. Vulgo totis castris testamenta obsignabantur. Horum vocibus ac timore paulatim etiam ii qui magnum in castris usum habebant, milites centurionesque quique equitatui præerant, perturbabantur. Qui se ex his minus timidos existimari volebant, non se hostem vereri, sed angustias itineris, magnitudinem silvarum quæ intercederent inter ipsos atque Ariovistum, aut rem frumentariam, ut satis commode supportari posset, timere dicebant. Nonnulli etiam Cæsari nuntiarant, cum castra moveri ac signa ferri jussisset, non

---

(1) C'est-à-dire le dernier jour de mai.

pendant sa vie, je les lui ai rendus. Adieu. La veille des calendes de juin. D'Athènes.

CXLVII

(Tom. III, p. 431.)

César s'arrêta quelques jours à Vesontio pour s'approvisionner de blé et de vivres. Pendant ce temps, nos soldats cherchaient à se renseigner, écoutaient les propos des Gaulois et des marchands, qui leur parlaient de la taille gigantesque des Germains, de leur incroyable valeur, de leur habileté à manier les armes, de leur aspect terrible et du feu de leurs regards qu'en maints combats ils avaient eu peine à soutenir. Aussitôt une terreur telle s'empara de toute l'armée que les esprits et les cœurs en furent profondément troublés. La peur d'abord gagna les tribuns militaires, les préfets et ce grand nombre d'autres qui, par attachement pour César, avaient quitté Rome pour le suivre sans avoir une grande expérience de la guerre. Les uns, sous divers prétextes, alléguaient la nécessité de partir et lui en demandaient la permission; d'autres, retenus par la honte, ne restaient que pour n'être pas soupçonnés de lâcheté; mais ils ne pouvaient ni composer leur visage, ni parfois retenir leurs larmes : cachés dans leur tente, ou bien ils gémissaient sur leur destinée, ou bien ils déploraient avec leurs amis le danger commun. Partout dans le camp on faisait des testaments. Ces plaintes et cette peur peu à peu ébranlaient même ceux qui avaient depuis longtemps l'habitude de la guerre, les soldats, les centurions et les commandants de la cavalerie. Ceux qui voulaient passer pour les moins timorés, disaient que ce n'était pas l'ennemi qu'ils craignaient, mais la difficulté des chemins, l'immensité des forêts qui se trouvaient entre eux et Arioviste, et le manque de vivres qui résulterait de l'impossibilité des transports. Quelques-uns même prévenaient César

fore dicto audientes milites, neque propter timorem signa laturos.

Cæs., *De bell., gall.*, I, 39.

CXLVIII

Entrevue de César et d'Arioviste. Discours de César.

Planities erat magna et in ea tumulus[1] terrenus satis grandis. Hic locus æquo fere spatio a castris Ariovisti et Cæsaris aberat. Eo, ut erat dictum, ad colloquium venerunt. Legionem Cæsar, quam equis vexerat, passibus ducentis ab eo tumulo constituit; item equites Ariovisti pari intervallo constiterunt. Ariovistus ex equis ut colloquerentur et, præter se, denos ut ad colloquium adducerent postulavit. Ubi eo ventum est, Cæsar initio orationis sua senatusque in eum beneficia commemoravit, « quod rex appellatus esset a senatu, quod amicus, quod munera amplissime missa; quam rem et paucis contigisse et pro magnis hominum officiis consuesse tribui » docebat; « illum, cum neque aditum neque causam postulandi justam haberet, beneficio ac liberalitate sua ac senatus ea præmia consecutum. » Docebat etiam « quam veteres quamque justæ causæ necessitudinis ipsis cum Hæduis intercederent, quæ senatusconsulta, quotiens quamque honorifica in eos facta essent, ut omni tempore totius Galliæ principatum Hædui tenuissent, prius etiam quam nostram amicitiam appetissent. Populi Romani hanc esse consuetudinem, ut socios atque amicos, non modo sui nihil deperdere, sed gratia, dignitate, honore auctiores velit esse; quod vero ad amicitiam populi Romani attulissent, id iis eripi quis pati posset? » Postulavit deinde eadem quæ legatis in mandatis dederat: « ne aut Hæduis aut eorum sociis bellum inferret; obsides redderet; si nullam partem Germanorum domum remittere posset, at ne quos amplius Rhenum transire pateretur. »

Cæs., *De bell. gall.*, I, 43.

---

(1) Peut-être le tertre de Plettig à 16 kil. de Gemar et à 21 kil. de Dorlisheim. Cf. Stoffel, *Guerre de César et d'Arioviste...*, Paris, 1890.

que, lorsqu'il donnerait l'ordre de lever le camp et de porter les enseignes en avant, les soldats effrayés ne lui obéiraient pas et ne se mettraient pas en marche.

CXLVIII

(Tom. III, p. 431.)

Dans une vaste plaine, à une distance à peu près égale des deux camps d'Arioviste et de César, se trouvait un tertre assez élevé. Ce fut là que, selon leur convention, ils vinrent pour conférer. César posta à deux cents pas du tertre la légion qu'il avait amenée sur des chevaux. De leur côté, les cavaliers d'Arioviste se placèrent à la même distance. Arioviste demanda que l'entretien eût lieu à cheval et que l'un et l'autre se fissent accompagner de dix hommes. Lorsqu'ils furent en présence, César commença son discours en lui rappelant ses bienfaits et ceux du Sénat. « Le Sénat lui avait donné le titre de roi, celui d'ami et lui avait envoyé beaucoup de présents; c'étaient là des faveurs très rares et qu'on n'accordait ordinairement qu'à ceux qui avaient rendu de grands services; lui, sans y avoir droit, sans titre suffisant pour y prétendre, les avait obtenues de sa seule libéralité et de celle du Sénat. » Il lui rappelait aussi « combien était ancienne et justement motivée l'alliance des Éduens avec la république; combien de fois avaient été rendus en leur faveur des sénatus-consultes honorables; que de tout temps ils avaient tenu le premier rang dans la Gaule, même avant d'avoir recherché notre amitié; et que le peuple romain a pour habitude de vouloir que ses alliés et ses amis, loin de rien perdre de leur puissance, grandissent en crédit, en dignité, en considération. Qui souffrirait que ce qu'ils avaient apporté dans l'alliance romaine leur fût ravi? » Il lui renouvela ensuite les demandes dont il avait déjà chargé ses envoyés: « de ne faire la guerre ni aux Éduens ni à leurs alliés; de rendre les otages; et s'il ne pouvait renvoyer chez eux aucune partie de ses Germains, de ne pas permettre du moins à d'autres de passer le Rhin. »

CXLIX
Défaite de l'armée d'Arioviste.

Cæsar singulis legionibus singulos legatos et quæstorem præfecit, uti eos testes suæ quisque virtutis haberet; ipse a dextro cornu, quod eam partem minime firmam hostium esse animadverterat, prœlium commisit. Ita nostri acriter in hostes, signo dato, impetum fecerunt, itaque hostes repente celeriterque procurrerunt, ut spatium pila in hostes conjiciendi non daretur. Rejectis pilis, comminus gladiis pugnatum est. At Germani, celeriter ex consuetudine sua phalange facta, impetus gladiorum exceperunt. Reperti sunt complures nostri milites qui in phalangas insilirent, et scuta manibus revellerent et desuper vulnerarent. Cum hostium acies a sinistro cornu pulsa atque in fugam conversa esset, a dextro cornu vehementer multitudine suorum nostram aciem premebant. Id cum animadvertisset P. Crassus adulescens, qui equitatui præerat, quod expeditior erat quam ii qui inter aciem versabantur, tertiam aciem laborantibus nostris subsidio misit.

Ita prœlium restitutum est, atque omnes hostes terga verterunt neque prius fugere destiterunt quam ad flumen Rhenum millia passuum ex eo loco circiter quinquaginta pervenerunt[1]. Ibi perpauci aut viribus confisi tranare contenderunt, aut, lintribus inventis, sibi salutem reppererunt. In his fuit Ariovistus, qui, naviculam deligatam ad ripam nactus, ea profugit; reliquos omnes[2] equitatu consecuti nostri interfecerunt.

Cæs., *De bell. gall.*, I, 52-53.

CL
Le camp de César est envahi par les Nerviens et son armée plie sous leur choc quand il rétablit le combat en payant de sa personne.

Cæsar ab decimæ legionis cohortatione ad dextrum cornu profectus, ubi suos urgeri, signisque in unum locum

---

(1) Près de Hilsett, après avoir couru sur la rive gauche de l'Ill.
(2) Il y eut, au dire de Plutarque et d'Appien, 80.000 morts.

CXLIX

(Tom. III, p. 432.)

César mit à la tête de chaque légion un de ses lieutenants et son questeur pour que chaque soldat eût en eux des témoins de sa valeur. Il engagea l'action par la droite, du côté où l'armée adverse semblait présenter le moins de solidité. Les nôtres, au signal donné, se précipitèrent avec tant d'impétuosité et les ennemis coururent à leur rencontre avec tant d'élan et de rapidité qu'on n'eut pas le temps de lancer les javelots. On s'en débarrassa et l'on combattit de près à l'épée. Mais les Germains, ayant sur le champ formé la phalange, ordre de combat qui leur est ordinaire, soutinrent l'attaque. On vit alors plusieurs de nos soldats qui bondirent sur ces corps de troupes ainsi formés, écartèrent d'une main les boucliers et frappèrent de haut en bas. Tandis que l'aile gauche des ennemis était rompue et mise en fuite, leur droite, en grande masse, nous pressait vivement. Le jeune P. Crassus, qui commandait la cavalerie et se trouvait plus libre de ses mouvements que ceux qui étaient engagés dans la mêlée, s'en aperçut et envoya la troisième ligne soutenir nos troupes ébranlées.

Alors le combat fut rétabli; tous les ennemis tournèrent le dos et ils ne s'arrêtèrent dans leur fuite qu'au Rhin à cinquante milles environ du champ de bataille. Quelques-uns ou, se fiant à leur force, essayèrent de passer le fleuve à la nage, ou se sauvèrent dans les barques qu'ils avaient trouvées: de ce nombre fut Arioviste qui s'échappa au moyen d'une nacelle amarrée sur la rive. Tous les autres furent tués par notre cavalerie qui les poursuivait.

CL

(Tom. III, p. 433.)

César, après avoir harangué la dixième légion, se porta à l'aile droite. Il y trouva ses troupes vivement pressées,

collatis, duodecimæ legionis confertos milites sibi ipsos ad pugnam esse impedimento vidit, quartæ cohortis omnibus centurionibus occisis signiferoque interfecto, signo amisso, reliquarum cohortium omnibus fere centurionibus aut vulneratis aut occisis, in his primipilo, P. Sextio Baculo, fortissimo viro, multis gravibusque vulneribus confecto, ut jam se sustinere non posset, reliquos esse tardiores, et nonnullos ab novissimis, deserto prœlio, excedere ac tela vitare; hostes neque a fronte ex inferiore loco subeuntes intermittere, et ab utroque latere instare, et rem esse in angusto vidit, neque ullum esse subsidium, quod submitti posset, scuto ab novissimis uni militi detracto, quod ipse eo sine scuto venerat, in primam aciem processit, centurionibusque nominatim appellatis, reliquos cohortatus milites, signa inferre et manipulos laxare jussit, quo facilius gladiis uti possent. Cujus adventu spe illata militibus ac redintegrato animo, cum pro se quisque, in conspectu imperatoris[1], etiam in extremis suis rebus, operam navare cuperet, paulum hostium impetus tardatus est.

Cæs., *De bell. gall.*, II, 25.

CLI

Courage de deux centurions.

Erant in ea legione fortissimi viri, centuriones, qui primis ordinibus appropinquarent, T. Pulio et L. Vorenus. Hi perpetuas inter se controversias habebant, quinam anteferretur, omnibusque annis de locis summis simultatibus contendebant. Ex his Pulio, cum acerrime ad munitiones pugnaretur : « Quid dubitas, » inquit, « Vorene ? aut quem locum tuæ probandæ virtutis exspectas ? hic dies de nos-

---

(1). L'influence qu'exerçait la présence de César était si grande que ses meilleurs lieutenants, en son absence, exhortaient les soldats à agir comme s'il pouvait les voir; « *adesse eum et hæc coram cernere, existi-*

les enseignes rassemblées au même endroit, les soldats de la douzième légion entassés ou s'embarrassant les uns les autres pour combattre, tous les centurions de la quatrième cohorte tués et le porte-étendard mort, l'étendard perdu; presque tous les centurions des autres cohortes ou blessés ou tués, et parmi eux le primipile P. Sextius Baculus, guerrier d'un grand courage, atteint de nombreuses et graves blessures au point de ne pouvoir plus se soutenir. Le reste était découragé; des hommes des derniers rangs, renonçant à combattre, se retiraient et se mettaient à l'abri du trait. L'ennemi ne cessait d'arriver du bas de la colline contre notre centre et nous menaçait sur les deux flancs. La situation était critique, et César n'avait sous la main aucun secours possible. Il prit alors le bouclier d'un soldat des derniers rangs, car il était venu sans le sien, et il s'avança en tête de l'armée. Il fit appel aux centurions, nommant chacun d'eux par son nom, exhorta les soldats, puis donna l'ordre de porter les enseignes en avant et de desserrer les rangs pour qu'on pût se servir plus facilement de l'épée. Son arrivée rendit l'espoir aux troupes et releva leur courage : en présence du général, chacun, même à bout de forces, voulut faire son devoir, et l'on parvint à arrêter un peu l'impétuosité de l'ennemi.

CLI

(Tom. III, p. 437.)

Il y avait dans cette légion deux centurions, hommes d'un grand courage et qui approchaient déjà des premiers grades, T. Pulion et L. Vorénus. Il existait entre eux une rivalité continuelle et, chaque année, ils se disputaient avec ardeur les dignités. Comme on se battait avec acharnement près du rempart, Pulion s'écria : « Pourquoi donc hésites-tu, Vorénus? Et quelle occasion meilleure attends-tu pour montrer ta valeur? Voici, voici le jour qui va déci

mate », leur dira Labiénus avant un engagement décisif. (*De bell. gall.*, VI, 8.)

tris controversiis judicabit. » Hæc cum dixisset, procedit extra castrorum munitiones, quæque pars hostium confertissima est visa, irrumpit. Ne Vorenus quidem sese vallo continet, sed, omnium veritus existimationem, subsequitur. Tum mediocri spatio relicto, Pulio pilum in hostes immittit atque unum ex multitudine procurrentem trajicit; quo percusso et exanimato, hunc scutis protegunt, in hostem tela universi conjiciunt neque dant regrediendi facultatem. Transfigitur scutum Pulioni et verutum in balteo defigitur. Avertit hic casus vaginam et gladium educere conanti dextram moratur manum, impeditumque hostes circumsistunt. Succurrit inimicus illi Vorenus et laboranti subvenit. Ad hunc se confestim a Pulione omnis multitudo convertit; illum veruto arbitrantur occisum. Gladio comminus rem gerit Vorenus atque, uno interfecto, reliquos paulum propellit; dum cupidius instat, in locum dejectus inferiorem concidit. Huic rursus circumvento fert subsidium Pulio atque ambo incolumes, compluribus interfectis, summa cum laude sese intra munitiones recipiunt. Sic fortuna in contentione et certamine utrumque versavit, ut alter alteri inimicus auxilio salutique esset, neque dijudicari posset uter utri virtute anteferendus videretur.

Cæs., *De bell. gall.*, V, 44.

CLII

Les Druides. Leurs attributions et leurs privilèges. Facilité avec laquelle ils se recrutent. Leurs principes d'enseignement. Leurs dogmes.

Illi rebus divinis intersunt, sacrificia publica ac privata procurant, religiones interpretantur; ad eos magnus adulescentium numerus disciplinæ causa concurrit, magnoque hi sunt apud eos honore. Nam fere de omnibus controversiis publicis privatisque constituunt, et, si quod est admis-

der entre nous. » A ces mots, il sort des retranchements et se précipite du côté où les rangs des ennemis étaient le plus serrés. Vorénus ne peut alors se contenir, et, par crainte de démériter aux yeux de tous, il le suit. Arrivé près de l'ennemi, Pulion lance son javelot et perce un Gaulois qui, se détachant de la masse, s'avançait à sa rencontre ; celui-ci tombe inanimé ; les autres couvrent son corps de leurs boucliers, dirigent leurs traits tous ensemble contre Pulion et lui coupent la retraite. Son bouclier est traversé par une javeline qui s'enfonce dans le baudrier. Ce coup dérange le fourreau et arrête sa main droite qui cherche à tirer l'épée ; pendant qu'il est embarrassé, les ennemis l'enveloppent. Son rival Vorénus accourt et le défend dans ce danger. Tous se tournent aussitôt contre lui, laissant Pulion, qu'ils croient mortellement atteint par la javeline. L'épée à la main, Vorénus lutte contre eux, en tue un, et commence à faire reculer les autres ; mais dans l'ardeur qu'il met à les presser, il glisse sur une déclivité du terrain et tombe. Pulion à son tour vient à lui, le dégage, et tous deux, sans blessure aucune, après avoir tué plusieurs ennemis, rentrent dans les retranchements, couverts de gloire. Ainsi, dans cette lutte et dans ce combat, la fortune balança les chances de telle manière que chacun des deux rivaux secourut et sauva l'autre, et qu'on ne put décider lequel des deux méritait le prix du courage.

CLII

(Tom. III, p. 439.)

Ministres des choses divines, ils président aux sacrifices publics et particuliers et interprètent les doctrines religieuses. Le désir de s'instruire attire auprès d'eux un grand nombre de jeunes gens qui les ont en grand respect. Ils connaissent en effet presque de toutes les contestations

sum facinus, si cædes facta, si de hereditate, si de finibus controversia est, idem decernunt, præmia pœnasque constituunt; si qui aut privatus aut populus eorum decreto non stetit, sacrificiis interdicunt. Hæc pœna apud eos est gravissima. Quibus ita est interdictum, hi numero impiorum ac sceleratorum habentur, his omnes decedunt, aditum sermonemque defugiunt, ne quid ex contagione incommodi accipiant, neque his petentibus jus redditur neque honos ullus communicatur....

. Druides a bello abesse consuerunt, neque tributa una cum reliquis pendunt; militiæ vacationem omniumque rerum habent immunitatem. Tantis excitati præmiis, et sua sponte multi in disciplinam conveniunt et a parentibus propinquisque mittuntur. Magnum ibi numerum versuum ediscere dicuntur; itaque annos nonnulli vicenos in disciplina permanent. Neque fas esse existimant ea litteris mandare, cum in reliquis fere rebus, publicis privatisque rationibus, græcis litteris utantur. Id mihi duabus de causis instituisse videntur, quod neque in vulgum disciplinam efferri velint, neque eos qui discunt, litteris confisos minus memoriæ studere; quod fere plerisque accidit, ut præsidio litterarum diligentiam in perdiscendo ac memoriam remittant. Imprimis hoc volunt persuadere, non interire animas, sed ab aliis post mortem transire ad alios; atque hoc maxime ad virtutem excitari putant, metu mortis neglecto. Multa præterea de sideribus atque eorum motu, de mundi ac terrarum magnitudine, de rerum natura, de deorum immortalium vi ac potestate disputant et juventuti tradunt.

Cæs., *De bell. gall.* VI, 13-14

publiques ou privées; si quelque crime, quelque meurtre a été commis, s'il s'élève quelque débat pour un héritage ou pour des limites, ce sont eux qui décident; ils dispensent les peines et les récompenses; si un particulier ou un magistrat ne défère point à leur décision, ils lui interdisent les sacrifices : c'est chez eux la peine la plus grave. Ceux qui en sont frappés sont mis au rang des impies et des scélérats; tout le monde les fuit; on évite de les aborder et de leur parler dans la crainte d'éprouver à leur contact quelque malheur; tout accès en justice leur est refusé et ils ne peuvent prétendre à aucun honneur....

Les druides, d'après un usage établi, ne vont pas à la guerre et ne paient pas les impôts auxquels sont soumis les autres citoyens : ils sont exempts du service militaire et affranchis de toute espèce de charges. Séduits par de si grands privilèges, beaucoup de disciples viennent à eux, les uns spontanément, les autres envoyés par leurs parents et leurs proches. Là, dit-on, ils apprennent un grand nombre de vers, si bien qu'il y en a qui passent vingt années à l'étude. Les druides ne permettent pas de confier ces vers à l'écriture, tandis que, dans presque toutes leurs affaires publiques et leurs rapports particuliers, ils se servent de l'alphabet grec. Ils ont établi cet usage, selon moi, pour deux motifs : d'abord, pour ne point livrer leur science au vulgaire, et puis pour empêcher leurs disciples de négliger leur mémoire en se reposant sur l'écriture; car il arrive presque toujours que le secours des livres fait tort à l'activité de l'étude et à la culture de la mémoire. Ce qu'ils cherchent surtout à établir, c'est que les âmes ne périssent pas, mais qu'elles passent après la mort d'un corps dans un autre; ils voient dans cette croyance un stimulant pour le courage, puisqu'elle fait mépriser la mort. Leur doctrine embrasse en outre les astres et leur mouvement, l'étendue de l'univers et de la terre, la nature des choses, la force et le pouvoir des dieux immortels, toutes matières qu'ils enseignent à la jeunesse.

CLIII

Mœurs des Germains.

Agriculturæ non student, majorque pars eorum victus in lacte, caseo, carne consistit. Neque quisquam agri modum certum aut fines habet proprios, sed magistratus ac principes in annos singulos gentibus cognationibusque hominum, qui tum una coierunt, quantum et quo loco visum est agri attribuunt, atque anno post alio transire cogunt. Ejus rei multas afferunt causas : ne, assidua consuetudine capti, studium belli gerendi agricultura commutent; ne latos fines parare studeant potentioresque humiliores possessionibus expellant; ne accuratius ad frigora atque æstus vitandos ædificent; ne qua oriatur pecuniæ cupiditas, qua ex re factiones dissensionesque nascuntur; ut animi æquitate plebem contineant, cum suas quisque opes cum potentissimis æquari videat.

Civitatibus maxima laus est quam latissime circum se vastatis finibus solitudines habere. Hoc proprium virtutis existimant, expulsos agris finitimos cedere, neque quemquam prope audere consistere; simul hoc se fore tutiores arbitrantur, repentinæ incursionis timore sublato. Cum bellum civitas aut illatum defendit aut infert, magistratus, qui ei bello præsint, ut vitæ necisque habeant potestatem, deliguntur. In pace nullus est communis magistratus, sed principes regionum atque pagorum inter suos jus dicunt controversiasque minuunt. Latrocinia nullam habent infamiam quæ extra fines cujusque civitatis fiunt, atque ea juventutis exercendæ ac desidiæ minuendæ causa fieri prædicant. Atque, ubi quis ex principibus in concilio dixit « se ducem fore, qui sequi velint profiteantur, » consurgunt ii qui et causam et hominem probant, suumque auxilium pollicentur atque ab multitudine collaudantur; qui ex his secuti non sunt, in desertorum ac proditorum numero ducuntur, omniumque his rerum postea fides derogatur. Hospitem violare fas non putant; qui quaque de causa ad

CLIII

(Tom. III, p. 439.)

Ils ne s'adonnent pas à l'agriculture et leur nourriture consiste surtout en lait, en fromage et en viande. Nul n'a de champs limités ni de terrain qui soit sa propriété; mais les magistrats et les chefs, chaque année, assignent aux tribus et aux familles qui vivent en commun des terres en tels lieux et en telle quantité qu'ils le jugent convenable, et, l'année suivante, ils les forcent de se porter ailleurs. Ils allèguent plusieurs raisons de cet usage : on craint qu'un séjour continuel dans les mêmes lieux, en y attachant les hommes, ne leur fasse perdre le goût de la guerre pour prendre celui de l'agriculture, que chacun ne cherche à étendre ses possessions et que les plus forts ne dépouillent les faibles; et puis on empêche ainsi les constructions élevées à grands frais contre le froid et la chaleur, le développement de l'amour de l'argent, d'où naissent les factions et les désordres; on contient aussi le peuple par le sentiment de l'équité en lui montrant qu'il n'est pas moins riche que les plus puissants.

Pour chaque État la plus grande gloire est d'avoir autour de lui de vastes solitudes et des pays ravagés. La marque de la valeur à leurs yeux, c'est, après avoir chassé les habitants des contrées voisines, d'inspirer assez de crainte pour empêcher n'importe qui de s'établir auprès d'eux; ils s'en trouvent d'ailleurs plus en sûreté, n'ayant plus à redouter une invasion subite. Lorsqu'un État fait une guerre offensive ou défensive, on choisit des magistrats à qui l'on donne la direction des opérations avec le droit de vie et de mort. En temps de paix, il n'y a pas de magistrature générale; mais les principaux habitants des cantons et des bourgs rendent la justice et règlent les différends. Les vols ne sont entachés d'aucune infamie du moment qu'ils s'opèrent en dehors des limites de l'État; on y voit un excellent moyen d'exercer la jeunesse et de la préserver de l'oisiveté. Lors-

eos venerunt, ab injuria prohibent, sanctos habent, hisque omnium domus patent victusque communicatur[1].

Cæs., *De bell. gall.*, VI, 22, 23.

CLIV
Commencement du combat décisif sous les murs d'Alésia.

Erat a septentrionibus collis[2], quem propter magnitudinem circuitus opere circumplecti non potuerant nostri : necessario pæne iniquo loco et leniter declivi castra fecerunt. Hæc C. Antistius Reginus et C. Caninius Rebilus, legati, cum duabus legionibus obtinebant. Cognitis per exploratores regionibus, duces hostium LX millia ex omni numero deligunt earum civitatum quæ maximam virtutis opinionem habebant; quid quoque pacto agi placeat occulte inter se constituunt; adeundi tempus definiunt, cum meridies esse videatur. His copiis Vercassivellaunum Arvernum, unum ex quattuor ducibus, propinquum Vercingetorigis, præficiunt. Ille, ex castris prima vigilia egressus, prope confecto sub lucem itinere, post montem se occultavit militesque ex nocturno labore sese reficere jussit. Cum jam meridies appropinquare videretur, ad ea castra quæ supra demonstravimus contendit; eodemque tempore equitatus ad campestres munitiones accedere et reliquæ copiæ pro castris sese ostendere cœperunt.

(1) Comparer ce morceau avec Tacite (*Germ.*, 15, 16, 21, 26).
(2) Le mont Réa, au nord-ouest de la ville. César n'ayant pu s'y fortifier que sur le versant méridional, les Gaulois pouvaient en occuper le sommet, ce qui était un désavantage pour lui.

que, dans une assemblée, un des citoyens les plus marquants annonce qu'il se met à la tête d'une expédition et demande qui veut le suivre, ceux qui sont pour lui et pour son projet se lèvent, lui promettent leur concours et sont applaudis par la multitude; mais si de ceux-là il en est ensuite qui l'abandonnent, on les considère comme des déserteurs et des traîtres, et jamais plus on ne leur accorde aucune confiance. Violer l'hospitalité est chez eux une chose défendue : quiconque, pour quelque cause que ce soit, leur demande abri, n'a rien à craindre, est sacré pour eux; toutes les maisons lui sont ouvertes et l'on partage les vivres avec lui.

CLIV

(Tom. III, p. 443.)

Il y avait au nord une colline que nous n'avions pu comprendre dans l'enceinte de nos retranchements à cause de son grand développement : nous avions été obligés d'établir le camp dans une situation désavantageuse sur un terrain en pente. Les lieutenants C. Antistius Réginus et C. Caninius Rebilus avaient la garde de ce camp avec deux légions. Mis au courant de notre situation par leurs éclaireurs, les chefs ennemis choisissent soixante mille hommes parmi les contingents des cités qui avaient la plus grande réputation de courage; ils règlent secrètement entre eux le plan et les moyens d'attaque, ils en fixent l'heure à midi. A la tête de ces troupes est mis un des quatre chefs, l'Arverne Vercassivellaunus, parent de Vercingétorix. Après être sorti de son camp à la première veille, ce chef arrive un peu avant le jour, se cache derrière la montagne et fait reposer ses soldats des fatigues de la nuit. Vers midi, il marche sur le camp dont j'ai parlé plus haut; au même moment la cavalerie se dirige vers les retranchements de la plaine, et le reste de l'armée gauloise se déploie en avant du camp.

Vercingétorix, qui, du haut de la citadelle d'Alésia, voit le mouvement des Gaulois, sort de la place, emportant les

Vircingetorix, ex arce Alesiæ suos conspicatus, ex oppido egreditur; crates, longurios, musculos, falces reliquaque, quæ eruptionis causa paraverat, profert. Pugnatur uno tempore omnibus locis, atque omnia tentantur; quæ minime visa pars firma est, huc concurritur. Romanorum manus tantis munitionibus distinetur nec facile pluribus locis occurrit. Multum ad terrendos nostros valet clamor qui post tergum pugnantibus exstitit, quod suum periculum in aliena vident salute constare[1]; omnia enim plerumque quæ absunt vehementius hominum mentes perturbant.

Cæsar, idoneum locum nactus, quid quaque ex parte geratur cognoscit; laborantibus submittit. Utrisque ad animum occurrit unum esse illud tempus quo maxime contendi conveniat: Galli, nisi perfregerint munitiones, de omni salute desperant; Romani, si rem obtinuerint, finem laborum omnium exspectant.

Cæs., *De bell. gall.*, VII, 83-85.

CLV

César, après avoir récompensé ses soldats, revient à Bibracte. Il en repart contre les Carnutes, qui se dispersent à son approche.

Cæsar militibus pro tanto labore ac patientia, qui brumalibus diebus[2], itineribus difficillimis, frigoribus intolerandis, studiosissime permanserant in labore, ducenos sestertios, centurionibus tot millia nummum, prædæ nomine, condonanda pollicetur; legionibusque in hiberna remissis, ipse se recipit die XL Bibracte. Ibi cum jus diceret, Bituriges ad eum legatos mittunt auxilium petitum contra Carnutes, quos intulisse bellum sibi querebantur. Qua re cognita, cum dies non amplius X et VIII in hibernis esset moratus, legiones XIV et sextam[1] ex hibernis ab Arare

---

(1) Les Romains, obligés de faire face de deux côtés opposés, combattaient sur des lignes placées dos à dos, et chacune de ces lignes, en entendant derrière elle le cri des ennemis, sentait que, si l'autre fléchissait, elle-même serait prise à revers et enveloppée.

fascines, les longues perches, les mantelets, les faux et tout ce qu'il avait préparé pour l'attaque. Le combat s'engage de tous les côtés à la fois ; l'attaque est générale, et s'il est dans nos travaux des points faibles, l'ennemi s'y porte en masse. L'armée des Romains, que paralyse l'étendue de ses retranchements, ne peut facilement faire face des divers côtés. Ce qui surtout effraye les nôtres, c'est la clameur qui s'élève derrière eux pendant qu'ils se battent, parce qu'ils sentent que leur sort dépend du salut d'autrui : souvent, en effet, c'est la pensée des choses que nous ne voyons pas qui nous trouble le plus.

César, placé de manière à pouvoir observer tout ce qui se passe, envoie du secours à ceux qui en ont besoin. De part et d'autre, chacun comprend qu'on en est au moment des efforts suprêmes : les Gaulois, s'ils ne forcent pas nos retranchements, n'ont plus rien à espérer ; les Romains, s'ils l'emportent, voient finir tous leurs travaux.

CLV

(Tom. III, p. 443.)

Pour récompenser de tant de fatigues et de fermeté des soldats dont le zèle n'avait été ralenti, en ces jours d'hiver, ni par l'extrême difficulté des chemins ni par l'excès du froid, César promet, à titre de butin, deux cents sesterces à chaque homme et deux mille aux centurions. Puis, ayant renvoyé les légions dans leurs quartiers d'hiver, il revient lui-même à Bibracte après une absence de quarante jours. Là, pendant qu'il rendait la justice, les Bituriges lui envoient des députés pour se plaindre des attaques des Carnutes et pour implorer son secours. Sur cet avis, bien que revenu à Bibracte depuis dix-huit jours seulement, il tire la quatorzième et la sixième légion de leurs quartiers d'hi-

(2) On était alors au mois de janvier.

educit, quas ibi collocatas, explicandæ rei frumentariæ causa, superiore commentario demonstratum est. Ita cum duabus legionibus ad persequendos Carnutes proficiscitur.

Cum fama exercitus ad hostes esset perlata, calamitate ceterorum ducti Carnutes, desertis vicis oppidisque, quæ, tolerandæ hiemis causa, constitutis repente exiguis ad necessitatem ædificiis, incolebant — nuper enim devicti complura oppida dimiserant — dispersi profugiunt. Cæsar erumpentes eo maxime tempore acerrimas tempestates cum subire milites nollet, in oppido Carnutum Cenabo castra ponit, atque in tecta partim Gallorum, partim quæ, conjectis celeriter stramentis, tentoriorum integendorum gratia erant inædificata, milites compegit. Equites tamen et auxiliarios pedites in omnes partes mittit, quascumque petisse dicebantur hostes; nec frustra : nam plerumque magna præda potiti nostri revertuntur. Oppressi Carnutes hiemis difficultate, terrore periculi, cum tectis expulsi nullo loco diutius consistere auderent, nec silvarum præsidio tempestatibus durissimis tegi possent, dispersi, magna parte amissa suorum, dissipantur in finitimas civitates.

Hirt., *De bell. gall*, VIII, 4-5.

CLVI

Un orage ayant causé une crue de la Sègre et de la Cinga, le camp de César est privé de vivres.

Tanta tempestas cooritur, ut nunquam illis locis majores aquas fuisse constaret. Tum autem ex omnibus montibus nives proluit, ac summas ripas fluminis superavit, pontesque ambos, quos C. Fabius fecerat, uno die interrupit. Quæ res magnas difficultates exercitui Cæsaris attulit. Castra enim, ut supra demonstratum est, quum essent inter flumina duo, Sicorim et Cingam, spatio

---

(1) La première de ces légions était commandée par Quintus Cicéron et l'autre par Sulpicius.

ver, près de la Saône, où elles étaient placées, comme il a été dit au livre précédent, pour assurer le service des vivres. Avec ces deux légions, il part contre les Carnutes.

A la nouvelle de cette expédition, les Carnutes, craignant le sort des autres peuples, abandonnent les bourgs et les villes où la nécessité leur avait fait dresser à la hâte de légers abris contre les rigueurs de l'hiver (ils avaient naguère délaissé la plupart des villes après leur défaite); ils se dispersent et fuient. César, ne voulant pas exposer ses troupes aux rigueurs de la plus mauvaise saison, établit son camp à Cénabum, ville des Carnutes, et loge ses soldats en partie dans les maisons des Gaulois, en partie dans les huttes qu'il fait dresser au moyen de paille mise sur les tentes. Cependant, il envoie les cavaliers et les fantassins auxiliaires partout où l'on dit que l'ennemi s'est retiré; et cela non sans effet, car en général nos hommes reviennent chargés de butin. Accablés par la rigueur de l'hiver, frappés d'effroi, sans demeure et n'osant s'arrêter nulle part, ne pouvant non plus trouver d'abri contre les tempêtes les plus affreuses, les Carnutes, après leur dispersion et des pertes considérables, disparaissent en se répandant chez les peuples voisins.

CLVI

(Tom. III, p. 445.)

Il se produisit un si violent orage qu'on ne se rappelait pas avoir vu tant d'eau dans le pays. De tous côtés les neiges coulèrent des montagnes, la rivière passa par-dessus ses bords, et les deux ponts qu'avait construits C. Fabius, furent emportés le même jour. Il en résulta pour l'armée de César une situation des plus critiques. Car son camp, ainsi qu'il a été dit ci-dessus, était établi sur une plaine de trente milles entre la Sègre et la Cinga, qui n'étaient point guéables et qui tenaient ainsi toute l'armée étroitement enserrée. Les peuples alliés de César ne pouvaient

millium XXX, neutrum horum transiri poterat; necessarioque omnes his angustiis continebantur. Neque civitates, quæ ad Cæsaris amicitiam accesserant, frumentum supportare; neque ii, qui pabulatum longius progressi erant, interclusi fluminibus, reverti; neque maximi comitatus, qui ex Italia Galliaque veniebant, in castra pervenire poterant. Tempus erat anni difficillimum, quo neque frumenta in hibernis erant, neque multum a maturitate aberant; ac civitates exinanitæ, quod Afranius pæne omne frumentum ante Cæsaris adventum Ilerdam convexerat; reliqui si quid fuerat, Cæsar superioribus diebus consumpserat: pecora, quod secundum poterat esse inopiæ subsidium, propter bellum, finitimæ civitates longius removerant. Qui erant pabulandi aut frumentandi causa progressi, hos levis armaturæ Lusitani, peritique earum regionum cetrati citerioris Hispaniæ, consectabantur, quibus erat proclive transnare flumen, quod consuetudo eorum omnium est, ut sine utribus ad exercitum non eant.

Cæs., *De bell. civ*, I, 48.

CLVII

Engagement entre la flotte pompéienne de Marseille, commandée par L. Domitius, et la flotte césarienne de Brutus.

Massilienses, usi L. Domitii consilio, naves longas expediunt, numero XVII, quarum erant XI tectæ. Multa huc minora navigia addunt, ut ipsa multitudine nostra classis terreatur : magnum numerum sagittariorum, magnum Albicorum, de quibus supra demonstratum est [1], imponunt, atque hos præmiis pollicitationibusque incitant, Certas sibi deposcit naves Domitius, atque has colonis pastoribusque, quos secum adduxerat, complet. Sic, omnibus rebus instructa classe, magna fiducia ad nostras naves procedunt, quibus præerat D. Brutus. Hæ ad insulam, quæ est contra Massiliam, stationes obtinebant.

---

(1) César a parlé précédemment (ch. 34) des Albices comme d'un peuple sauvage, qui habitait les montagnes au-dessus de Marseille et qui de tout temps avait été dévoué aux Marseillais.

lui apporter des vivres; les fourrageurs partis au loin étaient arrêtés par les eaux pour revenir; et les grands convois, venant de l'Italie et de la Gaule, n'avaient aucun moyen d'arriver. C'était le moment de l'année le plus difficile, les magasins d'hiver, à l'approche de la moisson, n'ayant plus de rovisions. Le pays se trouvait épuisé, parce que, avant l'arrivée de César, Afranius avait fait transporter à Ilerda presque tout le blé, et que César venait, les jours précédents, de consommer ce qui restait. Les bestiaux, dont on eût tiré grand secours dans cette disette, avaient été, à cause de la guerre, emmenés plus loin par les voisins. Enfin ceux des nôtres qui s'écartaient à la recherche des fourrages et des vivres étaient harcelés par l'infanterie légère de la Lusitanie et de l'Espagne citérieure, dont les hommes pouvaient aisément traverser la rivière, parce que leur coutume à tous est de ne jamais se mettre en marche sans être munis d'outres à cet effet.

CLVII

(Tom. III, p. 445.)

Les Marseillais, sur le conseil de L. Domitius, équipent dix-sept vaisseaux longs dont onze étaient pontés. Ils y ajoutent beaucoup de bâtiments légers pour effrayer notre flotte par la quantité et ils y font monter un grand nombre d'archers et de ces Albices dont il a été précédemment question, n'épargnant, pour les exciter, ni argent ni promesses. Domitius se réserve quelques navires, qu'il remplit de cultivateurs et de pâtres amenés par lui. Puis, tous leurs préparatifs terminés, ils s'avancent avec assurance contre nos vaisseaux qui, sous le commandement de D. Brutus, stationnaient le long d'une île située vis-à-vis Marseille.

La flotte de Brutus était bien inférieure en nombre; mais César lui avait donné l'élite de toutes ses légions, des soldats des premiers rangs et des centurions qui avaient eux-

Erat multo inferior numero navium Brutus; sed delectos ex omnibus legionibus fortissimos viros, antesignanos, centuriones, Cæsar ei classi attribuerat, qui sibi id muneris depoposcerant. Ii manus ferreas atque harpagones paraverant, magnoque numero pilorum, tragularum, reliquorumque telorum, se instruxerant. Ita, cognito hostium adventu, suas naves ex portu educunt, cum Massiliensibus confligunt. Pugnatum utrinque est fortissime atque acerrime; neque multum Albici nostris virtute cedebant, homines asperi et montani, exercitati in armis : atque ii, modo digressi a Massiliensibus, recentem eorum pollicitationem animis continebant; pastoresque indomiti, spe libertatis excitati, sub oculis domini suam probare operam studebant.

Ipsi Massilienses, et celeritate navium, et scientia gubernatorum confisi, nostros eludebant, impetusque eorum excipiebant : et, quoad licebat latiore spatio, producta longius acie, circumvenire nostros, aut pluribus navibus adoriri singulas, aut remos transcurrentes detergere, si possent, contendebant: quum propius erat necessario ventum, ab scientia gubernatorum atque artificiis ad virtutem montanorum confugiebant. Nostri, quod minus exercitatis remigibus minusque peritis gubernatoribus utebantur (qui repente ex onerariis navibus erant producti, neque dum etiam vocabulis armamentorum cognitis), tum etiam gravitate et tarditate navium impediebantur : factæ enim subito ex humida materia, non eumdem usum celeritatis habebant. Itaque, dum locus cominus pugnandi daretur, æquo animo singulas binis navibus objiciebant, atque injecta manu ferrea, et retenta utraque nave, diversi pugnabant, atque in hostium naves transcendebant; et, magno numero Albicorum et pastorum interfecto, partem navium deprimunt; nonnullas cum hominibus capiunt; reliquas in portum compellunt. Eo die naves Massiliensium cum iis, quæ sunt captæ, intereunt IX.

Cæs., *De bell. civ.*, 1, 56-58.

mêmes sollicité ce service. Ils s'étaient pourvus de mains de fer et de harpons, s'étaient munis d'une quantité considérable de javelots, de dards et de toutes sortes de traits. A l'approche de l'ennemi, ils sortent donc du port et engagent l'action avec les Marseillais. De part et d'autre on combattit avec valeur et acharnement : les Albices, montagnards robustes et aguerris, ne le cédaient guère aux nôtres en courage; à peine sortis de Marseille, ils avaient l'esprit plein des promesses qui venaient de leur être faites, et quant aux pâtres farouches, qu'animait l'esprit de la liberté, ils ne demandaient qu'à se signaler sous les yeux de leur maître.

Les Marseillais, forts de la vitesse de leurs navires et de la science de leurs pilotes, évitaient ou soutenaient aisément le choc des nôtres : étendant leur ligne de combat autant que l'espace le permettait, ils cherchaient à nous envelopper, ou bien tâchaient d'attaquer avec plusieurs des leurs un seul de nos vaisseaux ou bien s'efforçaient de briser nos rames en passant; et quand il leur fallait aborder, c'était la vigueur de leurs montagnards qui remplaçait la science et l'habileté de leurs pilotes. Les nôtres avaient des rameurs moins exercés et des pilotes moins habiles, qui avaient été tirés tout à coup des vaisseaux de transport et qui ignoraient même les termes de la manœuvre; ils étaient en outre gênés dans leurs mouvements par la lourdeur et la lenteur de leurs navires qui, construits en hâte avec du bois vert, ne pouvaient fournir les mêmes avantages de célérité. Mais aussi, dès que se présentait l'occasion de lutter de près, ils ne craignaient pas d'avoir affaire à deux bâtiments à la fois, et lançant les mains de fer, ils les retenaient tous les deux, combattaient de l'un et de l'autre côté et se précipitaient sur les vaisseaux ennemis. Après un grand massacre d'Albices et de pâtres, ils coulèrent une partie de ces vaisseaux, en prirent quelques-uns avec leur équipage et repoussèrent les autres dans le port. Dans cette journée, les Marseillais en perdirent neuf y compris ceux qui furent pris.

CLVIII
Afranius est obligé de se rendre sans combat.

Acies erat Afraniana duplex legionum quinque; tertium in subsidiis locum alariæ cohortes obtinebant; Cæsaris triplex; sed primam aciem quaternæ cohortes ex V legionibus tenebant: has subsidiariæ ternæ, et rursus aliæ totidem suæ cujusque legionis subsequebantur[1]; sagittarii funditoresque media continebantur acie; equitatus latera cingebat. Tali instructa acie, tenere uterque propositum videbatur; Cæsar nisi coactus prœlium non committere; ille, ut opera Cæsaris impediret. Producitur tamen res, aciesque ad solis occasum continentur: inde utrique in castra discedunt. Postero die, munitiones institutas Cæsar parat perficere, illi vadum fluminis Sicoris tentare, si transire possent. Qua re animadversa, Cæsar Germanos levis armaturæ equitumque partem flumen transjicit, crebrasque in ripis custodias disponit.

Tandem, omnibus rebus obsessi, quartum jam diem sine pabulo retentis jumentis, aquæ, lignorum, frumenti inopia, colloquium petunt, et id, si fieri possit, semoto a militibus loco. Ubi id a Cæsare negatum, et, palam si colloqui vellent, concessum est, datur obsidis loco Cæsari filius Afranii. Venitur in eum locum, quem Cæsar delegit.

Cæs., *De bell. civ.*, I, 83-84.

CLIX
Discours de César à ses soldats après l'échec de Dyrrachium.

Cæsar, ab superioribus consiliis depulsus, omnem sibi commutandam belli rationem existimavit. Itaque, uno tempore præsidiis omnibus deductis, et oppugnatione dimissa, coactoque in unum locum exercitu, concionem apud milites habuit, hortatusque est, « ne ea, quæ acci-

---

(1) En tout cinquante cohortes.

CLVIII

(Tom. III, p. 446.)

L'armée d'Afranius était sur deux lignes composées de cinq légions, et les cohortes auxiliaires en réserve formaient un troisième rang. Celle de César était sur trois lignes : quatre cohortes de chacune des cinq légions pour la première ; trois de chaque en soutien pour la seconde ; et autant encore pour la troisième ; les archers, les frondeurs se trouvaient au milieu ; la cavalerie, sur les ailes. Dans cet ordre de bataille, chacun semblait s'en tenir à son plan, César voulant ne combattre que s'il y était forcé et Afranius cherchant à empêcher les travaux de César. Les deux armées restèrent dans le même état jusqu'au coucher du soleil, après quoi chacun se retira dans son camp. Le lendemain, César entreprend d'achever ses travaux ; les autres cherchent le moyen de traverser la Sègre ; il s'en aperçoit, fait passer la rivière à l'infanterie légère des Germains ainsi qu'à une partie de la cavalerie, et échelonne sur le bord des postes en grand nombre.

Enfin, assiégés de tous côtés, depuis quatre jours sans fourrage pour les bêtes, privés d'eau, de bois, de vivres, les chefs ennemis demandent une entrevue, et, s'il se peut, dans un lieu éloigné des troupes. César refuse cette proposition et accorde l'entrevue s'ils veulent qu'elle soit publique ; on lui donne alors pour otage le fils d'Afranius et l'on se rend au lieu que lui-même a fixé.

CLIX

(Tom. III, p. 448.)

César, forcé de renoncer à ses premières dispositions, jugea qu'il fallait changer tout son plan de campagne. Ayant donc retiré toutes les garnisons à la fois et renoncé à l'attaque, il réunit l'armée sur un seul point et adressa aux soldats un discours. Il les exhorta « à ne pas se laisser abattre ou effayer par ce qui venait d'arriver : après leurs nombreux succès un seul revers, si léger, n'était rien. Ils

dissent, graviter ferrent, neve his rebus terrerentur, multisque secundis prœliis unum adversum, et id mediocre, opponerent; habendam fortunæ gratiam, quod Italiam sine aliquo vulnere cepissent; quod duas Hispanias, bellicosissimorum hominum peritissimis atque exercitatissimis ducibus, pacavissent; quod finitimas frumentariasque provincias in potestatem redegissent; denique recordari debere, qua felicitate inter medias hostium classes, oppletis non solum portibus, sed etiam litoribus, omnes incolumes essent transportati : si non omnia caderent secunda, fortunam esse industria sublevandam : quod esset acceptum detrimenti, ejus juri potius, quam suæ culpæ, debere tribui : locum se æquum ad dimicandum dedisse, potitum esse hostium castris, expulisse ac superasse pugnantes : sed sive ipsorum perturbatio, sive error aliquis, sive etiam fortuna partam jam præsentemque victoriam interpellavisset, dandam omnibus operam, ut acceptum incommodum virtute sarciretur: quod si esset factum, detrimentum in bonum verteret, uti ad Gergoviam[1] accidisset; atque ii, qui ante dimicare timuissent, ultro se prœlio offerrent. »

Hac habita concione, nonnullos signiferos ignominia notavit, ac loco movit. Exercitui quidem omni tantus incessit ex incommodo dolor, tantumque studium infamiæ sarciendæ, ut nemo aut tribuni aut centurionis imperium desideraret, et sibi quisque etiam pœnæ loco graviores imponeret labores, simulque omnes arderent cupiditate pugnandi, quum superioris etiam ordinis nonnulli oratione permoti, manendum eo loco, et rem prœlio committendam existimarent.

Cæs., *De bell. civ.*, III, 73-74.

CLX

Présomption des Pompéiens avant la bataille de Pharsale.

Auctis copiis Pompeii, duobusque magnis exercitibus conjunctis, pristina omnium confirmatur opinio, et spes

---

(1) Pour le récit de l'affaire de Gergovie voir *De bell. gall.* VII, 51-52.

devaient rendre grâce à la fortune d'avoir sans peine occupé l'Italie, pacifié les deux Espagnes en dépit des peuples les plus belliqueux et des chefs les plus habiles et les plus expérimentés, réduit en leur pouvoir les provinces voisines si riches en blé. Ils devaient aussi se rappeler avec quel bonheur ils avaient passé sans aucune perte à travers les flottes ennemies bien qu'elles occupassent complètement et les ports et les côtes. Si les choses ne tournaient pas toujours bien, il fallait par des efforts suppléer à la fortune. C'était à la fortune, ayant fait à son gré pencher la balance, qu'ils devaient imputer leur insuccès et non pas à une faute commise par lui ; la position avait été bien choisie ; ils avaient enlevé le camp, chassé et défait les ennemis. Mais que ce fût leur propre trouble, ou une erreur quelconque, ou le hasard qui leur eût fait perdre une victoire qui déjà semblait bien acquise, le devoir pour tous était de s'appliquer à réparer par leur courage le dommage subi. Par là le mal tournerait à bien, comme autrefois à Gergovie, et ceux qui d'abord avaient craint d'en venir aux mains s'offriraient d'eux-mêmes au combat. »

Ce discours fini, il nota d'infamie plusieurs porte-étendard et les dégrada. L'armée entière éprouva une telle douleur de cet échec et un tel désir d'en effacer la honte, que, sans attendre l'ordre du tribun ou du centurion, chacun, comme pour se punir, s'imposait les plus rudes travaux ; et tous ensemble brûlaient de combattre au point que plusieurs des officiers supérieurs, qu'avait touchés la harangue de César, étaient d'avis de rester où l'on était et de livrer bataille.

CLX

(Tom. III, p. 449.)

Après la venue de ce renfort et la jonction des deux grandes armées, la confiance et la présomption de tous s'accrut au point que chaque heure qui s'écoulait leur semblait être un retard à leur retour en Italie. S'il arrivait

victoriæ augetur adeo, ut, quidquid intercederet temporis, id morari reditum in Italiam videretur; et, si quando quid Pompeius tardius aut consideratius faceret, « unius esse negotium diei, sed illum delectari imperio, et consulares prætoriosque servorum habere numero, » dicerent. Jamque inter se palam de præmiis ac sacerdotiis contendebant, in annosque consulatum definiebant; alii domos bonaque eorum, qui in castris erant Cæsaris, petebant: magnaque inter eos in consilio fuit controversia, oporteretne L. Hirri, quod is a Pompeio ad Parthos missus esset, proximis comitiis prætoriis absentis rationem haberi; quum ejus necessarii fidem implorarent Pompeii, præstaret, quod proficiscenti recepisset, ne per ejus auctoritatem deceptus videretur; reliqui, in labore pari ac periculo, ne unus omnes antecederet, recusarent.

Jam de sacerdotio [1] Cæsaris Domitius, Scipio, Lentulusque Spinther, quotidianis contentionibus ad gravissimas verborum contumelias palam descenderunt, quum Lentulus ætatis honorem ostentaret, Domitius urbanam gratiam dignitatemque jactaret, Scipio affinitate Pompeii confideret. Postulavit etiam L. Afranium proditionis exercitus Attius Rufus apud Pompeium, quod gestum in Hispania diceret. Et L. Domitius in consilio dixit; placere sibi, bello confecto, ternas tabellas dari ad judicandum iis, qui ordinis essent senatorii, belloque una cum ipsis interfuissent; sententiasque de singulis ferrent, qui Romæ remansissent, quique intra præsidia Pompeii fuissent, neque operam in re militari præstitissent : unam fore tabellam, qui liberandos omni periculo censerent; alteram, qui capitis damnarent; tertiam, qui pecunia mulctarent. Postremo omnes aut de honoribus suis, aut de præmiis pecuniæ, aut de persequendis inimicitiis agebant; nec, quibus rationibus superare possent, sed, quemadmodum uti victoria deberent, cogitabant.

Cæs., De bell. civ., III, 82-83.

---

(1) César avait été élu grand pontife.

à Pompée d'agir en quelque chose avec réflexion et prudence, « l'affaire, disaient-ils, ne demandait qu'un jour, mais il se plaisait à commander, à traîner à sa suite anciens consuls et prétoriens. » Déjà on se disputait hautement les récompenses et les sacerdoces ; on disposait du consulat pour les années suivantes ; certains réclamaient les maisons et les biens de ceux qui étaient dans le camp de César. Il y eut en conseil une grande discussion pour savoir si L. Hirrus, envoyé par Pompée chez les Parthes, pourrait, quoique absent, se présenter aux premières élections de la préture : ses amis priaient Pompée de se rappeler la promesse qu'il lui avait faite au départ et de ne pas tromper la confiance mise en son crédit ; les autres, dont les fatigues et les dangers n'avaient pas été moindres, n'admettaient pas qu'Hirrus passât avant eux tous.

Déjà aussi le sacerdoce de César était l'objet d'une compétition dans laquelle Domitius, Scipion et Lentulus Spinther montraient chaque jour la plus vive aigreur : Lentulus faisait valoir le respect dû à son âge, Domitius mettait en avant sa popularité et sa considération dans Rome, Scipion se targuait des liens de famille qui l'unissaient à Pompée. On entendit même Attius Rufus accuser L. Afranius de trahison à propos des événements d'Espagne. Et Domitius, en plein conseil, émit l'avis qu'après la guerre on donnât aux sénateurs qui avaient combattu avec Pompée trois tablettes pour juger chacun de ceux qui étaient restés à Rome ou qui, tout en se trouvant dans les places pompéiennes, s'étaient abstenus de lui prêter assistance les armes à la main : la première servirait pour l'acquittement de ceux qui paraîtraient innocents, la seconde pour les condamnations à mort, la troisième pour les amendes. En un mot, tous ne s'occupaient que d'honneurs futurs, de récompenses en argent, ou de vengeances personnelles ; et ce n'était pas aux moyens de vaincre qu'ils pensaient, mais à la manière dont ils useraient de la victoire.

(2) Pompée était le gendre de Scipion.

CLXI

Pompée, voyant plier sa cavalerie, se retire dans son camp ; il y est attaqué et prend la fuite.

Pompeius, ut equitatum suum pulsum vidit, atque eam partem, cui maxime confidebat, perterritam animum advertit, aliis diffisus, acie excessit, protinusque se in castra equo contulit, et iis centurionibus, quos in statione ad prætoriam portam posuerat, clare, ut milites exaudirent : « Tuemini, inquit, castra, et defendite diligenter, si quid durius acciderit : ego reliquas portas circumeo, et castrorum præsidia confirmo. » Hæc quum dixisset, se in prætorium contulit, summæ rei diffidens, et tamen eventum exspectans.

Cæsar, Pompeianis ex fuga intra vallum compulsis, nullum spatium perterritis dare oportere æstimans, milites cohortatus est, ut beneficio fortunæ uterentur castraque oppugnarent : qui, etsi magno æstu fatigati (nam ad meridiem res erat perducta), tamen ad omnem laborem animo parati, imperio paruerunt. Castra a cohortibus, quæ ibi præsidio erant relictæ, industrie defendebantur, multo etiam acrius a Thracibus Barbarisque auxiliis. Nam qui acie refugerant milites, et animo perterriti, et lassitudine confecti, missis plerique armis signisque militaribus, magis de reliqua fuga, quam de castrorum defensione cogitabant. Neque vero diutius, qui in vallo constiterant, multitudinem telorum sustinere potuerunt ; sed confecti vulneribus locum reliquerunt, protinusque omnes, ducibus usi centurionibus tribunisque militum, in altissimos montes, qui ad castra pertinebant, confugerunt.

..... Pompeius, jam quum intra vallum nostri versarentur, equum nactus, detractis insignibus imperatoriis, decumana porta se ex castris ejecit, protinusque equo citato Larissam contendit. Neque ibi constitit, sed eadem celeritate, paucos suos ex fuga nactus, nocturno itinere non intermisso, comitatu equitum triginta ad mare pervenit, navemque frumentariam conscendit ; sæpe, ut dicebatur,

CLXI

(Tom. III, p. 449.)

Dès que Pompée vit sa cavalerie repoussée et s'aperçut de la terreur qu'éprouvait cette partie de son armée sur laquelle il comptait le plus, n'ayant aucune confiance dans le reste, il quitta la bataille et tout de suite se porta à cheval vers son camp, où, s'adressant aux centurions qu'il avait postés à la porte prétorienne, il leur dit à haute voix pour être entendu des soldats : « Gardez le camp et défendez-le bien en cas de malheur ; pour moi, je vais dans une ronde inspecter les autres portes et assurer les postes. » Cela dit, il se retira au prétoire, désespérant du succès et néanmoins attendant l'événement.

Après avoir repoussé les ennemis en déroute jusque dans leurs retranchements, César, jugeant qu'il ne fallait pas laisser de répit à leur frayeur, exhorta les soldats à profiter de leur avantage et à attaquer le camp ; bien qu'accablés de chaleur (car l'affaire s'était prolongée jusqu'au milieu du jour), avec un courage à toute épreuve ils obéirent. Le camp était bien défendu par les cohortes qui en avaient la garde et surtout par les auxiliaires Thraces et barbares. Car quant aux soldats qui avaient fui du champ de bataille, terrorisés, à bout de forces, la plupart jetaient leurs armes, leurs enseignes, et songeaient plus à leur salut qu'à la défense du camp. Bientôt d'ailleurs, ceux qui avaient tenu bon dans les retranchements, ne purent résister à la nuée des traits ; couverts de blessures, ils abandonnèrent la place, et tous alors, sous la conduite des centurions et des tribuns militaires, se réfugièrent sur les hauteurs voisines du camp.

..... Pompée, quand nous eûmes envahi ses retranchements, saisit un cheval, rejeta ses insignes de commandement, s'élança hors du camp par la porte décumane et à bride abattue gagna Larisse. Il ne s'y arrêta pas, mais tout aussi précipitamment, ayant rassemblé quelques

quœrens, tantum se opinionem fefellisse, ut, a quo genere hominum victoriam sperasset, ab eo, initio fugæ facto, pæne proditus videretur.

Cæs., *De bell. civ.*, III, 94-96.

CLXII

Danger que court César au siège d'Alexandrie.

In his rebus occupato Cæsare, militesque hortante, remigum magnus numerus et classiariorum ex longis navibus nostris in molem se ejecit. Pars eorum studio spectandi ferebatur, pars etiam cupiditate pugnandi. Hi primum navigia hostium lapidibus ac fundis a molo repellebant, ac multum proficere multitudine telorum videbantur. Sed postquam ultra eum locum, ab latere eorum aperto, ausi sunt egredi ex navibus Alexandrini pauci; ut sine signis certisque ordinibus, sine ratione prodierant, sic temere in naves refugere cœperunt. Quorum fuga incitati Alexandrini plures ex navibus egrediebantur, nostrosque acrius perturbatos insequebantur. Simul, qui in navibus longis remanserant, scalas rapere, navesque a terra repellere properabant, ne hostes navibus potirentur. Quibus omnibus rebus perturbati milites nostri cohortium trium, quæ in ponte ac prima mole constiterant, quum post se clamorem exaudirent, fugam suorum viderent, magnam vim telorum adversi sustinerent, veriti, ne ab tergo circumvenirentur, et discessu navium omnino reditu intercluderentur, munitionem in pontem institutam reliquerunt, et magno cursu incitati ad naves contenderunt. Quorum pars, proximas nacta naves, multitudine hominum atque onere depressa est; pars resistens et dubitans, quid esset capiendum consilii, ab Alexandrinis interfecta est : nonnulli feliciore exitu, expeditas ad ancoram naves consecuti, incolumes discesserunt; pauci allevati scutis, et animo ad conandum nixi, ad proxima navigia adnatarunt.

fuyards, il continua de courir toute la nuit, avec une trentaine de cavaliers parvint à la mer, et monta sur un vaisseau de transport; se plaignant à plusieurs reprises, dit-on, de s'être tellement abusé, qu'il s'était vu pour ainsi dire trahi par ceux-là mêmes de qui il attendait la victoire et qui avaient été les premiers à fuir.

CLXII

(Tom. III, p. 472.)

César, ainsi occupé, exhortait ses soldats, quand un grand nombre de rameurs et de matelots sortant de nos vaisseaux longs envahirent la digue; ils y étaient entraînés, les uns par la curiosité, les autres par le désir de se battre. D'abord ils écartèrent de la digue les navires ennemis à coups de pierre et de fronde, et ils semblèrent tirer avantage de la multitude de leurs traits. Mais quelques Alexandrins ayant osé débarquer pour les prendre en flanc, de même qu'ils étaient venus inconsidérément sans leurs enseignes et en désordre, ils se mirent à fuir au hasard. Enhardis par leur fuite, les Alexandrins arrivaient plus nombreux et augmentaient leur trouble en les pressant plus vivement. En même temps, ceux des nôtres qui étaient restés sur les vaisseaux longs, se hâtaient d'en retirer les échelles et de leur faire gagner le large pour les empêcher de tomber au pouvoir de l'ennemi. Émus de tout cela, les soldats de nos trois cohortes qui étaient placées sur le pont et en tête de la digue, entendant des clameurs derrière eux, voyant fuir les leurs et exposés à une pluie de traits, craignirent d'être enveloppés et de se voir couper toute retraite après l'éloignement de la flotte : ils abandonnèrent les fortifications commencées en avant du pont et coururent au plus vite vers les vaisseaux. Ceux qui gagnèrent les plus proches, par leur nombre et leur poids les firent couler à fond; d'autres firent volte-face, ne sachant à quelle résolution s'arrêter, et furent tués par les Alexandrins; quelques-uns, plus heureux, atteignirent les embarcations qui

Cæsar, quoad potuit, cohortando suos ad pontem et munitiones contendere, eodem in periculo versatus est. Postquam universos cedere animadvertit, in suum navigium se recepit. Quo multitudo hominum insecuta quum irrumperet, neque administrandi neque repellendi a terra facultas daretur, fore, quod accidit, suspicatus, sese ex navigio ejecit, atque ad eas, quæ longius constiterant, naves adnatavit. Hinc suis laborantibus subsidio scaphas mittens, nonnullos conservavit : navigium quidem ejus, multitudine depressum militum, una cum hominibus interiit.

De bell. Alex., 20-21.

CLXIII

César, après avoir battu l'armée royale, se rend en hâte à Alexandrie, qui fait sa soumission. Il règle les affaires d'Égypte.

Re felicissime celerrimeque gesta, Cæsar magnæ victoriæ fiducia, proximo terrestri itinere Alexandriam cum equitibus contendit; atque ea parte oppidi victor introiit, quæ præsidio hostium tenebatur. Neque eum consilium suum fefellit, quin hostes, eo prœlio audito, nihil jam de bello essent cogitaturi. Dignum adveniens fructum virtutis et animi magnitudinis tulit : omnis enim multitudo oppidanorum, armis projectis, munitionibusque suis relictis, vesta ea sumpta, qua supplices dominantes deprecari consueverunt, sacrisque omnibus prælatis, quorum religione precari offensos iratosque animos regum erant soliti, advenienti Cæsari occurrerunt, seque ei dediderunt. Cæsar in fidem receptos consolatus, per hostium munitiones in suam partem oppidi magna gratulatione venit suorum: qui non tantum bellum ipsum ac dimicationem, sed etiam talem adventum ejus felicem fuisse lætabantur.

Cæsar, Ægypto atque Alexandria potitus, reges constituit, quos Ptolemæus testamento scripserat, atque obtes-

étaient à l'ancre et purent se retirer sains et saufs; un petit nombre, après s'être débarrassés de leurs boucliers, résolus à tout risquer, gagnèrent à la nage les vaisseaux les plus voisins.

César, en exhortant les siens autant qu'il put à tenir bon sur le pont et les fortifications, courut le même danger. Quand il les vit tous plier, il se retira sur son navire. Mais comme la foule qui se précipitait après lui empêchait de manœuvrer et de prendre le large, prévoyant bien ce qui devait arriver, il se jeta à l'eau et nagea jusqu'aux vaisseaux qui étaient restés plus loin. De là il envoya des barques au secours des siens et ne laissa pas que d'en sauver: quant à son navire, sous le poids d'une surcharge de soldats, il périt avec tous ceux qui s'y trouvaient.

CLXIII

(Tom. III, p. 473.)

Après ce très heureux et très rapide succès, César, confiant dans l'effet d'une telle victoire, se rendit à Alexandrie avec sa cavalerie par la voie de terre la plus courte et entra en vainqueur par le côté de la ville qu'occupait l'ennemi. Il ne s'était pas abusé en pensant qu'à la nouvelle de ce combat l'ennemi renoncerait à toute idée de guerre. A son arrivée, il recueillit le digne fruit de sa valeur et de sa grandeur d'âme; car tous les habitants, ayant jeté leurs armes et abandonné leurs remparts, pris les habits de suppliants dont se revêtent ceux qui implorent un vainqueur, et portant devant eux tous les objets de leur culte, comme ils avaient coutume de le faire pour fléchir après une faute la colère de leurs rois, vinrent à la rencontre de César et se livrèrent à lui. César accepta leur soumission, les rassura, puis à travers les retranchements ennemis se rendit dans le quartier des siens, qui le félicitèrent chaleureusement en se réjouissant non seulement de sa victoire et de l'issue de la guerre mais aussi de son heureux retour.

tatus erat populum romanum, ne mutarentur. Nam, majore
ex duobus pueris rege amisso, minori transdidit regnum,
majorique ex duabus filiis, Cleopatræ, quæ manserat in
fide præsidiisque ejus: minorem Arsinoen, cujus nomine
diu regnasse impotenter Ganymeden docuimus, deducere
ex regno statuit, ne qua rursus nova dissensio priusquam
diuturnitate confirmarentur regum imperia, per homines seditiosos nasceretur. Legione veterana sexta secum reducta, ceteras ibi reliquit, quo firmius esset
eorum regum imperium, qui neque amorem suorum habere
poterant, quod fideliter permanserant in Cæsaris amicitia;
neque vetustatis auctoritatem, paucis diebus reges constituti: simul ad imperii nostri dignitatem utilitatemque
publicam pertinere existimabat, si permanerent in fide
reges, præsidiis eos nostris esse tutos; et hos, si essent
ingrati, posse iisdem præsidiis coerceri. Sic rebus omnibus
confectis et collocatis, ipse itinere terrestri profectus est
in Syriam.

De bell. Alex., 32-33.

CLXIV

Courage d'un légionnaire à la bataille de Thapsus.

Non videtur esse prætermittendum de virtute militis
veterani V legionis. Nam quum in sinistro cornu elephantus, vulnere ictus, et dolore concitatus, in lixam inermem
impetum fecisset, eumque sub pede subditum, deinde genu
innixus, pondere suo, proboscide erecta vibrantique, stridore maximo premeret atque enecaret, miles hic non potuit
pati, quin se armatum bestiæ offerret. Quem postquam elephantus ad se telo infesto venire animadvertit, relicto
cadavere, militem proboscide circumdat, atque in sublime
extollit armatum : qui in ejusmodi periculo quum constan-

César, maître de l'Égypte et d'Alexandrie, y établit comme rois ceux que Ptolémée avait désignés par son testament et recommandés instamment au peuple romain. En effet, le roi, qui était l'aîné des deux fils, étant mort, il donna la couronne au plus jeune fils et à l'aînée des deux filles, Cléopâtre, qui fidèlement était restée dans le quartier de ses troupes. Quant à la plus jeune, Arsinoé, au nom de laquelle Ganymède avait longtemps exercé la cruelle tyrannie dont nous avons parlé, il décida de la faire sortir du royaume, de peur que sa présence ne portât des factieux à des troubles nouveaux avant que les deux rois eussent eu le temps d'affermir leur autorité. Ne prenant avec lui que la sixième légion composée de vétérans, il laissa dans le pays toutes les autres, pour mieux assurer le trône de ces rois qui, par suite de leur attachement à son parti, n'avaient pu s'attirer l'amour de leurs sujets, et dont l'autorité récente manquait du prestige que donne l'ancienneté. Il pensait aussi qu'il convenait à la dignité de notre empire et à l'intérêt public de les soutenir avec nos troupes, s'ils demeuraient fidèles, et d'user des mêmes troupes, s'ils étaient ingrats, pour les réprimer. Toutes choses ainsi terminées et réglées, César prit par terre le chemin de la Syrie.

CLXIV

(Tom. III, p. 475.)

Je ne crois pas devoir passer sous silence l'acte courageux d'un vétéran de la cinquième légion. A l'aile gauche, un éléphant, blessé et rendu furieux par la souffrance, s'était jeté sur un valet d'armée sans défense, l'avait mis sous son pied, puis, appuyant du genou sur lui et dressant sa trompe qu'il agitait en l'air avec grand bruit, il l'écrasait de tout son poids et tuait le malheureux. Le soldat ne put supporter ce spectacle, et, les armes à la main, s'avança sur la bête. Alors l'éléphant, le voyant venir le javelot levé, laisse le cadavre, enveloppe le soldat de sa trompe et l'en-

ter agendum sibi videret, gladio proboscidem, quo erat circumdatus, cædere, quantum viribus poterat, non destitit ; quo dolore adductus elephantus, milite abjecto, maximo cum stridore cursuque conversus ad reliquas bestias se recepit.

De bell. Afric, 81.

CLXV
Mort de Caton et reddition d'Utique.

Complures interim ex fuga Uticam perveniunt. Quos omnes Cato convocatos, una cum CCC, qui pecuniam Scipioni ad bellum faciendum contulerant[1], hortatur, ut servitia manumitterent, oppidumque defenderent. Quorum quum partem assentire, partem animum mentemque perterritam atque in fugam destinatam habere intellexisset, amplius de ea re agere destitit, navesque iis attribuit, ut in quas quisque partes vellet, proficisceretur. Ipse, omnibus rebus diligentissime constitutis, liberis suis L. Cæsari[2], qui tum ei pro quæstore fuerat, commendatis, et sine suspicione, vultu atque sermone, quo superiore tempore usus fuerat, quum dormitum isset, ferrum intro clam in cubiculum tulit, atque ita se transjecit. Qui quum, anima nondum exspirata, concidisset, et, impetu facto in cubiculum ex suspicione, medicus familiaresque continere, atque vulnus obligare cœpissent, ipse suis manibus vulnus crudelissime divellit, atque animo præsenti se interemit. Quem Uticenses, quanquam oderant partium gratia, tamen propter ejus singularem integritatem, et quod dissimillimus reliquorum ducum fuerat, quodque Uticam mirificis operibus munierat turresque auxerat, sepultura afficiunt. Quo interfecto, L. Cæsar, ut aliquid sibi ex ea re auxilii pararet, convocato populo, concione habita, cohortatur

---

(1) Ces trois cents citoyens romains, qui avaient aidé les Pompéiens de leur argent, étaient des commerçants qui se trouvèrent fort heureux, après la prise d'Utique, d'obtenir le pardon de César, en s'engageant à payer une amende de deux millions de sesterces.

lève tout armé. Mais celui-ci, dans cet étrange péril, conserve sa présence d'esprit, et de son épée, de toutes ses forces, il ne cesse de frapper la trompe qui l'enveloppe, si bien que, vaincu par la douleur, l'animal le lâche et court en poussant de grands cris se réfugier au milieu des autres éléphants.

CLXV

(Tom. III, p. 475.)

Cependant les fuyards arrivaient en grand nombre à Utique. Caton les assembla tous ainsi que les trois cents citoyens qui avaient procuré de l'argent à Scipion pour faire la guerre et les exhorta à mettre les esclaves en liberté et à défendre la ville. Quand il vit qu'une partie d'entre eux seulement l'approuvaient et que les autres, effrayés, découragés, ne songeaient qu'à se sauver, il n'en parla plus et il leur donna des vaisseaux pour partir où bon leur semblerait. Quant à lui, après avoir tout réglé et recommandé ses enfants à L. César, qui était alors son questeur, sans que rien d'anormal dans son air ou dans ses discours pût éveiller un soupçon, il se retira dans sa chambre comme pour dormir, y emporta secrètement son épée et s'en perça. Sans être tué du coup, il tomba par terre, ce qui fit accourir alarmés son médecin et ses serviteurs. Ils voulurent fermer et bander sa plaie; mais de ses mains lui-même l'ouvrit cruellement et, sans rien perdre de sa présence d'esprit, il se donna la mort. Les habitants d'Utique le détestaient à cause du parti qu'il suivait; mais touchés de sa remarquable probité, de son caractère qui le rendait si différent des autres chefs, et aussi du soin qu'il avait pris de donner à leur ville de magnifiques fortifications en y ajoutant des tours, ils lui rendirent des honneurs funèbres. Après sa

---

(2) Il est question de ce L. César au chap. 8 du liv. Ier du *De bell. cio.*; au début de la guerre civile, il avait, avec quelques autres députés, reçu de Pompée la mission particulière d'amener César à traiter des conditions de la paix.

omnes, ut portæ aperirentur ; se in Cæsaris clementia magnam spem habere. Itaque, portis patefactis, Utica egressus, Cæsari imperatori obviam proficiscitur. Messala, ut erat imperatum, Uticam pervenit, omnibusque portis custodias ponit.

De bell. Afric., 88.

CLXVI

Bataille de Munda.

Hic etsi virtute nostri antecedebant, adversarii se e loco superiore defendebant acerrime, et vehemens fiebat ab utrisque clamor, telorumque missu concursus, sic, ut prope nostri diffiderent victoriæ: congressus enim et clamor, quibus rebus maxime hostes conterrentur, in collatu pari erant conditione. Itaque ex utroque genere pugnæ, quum parem virtutem ad bellandum contulissent, pilorum missu fixa cumulatur et concidit adversariorum multitudo. Dextrum demonstravimus decumanos cornu tenuisse: qui etsi erant pauci, tamen propter virtutem magno adversarios timore eorum opera afficiebant, quod a suo loco hostes vehementer premere cœperunt, ut ad subsidium, ne ab latere nostri occuparent, legio adversariorum transduci cœpta sit ad dextrum. Quæ simul est mota, equitatus Cæsaris sinistrum cornu premere cœpit. At ii eximia virtute prœlium facere incipiunt, ut locus in acie ad subsidium veniendi non daretur. Ita quum clamori esset intermixtus gemitus, gladiorumque crepitus auribus oblatus, imperitorum mentes timore præpediebat. Hic, ut ait Ennius[1], « pes pede premitur, armis teruntur arma, » adversariosque vehementissime pugnantes nostri agere cœperunt; quibus oppidum fuit subsidio. Ita ipsis Liberalibus fusi fugatique non superfuissent, nisi in eum locum confugissent, ex quo erant egressi. In quo prœlio cecide-

---

(1) J'ai cité ce vers dans l'analyse du poëme épique d'Ennius, tom. I, p. 258.

mort, L. César, désirant tirer avantage de l'événement, assembla le peuple et dans une harangue lui conseilla d'ouvrir ses portes à César en la clémence de qui, dit-il, il avait grand espoir. Les portes furent donc ouvertes et, sortant d'Utique, il alla au-devant de César. Messala, d'après l'ordre qu'il en avait reçu, arriva en ce moment et mit des gardes à toutes les portes.

CLXVI

(Tom. III, p. 476.)

Bien que les nôtres l'emportassent en fermeté, les ennemis, qui occupaient un terrain plus élevé, se défendaient très vigoureusement, et de part et d'autre on poussait à l'envi de tels cris, on lançait tant de traits, que la victoire devenait fort douteuse : car l'impétuosité de l'attaque, l'éclat des clameurs et tout ce qui sert à effrayer se valaient des deux côtés. Dans cette lutte pourtant où l'ardeur des uns et des autres était égale, un grand nombre de nos adversaires tombaient sous nos javelots. Nous avons dit que la dixième légion occupait l'aile droite ; elle était peu nombreuse, mais sa valeur jetait l'épouvante parmi les ennemis qu'elle se mit à presser si vivement que, pour ne pas être pris en flanc, ils durent appeler une légion de soutien contre notre droite. A la vue de ce mouvement, la cavalerie de César chargea leur aile gauche. Le combat devint acharné au point que la mêlée ne comportait plus l'envoi d'aucun secours. Les gémissements joints aux cris de guerre et le cliquetis assourdissant des armes glaçaient d'effroi ceux qui n'étaient pas aguerris. Là, comme dit Ennius « le pied presse le pied, les armes heurtent les armes » ; mais, malgré leur très énergique résistance, les ennemis rompirent devant les nôtres ; la ville fut leur refuge. Et en ce jour même des fêtes de Bacchus, tous eussent trouvé la mort dans la défaite et la déroute sans l'abri que leur fournit le même lieu d'où ils étaient sortis. Ils perdirent dans ce combat trente mille hommes au

runt millia hominum circiter XXX, et si quid amplius; præterea Labienus, Attius Varus; quibus occisis utrisque funus est factum : itemque equites romani, partim ex Urbe, partim ex provincia, ad millia III. Nostri desiderati ad hominum mille, partim peditum, partim equitum, saucii ad D. Adversariorum aquilæ sunt ablatæ XIII, et signa et fasces; præterea duces belli XVII capti sunt. Hos habuit res exitus.

De bell. Hisp., 31.

CLXVII

Caractère d'Atticus.

Mendacium neque dicebat, neque pati poterat. Itaque ejus comitas non sine severitate erat; neque gravitas sine facilitate : ut difficile esset intellectu, utrum eum amici magis vererentur, an amarent. Quidquid rogabatur, religiose promittebat, quod non liberalis, sed levis, arbitrabatur, polliceri, quod præstare non posset. Idem in nitendo, quod semel annuisset, tanta erat cura, ut non mandatam, sed suam rem videretur agere. Nunquam suscepti negotii eum pertæsum est. Suam enim existimationem in ea re agi putabat, qua nihil habebat carius. Quo flebat, ut omnia Ciceronum, Catonis, Marii, Q. Hortensii, Auli Torquati, multorum præterea equitum Romanorum negotia procuraret. Ex quo judicari poterat, non inertia, sed judicio, fugisse reipublicæ procurationem.

Humanitatis vero nullum afferre majus testimonium possum, quam quod adolescens idem seni Sullæ fuerit jucundissimus, senex adolescenti M. Bruto; cum æqualibus autem suis, Q. Hortensio et M. Cicerone, sic vixerit, ut judicare difficile sit, cui ætati fuerit aptissimus : quanquam eum præcipue dilexit Cicero, ut ne frater quidem ei Quintus carior fuerit, aut familiarior. Ei rei sunt indicio, præter eos libros, in quibus de eo facit mentionem, qui in vulgus jam sunt editi, sexdecim volumina epistolarum, ab consulatu ejus usque ad extremum tempus ad Atticum

moins, avec Labiénus et Attius Varus, à qui l'on fit des obsèques, et aussi à peu près trois mille chevaliers romains, tant de Rome que de la province. Pour nous, nous eûmes un millier de morts, tant fantassins que cavaliers, et environ cinq cents blessés. Nous enlevâmes treize aigles, des enseignes et des faisceaux; et de plus nous fîmes dix-sept chefs prisonniers. Tel fut le résultat de l'affaire.

CLXVII

(Tom. III, p. 490.)

Il ne mentait jamais et ne pouvait souffrir qu'on mentit. De même que sa douceur était mêlée de sévérité, son austérité avait quelque chose d'affable; aussi n'eût-il pas été facile de juger si ses amis avaient pour lui plus de vénération ou plus de tendresse. Quelque requête qu'on lui adressât, il était réservé dans ses promesses, parce qu'il pensait qu'il y a plus de légèreté que de générosité à promettre sans pouvoir tenir. Mais, une fois qu'il s'était engagé, il s'employait avec tant d'ardeur, qu'il semblait agir non pour un autre mais pour lui-même. Jamais une affaire entreprise ne le rebuta : car il croyait qu'il y allait de sa réputation, et sa réputation était ce qu'il avait de plus cher au monde. C'est ainsi que les deux Cicéron, Caton, Marius, Hortensius, Aulus Torquatus et beaucoup d'autres chevaliers romains eurent toutes leurs affaires entre ses mains; ce qui permettait de penser que c'était, non par incapacité, mais par prudence, qu'il se tenait éloigné de l'administration de l'État.

Pour donner la meilleure preuve de l'aménité de son caractère, je rappellerai que, dans sa jeunesse, il fut aimé de Sylla devenu vieux, et, dans sa vieillesse, de M. Brutus encore jeune, qu'il vécut d'ailleurs de telle sorte avec Q. Hortensius et M. Cicéron, tous deux de son âge, qu'il serait difficile d'estimer en quelle saison de la vie son com-

missarum ; quæ qui legat, non multum desideret historiam contextam illorum temporum.

Corn. Nep., *Attic.*, 15-16.

CLXVIII
Mort d'Atticus.

..... Agrippam generum ad se arcessiri jussit, et cum eo L. Cornelium Balbum[1], Sextumque Peducæum[2]. Hos ut venisse vidit, in cubitum innixus, « Quantam, inquit, curam diligentiamque in valetudine mea tuenda hoc tempore adhibuerim, quum vos testes habeam, nihil necesse est pluribus verbis commemorare. Quibus quoniam, ut spero, satisfeci, me nihil reliqui fecisse, quod ad sanandum me pertineret, reliquum est, ut egomet mihi consulam. Id vos ignorare nolui. Nam mihi stat alere morbum desinere : namque his diebus, quidquid cibi sumpsi, ita produxi vitam, ut auxerim dolores sine spe salutis. Quare a vobis peto primum, ut consilium probetis meum ; deinde, ne frustra dehortando conemini. »

Hac oratione habita, tanta constantia vocis atque vultus, ut non ex vita, sed ex domo in domum videretur migraret quum quidem Agrippa eum flens atque osculans orare, atque obsecraret, ne ad id, quod natura cogeret, ipse quoque sibi acceleraret, et quoniam tum quoque posset temporibus superesse, se sibi suisque reservaret, preces ejus taciturna sua obstinatione depressit. Sic quum biduum cibo se abstinuisset, subito febris decessit, leviorque morbus esse cœpit. Tamen propositum nihilo secius peregit. Itaque die quinto, postquam id consilium inierat, pridie

---

(1) Celui-là même pour qui Cicéron avait prononcé un discours.
(2) Ancien lieutenant d'Octave.

mercé offrit le plus d'agrément. Toutefois son plus intime ami fut Cicéron, qui ne lui fut pas moins étroitement attaché qu'à son propre frère Quintus. On en a la preuve, non seulement dans les ouvrages où Cicéron fait mention de lui, et qui sont déjà publiés, mais encore dans les seize livres de lettres qu'il lui adressa depuis son consulat jusqu'à ses derniers jours, et dont la lecture pourrait presque tenir lieu d'une véritable histoire de ces temps.

CLXVIII

(Tom. III, p. 490.)

Atticus fit appeler son gendre Agrippa, et aussi L. Cornélius Balbus et Sextus Péducæus. Lorsqu'il les vit près de lui, il se leva sur son coude, et leur dit : « Vous savez avec quel soin et quelle attention j'ai cherché en ces circonstances à rétablir ma santé ; vous en avez été les témoins et je n'ai nul besoin d'insister là-dessus Je crois donc vous avoir donné satisfaction et n'avoir rien négligé pour ma guérison ; il me reste maintenant à me satisfaire moi-même. Je n'ai pas voulu vous laisser ignorer ma résolution : je suis déterminé à ne plus nourrir mon mal ; tous les aliments que j'ai pris dans ces derniers jours n'ont prolongé ma vie que pour augmenter mes souffrances, sans aucun espoir de salut. Par conséquent je vous prie d'approuver mon dessein, ou du moins de ne pas faire pour m'en détourner des efforts qui seraient inutiles. »

Il prononça ces paroles d'un air et d'un ton si fermes, qu'on eût dit qu'il s'agissait pour lui de passer non pas de la vie à la mort mais d'une maison dans une autre. Agrippa, les larmes aux yeux et en l'embrassant, le priait, le conjurait de ne point hâter l'arrêt de la nature, et, puisqu'il pouvait prolonger encore ses jours, de se conserver pour lui-même et pour les siens. Mais à ses prières Atticus opiniâtrement opposa le silence. Il resta deux jours sans accepter aucune nourriture ; la fièvre alors le quitta tout à coup et la maladie parut diminuer ; mais il n'en persista pas moins dans sa résolution, et mourut cinq jours après

Kal. April., Cn. Domitio, C. Sosio coss.[1], decessit. Elatus est in lecticula, ut ipse præscripserat, sine ulla pompa funeris, comitantibus omnibus bonis, maxima vulgi frequentia. Sepultus est juxta viam Appiam, ad quintum lapidem, in monumento Q. Cæcilii, avunculi sui.

Corn. Nep., *Attic.*, 21-22.

CLXIX
Dion.

Dion, Hipparini filius, Syracusanus, nobili genere natus, utraque implicatus tyrannide Dionysiorum. Namque ille superior Aristomachen, sororem Dionis, habuit in matrimonio : ex qua duos filios, Hipparinum et Nysæum, procreavit; totidemque filias, nomine Sophrosynen et Areten. Quarum priorem Dionysio filio, eidem cui regnum reliquit, nuptum dedit; alteram, Areten, Dioni. Dion autem, præter nobilem propinquitatem, generosamque majorum famam, multa alia ab natura habuit bona : in his ingenium docile, come, aptum ad artes optimas; magnam corporis dignitatem, quæ non minimum commendatur; magnas præterea divitias a patre relictas, quas ipse tyranni muneribus auxerat. Erat intimus Dionysio priori, neque minus propter mores quam affinitatem. Namque, etsi Dionysii crudelitas ipsi displicebat, tamen salvum esse propter necessitudinem, magis etiam suorum causa, studebat. Aderat in magnis rebus; ejusque consilio multum movebatur tyrannus, nisi qua in re major ipsius cupiditas intercesserat. Legationes vero, quæ essent illustriores, per Dionem administrabantur : quas quidem ille diligenter obeundo, fideliter admininistrando, crudelissimum nomen tyranni sua humanitate tegebat. Hunc, a Dionysio missum, Carthagienses suspexerunt, ut neminem unquam Græca lingua loquentem magis sint admirati.

Neque vero hæc Dionysium fugiebant : nam quanto esset sibi ornamento, sentiebat. Quo fiebat, ut uni huic

---

(1) 31 mars de l'an 32 av. J. C.

l'avoir prise, la veille des calendes d'avril, sous le consulat de Cn. Domitius et de C. Sosius. Son corps, porté sur une simple litière, ainsi qu'il l'avait prescrit, sans aucune pompe funèbre, fut accompagné de tous les gens de bien et d'une foule immense. Il fut enseveli près de la voie Appienne, à cinq milles de Rome, dans le tombeau de Q. Cæcilius, son oncle.

CLXIX
(Tom. III, p. 493.)

Dion, fils d'Hipparinus, naquit à Syracuse d'une famille illustre et fut mêlé à l'administration des affaires publiques sous les deux Denys. Le premier Denys épousa Aristomaque, sœur de Dion et en eut deux fils, Hipparinus et Nyséus, et deux filles, Sophrosine et Arété. Il maria la première à son fils Denys, qui lui succéda au trône, et la seconde, Arété, à Dion. A cette haute alliance et au renom glorieux de ses aïeux, Dion joignait beaucoup d'avantages qu'il tenait de la nature : entre autres, un esprit ouvert, une humeur douce, des penchants vertueux et cet air de grandeur et de dignité qui sert si bien à faire valoir un homme. Il avait en outre une fortune considérable que lui avait laissée son père et qu'il avait encore accrue des libéralités du tyran; car son caractère, non moins que les liens du sang, lui avait gagné la confiance de Denys l'Ancien. Non pas qu'il approuvât la cruauté de Denys; mais les nœuds qui l'unissaient à lui, et plus encore l'intérêt de sa propre famille, le portaient à travailler à sa conservation. Il avait part aux grandes délibérations, et ses avis étaient prépondérants toutes les fois du moins que la passion, en dominant le tyran, ne se jetait pas à la traverse. C'était Dion aussi qui était chargé des ambassades les plus importantes, et avec le soin qu'il y apportait, avec la probité dont il y faisait preuve, la douceur de son caractère jetait un voile en quelque sorte sur la réputation de cruauté que s'était faite le tyran. Lorsqu'il fut envoyé par Denys auprès des Carthaginois, il leur inspira plus d'admiration et d'estime qu'ils n'en témoignèrent jamais à aucun Grec.

maxime indulgeret, neque eum secus diligeret ac filium. Qui quidem, quum Platonem Tarentum venisse fama in Siciliam esset perlata, adolescenti negare non potuit, quin eum arcesseret, quum Dion ejus audiendi cupiditate flagraret. Dedit ergo huic veniam, magnaque eum ambitione Syracusas perduxit. Quem Dion adeo admiratus est atque adamavit, ut se totum ei traderet. Neque vero minus Plato delectatus est Dione.

Corn. Nep., *Dion,* 1-2.

CLXX

Modération de Timoléon.

Hic quum ætate jam provectus esset, sine ullo morbo lumina oculorum amisit. Quam calamitatem ita moderate tulit, ut neque eum querentem quisquam audierit, neque eo minus privatis publicisque rebus interfuerit. Veniebat autem in theatrum, quum ibi concilium populi haberetur, propter valetudinem vectus jumentis junctis, atque ita de vehiculo, quæ videbantur, dicebat. Neque hoc ille quisquam tribuebat superbiæ : nihil enim unquam neque insolens, neque gloriosum, ex ore ejus exiit. Qui quidem, quum suas laudes audiret prædicari, nunquam aliud dixit, quam se in ea re maximas diis gratias agere atque habere; quod, quum Siciliam recreare constituissent, tum se potissimum ducem esse voluissent........ Huic quidam Lamestius, homo petulans et ingratus, vadimonium quum vellet imponere, quod cum illo se lege agere diceret, et complures concurrissent, qui procacitatem hominis manibus coercere conarentur, Timoleon oravit omnes, ne id facerent : namque, id ut Lamestio ceterisque liceret, se maximos labores summaque adiisse pericula; hanc enim speciem libertatis esse, si omnibus, quod quisque vellet, legibus experiri liceret. Idem, quum quidam Lamestii similis, nomine Demænetus, in concione populi de rebus gestis ejus detrahere cœpisset, ac nonnulla invehertur in Timoleonta, dixit, nunc

Denys se rendait compte de ce mérite ; il sentait combien Dion jetait d'éclat sur son règne. Aussi avait-il pour lui une bonté qu'il ne témoignait à personne : il l'aimait comme un fils. Lorsque la nouvelle de l'arrivée de Platon à Tarente se fut répandue en Sicile, il ne put refuser au jeune homme la permission de faire venir ce philosophe qu'il désirait ardemment entendre. Denys lui accorda donc cette faveur et ce fut en grande pompe que Platon fut amené à Syracuse. Dion conçut pour ce grand homme tant d'admiration et d'amitié qu'il se livra tout entier à lui. De son côté, Platon ne fut pas moins charmé de Dion.

CLXX

(Tom. III, p. 493.)

Il était parvenu à un âge avancé, lorsque, sans qu'aucune maladie en fût la cause, il perdit la vue. Il supporta ce malheur avec tant de résignation que personne ne l'entendit jamais s'en plaindre et qu'il continua d'apporter le même soin à ses affaires et à celles de l'État. Il se rendait au théâtre, lorsque s'y tenait l'assemblée du peuple, porté, à cause de son infirmité, sur un char à deux chevaux, et c'est du haut de ce char qu'il donnait son avis. Nul n'y voyait un acte d'orgueil ; car jamais parole arrogante ou vaniteuse ne sortit de sa bouche. Il se contentait, toutes les fois qu'il entendait publier ses louanges, d'exprimer sa reconnaissance envers les dieux pour avoir voulu, en décidant de régénérer la Sicile, que ce fût lui de préférence à tout autre qui exécutât leur dessein.

Un certain Lamestius, homme emporté et sans cœur, voulut un jour traduire Timoléon en justice, prétendant pouvoir légalement lui intenter cette action ; de tous côtés on accourut pour réprimer de force l'audacieux ; mais Timoléon conjura tout le monde de n'en rien faire. « Je ne me suis exposé, dit-il, aux plus durs travaux et aux plus grands dangers que pour assurer ce droit à Lamestius et à tous les autres citoyens ; car c'est le signe visible de la liberté que chacun, quel qu'il soit, puisse, s'il le veut,

demum se voti esse damnatum : namque hoc a diis immortalibus semper precatum, ut talem libertatem restitueret Syracusanis, in qua cuivis liceret, de quo vellet, impune dicere.

Corn. Nep., *Timol.*, 45.

CLXXI

Exorde de la seconde lettre de Salluste à César.

Pro vero[1] antea obtinebat, regna, atque imperia, fortunam dono dare, item alia, quæ per mortalis avide cupiuntur : quia et apud indignos sæpe erant, quasi per lubidinem data ; neque cuiquam incorrupta permanserant. Sed res docuit, id verum esse, quod in carminibus Appius[2] ait, « Fabrum esse suæ quemque fortunæ : » atque in te maxume, qui tantum alios prætergressus es, uti prius defessi sint homines laudando facta tua, quam tu laude digna faciundo. Ceterum uti fabricata, sic virtute parta, quam magna industria haberi decet : ne incuria deformentur, aut corruant infirmata. Nemo enim alteri imperium volens concedit : et quamvis bonus, atque clemens sit, qui plus potest, tamen quia malo esse licet, formidatur. Id evenit, quia plerique rerum potentes perverse consulunt : et eo se munitiores putant, quo illi, quibus imperitant, nequiores fuere.

At contra id eniti decet ; quum ipse bonus atque strenuus sis, uti quam optumis imperites. Nam pessumus quisque asperrume rectorem patitur.

Sed tibi hoc gravius est, quam ante te omnibus, armis parta componere. Bellum aliorum pace mollius gessisti : ad

---

(1) Au lieu de *pro vero* d'autres lisent *populus romanus*, version adoptée par de Brosses et repoussée par Burnouf.

(2) Voir tome I, p. 126 et p. 267.

recourir aux lois. » Une autre fois également, un homme, qui ressemblait à Lamestius et qui se nommait Déménète, dans l'assemblée du peuple, s'était mis à rabaisser les hauts faits du héros et même l'invectivait : « Voici enfin mon vœu exaucé, dit Timoléon ; car j'ai toujours demandé aux dieux de pouvoir rendre aux Syracusains une liberté qui permît à qui que ce fût d'entre eux d'exprimer sans danger sa pensée sur le compte de n'importe qui. »

CLXXI

(Tom. III, p. 509.)

Autrefois c'était une chose avérée que la fortune seule disposait des royaumes, des commandements et de tout ce qui est l'objet de l'ardente convoitise des hommes : ces dons, en effet, tombaient souvent à des indignes comme par l'effet du caprice et ils ne restaient longtemps aux mains de personne sans s'altérer. Mais l'expérience a prouvé la vérité de ce que, dans ses vers, a dit Appius : « Chacun est l'artisan de sa fortune. » Vous en êtes vous même la meilleure preuve, vous qui avez tellement surpassé les autres hommes, qu'on se lasse plus tôt de louer vos actions que vous d'en accomplir de louables. Du reste, ainsi que les produits de l'art, les biens acquis par la vertu doivent être conservés avec un grand soin : la négligence les flétrirait, et peu à peu les détruirait. Personne, en effet, ne cède volontairement le pouvoir à un autre, et quelque bon et clément que soit celui qui commande, comme il lui est possible d'être méchant, on le redoute. Cela vient de ce que la plupart de ceux qui détiennent la puissance agissent tout de travers et pensent qu'ils la garderont d'autant plus sûrement que ceux qui dépendent d'eux seront plus corrompus.

Bien différente sera votre ligne de conduite : bon et ferme comme vous êtes, vous désirerez commander à des gens aussi vertueux que possible : car il n'y a rien de tel que les méchants pour supporter impatiemment une règle.

hoc victores prædam petunt, victi cives sunt. Inter has difficultates evadendum est tibi; atque in posterum firmanda respublica non armis modo, neque advorsum hostes; sed, quod multo majus, multoque asperius est, bonis pacis artibus.

Ergo omnes magna mediocrique sapientia res huc vocat: quæ quisque optuma potest, ut dicat. Ac mihi sic videtur: qualicumque modo tu victoriam composueris, ita alia omnia futura.

Sallust., *Epist. ad Cæs.*, II, 1.

CLXXII

Lettre de Pompée au Sénat pour se plaindre de l'abandon dans lequel on laisse son armée.

Si advorsus vos patriamque, et deos penates, tot labores et pericula suscepissem, quotiens a prima adolescentia ductu meo scelestissumi hostes fusi, et vobis salus quæsita est; nihil amplius in absentem me statuissetis, quam adhuc agitis, P. C., quem contra ætatem projectum ad bellum sævissumum, cum exercitu optume merito, quantum est in vobis, fame, miserruma omnium morte, confecistis. Hac in spe populus romanus liberos suos ad bellum misit? Hæc sunt præmia pro volneribus, et totiens ob rempublicam fuso sanguine? fessus scribundo, mittundoque legatos, omnes opes et spes privatas meas consumsi : quum interim a vobis per triennium vix annuus sumtu datus est. Per deos immortales, utrum censetis me vicem ærarii præstare, an exercitum sine frumento et stipendio habere posse?

Equidem fateor, me ad hoc bellum majore studio, quam consilio, profectum : quippe qui nomine modo imperii a vobis accepto, diebus quadraginta exercitum paravi; hostesque in cervicibus jam Italiæ agentes ab Alpibus in Hispaniam summovi; per eas, iter aliud atque Annibal, nobis

Mais il vous est plus difficile qu'à tous ceux qui vous ont précédé de régler l'usage que vous ferez de la victoire. La guerre a été plus douce avec vous que la paix avec les autres ; et cependant les vainqueurs demandent leur butin et les vaincus sont des citoyens. Il vous faut manœuvrer entre ces écueils et assurer pour l'avenir le repos de la république, non pas seulement par les armes et contre ses ennemis, mais, ce qui est bien plus important et bien plus difficile, par les sages institutions de la paix.

Ainsi donc la situation invite quiconque a quelque expérience à exposer l'avis qui lui semble le meilleur. Et pour moi, je pense que de la manière dont vous userez de la victoire dépend entièrement notre avenir.

CLXXII

(Tom. III, p. 512.)

Si c'eût été en combattant contre vous, contre la patrie et les dieux pénates que je me fusse exposé à toutes les fatigues, à tous les dangers, au prix desquels, dès ma première jeunesse, j'ai mis en déroute les plus coupables de vos ennemis et assuré votre salut, vous ne m'auriez pas en mon absence, sénateurs, traité plus durement que vous ne le faites maintenant, vous qui, après m'avoir jeté, malgré mon âge, dans la plus périlleuse des guerres, me condamnez, autant qu'il est en vous, moi et mon armée, qui a rendu de si grands services, à mourir de la plus misérable des morts, à mourir de faim. Est-ce dans cet espoir que le peuple romain a envoyé ses enfants à la guerre ? Est-ce là le prix de tant de blessures, de tant de sang versé pour la république ? Lassé de vous écrire et de vous envoyer des messages, j'ai épuisé toutes mes ressources et mes espérances personnelles, tandis que vous, en trois ans, à peine nous avez-vous fourni de quoi vivre une année. Par les dieux immortels ! pensez-vous donc que je sois en état de suppléer au trésor ou que je puisse entretenir une armée sans vivres et sans argent ?

obportunius patefeci. Recepi Galliam, Pyrenæum, Laletaniam, Indigetes : et primum impetum Sertorii victoris novis quidem militibus, et multo paucioribus sustinui : hiememque in castris inter sævissumos hostes, non per oppida, neque ex ambitione¹ mea, egi.

Quid dein prœlia, aut expeditiones hibernas, oppida excisa, aut recepta enumerem? Quando res plus valent quam verba. Castra hostium apud Sucronem capta, et prœlium apud flumen Durium, et dux hostium C. Herennius cum urbe Valentia et exercitu deleti, satis clara vobis sunt: pro quis, o grati Patres, egestatem et famem redditis. Itaque meo et hostium exercitui par conditio est : namque stipendium neutri datur : victor uterque in Italiam venire potest. Quod ego vos moneo, quæsoque, ut animadvortatis; neu cogatis necessitatibus privatim mihi consulere.

Hispaniam Citeriorem, quæ non ab hostibus tenetur, nos aut Sertorius ad internecionem vastavimus, præter maritumas civitates, quæ ultro nobis sumtui, onerique : Gallia superiore anno Metelli exercitum stipendio frumentoque aluit : et nunc malis fructibus, ipsa vix agitat. Ego non rem familiarem modo, verum etiam fidem consumsi. Reliqui vos estis : qui nisi subvenitis, invito et prædicente me, exercitus hinc, et cum eo omne bellum Hispaniæ in Italiam transgredientur.

Sallust., *Hist.*, III, fragm.

(1) Voir la note du nº CLXXXIII

J'avoue à la vérité que j'ai mis plus d'ardeur que de réflexion à partir pour cette guerre, puisque, sans avoir rien reçu de vous que mon titre de commandement, en quarante jours je me suis formé une armée; j'ai refoulé des Alpes en Espagne l'ennemi qui pesait déjà sur l'Italie; à travers ces monts je me suis ouvert une route autre que celle d'Annibal et plus commode pour nous; j'ai conquis la Gaule, les Pyrénées, la Lalétanie, les Indigètes; avec des soldats novices et de beaucoup inférieurs en nombre, j'ai soutenu le premier choc de Sertorius; et c'est dans des camps, au milieu de farouches ennemis, non dans des villes, comme c'eût été mon désir pour plaire aux troupes, que j'ai passé l'hiver.

Pourquoi, après cela, énumérer nos combats, nos expéditions en plein hiver, les villes détruites ou reprises par nous? les faits en disent plus que les paroles. La prise du camp ennemi près de Sucron, la victoire remportée près du fleuve Durius, la défaite du général C. Hérennius avec la destruction de son armée et de la ville de Valence, vous les connaissez bien; mais en retour de tout cela, ô sénateurs reconnaissants, vous nous donnez la misère et la faim. Ainsi pour mon armée et celle de l'ennemi même traitement de votre part; point de solde à l'une comme à l'autre, et le vainqueur, quel qu'il soit, peut venir en Italie. Je vous en avertis donc et je vous conjure d'y réfléchir : ne me forcez pas, en ce qui me concerne, à ne prendre conseil que de la nécessité.

L'Espagne Citérieure, qui n'est pas occupée par l'ennemi, a été entièrement dévastée par nous ou par Sertorius, à l'exception des villes maritimes qui d'ailleurs nous coûtent et nous sont à charge. La Gaule, l'an passé, a fourni à l'armée de Métellus solde et vivres, et aujourd'hui, après une mauvaise récolte, à peine suffit-elle à ses propres besoins. Quant à moi, j'ai épuisé non seulement ma fortune personnelle, mais mon crédit. Vous seuls me restez, et si vous ne m'aidez, malgré moi, je vous en préviens, mon armée et avec elle toute la guerre d'Espagne vont d'ici passer en Italie.

CLXXIII
Mœurs des premiers temps de la république.

Sed civitas, incredibile memoratu est, adepta libertate, quantum brevi creverit : tanta cupido gloriæ incesserat ! Jam primum juventus, simul ac belli patiens erat, in castris per laborem usu militiam discebat : magisque in decoris armis et militaribus equis, quam in scortis atque conviviis lubidinem habebant. Igitur talibus viris non labos insolitus, non locus ullus asper aut arduus erat ; non armatus hostis formidolosus : virtus omnia domuerat.

Sed gloriæ maxumum certamen inter ipsos erat : sic quisque hostem ferire, murum adscendere, conspici, dum tale facinus faceret, properabat : eas divitias, eam bonam famam magnamque nobilitatem putabant. Laudis avidi, pecuniæ liberales erant : gloriam ingentem, divitias honestas volebant. Memorare possem quibus in locis maxumas hostium copias populus romanus parva manu fuderit, quas urbis natura munitas pugnando ceperit, in ea res longius nos ab incepto traheret....

Igitur domi militiæque boni mores colebantur. Concordia maxuma, minuma avaritia erat : jus bonumque apud eos non legibus magis quam natura valebat. Jurgia, discordias, simultates, cum hostibus exercebant : cives cum civibus de virtute certabant. In suppliciis deorum magnifici, domi parci, in amicis fideles erant. Duabus his artibus, audacia in bello, ubi pax evenerat, æquitate, seque remque publicam curabant. Quarum rerum ego maxima documenta hæc habeo, quod in bello sæpius vindicatum est in eos qui contra imperium in hostem pugnaverant, quique tardius, revocati, prœlio excesserant, quam qui signa relinquere, aut, pulsi, loco cedere ausi erant ; in pace vero quod beneficiis magis quam metu imperium agitabant, et, accepta injuria, ignoscere quam persequi malebant.

(1) Si l'on se rappelle la série presque ininterrompue des discordes et des luttes intestines dont nous avons exposé le récit au livre III de notre *Introduction à l'histoire de la littérature latine*, on trouvera singulièrement

CLXXIII.
(Tom. III, p. 513.)

Mais on ne saurait croire avec quelle rapidité Rome, après la conquête de sa liberté, prit de l'accroissement, tant le désir de la gloire s'était développé! La jeunesse, aussitôt qu'elle était capable de supporter la guerre, allait dans les camps au milieu des fatigues et par la pratique apprendre la vie militaire; et c'était bien plus pour de belles armes et des chevaux de bataille qu'elle se passionnait que pour des courtisanes et des festins. Aussi pour de tels hommes, point de fatigue extraordinaire, point de lieu d'un accès rude et difficile, point d'ennemi en armes qui fût redoutable : leur courage avait tout réduit.

Il y avait entre eux surtout une rivalité de gloire : c'était à qui frapperait un ennemi, escaladerait un rempart, attirerait les yeux sur un exploit de ce genre : voilà en quoi ils plaçaient la richesse, la renommée, la véritable noblesse. Avides de louange, prodigues d'argent, ils ambitionnaient, avec une fortune modérée, une gloire sans bornes. Je pourrais rappeler et les lieux où le peuple romain, avec une poignée d'hommes, dispersa des armées considérables, et les villes fortifiées par la nature qu'il emporta d'assaut; mais un tel récit m'entraînerait trop loin de mon sujet....

Ainsi en paix comme en guerre se maintenaient les bons principes. La concorde était parfaite, l'avarice nulle[1]; la justice et l'honneur chez eux devaient leur force moins aux lois qu'à la nature. Les sentiments d'inimitié, d'animosité, de haine se portaient contre l'ennemi; les citoyens entre eux ne luttaient que de vertu. Magnifiques dans le culte des dieux, économes dans leur intérieur, ils étaient fidèles à leurs amis. L'audace dans les combats, l'équité au retour de la paix, tels étaient les deux moyens qui concouraient à la prospérité publique et privée. J'en ai des preuves absolues : à la guerre, on eut plus souvent à sévir

---

flatté le portrait que Salluste fait ici de ces Romains des premiers temps de la république.

Sed ubi labore atque justitia respublica crevit, reges magni bello domiti, nationes feræ et populi ingentes vi subacti; Carthago, æmula imperii romani, ab stirpe interiit; cuncta maria terræque patebant; sævire fortuna ac miscere omnia cœpit.

Sall., Catil., 7-9.

CLXXIV

Péroraison du discours de Catilina aux conjurés.

Quæ quousque tandem patiemini, fortissumi viri? Nonne emori per virtutem præstat, quam vitam miseram atque inhonestam, ubi alienæ superbiæ ludibrio fueris, per dedecus amittere? Verum enim vero, pro deum atque hominum fidem! victoria nobis in manu est. Viget ætas, animus valet; contra illis, annis atque divitiis, omnia consenuerunt. Tantummodo incepto opus est: cetera res expediet. Etenim quis mortalium, cui virile ingenium, tolerare potest illis divitias superare, quas profundant in exstruendo mari et montibus coæquandis; nobis rem familiarem etiam ad necessaria deesse? illos binas, aut amplius, domos continuare; nobis larem familiarem nusquam ullum esse? Quum tabulas, signa, toreumata emunt; nova diruunt, alia ædificant; postremo omnibus modis pecuniam trahunt, vexant: tamen summa lubidine divitias vincere nequeunt. At nobis domi inopia, foris æs alienum: mala res, spes multo asperior. Denique, quid reliqui habemus, præter miseram animam? Quin igitur expergiscimini? En illa, illa, quam sæpe optastis, libertas! præterea divitiæ, decus,

contre ceux qui avaient combattu malgré la défense du général, ou quitté trop tard le champ de bataille après le signal de la retraite, que contre ceux qui s'étaient permis d'abandonner leur drapeau ou de déserter leur poste devant l'ennemi ; dans la paix, ils faisaient sentir leur autorité par des bienfaits plus que par la crainte, et, après une offense, ils aimaient mieux pardonner que se venger.

Mais, lorsque, par l'activité et la justice, la république se fut agrandie, qu'ils eurent par la guerre dompté des rois puissants et par la force des armes subjugué des nations farouches et de grands peuples ; que Carthage, la rivale de l'empire romain, eut été entièrement détruite, et que la terre et toutes les mers nous furent ouvertes, alors la fortune se mit à sévir et à tout confondre.

CLXXIV

(Tom. III, p. 514.)

Jusques à quand, courageux amis, souffrirez-vous tout cela? Ne vaut-il pas mieux aller avec bravoure à la mort que de perdre avec ignominie une vie misérable et honteuse où l'on est le jouet de l'insolence d'autrui ? Mais que dis-je ? J'en atteste les dieux et les hommes, la victoire est en nos mains. Nous avons la force de l'âge, la vigueur de l'âme ; chez eux, au contraire, par l'effet des années et de l'opulence, tout est vieux. Il suffit de commencer, le reste ira de soi. Et quel est le mortel, s'il a le cœur d'un homme, qui ne s'indignerait de les voir regorger de richesses, qu'ils prodiguent à bâtir dans la mer, à aplanir des montagnes, tandis que nous n'avons même pas de quoi fournir à nos besoins ? de les voir élever à la suite l'un de l'autre deux palais et plus, quand pour nous il n'est nulle part un foyer domestique ? Ils ont beau acheter des tableaux, des statues, des vases ciselés, abattre des constructions nouvelles, en bâtir d'autres, en un mot fatiguer, tourmenter leur argent de toutes les manières, ils ne peuvent, malgré l'excès de leurs folies, venir à bout de leurs richesses. Et

gloria, in oculis sita sunt: fortuna ea omnia victoribus præmia posuit. Res, tempus, pericula, egestas, belli spolia magnifica, magis quam oratio, hortentur. Vel imperatore, vel milite me utimini : neque animus, neque corpus a vobis aberit. Hæc ipsa, ut spero, vobiscum consul agam : nisi forte me animus fallit, et vos servire magis, quam imperare, parati estis.

Sallust., Catil., 20.

CLXXV

Le complot de Catilina est dévoilé; le Sénat a déclaré la patrie en danger.

Quibus rebus permota civitas, atque immutata Urbis facies : ex summa lætitia atque lascivia, quæ diuturna quies pepererat, repente omnis tristitia invasit. Festinare, trepidare; neque loco, nec homini cuiquam satis credere; neque bellum gerere, neque pacem habere : suo quisque metu pericula metiri. Ad hoc mulieres, quibus, reipublicæ magnitudine, belli timor insolitus incesserat, adflictare sese, manus supplices ad cælum tendere; miserari parvos liberos; rogitare, omnia pavere; superbia atque deliciis omissis, sibi patriæque diffidere. At Catilinæ crudelis animus eadem illa movebat, tametsi præsidia parabantur, et ipse lege Plautia interrogatus ab L. Paullo. Postremo, dissimulandi caussa, et quasi sui expurgandi, sicuti jurgio lacessitus foret, in senatum venit. Tum M. Tullius consul, sive præsentiam ejus timens, seu ira commotus, orationem habuit luculentam atque utilem reipublicæ, quam postea scriptam edidit. Sed, ubi ille adsedit, Catilina, ut erat paratus ad dissimulanda omnia, demisso voltu, voce supplici

notre lot à nous, c'est, à la maison, la misère, au dehors, les dettes, un présent détestable, un avenir plus triste encore ; que nous reste-t-il enfin, à part un misérable souffle de vie ? Réveillez-vous donc ! La voici, la voici, cette liberté que vous avez si souvent souhaitée ; et avec elle viennent à vous les richesses, l'honneur, la gloire : tels sont les prix que la fortune promet aux vainqueurs. Que l'entreprise même, l'occasion, vos périls, votre détresse, les magnifiques dépouilles de la guerre, bien plus que mes paroles, excitent votre courage. Général ou soldat, je suis à vous ; ni d'âme, ni de corps, je ne vous ferai défaut. Ces projets, c'est comme consul que je les exécuterai, j'espère, avec vous ; à moins que ma confiance ne m'abuse et que vous ne soyez plus disposés à obéir qu'à commander.

CLXXV

(Tom. III, p. 515.)

Ces mesures répandirent le trouble parmi les habitants et l'aspect de Rome en fut changé : à la joie excessive, au goût des plaisirs, qu'avait fait naître une longue tranquillité, succéda tout à coup une tristesse générale. On court, on s'agite ; on ne sait à quels lieux, à quelles gens se fier ; sans avoir la guerre, on n'a plus la paix ; chacun mesure le péril à ses propres craintes. Puis les femmes qui, vu l'étendue de l'empire, n'ont jamais connu les alarmes de la guerre, se désolent, tendent au ciel des mains suppliantes, s'apitoient sur leurs jeunes enfants, questionnant sans cesse, s'épouvantant de tout, et, oubliant le faste et les délices, désespèrent d'elles et de la patrie. Cependant l'âme implacable de Catilina n'en poursuivait pas moins ses projets, bien qu'il vît les préparatifs de résistance et que lui-même eût été cité en justice par L. Paullus en vertu de la loi Plautia. Enfin, pour dissimuler, et feignant de vouloir se défendre comme s'il eût été victime d'une calomnie, il vint au Sénat. C'est alors que le consul,

postulare, « Patres conscripti ne quid de se temere crederent ; ea familia ortum, ita ab adolescentia vitam instituisse, ut omnia bona in spe haberet : ne existumarent, sibi patricio homini, cujus ipsius atque majorum plurima beneficia in plebem romanam essent, perdita republica opus esse, quum eam servaret M. Tullius, inquilinus civis urbis Romæ. » Ad hoc maledicta alia quum adderet, obstrepere omnes, hostem atque parricidam vocare. Tum ille furibundus : « Quoniam quidem circumventus, inquit, ab inimicis, præceps agor, incendium meum ruina restinguam ¹ ». Dein se ex curia domum proripuit.

Sallust., *Catil.* 31.

LCXXVI

Comment Catilina et ses conjurés avaient des partisans nombreux.

Neque solum illis aliena mens erat, qui conscii conjurationis ; sed omnino cuncta plebes, novarum rerum studio, Catilinæ incepta probabat. Id adeo more suo videbatur facere. Nam semper in civitate, quis opes nullæ sunt, bonis invident, malos extollunt ; vetera odere, nova exoptant ; odio suarum rerum mutari omnia student ; turba atque seditionibus sine cura aluntur, quoniam egestas facile habetur sine damno. Sed urbana plebes, ea vero præceps ierat multis de caussis. Primum omnium, qui ubique probro atque petulantia maxume præstabant, item

---

(1) Salluste transporte ici une parole que Catilina prononça en réalité quelques jours auparavant en répondant à une menace que lui avait adressée Caton. Nous en avons la preuve dans le plaidoyer de Cicéron en faveur de Muréna, ch. 25.

M. Tullius, soit qu'il craignît sa présence, soit qu'il s'en indignât, prononça ce brillant discours, si utile à la république, qu'il a mis par écrit et publié dans la suite. Mais à peine se fut-il assis, que Catilina, en homme habile dans la dissimulation, les yeux baissés et d'un ton suppliant, conjura les sénateurs « de ne rien croire à la légère sur son compte : sa naissance et la conduite qu'il avait tenue depuis l'adolescence lui permettant d'aspirer à tout, ils ne devaient pas penser qu'un patricien tel que lui, dont les services, comme ceux de ses ancêtres, avaient été des plus utiles au peuple romain, eût intérêt à perdre la république, alors qu'elle aurait pour sauveur M. Tullius, ce citoyen domicilié d'hier dans la ville de Rome. » Comme à ce trait il ajoutait d'autres injures, tous l'arrêtent par leurs murmures, le traitent d'ennemi public et de parricide. Alors transporté de fureur : « Puisque je suis, dit-il, entouré d'ennemis qui me poussent à l'abîme, j'étoufferai sous des ruines l'incendie préparé contre moi ». Puis il sortit brusquement du sénat et courut chez lui.

CLXXVI

(Tom. III, p. 516.)

Ces sentiments hostiles n'existaient pas seulement chez les complices de la conjuration : toute la populace en général, par amour de la nouveauté, approuvait l'entreprise de Catilina ; et en cela elle suivait, semble-t-il, son penchant naturel ; car toujours, dans un État, ceux qui n'ont rien portent envie aux gens considérés, exaltent les méchants, détestent l'ancien état de choses, en souhaitent un nouveau ; en haine de leur sort, ils désirent que tout soit bouleversé ; ils se repaissent sans crainte de troubles et de séditions, parce que la pauvreté, n'ayant rien à perdre, se tire facilement d'affaire. Mais c'était particulièrement la populace de Rome, qui courait à l'abîme pour mille motifs. D'abord, tous ceux qui, en quelque lieu que ce fût, s'étaient fait connaître par leur bassesse et leur

alii per dedecora patrimoniis amissis, postremo omnes quos flagitium aut facinus domo expulerat; ii Romam, sicuti in sentinam, confluxerant. Deinde multi, memores Sullanæ victoriæ, quod ex gregariis militibus alios senatores videbant, alios ita divites, uti regio victu atque cultu ætatem agerent, sibi quisque, si in armis forent, ex victoria talia sperabant. Præterea juventus, quæ in agris manuum mercede inopiam toleraverat, privatis atque publicis largitionibus excita, urbanum otium ingrato labori prætulerat. Eos atque alios omnis malum publicum alebat. Quo minus mirandum est, homines egentis, malis moribus, maxuma spe, reipublicæ juxta ac sibi consuluisse. Præterea quorum, victoria Sullæ, parentes proscripti, bona erepta, jus libertatis imminutum erat, haud sane alio animo belli eventum exspectabant. Ad hoc, quicunque aliarum atque senati partium erant, conturbari rempublicam, quam minus valere ipsi malebant: id adeo malum multos post annos in civitatem reverterat!

Sallust., Catil., 37.

CLXXVII

Parallèle de Caton et de César.

His genus, ætas [1], eloquentia, prope æqualia fuere : magnitudo animi par, item gloria; sed alia alii. Cæsar beneficiis ac munificentia magnus habebatur; integritate vitæ Cato. Ille mansuetudine et misericordia clarus factus; huic severitas dignitatem addiderat. Cæsar dando, sublevando, ignoscendo; Cato nihil largiundo gloriam adeptus. In altero miseris perfugium; in altero malis pernicies.

---

(1) À quatre années près l'âge était le même, et la famille Porcia n'était pas moins illustre que la famille Julia.

turbulence, d'autres aussi qui dans des excès honteux avaient dissipé leur patrimoine, en un mot tous ceux que l'opprobre ou le crime avaient chassés de chez eux, avaient afflué à Rome comme dans une sorte d'égout. Puis beaucoup, en se rappelant la victoire de Sylla et en voyant de simples soldats devenus ou sénateurs ou assez riches pour mener en tout point un train royal, se flattaient, s'ils prenaient les armes, d'obtenir de la victoire les mêmes avantages. De plus, la jeunesse de la campagne, qui, pour prix du travail de ses mains, n'arrivait à vivre que péniblement, attirée par les largesses publiques et particulières, avait préféré l'oisiveté de Rome à un labeur ingrat. Ceux-là et bien d'autres trouvaient leur subsistance dans les malheurs publics. Aussi doit-on moins s'étonner que des hommes besogneux, sans mœurs, ivres d'espérance, n'aient pas considéré l'intérêt de la république autrement que le leur. Il y avait encore ceux dont Sylla vainqueur avait proscrit les parents, confisqué les biens, restreint les droits civiques, et qui attendaient dans des dispositions non différentes l'issue de la guerre. Ajoutez enfin tous ceux qui, n'étant pas du parti du sénat, préféraient le bouleversement de l'État à leur déchéance personnelle. Le mal intestin, longtemps assoupi, s'était réveillé.

CLXXVII

(Tom. III, p. 517.)

Chez eux la naissance, l'âge, l'éloquence étaient à peu près pareils; la grandeur d'âme égale, comme aussi la gloire, mais différemment. César se montrait grand par ses bienfaits et sa munificence; Caton, par l'intégrité de sa vie. Le premier s'était fait un nom par sa douceur et son humanité; la sévérité du second avait ajouté au respect qu'il commandait. César, à force de donner, de soulager, de pardonner, avait obtenu la gloire; Caton, en n'accordant jamais rien. L'un était le refuge des malheureux, l'autre le fléau des méchants. On vantait la facilité de

illius facilitas, hujus constantia laudabatur. Postremo, Cæsar in animum induxerat laborare, vigilare; negotiis amicorum intentus, sua neglegere; nihil denegare quod dono dignum esset; sibi magnum imperium, exercitum, novum bellum exoptabat, ubi virtus enitescere posset. At Catoni studium modestiæ, decoris, sed maxume severitatis erat : non divitiis cum divite, neque factione cum factioso, sed cum strenuo virtute, cum modesto pudore, cum innocente abstinentia, certabat : esse, quam videri, bonus malebat; ita, quo minus gloriam petebat, eo magis adsequebatur.

Sallust., *Catil.*, 54.

CLXXVIII

Défaite et mort de Catilina.

Ubi, rebus omnibus exploratis, Petreius tuba signum dat, cohortis paullatim incedere jubet. Idem facit hostium exercitus. Postquam eo ventum est unde a ferentariis prœlium committi posset, maxumo clamore cum infestis signis concurrunt; pila obmittunt, gladiis res geritur. Veterani, pristinæ virtutis memores, cominus acriter instare; illi haud timidi resistunt. Maxuma vi certatur. Interea Catilina cum expeditis in prima acie versari, laborantibus subcurrere, integros pro sauciis arcessere, omnia providere, multum ipse pugnare, sæpe hostem ferire. Strenui militis, et boni imperatoris officia simul exsequebatur.

Petreius, ubi videt Catilinam, contra ac ratus erat, magna vi tendere, cohortem prætoriam in medios hostis inducit; eos perturbatos atque alios alibi resistentes interficit; deinde utrinque ex lateribus ceteros adgreditur. Mallius et Fæsulanus in primis pugnantes cadunt. Postquam fusas copias, seque cum paucis relictum videt Catilina, memor generis atque pristinæ dignitatis, in confertissumos hostes incurrit, ibique pugnans confoditur.

celui-là, la fermeté de celui-ci. Enfin César s'était fait une règle d'être laborieux, vigilant ; attentif aux intérêts de ses amis, il oubliait les siens ; il ne refusait rien de ce qui valait la peine d'être accordé ; ce qu'il ambitionnait pour lui-même, c'était un commandement, une armée, une guerre nouvelle, où pût briller son mérite. Caton, au contraire, avait le goût de la modestie, de la décence et surtout de l'austérité ; il ne luttait ni d'opulence avec les riches, ni d'influence avec les ambitieux, mais d'énergie avec les plus fermes, de réserve avec les plus modestes, de désintéressement avec les plus intègres ; il aimait mieux être homme de bien que de le paraître ; aussi, moins il cherchait la gloire, plus elle venait à lui.

CLXXVIII

(Tom. III, p. 518.)

Toutes ses dispositions prises, Pétréius fait donner le signal par les trompettes et ordonne à ses cohortes de s'avancer lentement. L'armée ennemie fait de même. Lorsqu'on fut assez rapproché pour que les hommes de trait pussent engager l'action, les deux armées, étendards en avant, se heurtent avec de grands cris ; on laisse les javelots ; on combat avec l'épée. Nos vétérans, fidèles à leur ancienne valeur, serrent l'ennemi de près : celui-ci avec intrépidité soutient le choc. La lutte est acharnée. Cependant Catilina, avec ses troupes légères, se montre au premier rang, soutient ceux qui plient, remplace les blessés par des troupes fraîches, pourvoit à tout, combat beaucoup lui-même et frappe souvent l'ennemi, remplissant à la fois les devoirs de brave soldat et de bon général.

Pétréius, qui voit Catilina résister avec une vigueur inattendue, lance la cohorte prétorienne sur le centre des ennemis, jette le trouble parmi eux, les rompt, les massacre et attaque ensuite sur les deux flancs le reste de leur armée. Mallius et le Fésulan tombent des premiers. A la

Sed confecto prœlio, tum vero cerneres quanta audacia quantaque animi vis fuisset in exercitu Catilinæ : nam fere quem quisque pugnando locum ceperat, eum, amissa anima, corpore tegebat; pauci autem, quos medios cohors prætoria disjecerat, paullo divorsius, sed omnes tamen advorsis volneribus, conciderant. Catilina vero, longe a suis, inter hostium cadavera repertus est, paullulum etiam spirans, ferociamque animi, quam habuerat vivus, in voltu retinens.

Sallust., *Catil.*, 60-61.

CLXXIX

*L'homme s'en prend aux circonstances du mal
dont lui seul est l'auteur.*

Falso queritur de natura sua genus humanum, quod, imbecilla atque ævi brevis, sorte potius quam virtute regatur : nam contra, reputando, neque majus aliud neque præstabilius invenias, magisque naturæ industriam hominum, quam vim aut tempus deesse. Sed dux atque imperator vitæ mortalium animus est; qui, ubi ad gloriam virtutis via grassatur, abunde pollens potensque et clarus est : neque fortunæ eget; quippe probitatem, industriam, alias artis bonas, neque dare neque eripere potest. Sin, captus pravis cupidinibus, ad inertiam et voluptatis corporis pessum datus, est perniciosa lubidine paulisper usus; ubi per secordiam vires, tempus, ingenium defluxere, naturæ infirmitas accusatur, suam quisque culpam auctores ad negotia transferunt. Quod si hominibus bonarum rerum tanta cura esset, quanto studio aliena ac nihil profutura, multumque etiam periculosa petunt; neque regerentur magis quam regerent casus, et eo ma-

vue de ses troupes défaites et du peu d'hommes qui lui restent, Catilina, se rappelant sa naissance et son ancienne dignité, se précipite au plus épais de la mêlée et y est percé de coups.

L'action terminée, c'est alors qu'on put juger de l'audace et de l'énergie qui avaient animé l'armée de Catilina. Presque tous, en effet, après leur mort, couvraient de leur corps la place même qu'ils avaient prise pour combattre; un petit nombre, ceux que la cohorte prétorienne avait rompus, étaient tombés un peu plus épars, mais tous néanmoins frappés par devant. Quant à Catilina, il fut trouvé loin des siens au milieu des cadavres de ses ennemis; il exhalait son dernier soupir et l'air farouche qu'il avait eu pendant sa vie demeurait empreint sur son visage.

CLXXIX

(Tom. III, p. 518.)

C'est à tort que l'homme se plaint de n'être naturellement qu'une créature faible, éphémère, sur laquelle le hasard a plus d'empire que la vertu. Car, tout au contraire, si l'on y réfléchit, on trouve qu'il n'est rien de plus grand, de plus noble, et que, s'il manque quelque chose à sa nature, c'est l'activité plutôt que la force et la durée. En vérité l'âme commande et exerce la toute-puissance dans la vie de l'homme; marche-t-elle à la gloire par le chemin de la vertu, ni la force, ni la puissance, ni l'éclat ne font défaut, sans qu'il soit besoin de la fortune, qui ne saurait ni donner, ni ravir la probité, l'activité, ou aucun autre mérite. Mais, subjuguée par les passions déréglées, s'abandonne-t-elle à la mollesse et aux plaisirs des sens, dès qu'on a goûté à ces pernicieuses délices, dans l'inertie s'épuisent vite les forces, le temps et l'esprit, et alors on accuse de faiblesse la nature humaine, chacun rejette sur la force des choses les torts dont lui seul est coupable. Que

gnitudinis procederent, ubi, pro mortalibus, gloria æterni
fierent.

Sallust., *Jugurth.*, 1.

CLXXX

*Micipsa, craignant pour ses deux fils la réputation de son neveu
Jugurtha, l'envoie combattre en Espagne, dans l'espoir qu'il
y succombera.*

Jugurtha, ubi primum adolevit, pollens viribus, decora
facie, sed multo maxume ingenio validus, non se luxu
neque inertiæ corrumpendum dedit; sed, uti mos gentis
illius est, equitare, jaculari, cursu cum æqualibus certare;
et quum omnis gloria anteiret, omnibus tamen carus esse;
ad hoc, pleraque tempora in venando agere, leonem atque
alias feras primus aut in primis ferire; plurimum facere,
minumum ipse de se loqui.

Quibus rebus Micipsa tametsi initio lætus fuerat, existumans virtutem Jugurthæ regno suo gloriæ fore, tamen,
postquam hominem adolescentem, exacta sua ætate, par-
vis liberis, magis magisque crescere intellegit, vehementer
negotio permotus, multa cum animo suo volvebat. Terre-
bat natura mortalium, avida imperii et præceps ad explen-
dam animi cupidinem : præterea opportunitas suæque et
liberorum ætatis, quæ etiam mediocris viros spe prædæ
transvorsos agit: ad hoc studia Numidarum in Jugurtham
accensa; ex quibus, si talem virum interfecisset, ne qua
seditio aut bellum oriretur, anxius erat.

His difficultatibus circumventus, ubi videt neque per
vim neque insidiis opprimi posse hominem tam acceptum
popularibus, quod erat Jugurtha manu promtus et adpetens
gloriæ militaris, statuit eum objectare periculis, et eo
modo fortunam tentare. Igitur, bello Numantino, Micipsa
quum populo romano equitum atque peditum auxilia mitteret, sperans, vel ostentando virtutem, vel hostium sævi-

si les hommes recherchaient le bien avec l'ardeur qu'ils mettent à poursuivre ce qui leur est étranger, inutile et souvent même dangereux, loin de dépendre des événements, ils les maîtriseraient et s'élèveraient à ce point de grandeur qu'en échange de leur condition de mortels ils auraient l'éternité de la gloire.

CLXXX

(Tom. III, p. 519.)

Dès sa première jeunesse, Jugurtha, remarquable par sa force, par sa beauté et surtout par l'énergie de son caractère, ne se laissa corrompre ni par le luxe ni par la mollesse; mais, selon l'usage de sa nation, il montait à cheval, lançait le javelot, disputait le prix de la course aux jeunes gens de son âge ; et bien qu'il eût la gloire de les surpasser tous, à tous il était cher. Il passait aussi une grande partie du temps à chasser, toujours le premier ou des premiers à frapper le lion ou les autres bêtes féroces. C'était lui qui en faisait le plus et qui parlait le moins de lui-même.

Tout cela d'abord avait enchanté Micipsa en lui donnant à penser que le mérite de Jugurtha contribuerait à la gloire de son règne; mais, quand il vit, à côté de sa vieillesse et de l'enfance de ses fils, un homme en pleine jeunesse dont l'élévation s'accentuait chaque jour davantage, il s'en émut vivement, et mille pensées agitèrent son âme. Il songeait avec effroi à la nature humaine, avide de dominer et ardente à assouvir cette passion ; il voyait aussi dans son âge et dans celui de ses enfants une de ces occasions qui, par l'appât d'une proie facile, entraînent dans de mauvaises voies même ceux qui n'ont pas de hautes visées. D'autre part l'affection des Numides pour Jugurtha était si chaleureuse qu'il appréhendait, s'il attentait aux jours d'un tel homme, de soulever quelque sédition, quelque guerre.

Aux prises avec ces difficultés et comprenant que, ni par force ni par ruse, il ne pouvait supprimer un person-

tia facile occasurum, præfecit Numidis quos in Hispaniam mittebat. Sed ea res longe aliter ac ratus erat evenit.

Sallust., *Jugurth.*, 6-7.

CLXXXI
Paroles de Micipsa mourant à Jugurtha et à ses fils.

Parvum ego, Jugurtha, te, amisso patre, sine spe, sine opibus, in meum regnum accepi [1], existumans non minus me tibi quam liberis, si genuissem, ob beneficia carum fore; neque ea res falsum me habuit. Nam, ut alia magna et egregia tua omittam, novissume rediens Numantia, meque regnumque meum gloria honoravisti; tua virtute nobis Romanos ex amicis amicissumos fecisti; in Hispania nomen familiæ renovatum; postremo, quod difficillumum inter mortalis, gloria invidiam vicisti. Nunc, quoniam mihi natura vitæ finem facit, per hanc dextram, per regni fidem, moneo obtestorque uti hos, qui tibi genere propinqui, beneficio meo fratres sunt, caros habeas; neu malis alienos adjungere, quam sanguine conjunctos retinere. Non exercitus neque thesauri præsidia regni sunt, verum amici, quos neque armis cogere, neque auro parare queas : officio et fide pariuntur. Quis autem amicior quam frater fratri? aut quem alienum fidum invenies, si tuis hostis fueris? Equidem ego vobis regnum trado firmum, si boni eritis; sin mali, imbecillum : nam concordia parvæ res crescunt, discordia maxumæ dilabuntur. Ceterum ante hos te, Jugurtha, qui ætate et sapientia prior es, ne aliter

(1) Micipsa avait hérité de tout le royaume de son père Masinissa, ses deux frères Manastabal et Gulussa étant morts de maladie. Manastabal, toutefois, avait eu un fils, Jugurtha, mais qui, était né d'une concubine,

nage si populaire, comme Jugurtha était intrépide et passionné pour la gloire militaire, il résolut de le lancer dans les périls et de tenter ainsi la fortune. Aussi, pendant la guerre de Numance, alors qu'il fournissait au peuple romain un corps auxiliaire de cavaliers et de fantassins, il le mit à la tête des Numides qu'il faisait passer en Espagne, comptant bien qu'il y succomberait facilement victime de sa bouillante valeur ou de la fureur des ennemis. Mais il en arriva tout autrement qu'il n'avait pensé.

CLXXXI

(Tom. III, p. 519.)

Vous étiez enfant, Jugurtha, vous étiez orphelin, sans espoir et sans ressources, lorsque je vous approchai de mon trône, pensant que, par mes bienfaits, je vous deviendrais aussi cher qu'à mes propres enfants, si je venais à en avoir : et mon attente n'a pas été déçue. Car, sans parler de tous vos autres exploits, récemment en revenant de Numance, vous avez couvert de gloire et ma personne et mon royaume ; par votre mérite vous avez resserré les liens d'amitié qui nous unissaient aux Romains ; vous avez fait revivre en Espagne le renom de notre famille ; enfin, ce qui est si difficile parmi les hommes, votre gloire a triomphé de l'envie. Aujourd'hui que la nature met un terme à mes jours, par cette main, au nom de la fidélité que vous devez à votre roi, je vous recommande et je vous conjure d'aimer ces enfants, qui sont vos proches par la naissance, vos frères par mon bienfait ; n'allez pas rechercher des unions étrangères au lieu de rester attaché à ceux qui vous sont unis par le sang. Ni les armées, ni les trésors n'assurent un trône, mais bien les amis, qu'on ne peut conquérir par les armes ni se procurer à prix d'or : les bons offices seuls et le dévouement nous les donnent. Or, quel

---

avait été laissé par son aïeul dans une condition privée (*privatum reliquerat*, ch. 5) ; ce fut Micipsa qui l'éleva au rang de prince ; de là l'expression *in meum regnum recepi*.

quid eveniat providere decet : nam, in omni certamine, qui opulentior est, etiam si accipit injuriam, quia plus potest, facere videtur. Vos autem, Adherbal et Hiempsal, colite, observate talem hunc virum ; imitamini virtutem, et enitimini ne ego meliores liberos sumsisse videar, quam genuisse.

Sallust., Jugurth., 10.

CLXXXII

Jugurtha, après le meurtre d'Hiempsal, craint d'être châtié par les Romains et corrompt les grands de Rome.

Jugurtha, patratis consiliis, postquam omni Numidia potiebatur, in otio facinus suum cum animo reputans, timere populum romanum, neque advorsus iram ejus usquam, nisi in avaritia nobilitatis et pecunia sua, spem habere. Itaque paucis diebus cum auro et argento multo Romam legatos mittit; quis præcipit uti primum veteres amicos[1] muneribus expleant, deinde novos adquirant, postremo quæcumque possint largiundo parare, ne cunctentur. Sed ubi Romam legati venere, et ex præcepto regis, hospitibus aliisque quorum ea tempestate in senatu auctoritas pollebat, magna munera misere, tanta commutatio incessit, uti ex maxuma invidia in gratiam et favorem nobilitatis Jugurtha veniret. Quorum pars spe, alii præmio inducti, singulos ex senatu ambiundo, nitebantur ne gravius in eum

---

(1) Salluste a expliqué précédemment (ch. 7) comment, au siège de Numance, Jugurtha était devenu l'ami de P. Scipion et s'était lié avec un grand nombre de Romains.... *sibi multos ex Romanis familiari amicitia conjunxerat.*

ami plus sûr qu'un frère pour son frère? et sur quel étranger compter si l'on est l'ennemi des siens? Pour moi, je vous laisse à tous trois un trône solide, si vous êtes bons; chancelant, si vous ne l'êtes pas. Car la concorde fait la prospérité des établissements les plus faibles, et la discorde détruit les plus considérables. C'est surtout à vous, Jugurtha, à vous qui avez sur ces enfants la supériorité de l'âge et de la prudence, de faire en sorte que rien n'arrive contrairement à mes vœux; car, dans tout conflit, le plus fort, fût-il l'offensé, par cela même qu'il a la force, passe pour l'agresseur. Et vous, Adherbal et Hiempsal, honorez, respectez ce grand homme, imitez ses vertus, et faites vos efforts pour qu'on ne dise pas, au sujet de mes enfants, que l'adoption m'a mieux servi que la nature.

CLXXXII

(Tom. III, p. 519.)

Jugurtha, après l'exécution de ses desseins, maître de toute la Numidie, se mit à réfléchir de sang-froid à son crime et à redouter la colère du peuple romain. Il ne voit de moyen de la conjurer que dans ses trésors et dans la cupidité de la noblesse. Sans retard il envoie donc à Rome, avec beaucoup d'or et d'argent, des députés à qui il prescrit, d'abord de combler de présents ses anciens amis, puis de lui en gagner de nouveaux, en un mot de ne reculer devant aucune largesse pour s'en assurer le plus possible. Dès que ces députés, en arrivant à Rome, eurent, suivant les prescriptions du roi, adressé de riches présents à ses hôtes et à tous ceux qui avaient alors le plus de crédit au Sénat, il se produisit un tel revirement que la violente indignation de la noblesse contre Jugurtha fit place chez elle à des sentiments de bienveillance et d'intérêt. Séduits, les uns par des promesses, les autres par des dons effectifs, ils s'efforçaient, en circonvenant chacun des membres du Sénat, de prévenir une résolution trop sévère. Et quand

consuleretur. Igitur, legati ubi satis confidunt, die constituto, senatus utrisque¹ datur.....

Vicit tamen in senatu pars illa quæ vero pretium aut gratiam anteferebant. Decretum fit, uti decem legati regnum, quod Micipsa obtinuerat, inter Jugurtham et Adherbalem dividerent. Cujus legationis princeps fuit L. Opimius, homo clarus, et tum in senatu potens, quia consul, C. Graccho et M. Fulvio Flacco interfectis, acerrume victoriam nobilitatis in plebem exercuerat. Eum Jugurtha, tametsi Romæ in amicis habuerat, tamen adcuratissume recepit : dando et pollicitando perfecit uti famæ, fidei, postremo omnibus suis rebus, commodum regis anteferret. Reliquos legatos eadem via adgressus, plerosque capit : paucis carior fides quam pecunia fuit. In divisione, quæ pars Numidiæ Mauretaniam adtingit, agro, viris opulentior, Jugurthæ traditur ; illam alteram, specie quam usu potiorem, quæ portuosior et ædificiis magis exornata erat, Adherbal possedit.

Sallust., Jugurth., 13, 16.

CLXXXIII

Métellus rétablit la discipline dans l'armée d'Afrique désorganisée par l'incurie d'Albinus.

Albinus, Auli fratris exercitusque clade perculsus, postquam decreverat non egredi provincia, quantum temporis æstivorum in imperio fuit, plerumque milites stativis castris habebat, nisi quum odos aut pabuli egestas locum mutare subegerat. Sed neque muniebantur, neque more militari vigiliæ deducebantur ; uti cuique lubebat, ab signis aberat. Lixæ permixti cum militibus die noctuque va-

---

(1) Adherbal, revenu à Rome, plaidait lui-même sa cause contre les députés de Jugurtha.

les députés se crurent assurés du succès, le Sénat, ayant fixé le jour d'audience, écouta les deux parties.....

La victoire dans le Sénat demeura à ceux qui sacrifiaient la justice à l'argent et à la faveur. On décréta l'envoi de dix commissaires chargés de partager entre Jugurtha et Adherbal le royaume qu'avait possédé Micipsa. A la tête de cette députation était L. Opimius, personnage fameux et très puissant alors au Sénat, parce que, pendant son consulat, après le meurtre de C. Gracchus et de M. Fulvius Flaccus, il avait cruellement usé contre le peuple de la victoire de la noblesse. Jugurtha l'avait déjà compté à Rome au nombre de ses amis, mais il n'en mit pas moins de soin à le séduire à son arrivée : dons et promesses agirent si bien qu'il fut amené à sacrifier sa réputation, son honneur, en un mot tous ses devoirs à l'intérêt du roi. Les autres commissaires, attaqués par les mêmes moyens, se laissèrent gagner presque tous; peu d'entre eux préférèrent l'honneur à l'argent. Dans le partage de la Numidie, la partie voisine de la Mauritanie, la plus fertile et la plus peuplée, fut livrée à Jugurtha; l'autre qui, avec plus de ports et de beaux édifices, avait plus d'apparence que de ressources réelles, fut le lot d'Adherbal.

CLXXXIII

(Tom. III, p. 521.)

Frappé de l'échec que son frère Aulus avait éprouvé avec son armée, Albinus avait pris la résolution de ne pas sortir de la province romaine ; et durant tout le temps d'été où il eut le commandement, il tint presque constamment les soldats dans des campements fixes, ne changeant de place que lorsque l'infection ou la disette des fourrages l'y forçait. Mais on ne se retranchait pas, on ne se gardait pas selon la règle militaire ; s'écartait qui voulait des drapeaux. Les valets d'armée, pêle-mêle avec les soldats, erraient jour et nuit, dans leurs courses désordonnées,

gabantur; et palantes agros vastare, villas expugnare, pecoris et mancipiorum prædas certantes agere, eaque mutare cum mercatoribus vino advecticio et aliis talibus; præterea frumentum publice datum vendere, panem in dies mercari; postremo, quæcumque dici aut fingi queunt ignaviæ luxuriæque probra, in illo exercitu cuncta fuere, et alia amplius.

Sed in ea difficultate Metellum, non minus quam in rebus hostilibus, magnum et sapientem virum fuisse comperior; tanta temperantia inter ambitionem[1] sævitiamque moderatum. Namque edicto primum adjumenta ignaviæ sustulisse: ne quisquam in castris panem aut quem alium coctum cibum venderet; ne lixæ exercitum sequerentur; ne miles gregarius in castris, neve in agmine servum aut jumentum haberet; ceteris arte modum statuisse. Præterea transvorsis itineribus quotidie castra movere; juxta ac si hostis adessent, vallo atque fossa munire, vigilias crebras ponere, et ipse cum legatis circumire; item in agmine, in primis modo, modo in postremis, sæpe in medio adesse, ne quisquam ordine egrederetur, uti cum signis frequentes incederent, miles cibum et arma portaret. Ita prohibendo a delictis, magis quam vindicando, exercitum brevi confirmavit.

Sallust., *Jugurth*, 44-45.

CLXXXIV

Dévouement des frères Philènes à leur patrie.

Qua tempestate Carthaginienses pleræque Africæ imperitabant, Cyrenenses quoque magni atque opulenti fuere. Ager in medio arenosus, una specie; neque flumen, neque

---

(1) Les mots *ambitio, ambire* s'appliquaient à tous les moyens employés pour rechercher la faveur populaire. Dans un intérêt personnel et pour gagner l'affection des soldats, des généraux relâchaient la discipline.

dévastaient les champs, attaquaient les fermes, enlevaient à qui mieux mieux le bétail et les esclaves, qu'ils échangeaient ensuite à des marchands contre des vins étrangers et d'autres choses du même genre. Ils vendaient aussi le blé distribué par l'État et achetaient du pain au jour le jour. Enfin, tout ce qu'on pourrait dire ou imaginer de honteux en fait de lâcheté et de débauche, resterait au-dessous de ce qui se passait dans cette armée.

Au milieu de ces dificultés, Métellus, à mon avis, ne montra pas moins de grandeur et d'habileté que dans ses opérations contre l'ennemi : tant il sut avec mesure se garder à la fois d'une indulgence intéressée et d'une excessive sévérité. Par un édit il supprima d'abord tout ce qui entretenait la mollesse, interdit dans le camp la vente du pain et de tout autre aliment cuit, défendit aux valets de suivre l'armée, aux simples soldats d'avoir, dans les campements et dans les marches, des esclaves ou des bêtes de somme, et en limita strictement le nombre pour les autres. Il se mit en outre à déplacer chaque jour son camp sans suivre les voies directes : il le faisait, comme en présence de l'ennemi, entourer de palissades et de fossés, multipliait les gardes, et lui-même avec ses lieutenants en exerçait partout la surveillance. De même, en marche, il se tenait tantôt à la tête, tantôt à la queue, souvent au centre, afin que personne ne quittât son rang, qu'on marchât bien ensemble autour des drapeaux, que le soldat portât ses vivres et ses armes. C'est ainsi qu'en prévenant les fautes plutôt qu'en les punissant, il eut bientôt rendu la force à l'armée.

CLXXXIV

(Tom. III, p. 523.)

Dans le temps où les Carthaginois étendaient leur empire sur la plus grande partie de l'Afrique, les Cyrénéens aussi étaient puissants et riches. Entre les deux peuples, il y avait une plaine de sable, d'un même aspect partout, sans fleuve ni montagne qui fixât leurs frontières ; de là entre eux une guerre longue et continue. Après que, de part et

mons erat, qui fines eorum discerneret; quæ res eos in magno diuturnoque bello inter se habuit. Postquam utrinque legiones, item classes sæpe fusæ fugatæque, et alteri alteros aliquantum adtriverant, veriti, ne mox victos victoresque defessos alius adgrederetur, per inducias sponsionem faciunt, uti certo die legati domo proficiscerentur : quo in loco inter se obvii fuissent, is communis utriusque populi finis haberetur. Igitur Carthagine duo fratres missi, quibus nomen Philænis erat, maturavere iter pergere; Cyrenenses tardius iere. Id secordiane an casu acciderit, parum cognovi; ceterum solet in illis locis tempestas haud secus atque in mari retinere. Nam ubi per loca æqualia et nuda gignentium ventus coortus arenam humo excitavit, ea, magna vi agitata, ora oculosque implere solet; ita prospectu impedito morari iter. Postquam Cyrenenses aliquanto posteriores se vident, et ob rem corruptam domi pænas metuunt, criminari Carthaginienses ante tempus domo digressos, conturbare rem; denique omnia malle, quam victi abire. Sed quum Pœni aliam conditionem, tantummodo æquam, peterent, Græci [1] optionem Carthaginiensium faciunt, vel illi, quos finis populo suo peterant, ibi vivi obruerentur; vel eadem conditione sese, quem in locum vellent, processuros. Philæni, conditione probata, seque vitamque reipublicæ condonavere : ita vivi obruti. Carthaginienses in eo loco Philænis fratribus aras consecravere; aliique illis domi honores instituti.

Sallust., *Jugurth.*, 79.

---

(1) C'était une colonie grecque qui avait fondé la ville des Cyrénéens.

d'autre, légions et flottes eurent essuyé bien des défaites et des désastres, et que leurs forces respectives se furent sensiblement épuisées, la crainte leur vint que vaincus et vainqueurs, également affaiblis, n'eussent à supporter l'attaque d'un troisième peuple, et, ayant fait une trève, ils convinrent qu'à un jour déterminé des délégués partiraient des deux villes et que le lieu où ils se rencontreraient deviendrait la limite commune des deux États. Carthage fit donc partir deux frères, nommés Philènes, et dont la célérité fut grande; les Cyrénéens allèrent plus lentement. Fut-ce par leur faute ou bien par accident, je ne saurais le dire; car, dans ces régions, le mauvais temps peut, comme sur mer, arrêter qui voyage : dès que, sur ces vastes plaines, dépourvues de végétation, le vent vient à souffler, le sable qu'il soulève et fait tourbillonner avec violence, remplit la bouche et les yeux, empêche de voir et d'avancer. Les Cyrénéens se trouvant ainsi devancés et craignant d'être punis, à leur retour dans leur patrie, du dommage qu'elle subissait, accusent les Carthaginois d'être partis avant le jour convenu, discutent, et enfin aiment mieux tout plutôt que de se retirer vaincus. Les Carthaginois consentent à un autre accord, pourvu qu'il ne favorise personne. Les Grecs leur donnent alors le choix ou d'être enterrés vifs à l'endroit réclamé par eux comme limite de leur république, ou de les laisser, sous la même condition, s'avancer eux-mêmes jusqu'où ils voudraient. La proposition est acceptée; les Philènes font à leur patrie le sacrifice de leurs personnes et de leur vie; ils sont enterrés vifs. Les Carthaginois, sur le lieu même, élevèrent des autels aux frères Philènes, et d'autres honneurs encore furent institués pour eux à Carthage.

CLXXXV

Un soldat de l'armée de Marius découvre par hasard le moyen de s'emparer d'un fort dont le siège durait depuis longtemps.

At Marius, multis diebus et laboribus consumtis, anxius trahere cum animo, omitteretne inceptum, quoniam frustra erat, an fortunam opperiretur, qua sæpe prospere usus. Quæ cum multos dies, noctes, æstuans agitaret, forte quidam Ligus, ex cohortibus auxiliariis miles gregarius, castris aquatum egressus, haud procul ab latere castelli quod advorsum prœliantibus erat, animum advortit inter saxa repentis cochleas; quarum cum unam atque alteram, dein plures peteret, studio legundi, paullatim prope ad summum montis egressus est. Ubi postquam solitudinem intellexit, more humanæ cupidinis ignara visundi, animum vortit[1]. Et forte in eo loco grandis ilex coaluerat inter saxa, paullulum modo prona, dein flexa atque aucta in altitudinem, quo cuncta gignentium natura fert : cujus ramis modo, modo eminentibus saxis nisus Ligus, castelli planitiem perscribit, quod cuncti Numidæ intenti prœliantibus aderant.

Exploratis omnibus quæ mox usui fore ducebat, eadem regreditur, non temere, uti adscenderat, sed tentans omnia et circumspiciens. Itaque Marium propere adit; acta edocet; hortatur, ab ea parte, qua ipse descenderat, castellum tentet; pollicetur sese itineris periculique ducem.

Sallust., *Jugurth.*, 93.

---

(1) Passage controversé. Je suis la leçon donnée par Burnouf d'après une citation d'Aulu-Gelle (Noct. Att., IX, 12). D'autres lisent : « More humani ingenii, cupido ignara visundi invadit ».

CLXXXV

(Tom. III, p. 524.)

Cependant Marius, après bien du temps et des peines perdus, se demandait avec anxiété s'il devait renoncer à une entreprise jusqu'alors sans résultat ou s'en rapporter à la fortune qui plus d'une fois déjà l'avait heureusement servi. Jour et nuit, depuis longtemps, cette incertitude le tourmentait, lorsque, par hasard, un Ligurien, simple soldat des cohortes auxiliaires, sorti du camp pour chercher de l'eau, aperçut à peu de distance, du côté de la forteresse opposé à celui de l'attaque, des escargots qui rampaient le long des rochers. Après en avoir pris un, puis deux, puis d'autres, dans son ardeur à les ramasser, insensiblement il arriva presque au sommet de la montagne. Se voyant seul, il cède à la curiosité qu'excite ordinairement chez l'homme l'inconnu, et change d'idée. Le hasard avait fait croître en cet endroit, dans une crevasse du rocher, une yeuse énorme, dont le corps un peu incliné, se redressait ensuite et s'élevait verticalement selon la loi commune à tous les végétaux. En s'aidant tantôt des branches de l'arbre et tantôt des saillies du rocher, le Ligurien arrive à graver dans sa mémoire tout le plan du fort, pendant que tous les Numides n'avaient d'attention que pour les assiégeants.

Après avoir fait toutes les observations dont il pense qu'il y aura bientôt à tirer profit, il revient par le même chemin, non plus sans réflexion comme il était monté, mais en portant sur tout ce qui l'entoure un examen attentif. Sans aucun retard il va trouver Marius, l'instruit du fait, et l'engage à tenter une attaque du côté par où il était descendu, lui promettant de servir de guide et d'être le premier au péril.

CLXXXVI

De l'origine des noms des choses. Mots racines et mots dérivés.

Quom verborum declinatum genera sint quattuor, unum quod tempora adsignificat neque habet casus, ut ab *lego legis, leget*; alterum quod casus habet neque tempora adsignificat, ut ab *lego lectio* et *lector;* tertium quod habet utrumque et tempora et casus, ut ab *lego legens, lecturus*; quartum quod neutrum habet, ut ab *lego lecte* ac *lectissime*: horum verborum si primigenia sunt ad mille, ut Cosconius scribit, ex eorum declinationibus verborum discrimina quingenta millia esse possunt ideo, quia singulis verbis primigeniis circiter quingentæ species declinationibus fiunt.

Primigenia dicuntur verba ut *lego, scribo, sto, sedeo* et cetera quæ non sunt ab alio quo verbo, sed suas habent radices. Contra verba declinata sunt quæ ab alio quo oriuntur, ut ab *lego legit, legam* et sic indidem hinc permulta. Quare si quis primigeniorum verborum origines ostenderit, si ea mille sunt, quingentum milium simplicium verborum causas aperuerit una; sin nullius, tamen qui ab his reliqua orta ostenderit, satis dixerit de originibus verborum, quom unde nota sint, principia erunt pauca, quæ inde nota sint, innumerabilia.

A quibus iisdem principiis antepositis præverbis paucis immanis verborum accedit numerus, quod præverbis mutatis, additis atque commutatis aliud atque aliud fit; ut enim *processit* et *recessit*, sic *accessit* et *abscessit;* item *incessit* et *excessit*, sic *successit* et *decessit*, *concessit* et *discessit*. Quod si hæc decem sola præverbia essent, quoniam ab uno verbo declinationum quingenta discrimina fierent, his decemplicatis conjuncto præverbio ex uno quinque milia numero efficerent; ex mille ad quinquagies centum milia discrimina fieri possunt.

Democritus, Epicurus, item alii qui infinita principia dixerunt, quæ unde sint non dicunt, sed quojusmodi sint, tamen faciunt magnum: quod quæ ex his constant in mun-

CLXXXVI

(Tom. III, p. 574.)

Il y a quatre sortes de dérivations de mots : ou les dérivés ont des temps sans avoir de cas, comme de *lego* (je lis) sortent *legis, leges* (tu lis, tu liras) ; ou ils ont des cas sans avoir de temps, comme de *lego* sortent *lectio, lector* (lecture, lecteur) ; ou ils ont à la fois temps et cas, comme de *lego* sortent *legens, lecturus* (lisant, devant lire) ; ou enfin ils n'ont ni cas ni temps, comme de *lego* sortent *lecte, lectissime* (élégamment, très élégamment) ; et si les mots primitifs sont au nombre de mille, ainsi que le dit Cosconius, leurs dérivations peuvent en former cinq cent mille, puisque chaque mot primitif se modifie à peu près de cinq cents manières.

On appelle primitif tout mot qui, comme *lego, scribo, sto, sedeo* (je lis, j'écris, je suis debout, je suis assis), etc. ne vient pas d'un autre mot, mais a en lui-même sa racine. Au contraire, on appelle dérivés ceux qui tirent naissance d'un autre mot, comme *legit, legam* (il lit, je lirai) et une multitude d'autres qui sortent de même de *lego*. Si vous pouviez indiquer l'origine de chaque mot primitif, puisqu'il y en a mille, vous auriez la raison des cinq cent mille mots simples qui en découlent ; mais même ne le pouvant pas et rien qu'en montrant comment les mots primitifs forment les autres, vous faites beaucoup pour la science ; car les mots qui donnent naissance aux autres sont peu nombreux, tandis que les dérivés, dont vous montrez la filiation, sont innombrables.

Remarquons en outre combien les prépositions, malgré leur petit nombre, par leurs diverses manières de s'adjoindre à ces mots en les précédant, les multiplient et les varient à l'infini : *cessit*, par exemple, fait *processit, recessit, accessit, abscessit, incessit, excessit, successit, decessit, concessit, discessit*. Je suppose qu'il n'y ait que ces dix prépositions ; puisqu'un mot primitif prend cinq cents flexions différentes, en multipliant ce dernier nombre par dix, l'adjonction de la préposition à un seul mot en formerait cinq mille,

do, ostendunt. Quare si etymologos principia verborum postulet mille, de quibus ratio ab se non poscatur, et reliqua ostendat, quod non postulet; tamen immanem verborum expediat numerum.

Varro, *De ling. lat.*, VI, 36-39.

CLXXXVII
Etymologies latines.

Terra dicta ab eo, ut Ælius scribit, quod *teritur*;[1] itaque terra in Augurum libris scripta cum R uno. Ab eo colonis locus communis qui prope oppidum relinquitur, *territorium*, quod maxime teritur; hinc linteum quod teritur corpore, *termentarium*; hinc in messi, *tritura*, quod tum frumentum teritur, et *trivolum* qui terit; hinc fines agrorum *termini*, quod eæ partes propter limitare iter maxime teruntur; itaque hinc, quod is in Latio aliquot locis dicitur, ut apud Accium, non terminus sed termen; hinc Græci quoque τέρμονα, pote vel illinc; Evander enim, qui in Palatium venit, e Græcia Arcas...

Igitur tera *terra*, et ab eo poetæ appellarunt summa terræ quæ solo teri possunt, *sola terræ*.

Terra, ut putant, eadem et *humus*; ideo Ennium in terram cadentes dicere :

Cubitis pinsibant humum.

---

(1) Je donne ici un exemple des plus curieux de la méthode qui consistait à faire sortir les mots latins les uns des autres, parfois même les plus essentiels des moins importants, et qui fatalement amenait des erreurs grossières dont on s'est beaucoup moqué sans apprécier suffisamment toutes les difficultés de l'immense tâche qu'avait entreprise Varron. Mais le morceau précédent montre avec quelle sagacité et quelle vérité l'étymologiste sait parfois découvrir et expliquer les principes véritables de son art.

soit pour mille mots primitifs jusqu'à cinq millions de dérivés.

Démocrite, Épicure et tous ceux qui ont parlé des principes infinis des choses, ne disent pas d'où ils viennent, mais seulement ce qu'ils sont, et en cela ils font beaucoup, puisqu'ils montrent les conséquences qui, dans le monde, sont nées de ces principes. Il en est de même de l'étymologiste qui demande qu'on le dispense de rendre raison des mille mots primitifs et qui s'en tient aux dérivés pour lesquels il ne sollicite rien : il n'en explique pas moins un nombre prodigieux de mots.

CLXXXVII

(Tom. III, p. 574.)

Terra (terre) vient, comme le dit Ælius, de *terere* (frotter, user par le frottement): voilà pourquoi, dans les livres des augures, le mot *terra* est écrit avec une seule R. De là : *territorium*, territoire, espace laissé autour d'une ville à l'usage des habitants, espace par conséquent très battu ; *termentarium*, linge de corps, qui s'use au frottement du corps ; *tritura*, battage du blé, et *tribolum*, ce qui le bat; *termini*, limites des champs, qui, contiguës au chemin de passage, sont plus foulées aux pieds que le reste du champ. En certaines contrées du Latium on emploie non pas le mot *terminus*, mais *termen*, dont s'est servi Accius ; et de là les Grecs ont dit τέρμων, à moins, au contraire, que l'expression latine n'ait une origine grecque; car Évandre, qui vint s'établir sur le mont Palatin était un Grec d'Arcadie...

Donc *tera* a produit *terra*, et comme c'est la plante des pieds *solum*, qui foule la partie extérieure de la terre, les poëtes ont appelé cette surface *sola terræ*.

Terra et *humus* sont regardés comme synonymes: ainsi Ennius dit en parlant d'hommes tombés à terre : « De leurs coudes ils frappaient *humum*, la terre. » Et c'est parce que *humus* et *terra* désignent la même chose qu'on dit *humatus* pour désigner le mort recouvert de terre, *terra*. Aussi, lorsque le cadavre d'un Romain a été brûlé, mais qu'on

Et quod terra sit humus, ideo is *humatus* mortuus, qui terra sit obrutus. Ab eo, quom Romanus combustus est, si in sepulchrum ejus abjecta gleba non est, aut si os exceptum est mortui ad familiam purgandam, donec in purgando humo est opertus (ut pontifices dicunt, quoad *inhumatus* sit), familia funesta manet. Et dicitur *humilior* qui ad humum demissior, infimus *humillimus*, quod in mundo infima humus. *Humor* hinc ; itaque ideo Lucilius :

> Terra abit in nimbos imbremque ;

Pacuvius :

> Terra exhalat auram atque auroram humidam

humectam. Hinc ager *uliginosus* humidissimus ; hinc *udus* uvidus ; hinc *sudor*, quod fluit deorsum in terram.

Varro, *De ling. lat.*, V, 21-24.

CLXXXVIII

Commencement de la préface du traité d'agriculture de Varron. A sa femme Fundania.

Otium si essem consecutus, Fundania, commodius tibi hæc scriberem, quæ nunc, ut potero, exponam, cogitans, esse properandum, quod [ut dicitur] si est homo bulla, eo magis senex. Annus enim octogesimus admonet me, ut sarcinas colligam ante quam proficiscar e vita. Quare, quoniam emisti fundum quem, bene colendo, fructuosum conficere velis, meque ut id mihi habeam curare roges, experiar. Et non solum, ut ipse quoad vivam, quid fieri oporteat ut te moneam, sed etiam post mortem. Neque patiar Sibyllam non solum cecinisse, quæ, dum viveret, prodessent hominibus, sed etiam quæ cum perisset ipsa, et id etiam ignotissimis quoque hominibus; ad cujus libros tot annis post publice solemus redire, cum desideramus quid faciendum sit nobis ex aliquo portento; me, ne dum vivo quidem, necessariis meis quod prosit facere. Quocirca scribam tibi tres libros indices, ad quos revertare, si qua

n'a pas jeté sur lui la terre sépulcrale ou qu'on a détaché de lui la tête pour servir à la purification de la famille, tant que cette cérémonie n'a pas été accomplie par le jet de l'*humus*, et selon la formule des pontifes, tant qu'il n'est pas inhumé, *quoad inhumatus sit*, la famille reste sous le coup de cette mort. De même on appelle *humilior*, trop humble, celui qui se baisse trop vers la terre, et *humillimus*, très humble, celui qui est de la plus basse condition, parce que la terre, *humus*, est la plus basse partie de monde. De là encore vient le mot *humor*, humidité, ce qui explique cette expression de Lucilius : « La terre s'en va en nuée et en pluie; » et cette autre de Pacuvius : « La terre exhale un air et une haleine humide ». De là *uliginosus ager*, un champ plein d'humidité ; de là *udus* pour dire mouillé ; de là *sudor* pour dire la sueur qui dégoutte vers la terre.

CLXXXVIII

(Tom. III, p. 588.)

Si j'en avais le plein loisir, Fundania, j'apporterais plus de soin à cet ouvrage; mais vous l'avez tel que je puis l'écrire en songeant qu'il faut me presser, puisque, si la vie de l'homme, comme on dit, est une bulle d'air, à plus forte raison celle du vieillard. Mes quatre-vingts ans m'avertissent de plier bagage et de me tenir prêt à quitter la vie. Aussi, puisque vous avez acheté un fonds de terre, que vous voudriez rendre par une bonne culture le plus fructueux possible, et que vous me priez de vous y aider, je ferai de mon mieux. Je vais vous donner sur tout ce que vous avez à faire des instructions qui puissent vous servir et de mon vivant et après ma mort. Les paroles de la Sibylle ont été profitables non seulement à ses contemporains, mais encore, après qu'elle eut disparu, à des hommes qu'elle n'avait pu nullement connaître; ses livres, après bien des siècles, sont encore solennellement consultés

in re quæres, quemadmodum quidque te in colendo oporteat facere.

Varro, *De re rust.*, I, 1.

CLXXXIX
Choix et direction des ouvriers dans la culture des terres.

Cassius scribit hæc : « Operarios parandos esse, qui laborem ferre possint, ne minores annorum XXII, et ad agriculturam dociles. » Eam conjecturam fieri posse, ex aliarum rerum imperatis, et uno eorum e novitiis requisito, ad priorem dominum quid factitarent. Mancipia esse oportere neque formidolosa, neque animosa. Qui præsint esse oportere, qui litteris et aliqua sint humanitate imbuti, frugi, ætate majore, quam operarios, quos dixi. Facilius enim his, quam minoribus natu sunt dicto audientes. Præterea potissimum eos præesse oportet, qui periti sint rerum rusticarum. Non solum enim debere imperare, sed etiam facere, ut facientem imitentur, et ut animadvertant eum cum causa sibi præesse, quod scientia præstet et usu. Neque illi concedendum ita imperare, ut verberibus coerceat potius quam verbis, si modo idem efficere possis. Neque ejusdem nationis plures parandos esse. Ex eo enim potissimum solere offensiones domesticas fieri. Præfectos alacriores faciundum præmiis; dandaque opera, ut habeant peculium, et conjunctas conservas, e quibus habeant filios : eo enim fiunt firmiores, ac conjunctiores fundo. Itaque propter has cognationes Epiroticæ familiæ sunt illustriores ac cariores. Ad injiciendum voluptatem his præfecturæ, honore aliquo habendi sunt; et de operariis, qui præstabunt alios, communicandum quoque cum iis, quæ faciunda sunt opera. Quod ita cum fit, minus se putant despici, atque aliquo numero haberi a domino. Studiosiores ad opus fieri liberalius tractando, aut cibariis, aut vestitu largiore, aut remissione operis, concessioneve, ut peculiare aliquid

chaque fois qu'il faut prendre quelque décision à l'apparition de quelque prodige ; et moi, je ne pourrais, de mon vivant, donner à ceux qui me sont le plus attachés quelques avis utiles! Je veux écrire pour vous trois livres qui vous guideront et auxquels vous pourrez recourir pour toute question qui vous embarrassera dans l'exploitation de votre domaine.

CLXXXIX
(Tom. III, p. 589-594.)

« Choisissez pour ouvriers, disait Cassius, des hommes durs à la fatigue, âgés de moins de vingt-deux ans et montrant des dispositions pour l'agriculture. » On juge de leurs dispositions en leur commandant des travaux différents et en les questionnant, après ces essais, sur ce qu'ils faisaient chez le maître qu'ils servaient précédemment. Il est bon que les esclaves ne soient ni craintifs ni insolents. Il est bon aussi que ceux qui sont chargés de la direction aient quelque teinture d'instruction, de la probité, et soient plus âgés que ceux qui travaillent sous leurs ordres ; car l'âge fait qu'on leur obéit plus facilement. Avant tout d'ailleurs il convient de ne confier la direction des travaux rustiques qu'à ceux qui les connaissent : un chef doit, en effet, non seulement commander, mais aussi travailler lui-même, pour montrer comment il faut faire, et pour donner aux autres la conviction que, s'il est à leur tête, c'est à juste titre, à cause de son savoir et de son expérience ; ne lui permettez pas d'employer les coups quand, pour se faire obéir, il lui suffit de simples remontrances. Évitez d'avoir trop d'esclaves du même pays, c'est une cause on ne peut plus fréquente de querelles domestiques. Stimulez le zèle des chefs par des récompenses ; prenez soin de leur assurer un pécule et de leur choisir une femme parmi leurs compagnes d'esclavage ; les enfants qui naîtront de ces unions les attacheront, les fixeront à votre sol, et c'est parce qu'ils se plaisent à se lier ainsi que les esclaves d'Épire sont plus réputés et coûtent plus cher que les autres. Pour que les chefs prennent plaisir à leurs fonctions, donnez-leur par-

in fundo pascere liceat, aut hujuscemodi rerum aliis, ut quibus quid gravius sit imperatum, aut animadversum, qui consolando eorum restituat voluntatem, ac benevolentiam in dominum.

(Varro, *De re rust.*, I, 17.

CXC

La vie des champs était préférée par les anciens Romains à la vie de la ville.

Viri magni nostri majores non sine causa præponebant rusticos Romanos urbanis. Ut ruri enim, qui in villa vivunt ignaviores, quam qui in agro versantur in aliquo opere faciundo : sic qui in oppido sederent, quam qui rura colerent, desidiosiores putabant. Itaque annum ita diviserunt, ut nonis modo diebus urbanas res usurparent, reliquis VII ut rura colerent. Quod dum servaverunt institutum, utrumque sunt consecuti, ut et cultura agros fecundissimos haberent, et ipsi valetudine firmiores essent : ac ne Græcorum urbana desiderarent gymnasia, quæ nunc vix satis singula sunt : nec putant se habere villam, si non multis vocabulis retineant Græcis, quum vocent particulatim loca προκοιτῶνα, παλαίστραν, ἀποδυτήριον, περίστυλον, ὀρνιθῶνα, περιστερεῶνα, ὀπωροθήκην. Igitur quod nunc intra murum fere patres familiæ correpserunt relictis falce et aratro, et manus movere maluerunt in theatro ac circo, quam in segetibus ac vinetis, frumentum locamus, qui nobis advehat, qui saturi flamus ex Africa, et Sardinia, et navibus vindemiam condimus ex insula Coa, et Chia. Itaque in qua terra culturam agri docuerunt pastores progeniem suam, qui condiderunt urbem,

fois quelque marque de considération. De même, si parmi les ouvriers il en est qui se distinguent, parlez-leur, prenez leur avis sur les travaux à opérer, vous les relèverez ainsi à leurs propres yeux en leur montrant que le maître les compte pour quelque chose. Excitez encore leur zèle par de bons traitements, une nourriture plus abondante, des vêtements meilleurs, l'exemption de certaines corvées, l'autorisation de faire paître à leur profit quelques bestiaux sur vos terres, ou quelque autre faveur du même genre : si ensuite ils se voient imposer quelque tâche un peu dure ou infliger quelque punition un peu sévère, le souvenir de vos bienfaits, en amortissant leur chagrin, ranimera la bonne volonté et l'attachement qu'ils doivent à leur maître.

CXC

(Tom. III, p. 589-594.)

Nos aïeux qui furent des hommes si remarquables avaient bien raison de priser les citoyens qui vivaient à la campagne plus que ceux de la ville ; car autant à la campagne même les habitants de l'intérieur d'une maison sont plus nonchalants que ceux qui s'occupent des travaux des champs, autant l'existence de ces campagnards paraissait-elle plus active que celle des citadins. Aussi partageaient-ils leur temps de façon à ne consacrer à la ville, pour les affaires, que deux jours sur neuf, pour donner les sept autres à l'agriculture. Tant qu'ils conservèrent cette coutume, ils en tirèrent deux avantages : leurs soins rendaient leurs champs plus féconds, et eux-mêmes avaient une santé plus solide ; si bien qu'ils ne sentaient pas le besoin de ces gymnases dont les Grecs ont donné le goût à nos citadins qui en ont à peine assez d'un pour chacun d'eux et qui ne croiraient pas avoir une maison de campagne s'ils ne donnaient un nom grec à chacune des parties qui la composent : προχοιτῶνα, παλαίστραν, ἀποδυτήριον, περίστυλον, ὀρνιθῶνα, περιστερεῶνα, ὀπωροθήκην [1]. Aujourd'hui donc, la

---

(1) Antichambre, salle d'exercices, vestiaire, péristyle, volière, colombier, fruitier.

ibi contra progenies eorum, propter avaritiam, contra leges, ex segetibus fecit prata, ignorantes non idem esse agriculturam et pastionem.

Varro, *De re rust.*, II, 1.

CXCI
Soins à donner aux chiens de troupeaux.

Catuli diebus XX videre incipiunt. Duobus mensibus primis a partu non disjunguntur a matre, sed minutatim desuefiunt. Educunt eos plures in unum locum et irritant ad pugnandum, quo fiant acriores, neque defatigari patiuntur, quo fiant segniores. Consue quoque faciunt ut alligari possint, primum levibus vinclis : quæ si abrodere conantur, ne id consuescant facere, verberibus eos deterrere solent. Pluviis diebus cubilia substernenda fronde aut pabulo, duabus de causis, ut ne oblinantur, aut perfrigescant. Quidam eos castrant, quod eo minus putant relinquere gregem. Quidam non faciunt, quod eos credunt minus acres fieri. Quidam nucibus græcis in aqua tritis perungunt aures, et inter digitos : quod muscæ, et ricini, et pulices soleant (si hoc unguine non sis usus) ea exulcerare. Ne vulnerentur a bestiis, imponuntur his collaria, quæ vocantur mellum, id est cingulum circum collum ex corio firmo cum clavulis capitatis, quæ intra capita insuitur pellis mollis, ne noceat collo duritia ferri. Quod si lupus, aliusve quis his vulneratus est, reliquas quoque canes facit, quæ id non habent, ut sint in tuto. Numerus canum pro pecoris multitudine solet parari. Fere modicum esse

plupart des chefs de famille se retirant à Rome, après avoir délaissé faux et charrue, et aimant mieux user de leurs mains pour applaudir au théâtre et au cirque que pour travailler aux champs de blé et aux vignobles, nous devons à prix d'argent nous faire apporter d'Afrique et de Sardaigne le blé nécessaire à notre subsistance et c'est à travers les mers que nous tirons notre vin de Cos et de Chio. Ainsi cette ville, jadis fondée par des pâtres qui voulurent que leurs enfants fussent agriculteurs, voit aujourd'hui leurs descendants, par cupidité et contrairement aux lois, convertir les terres labourables en prairies sans comprendre la différence qu'il y a entre l'agriculture et le simple élevage du bétail.

CXCI
(Tom. III, p. 589-594.)

Les petits chiens au bout de vingt jours commencent à voir; mais pendant les deux premiers mois on ne les sépare pas de la mère et c'est peu à peu qu'ils s'en déshabituent. On les dresse en en réunissant plusieurs et en les excitant à se battre, on les rend ainsi plus ardents, pourvu toutefois qu'on ne les fatigue pas, ce qui leur ferait perdre leur énergie. On les accoutume aussi à rester attachés : on se sert d'abord d'un lien léger, et, s'ils veulent le ronger, on les bat pour leur en faire perdre l'habitude. Quand il pleut, pour qu'ils ne se souillent pas et qu'ils n'aient pas froid, il faut étendre dans leur loge des feuilles ou du fourrage. Quelques-uns les châtrent, pensant par là leur enlever l'envie de s'éloigner du troupeau ; mais d'autres ne le font pas, dans la crainte de les priver d'ardeur. Il y en a aussi qui avec des amandes pilées dans de l'eau leur frottent les oreilles et l'entre-deux des ongles, parties du corps sur lesquelles, sans cette précaution, la piqûre des mouches, des tiques et des puces produit fréquemment des ulcères. Pour que les chiens ne soient pas blessés par les bêtes féroces, on leur met un collier connu sous le nom de *mellum* ; c'est une large bande de cuir très fort, hérissée de clous dont les têtes à l'intérieur sont recouvertes d'une

putant, ut singuli sequantur singulos opiliones ; de quo numero alius alium modum constituit. Quod si sunt regiones ubi bestiæ sint multæ, debent esse plures; quod accidit iis qui per calles silvestres longinquos solent comitari in æstiva et hiberna. Villatico vero gregi in fundum satis esse duo, et id marem et fœminam ; ita enim sunt assiduiores, quod cum altero idem fit acrior, et si alter indesinenter æger est, ne sine cane grex sit.

Varro, *De re rust.*, II, 9

CXCII

Mœurs des abeilles ; leur essaimage.

Hæ ut hominum civitates, quod hic est et rex et imperium et societas, quod sequuntur omnia pura : itaque nulla harum assidit in loco inquinato, aut eo, qui male oleat; neque etiam in eo qui bona olet unguenta : itaque his unctus qui accessit, pungunt. Non ut muscæ liguriunt; quod nemo has videt, ut illas, in carne, aut sanguine, aut adipe, ideo modo considunt in quo est sapor dulcis. Minime malefica, quod nullius opus vellicans facit deterius ; neque ignava, ut non, qui ejus opus conetur disturbare, resistat, neque tamen nescia suæ imbecillitatis.... Regem suum sequuntur quocunque it, et fessum sublevant; et, si nequit volare, succollant, quod eum servare volunt. Neque ipsæ sunt inficientes, nec non oderunt inertes; itaque impetentes a se ejiciunt fucos, quod hi neque adjuvant, et mel consumunt : quos vocificantes plures persequuntur etiam paucæ. Extra ostium alvei obturant omnia, qua venit inter favos spiritus, quam ἐριθάκην appellant Græci. Omnes ut in exercitu vivunt, atque alternis dormiunt, et opus faciunt pariter, et ut colonias mittunt. Hique duces conficiunt quædam ad vocem

peau molle de façon à préserver le cou du dur contact du fer. Une fois qu'un loup ou qu'un autre animal féroce a été blessé par ces clous, tous les chiens du troupeau, même ceux qui n'ont pas de collier, n'ont plus d'attaques à redouter. Le nombre des chiens répond ordinairement à l'importance du troupeau. En général on en compte un par berger; mais il peut y avoir des exceptions; s'il s'agit, par exemple, d'un pays où abondent les bêtes féroces, il en faut davantage; c'est le cas de ceux qui ont à traverser de grandes forêts pour conduire le bétail à de lointaines stations d'hiver ou d'été. Pour le troupeau de métairie, il suffit en tout de deux chiens, un mâle et une femelle; ainsi accouplés, ils sont plus sûrs, et l'émulation les rend plus ardents; d'ailleurs, si l'un des deux tombe malade, le troupeau en a encore un.

CXCII

(Tom. III, p. 589-594.)

De même que dans nos cités, il y a chez elles un roi, un gouvernement, une société organisée; elles recherchent ce qui est pur; jamais elles ne s'arrêtent au milieu des immondices ou des mauvaises odeurs, elles fuient même tout endroit trop parfumé et piquent ceux qui s'approchent d'elles avec ces trop vifs parfums. Elles n'ont pas la gloutonnerie des mouches et on les voit s'abattre, non pas sur la chair, le sang ou la graisse, mais seulement sur des aliments de saveur douce. Nullement malfaisantes, elles ne corrompent rien de ce qu'elles touchent en butinant. Elles sont timides, mais savent cependant résister à qui veut détruire leur ouvrage, bien qu'elles aient le sentiment de leur faiblesse... Elles suivent leur roi partout où il va, le soutiennent, quand il est fatigué, le portent, s'il ne peut plus voler, tant elles tiennent à le conserver. Travaillant elles-mêmes, elles détestent la paresse; aussi poursuivent-elles et chassent-elles les frelons, parce que, sans les aider, ils consomment leur miel : il n'en faut que quelques-unes pour en mettre bruyamment en fuite un grand nombre. Elles

ut imitatione tubæ; tum id faciunt, cum inter se signa pacis ac belli habeant...

Cum examen exiturum est, quod fieri solet, cum adnatæ prospere sunt multæ, ac progeniem veteres emittere volunt in coloniam (ut olim crebro Sabini factitaverunt propter multitudinem liberorum), hujus quod duo solent præire signa, scitur. Unum, quod superioribus diebus, maxime vespertinis, multæ ante foramen, ut uvæ, aliæ ex aliis pendent conglobatæ. Alterum, quod cum jam evolaturæ sunt, aut etiam inceperunt, consonant vehementer, proinde ut milites faciunt, cum castra movent. Quæ primo tum exierunt, in conspectu volitant, reliquas **quæ nondum** congregatæ sunt respectantes, dum conveniant. **Cum a mellario** id fecisse sunt animadversæ, jaciundo in eas **pulverem et** circumtinniendo ære, perterritas quo voluerit perducet. **Non longe** inde ramum vel quid aliud oblinunt erithace, atque **apiastro**, cæterisque rebus quibus delectantur. Ubi consederunt, **afferunt** alvum prope eisdem illiciis illitam intus, et prope apposita, **fumo** leni circumeundo cogunt eas intrare. Ut quæ in **novam** coloniam cum introierunt, permanent adeo libenter, ut etiam si proximam posueris illam alvum, unde exierunt, tamen novo domicilio potius sint contentæ.

Varro, *De re rust.*, III, 16.

bouchent, à l'intérieur, toutes les fissures, par où l'air pourrait pénétrer dans leurs rayons, au moyen d'une matière que les Grecs appellent érithace. Toutes ensemble elles vivent pour ainsi dire de la vie militaire, dormant à tour de rôle, se partageant le travail, et envoyant au loin des colonies. Elles obéissent à la voix de leurs chefs comme des soldats au son de la trompette ; elles ont leurs signes de guerre et de paix....

Quand un essaim doit émigrer, ce qui arrive lorsque des naissances en trop grand nombre se sont produites heureusement et que les anciennes veulent envoyer la jeune génération en colonie (comme les Sabins le firent si souvent à cause de la multitude de leurs enfants), deux signes précurseurs l'annoncent. D'abord, quelques jours auparavant et surtout le soir, on voit, devant l'ouverture de la ruche, beaucoup d'abeilles qui forment des grappes en restant accrochées les unes aux autres. Puis, au moment de s'envoler ou lorsque commence leur vol, elles font un bruit considérable, à la façon d'une armée qui décampe ; les premières sorties voltigent en face de la ruche, en attendant que les autres qui ne sont pas encore rassemblées viennent les rejoindre. Dès que l'éleveur s'aperçoit de ce mouvement, il doit jeter sur elles de la poussière et les effrayer en frappant près d'elles sur un instrument de cuivre ; il les mènera ainsi où il voudra. On met à leur portée un objet frotté d'érithace, de mélisse ou de toute autre matière capable de les attirer, et lorsqu'elles s'arrêtent, on apporte une ruche enduite à l'intérieur des mêmes substances, on la met tout près d'elles, et en les entourant d'une légère fumée on les oblige à y pénétrer. Une fois entrées dans leur nouvelle colonie, elles s'y fixent si bien que, même si on rapprochait d'elles la ruche d'où elles viennent de sortir, elles lui préféreraient leur nouvelle demeure.

TABLE DES MATIÈRES
DE
L'APPENDICE

POÉSIE JUSQU'AU TEMPS DE CICÉRON.

Ennius. — I. Plaintes et prédictions de Cassandre. 6
II. Une scène de l'*Achilles* analysée par Cicéron 8
III. Romulus et Rémus prennent les auspices pour décider qui nommera et gouvernera la ville nouvelle. 10
Plaute. — IV. Plaintes de Sosie, envoyé, dans la nuit, vers Alcmène par Amphitryon. 10
V. Mercure vient de donner à Sosie des preuves qu'il est lui-même Sosie et finit de le convaincre. 12
VI. L'avare Euclion, obligé de quitter un moment sa maison, adresse ses recommandations à sa vieille servante Staphyla et exprime ses appréhensions. 16
VII. L'avare Euclion surprend l'esclave Strobile près du temple où il a caché son trésor; il le fouille et veut lui faire rendre ce qu'il n'a pas encore pris 20
VIII. Plaintes d'Euclion à qui on a volé la marmite dans laquelle était caché son trésor. 28
IX. Scène entre Hégion et Tyndare, qui s'est fait passer pour Philocrate, son maître, afin que celui-ci pût partir à sa place. 30
X. Plaintes du parasite Ergasile qui n'a trouvé aucune invitation à dîner. 34
XI. Monologue du jeune débauché Philolachès 38
XII. Menechme-Sosiclès en présence de la femme et du beau-père de l'autre Ménechme, qui le prennent pour son frère 40
XIII. L'étoile Arcture s'adresse aux spectateurs 46
XIV. Plaintes de Mégaronide contre les bavards qui l'ont induit à douter un moment de la bonne foi de son vieil ami Calliclès 48
XV. Entretien de Philton et de son fils Lysitélès. 50
Térence. — XVI. Simon raconte à Sosie comment il s'est aperçu de l'amour de son fils pour Glycérie et comment Chrémès a rétracté la promesse qu'il avait faite de donner à ce jeune homme sa fille en mariage 54
XVII. Simon menace Dave de l'envoyer au moulin s'il cherche par quelque tour de sa façon à empêcher le mariage de Pamphile avec la fille de Chrémès. 58
XVIII. Pamphile dit à Mysis, servante de Glycérie, combien il est résolu à rester fidèle à celle qu'il aime 62

XIX. Entretien de Simon et de Dave après que Pamphile a accepté avec une feinte soumission l'avis de son père 66
XX. Le parasite Gnathon 70
XXI. Voyant son voisin Ménédème se soumettre aux plus durs travaux, Chrémès le questionne avec sympathie. 72
XXII. Ménédème explique les motifs de sa conduite à Chrémès qui s'efforce de le réconforter par quelques paroles d'espoir. 76
XXIII. Terreur d'Antiphon à l'annonce du retour de son père. 80
XXIV. Chrémès rencontre la nourrice de Phanium et apprend comment sa fille se trouve mariée avec celui qu'il lui destinait 86
XXV. Ctésiphon remercie avec effusion son frère Eschinus qui, pour lui épargner une funeste résolution, n'a pas craint d'accomplir en sa faveur le rapt de Callidia. 90
XXVI. Micion, après avoir, un instant, laissé craindre à Eschinus le mariage de sa chère Pamphile avec Hégion, lui fait connaître la décision qui assure son bonheur 94
XXVII. Second prologue de l'*Hécyre*, prononcé par le chef de la troupe Ambivius lors de la troisième représentation de cette pièce. . . . 100
XXVIII. Sostrata déclare à son fils que, pour ne pas mettre obstacle à son bonheur, elle a résolu de se retirer à la campagne. 102

Pacuvius. — XXIX. Analyse par Cicéron de la scène de *Niptra* où Pacuvius représentait la mort d'Ulysse 106

Attius. — XXX. Tarquin le Superbe consulte les devins sur un songe dont son âme est troublée et les devins le lui expliquent. . . 108

PROSE JUSQU'A CICÉRON.

Q. Fabius Pictor. — XXXI. Le flamine de Jupiter 110

Caton l'Ancien. — XXXII. Fragment de son plaidoyer *sur ses dépenses*. 112
XXXIII. Achat du domaine 114
XXXIV. Devoirs du père de famille 116
XXXV. Devoirs du métayer. 118

Claudius Quadrigarius. — XXXVI. Duel de Manlius Torquatus et d'un Gaulois 120

Cornificius (?). — XXXVII. Le dévouement à la patrie 122
XXXVIII. Le faux riche ou le glorieux 124
XXXIX. Le vainqueur et le vaincu. 128
XL. Assassinat de Tib. Gracchus. 130

Cornélia. — XLI. Elle supplie son fils Caïus de ne pas briguer le tribunat. 132

Caïus Gracchus. — XLII. Fragment de son discours contre la loi Auféia. 134

Crassus. — XLIII. Apostrophe à M. Brutus 136

POÉSIE AU TEMPS DE CICÉRON.

Lucrèce. — XLIV. Invocation à Vénus. 138
XLV. Bonheur du Sage. 140
XLVI. L'homme doit accepter la mort sans crainte. 142
XLVII. Explication du Tartare 146
XLVIII. Inquiétude de l'homme. 148
XLIX. Les songes. 150
L. Éloge d'Épicure. 152
LI. Tableau du mal physique dans la nature, preuve qu'il n'y a pas là
  une œuvre des dieux faite en vue de l'homme. 154
LII. Rien d'étonnant que l'homme ait su exprimer ses pensées par le
  langage, quand les animaux ont des cris variés pour interpréter leurs
  sentiments divers 158
LIII. La piété, toujours calme, oppose une âme libre aux chocs des évé-
  nements ; mais la crainte des dieux est naturelle à l'homme 160
LIV. La peste d'Athènes. 162

Catulle. — LV. Le dieu des jardins. 166
LVI. Sur la mort du moineau de Lesbie. 166
LVII. Catulle implore du ciel l'oubli de l'amour qui fait son tourment . 168
LVIII. Dédicace d'un vieux navire 170
LIX. Hymne en l'honneur de Diane 172
LX. Plaintes et imprécations d'Ariane abandonnée par Thésée. . . . 174
LXI. Thésée, en causant la mort de son père par un fatal oubli, est
  puni de son ingratitude envers Ariane. 176
LXII. Aux noces de Thétis et de Pélée, les Parques prédisent la nais-
  sance d'Achille 178

Cicéron. — LXIII. La muse Uranie rappelle les prodiges qui ont précédé la conjuration de Catilina et le fait qui a coïncidé avec la découverte du complot. 182
LXIV. Deux descriptions du zodiaque 184
LXV. Plaintes de Prométhée. 186

Labérius. — LXVI. Prologue de mime. 188

Publius Syrus. — LXVII et LXVIII. Sentences. 190

CICÉRON.

Cicéron ; Discours. — LXIX. Il prouve aux juges que l'honneur du
  Sénat est intéressé à la condamnation de Verrès dont il se fait l'accusateur 196
LXX. Verrès, en retranchant du tribut payé à l'État, a fait ce que n'a
  pu Sylla dans la toute-puissance de sa dictature 198
LXXI. Pour s'emparer d'une magnifique statue de Mercure, Verrès
  invente un supplice nouveau contre Sopater, proagore de Tyndaris. 200

LXXII. Désespoir des habitants d'Enna causé par un sacrilège de Verrès 204
LXXIII. Comment Verrès remplissait ses fonctions militaires 206
LXXIV. Respect dû au droit civil 208
LXV. Cicéron affirme au peuple qu'il est un consul populaire et lui explique ce qu'il faut entendre par ce mot *populaire* 210
LXXVI. Labérius avait dit qu'on pouvait parler librement de Marius, puisqu'il était mort. Réponse de Cicéron 212
LXXVII. Cicéron exhorte Catilina à sortir de Rome. Prosopopée de la Patrie 214
LXXVIII. Rien de plus incertain que les élections des comices. 218
LXXIX. Cicéron cherche à émouvoir les juges en faveur de Muréna . . 218
LXXX. Utilité et agrément de l'étude des lettres. 222
LXXXI. Devoirs, dangers et gloire des vrais hommes d'État 224
LXXXII. Portrait de Catilina 226
LXXXIII. Éloge de la reconnaissance. 228
LXXXIV. Dans le procès de Milon, Cicéron prend pour lui-même le rôle de suppliant 230
LXXXV. En remerciant César du rappel de Marcellus, Cicéron lui dit que son œuvre a besoin d'être complétée. 232
LXXXVI. Cicéron, qui défend Ligarius, reproche à Tubéron de commettre une cruauté en s'opposant à la clémence de César 236
LXXXVII. Cicéron demande à Antoine par quel motif, sans avoir été provoqué, il se déclare son ennemi 240
LXXXVIII. Impudence d'Antoine qui s'est établi dans la maison de Pompée. 240
LXXXIX. Péroraison de la seconde philippique. 242
XC. Cicéron s'oppose à ceux qui voudraient régler la conduite du Sénat d'après la crainte que leur inspire l'opinion des vétérans . . 244
XCI. Le monument élevé en faveur des citoyens morts pour la république sera la récompense de leur courage et la consolation de leurs parents. 246

Cicéron ; rhétorique. — XCII. Origine, bienfaits et abus de l'éloquence 250
XCIII. Le véritable orateur ne saurait commencer un discours sans être intimidé 252
XCIV. L'exercice le plus utile pour l'orateur est d'écrire beaucoup. . 254
XCV. Catulus se moque des rhéteurs grecs qui se mêlent d'enseigner l'éloquence sans l'avoir pratiquée. 256
XCVI. L'orateur doit éprouver et éprouve les sentiments et les passions qu'il veut inspirer à l'auditeur. 258
XCVII. Cicéron déplore la mort de Crassus. 260
XCVIII. Il faut de la variété dans le discours ; car la satiété, en toutes choses, est voisine du plaisir le plus vif. 262
XCIX. L'action domine dans l'art de la parole. 264

TABLE DES MATIÈRES. 469

C. Cicéron, en déplorant la mort d'Hortensius, exprime la douleur que lui causent les malheurs de la république et le silence du forum. . 266
CI. Isocrate et l'harmonie dans la prose 268
CII. L'urbanité de langage particulière à Rome. 270
CIII. Pour tracer le portrait de l'orateur parfait, Cicéron remonte avec Platon aux principes éternels et immuables. 272
CIV. L'étude de la philosophie est indispensable à l'orateur 274
CV. Cicéron expose le sujet des discours d'Eschine et de Démosthène sur *la couronne*. 276
CVI. Cicéron adresse *les Topiques* à son ami Trébatius. 276
CVII. Dialogue entre Cicéron et son fils sur les partitions oratoires. . 278
Cicéron ; philosophie. — CVIII. Le bon citoyen se doit à la patrie. . 280
CIX. La loi absolue 282
CX. C'est une loi qui sert de fondement à la sagesse et à toute la science de vivre. 284
CXI. Les exemples des grands font plus de mal que leurs fautes . . . 284
CXII. Philosophie de Socrate 288
CXIII. L'homme est né pour quelque chose de plus grand et de plus noble que la volupté. 288
CXIV. Plaisir que l'on ressent à visiter les lieux où les grands hommes ont vécu. 290
CXV. Il y a une preuve de l'immortalité de l'âme dans le besoin que les hommes éprouvent de se survivre et dans l'intérêt qu'ils prennent à un avenir qui ne leur appartient pas. 294
CXVI. Le vice, même tout-puissant, ne peut être heureux 296
CXVII. Il n'y a de vrai bien que celui dont le possesseur peut se glorifier à bon droit 298
CXVIII. Le monde ne peut être le produit du hasard 300
CXIX. Les détails de notre structure prouvent l'attention de la Providence. Détails concernant les yeux et les oreilles 302
CXX. Songes merveilleux ressemblant à des avertissements des dieux. 304
CXXI. Les conjectures des interprètes de songes ne prouvent qu'une chose, la subtilité de leur esprit. 306
CXXII. Plus que personne le vieillard doit sans regret accepter la mort. 308
CXXIII. Caton voit avec bonheur l'approche de la mort. 310
CXXIV. Obstacles qui arrêtent le plus souvent le développement de l'amitié. 312
CXXV. L'estime réciproque est nécessaire dans l'amitié 314
CXXVI. La grandeur d'âme. 316
CXXVII. Tenons-nous en à notre naturel, pourvu qu'il ne soit pas vicieux, si nous voulons atteindre à la bienséance. 316
CXXVIII. Règles de la conversation 320
CXXIX. De toute délibération vous devez écarter l'idée que votre action restera secrète 322

Correspondance de Cicéron. — CXXX. Lettre à Tiron. Cicéron désire l'avoir auprès de lui le plus tôt possible, mais qu'il se guérisse tout à fait avant de voyager. 324
CXXXI. Servius Sulpicius à Cicéron au sujet de la mort de Tullia . . 326
CXXXII. Cicéron recommande à Sulpicius, gouverneur de Grèce, M. Curius, négociant à Patras. 328
CXXXIII. Cicéron à Munatius, pour lui recommander Livinéius Tryphon. 330
CXXXIV. Cicéron à César, pour lui recommander C. Trébatius 332
CXXXV. M. Cælius à Cicéron, pour l'engager à ne pas se déclarer du parti de Pompée. 334
CXXXVI. Caton à Cicéron. Il lui explique pourquoi il n'est pas d'avis de lui accorder le triomphe. 338
CXXXVII. Cicéron à Luccéius. Il l'engage à consacrer un livre spécial à l'histoire de son glorieux consulat. 340
CXXXVIII. Matius à Cicéron. Il s'étonne qu'on lui fasse un crime de la douleur que lui cause la mort de César. 342
CXXXIX. Cicéron à Atticus. Il lui raconte les attentats de Clodius contre sa personne 344
CXL. Id. Il lui dit comment il remplit ses fonctions de gouverneur . . 348
CXLI. Id. Il lui dit combien il éprouve le besoin de se retrouver avec lui. 350
CXLII. Cicéron à son frère Quintus. Il l'exhorte à rendre aussi heureuse que possible la province qu'il gouverne. 352
CXLIII. Id. Il l'engage à se corriger de la violence de son caractère. . 352
CXLIV. Cicéron à Brutus. Il lui rappelle ce qui a été fait depuis les ides de mars 356
CXLV. Brutus à Cicéron. Il se plaint de la lettre trop humble adressée à Octave 358
CXLVI. Servius Sulpicius à Cicéron. Il lui raconte la mort de M. Marcellus. 360

PROSATEURS CONTEMPORAINS DE CICÉRON.

César. — CXLVII. Terreur des soldats de César lors de leur première rencontre avec les Germains. 364
CXLVIII. Entrevue de César et d'Arioviste. Discours de César. 366
CXLIX. Défaite de l'armée d'Arioviste 368
CL. Le camp de César est envahi par les Nerviens et son armée plie sous leur choc quand il rétablit le combat en payant de sa personne 368
CLI. Courage de deux centurions 370
CLII. Les Druides 372
CLIII. Mœurs des Germains. 376
CLIV. Commencement du combat décisif sous les murs d'Alésia . . . 378
CLV. Retour de César à Bibracte. Expédition contre les Carnutes, qui se dispersent (*Hirtius*) 380

TABLE DES MATIÈRES. 471

CLVI. Un orage ayant causé une crue de la Sègre et de la Cinga, le camp de César est privé de vivres 382
CLVII. Engagement entre la flotte pompéienne de Marseille, commandée par L. Domitius et la flotte césarienne de Brutus. 384
CLVIII. Afranius est obligé de se rendre sans combat 386
CLIX. Discours de César à ses soldats après l'échec de Dyrrachium. . 388
CLX. Présomption des Pompéiens avant la bataille de Pharsale. . . . 390
CLXI. Défaite et fuite de Pompée 394

Continuateurs des Commentaires. — CLXII. Danger que court César au siège d'Alexandrie. 396
CLXIII. Soumission d'Alexandrie : règlement des affaires d'Égypte. . . 398
CLXIV. Courage d'un légionnaire à la bataille de Thapsus. 400
CLXV. Mort de Caton et reddition d'Utique. 402
CLXVI. Bataille de Munda. 404

Cornélius Népos. — CLXVII. Caractère d'Atticus 406
CLXVIII. Mort d'Atticus. 408
CLXIX. Dion 410
CLXX. Modération de Timoléon 412

Salluste. — CLXXI. Exorde de la seconde lettre à César 414
CLXXII. Lettre de Pompée au Sénat pour se plaindre de l'abandon dans lequel on laisse son armée. 416
CLXXIII. Mœurs des premiers temps de la république 420
CLXXIV. Péroraison du discours de Catilina aux conjurés 422
CLXXV. Le complot de Catilina est dévoilé ; le Sénat a déclaré la république en danger 424
CLXXVI. Comment Catilina et ses conjurés avaient des partisans nombreux. 426
CLXXVII. Parallèle de Caton et de César 428
CLXXVIII. Défaite et mort de Catilina 430
CLXXIX. L'homme s'en prend aux circonstances du mal dont lui-même est l'auteur. 432
CLXXX. Micipsa envoie son neveu Jugurtha combattre en Espagne . . 434
CLXXXI. Paroles de Micipsa mourant à son neveu et à ses fils. . . . 436
CLXXXII. Jugurtha, après le meurtre d'Hiempsal, craint d'être châtié par les Romains et corrompt les grands de Rome. 438
CLXXXIII. Métellus rétablit la discipline dans l'armée d'Afrique. . . 440
CLXXXIV. Dévouement des frères Philènes à leur patrie. 442
CLXXXV. Un soldat de l'armée de Marius découvre le moyen de s'emparer d'un fort assiégé depuis longtemps. 446

Varron. — CLXXXVI. De l'origine des noms des choses. Mots racines et mots dérivés 448
CLXXXVII. Étymologies latines 450
CLXVXVIII. Commencement de la préface du traité d'agriculture de Varron. A sa femme Fundania. 452

CLXXXIX. Choix et direction des ouvriers dans la culture des terres . 454
CXC. La vie des champs était préférée par les anciens Romains à la vie de la ville. 456
CXCI. Soins à donner aux chiens de troupeaux 458
CXCII. Mœurs des abeilles; leur essaimage. 460

Paris. — Imprimerie A. Reiff, 3, rue des Poitevins.

www.ingramcontent.com/pod-product-compliance
Lightning Source LLC
Chambersburg PA
CBHW072125220426
43664CB00013B/2135